荊楚文庫

〔光緒〕潛江縣志續

〔清〕史致謨 修

〔清〕劉恭冕 郭士元 纂

〔光緒〕潛江縣志稿

〔清〕佚名 纂

荊楚文庫編纂出版委員會

湖北人民出版社

〔光緒〕潛江縣志續

GUANGXU QIANJIANG XIANZHI XU

〔光緒〕潛江縣志稿

GUANGXU QIANJIANG XIANZHI GAO

圖書在版編目（CIP）數據

〔光緒〕潛江縣志續／〔清〕史致謨修；〔清〕劉恭冕　郭士元纂．

〔光緒〕潛江縣志稿／〔清〕佚名纂．

武漢：湖北人民出版社，2020.6

ISBN 978-7-216-09792-5

Ⅰ．光…

Ⅱ．①史…②劉…③郭…④佚…

Ⅲ．潛江－地方志－清代

Ⅳ．K296.33

中國版本圖書館 CIP 數據核字（2019）第 212755 號

責任編輯：姚德海　陳　典　鄭如琴

整體設計：范漢成　曾顯惠　思　蒙

美術編輯：董　昀

責任校對：范承勇

責任印製：王鐵兵

出版發行：湖北人民出版社（中國・武漢）

地址：武漢市雄楚大道 268 號

電話：(027)87679656　郵政編碼：430070

録排：武漢偉創偉業廣告有限公司

印刷：湖北新華印務有限公司

開本：787mm×1092mm　1/16

印張：31.5

字数：435 千字

版次：2020 年 6 月第 1 版　2020 年 6 月第 1 次印刷

定價：158.00 元

出版説明

湖北乃九省通衢，北學南學交會融通之地，文明昌盛，歷代文獻豐厚。守望傳統，編纂荆楚文獻，湖北淵源有自。清同治年間設立官書局，以整理鄉邦文獻爲旨趣。光緒年間張之洞督鄂後，以崇文書局推進典籍集成，湖北鄉賢身體力行之，編纂《湖北文徵》，集元明清三代湖北先哲遺作，收兩千七百餘作者文八千餘篇，洋洋六百萬言。盧氏兄弟輯録湖北先賢之作而成《湖北先正遺書》。至當代，武漢多所大學、圖書館在鄉邦典籍整理方面亦多所用力。爲傳承和弘揚優秀傳統文化，湖北省委、省政府决定編纂大型歷史文獻叢書《荆楚文庫》。

《荆楚文庫》以「搶救、保護、整理、出版」湖北文獻爲宗旨，分三編集藏。

甲、文獻編。收録歷代鄂籍人士著述，長期寓居湖北人士著述，省外人士探究湖北著述。包括傳世文獻、出土文獻和民間文獻。

乙、方志編。收録歷代省志、府縣志等。

丙、研究編。收録今人研究評述荆楚人物、史地、風物的學術著作和工具書及圖册。

文獻編、方志編録籍以一九四九年爲下限。

研究編簡體横排，文獻編繁體横排，方志編影印或點校出版。

《荆楚文庫》編纂出版委員會

二〇一五年十一月

總目録

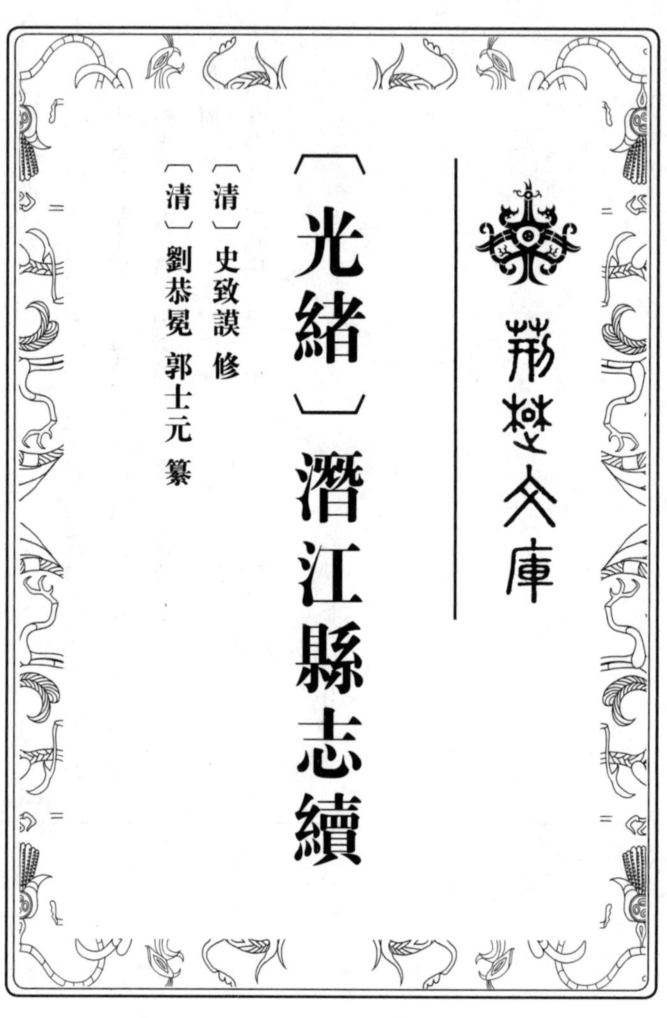

荆楚文库

〔光緒〕潛江縣志續

〔清〕史致謨 修

〔清〕劉恭冕 郭士元 纂

《荆楚文庫·方志編》編纂組

前言

《〔光緒〕潛江縣志續》二十卷首一卷，清史致謨修，清劉恭冕、郭士元纂。清光緒五年（一八七九）刻本。牌記鐫：「光緒五年夏四月傳經書院開雕。」

史致謨，字幹輔，江蘇武進人，監生，官潛江知縣。劉恭冕，字叔俛，江蘇寶應人，舉人。郭士元，字後龐，湖北南漳人，舉人，官潛江縣教諭。本志卷端皆未題撰人，撰人據卷首諸序及《續修潛江縣志姓氏》定。

潛江縣志自康熙中劉煥修後，百七十餘年未有續修者。時任縣令史致謨，「於光緒戊寅承乏斯邑，欲周知民間之利病，參酌古今之治」。然舊志版毁於戰亂，成帙修纂距今久遠，又皆蟫蠹寖漫不可卒讀，史致謨念修志爲急務，「以是邦人物風土之美，誠不可任其湮没，惟取舊本重刻之」。然新事過多，舊志未能盡載，故史致謨又捐俸設局，禮延劉恭冕續纂新志，因故未竣。邑人萬芾，久留心世道，史致謨囑其對劉稿修飾釐清。芾遂出其十年前所采録者合編之，就正於郭士元，自光緒四年（一八七八）脱稿授梓，閲三月而成書。是志賡續康熙劉志，體例多仍其舊，名曰《志續》，卷首有序四篇。因同年刊刻，該志字體版式一同於《〔康熙三十三年〕潛江縣志》的光緒五年傳經書院重刻本，有序與之重疊。卷首有潛江縣總圖六幅，「凡例」録自舊志，體例大體同前。增「卷六典禮志」，内有圖像多幅。前志兵防附於建制志，因承平盛世略其事，經咸豐四年（一八五四）兵燹，此志兵防志单列卷十五一卷，補卷十六陣亡一卷，若「未大變更者，仍從其舊，其餘殘缺者補，簡略者增要，皆確有證據」。

是志國家圖書館、中國科學院圖書館、北京大學圖書館、中國人民大學圖書館、上海圖書館、湖北省圖書館、武漢市圖書館等多館有藏，江蘇古籍出版社《中國地方志集成》影印收録。

此次據湖北省圖書館藏本影印，版刻工整，圖文俱善，印刷精良，少有瑕疵。

（楊愛華）

目録

潛

江

縣

志

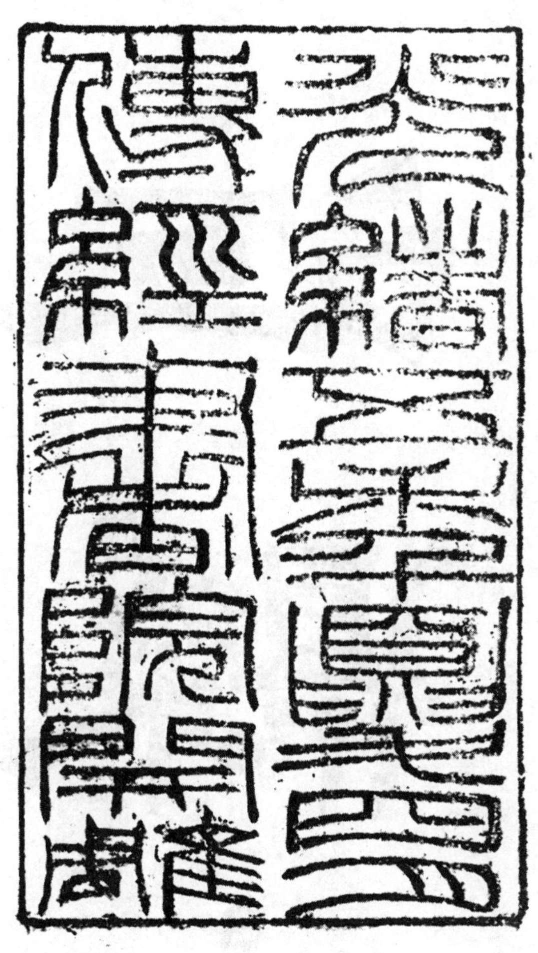

重刻潛江縣志序

潛邑以水得名俗所稱蘆洑河者即潛水也又有蛇埠淵按爾雅江為沱漢為潛地瀕漢而繫以江明古來沱潛故道皆在其地前人命名之義如是按禹貢梁州荊州並言沱潛治經家紛如聚訟蓋

嘗尋究其故潛水性如兖州之濟隱見不常故曰潛又灊潛音義相近酈道元誤引鄭注坿於梁經之灊水益滋疑竇殊不知梁州之潛由漢別出入於漢壽通岡山大穴中伏流至荊州之域而復見一則綴於岷嶓之下一則叙於雲夢之上

蔡氏所謂源流於是而見者經文本極分明傳注亦復了當後儒不得其解穿鑿支離蒙蔽千百年之耳目於以知考古之匪易易也予於光緒戊寅承乏斯邑欲周知民間之利病參酌古今之治革而志乘闕如冥索旁搜久之始得

成帙又皆蟫蠹之餘漶不可讀邑之父老進曰吾邑得竟陵縣地其後為安遠鎮宋乾德中始升為潛江縣舊志托始於成化輯於萬曆重修於康熙今且百數十年未有踵其事者惟君侯纘成之予應之曰無以為也志之說本乎史

其源出於禮紀傳之外有所不與隻字片文於斯備錄語其通博信爲淵海劉知幾言之詳矣蔚宗承祚上掩而於撰綴不爲蓋其慎也縣志之最善者莫如武功之康朝邑之韓靈壽之陸而近如洪稚存章實齋兩先生且

起而議其後矧以譾陋如予倜然奮其筆舌是又劉知幾所謂强著一書受嗤千載者已然以是邦人物風土之美誠不可任其湮沒惟取舊本重刻之其忠孝節義科名仕宦與夫田賦濟渠關乎政治之大者稽攷成案

別爲續編訖自光緒四年止脫稿授梓閱三月而畢功竊其實不鶩乎華志在傳信兼節糜費後有作者以乘韋先焉可也冉子之言曰如其禮樂以俟君子予於此蓋有俟焉刻既成爰書數語於首簡己卯夏五

覃恩二品

誥封花翎知府銜直隸州用權潛江縣事陽湖史致謨撰并書

重刻潛江縣志序

周禮春官小史掌邦國之志鄭注志
記也左傳所謂周志國語所謂鄭書
皆是也自後作史者有志蓋仿諸此
夫一朝之典章制度非志不明若合
天下郡縣而成一書則自李吉甫元

和郡縣志始近代各省皆有通志約
彙各州縣志而成之然則州縣之志所
繫顧不重歟安陸屬縣有四惟潛江地
僻而政簡亦復代有傳人至其山川土田
財賦風尚因革盛衰之故非志不詳乃
自康熙以後志久不修又皆殘缺漫漶
使人不能卒讀即無以考古而傳今遑
論傳之後世即亦因官斯土者之責也陽
湖史君於光緒戊寅受篆斯邑甫下
車即取考鏡以失詳稽利弊苦於舊
志無徵乃進父老而詢之則皆以修志為
請夫志固難於作即修亦非易易前人具

有成書後來者補其缺漏詳其文更
已非旦夕所能卒事況舊志已閱百餘
年又皆殘缺漫漶是名為修與作無異
然及今猶文獻可徵見聞所及與夫官
牘之可據者草創成書俾後來者有所
依據不特為功於將來抑亦斯邑之幸

也夫此百餘年中官斯土者或有志未逮今吏民受事甫一載即競競以此為急閲三月而竣事仍題曰重刻是文不居修之名也別為續編殆啟後來者之纂輯耳於此可以知其為政崇實不崇華務遠不務近之大端予故樂為之序且以告後之蒞事而成書者

欽加三品銜儘先陞用道知安陸府事

涂水李慶霖撰

重刻潛江縣志序

嘗謂邑之有志猶國之有史家之有譜史以載一朝之隆替譜以序一姓之昭穆志則紀一縣之事蹟為故必備舉其邑之縣紀天文地輿風土饗祀學校賦役隄防河道秩官選舉人物土產藝文罔不著之於冊以行於當時傳於後世者也言之無文行而不遠固非可以率爾操觚若吾潛自有宋立縣以來前志遠而莫稽迨豐城崔公鏊修於前而成化時有志矣婺源潘公之祥修於後而隆萬時有志矣去古猶遥舊章半難詳核至清潤劉公煥承郃陽王公欲修未竟之意而踵成之

筆者筆削者削原原本本班班可考洵無
愧信史焉然而歷今近二百年矣形勢之變
遷政俗之改易有心世道者不得不因時制宜
以草創而鼎新即如一兵制也舊制所無自咸
豐四年兵燹團勇陣亡者恤典昭然烏可蔑
視一典禮也祭器樂章頒行各學爲佾舞

所當習者至於忠節孝友代有聞人貞女義
士久則就泯非有以据摭搜輯而表揚之竊
恐代遠年湮無從徵文考獻斯亦潛之憾事
也欣逢邑侯史公致謨涖任慨然念志書爲
急務捐俸設局禮延劉將倪孝廉冕校刪
請本學廣文郭公士元董其事進諸生耆儒

而分任之或籌費或備顧問或任採訪或
事編次舊志已載者無庸喙贅舊志所闕者
不使漏遺務令二百年之潛德軼事莫不彰明
豈乏崔潘王劉諸賢復見於今日哉特慮人往
風微有所見異詞所聞異詞所傳聞又異詞
者不無疑以傳疑之弊而善善從長君子樂

道其中女貞一條較舊志似繁然皆四鄉賢紳
故老詣局開報方懼疎漏之貽咎豈敢溢美
以掄尤原牘俱在悉可按証茲因剞劂告成
聊述大略以備將來善作者之採擇焉若夫
草創已矣討論修飾潤色端有賴於碩德名
儒指其疵瑕予以裁成點鐵爲金是吾輩之

幸也夫抑亦邑之幸也夫

邑人陳正誠謹撰 時年八十有二

潛江縣志續序

邑志者一邑之信史也潛江宋始置縣明始修志說者謂其畧而不詳

國初康熙時郃陽王公又旦纂修未竟陞工科給事清澗劉公煥踵而成之所載饗祀學校科名職官各條稱美備焉而田賦尤為精詳蓋曩時納糧名色雜出民多乘隙偷隱經王公清丈規制畫一田賦既清凡河防隄塍溝洫數大端亦因之就理焉至兵防僅存其畧以潛值承平無可載之事實其女貞止列數十人非過刻也恐魚目混珠不得不謹嚴如是迄今百七十八年板燬於髮逆境內無完書雖各前憲留心典故諭飭修輯僉有志未逮幸戊寅夏陽

湖史公致謨甫握潛篆卽徧搜邑志合斷簡殘編始得湊成一集慨然曰舊志散佚何以徵風教而考利弊乃分纂俾設局重刋又慮康熙修志而後時異勢殊變遷不少幽光潛德湮没良多是急宜續修時也縱去古云遥而徵文考獻父老傳聞尚可旁搜博採及今不修不但往者遺漏卽邇

來見聞所及者亦愈久而愈失矣爰命杜君浩澐唐君道顯楊君孫齡與賢身任之或籌資或採訪分職效力不辭怨勞嗣澐赴嘉魚學任又諭吳君德明賀君玉蕭君光宇及賢弟希岳入局供事聘劉叔俛孝廉纂修越二月以春闈赴都致未蕆事復得碩果老成年高德劭者如白公玉紳陔公正誠劉公緒鴻李公孝成協修校訂並擇品端學粹久留心世道之萬公芾修飾釐正出其十年前所採錄者合編之且就正學師郭公士元名曰續志夫邑有志猶國有史應合續志舊志為一書惟舊志巳重刋重刷未便更易乃倣前漢後漢舊唐新唐之例舉田賦隄塍之未大更變者仍

從其舊其餘殘缺者補簡畧者增要皆確有證據續數十冊於舊志後異日賢有司出覽是編而採擇之如劉公成王公之志俾舊志新志之分而為二者合而為一是則邑之幸尤賢之厚望也夫

光緒六年歲次庚辰仲夏月

邑人潘希賢謹識

續修潛江縣志目錄

潛江縣志　卷之首　縣城圖　一

潛江縣總圖

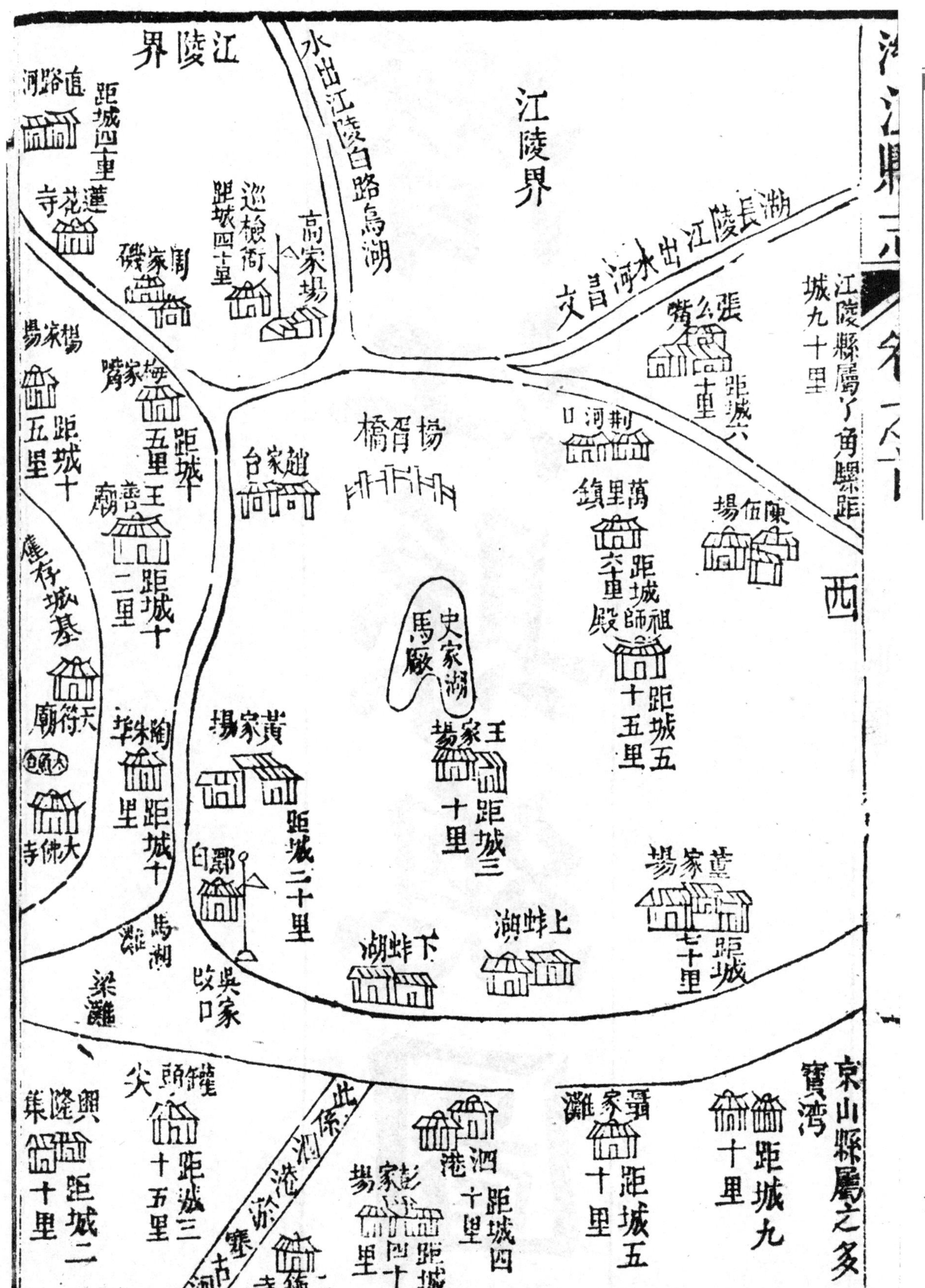
江陵界
江陵界
水出江陵白路烏湖
湖長陵江出水河昌支
江陵縣屬了角縣距城九十里
張幺灣
荆河口
楊肴橋
趙家台
萬里鎮
陳伍場
西
祖師殿
史家湖
馬廠
王家場
黃家場
董家場
上蚌湖
下蚌湖
鄢白
吳家口
馬湖灘
梁灘
舊存城基
天符廟
大佛寺
楊家場
梅家灣
王普廟
周家磯
巡檢衙
高家場
蓮花寺
直路河
京山縣屬之多寶湾
聶家灘
彭家場
泗港
此係游港河
古河寨
二鎮寺
鑵頭尖
興隆集

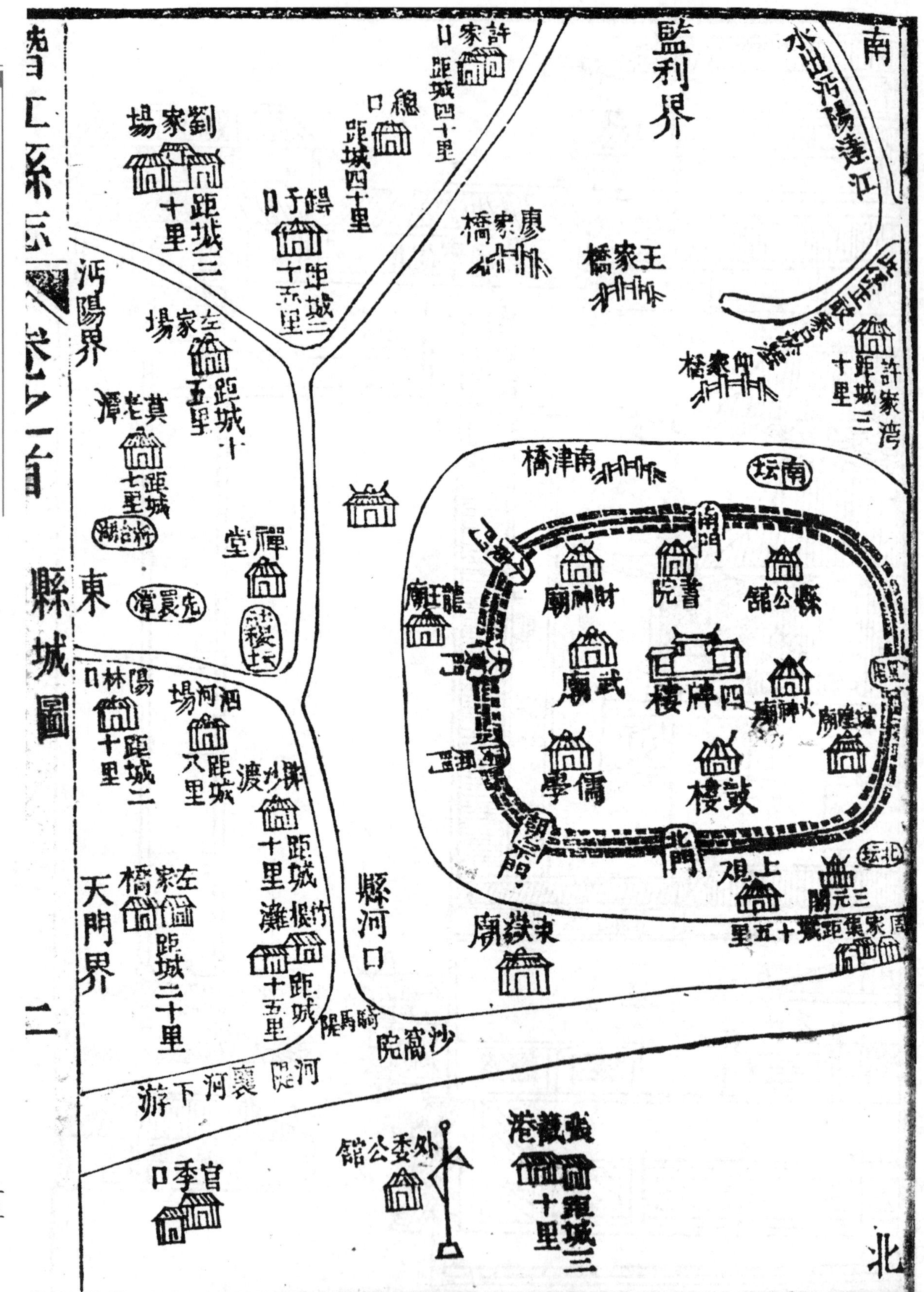
縣城圖
南
北
監利界
許家口
距城四十里
總口
距城四十里
劉家場
距城三十里
廖家橋
王家橋
沔陽界
左家場
距城十五里
禪堂
東
南津橋
南坛
南門
北門
財神廟
書院
縣公館
武廟
四牌樓
火神廟
城隍廟
儒學
鼓樓
龍王廟
三元閣
北坛
周家集距城十五里
東嶽廟
縣河口
天門界
左家橋
距城二十里
陽林口
十里
泗河場
距城八里
竹根灘
距城十五里
騎馬隄
沙窩院
河隄
襄河下游
外委公館
許家湾
距城三十里

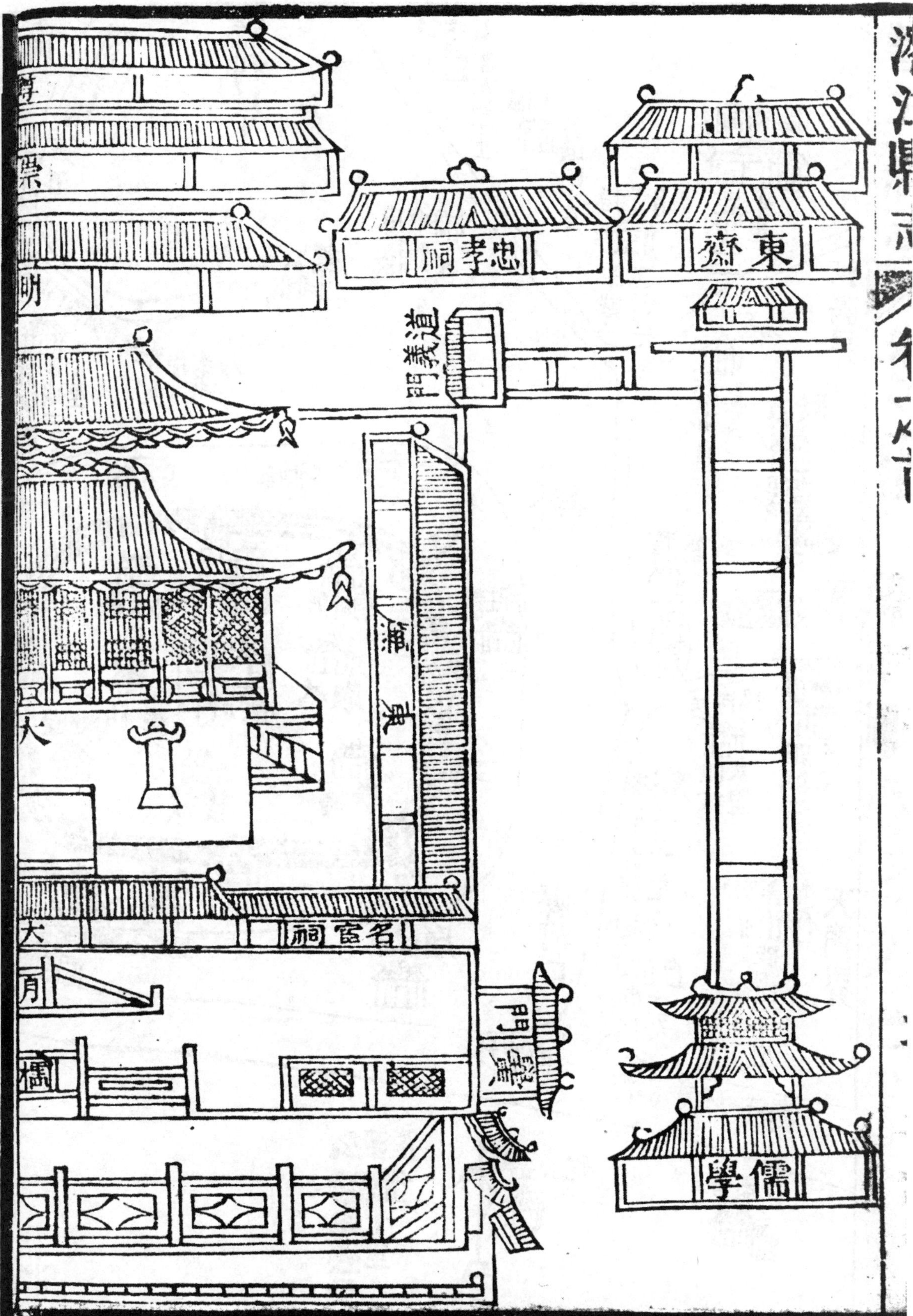
東齋
忠孝祠
道義門
名宦祠
儒學

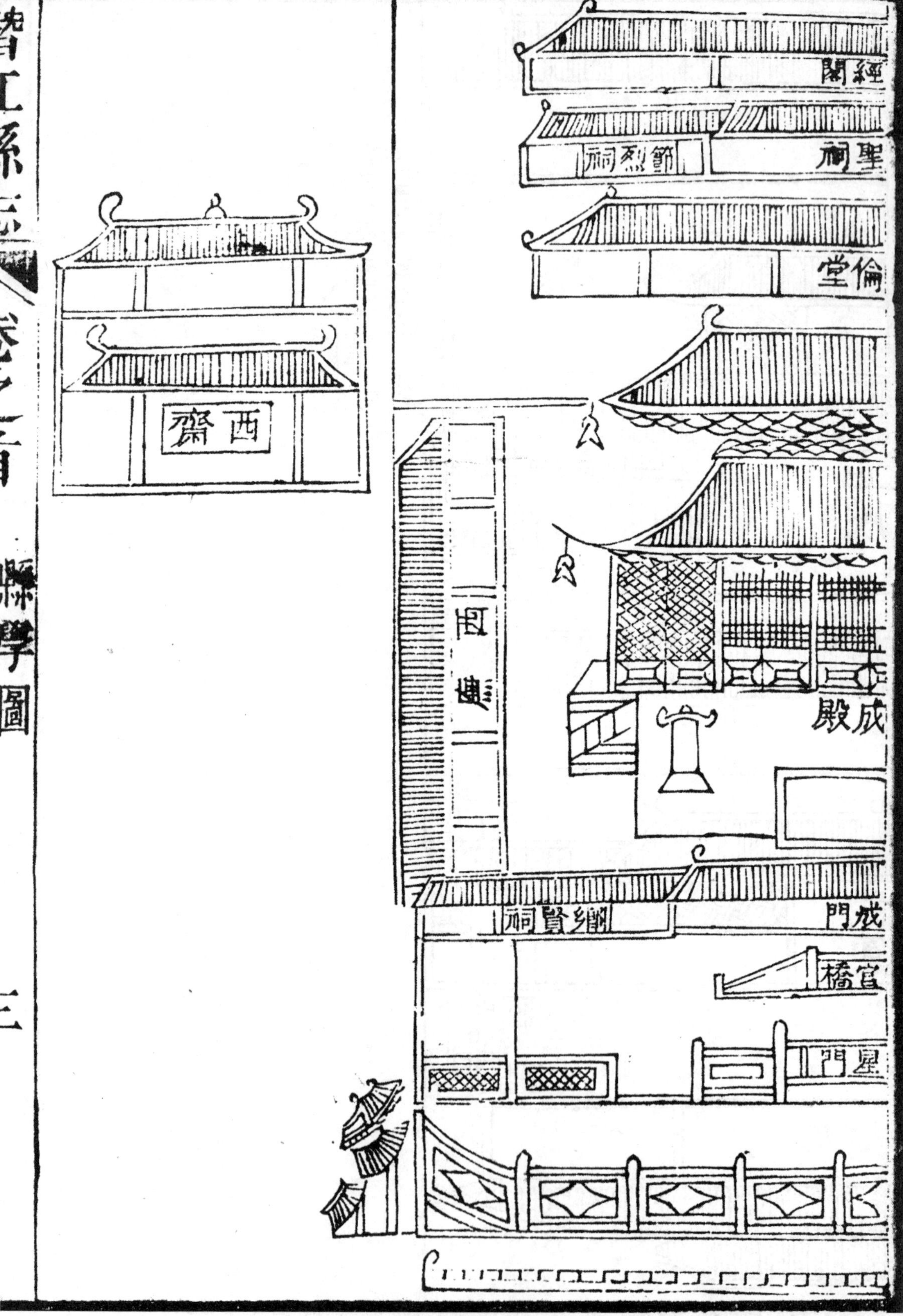
潛江縣志　卷之首　縣學圖　三
經閣
聖祠
節烈祠
倫堂
西齋
成殿
鄉賢祠
門
宮橋
星門

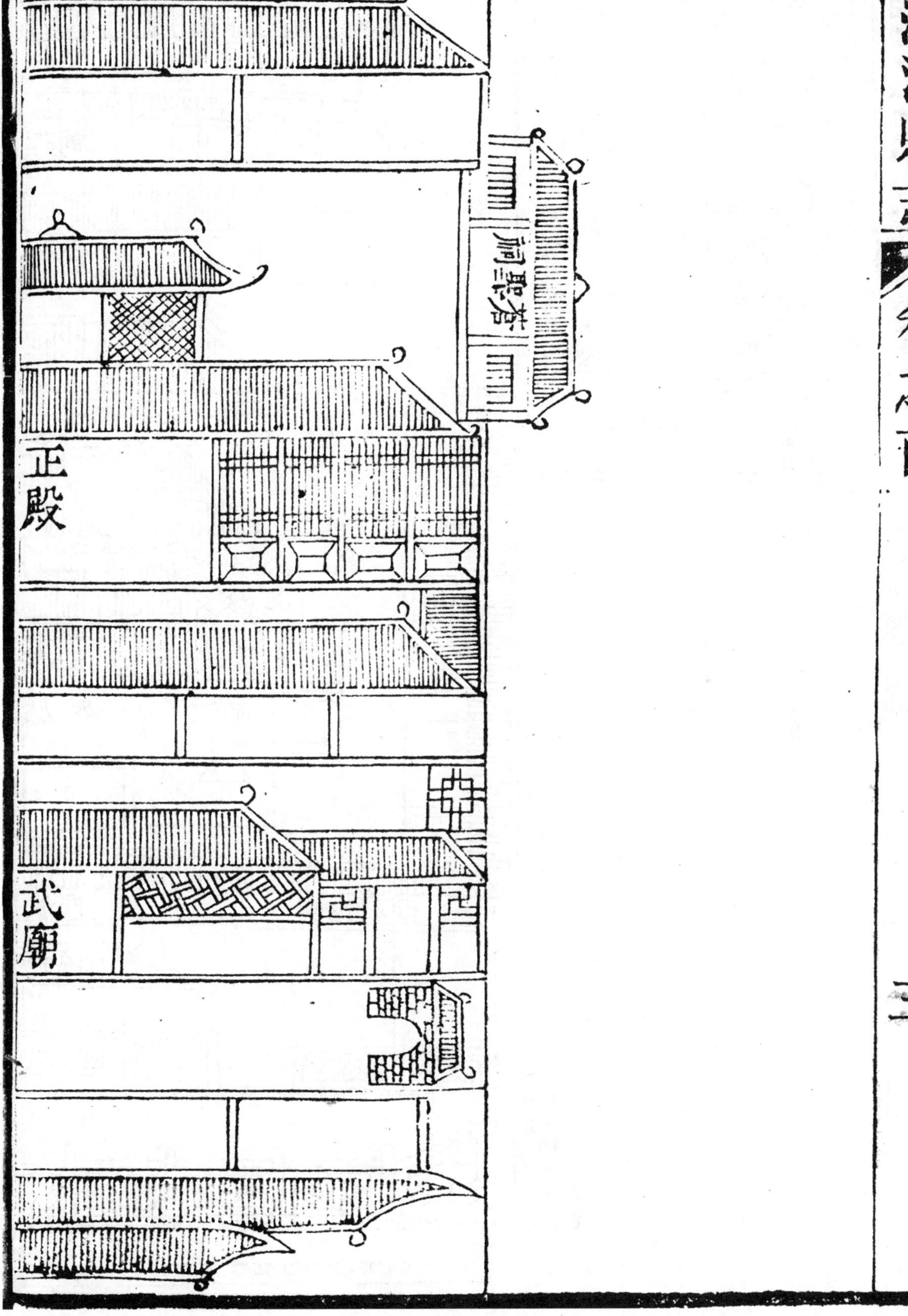
啓聖祠
正殿
武廟

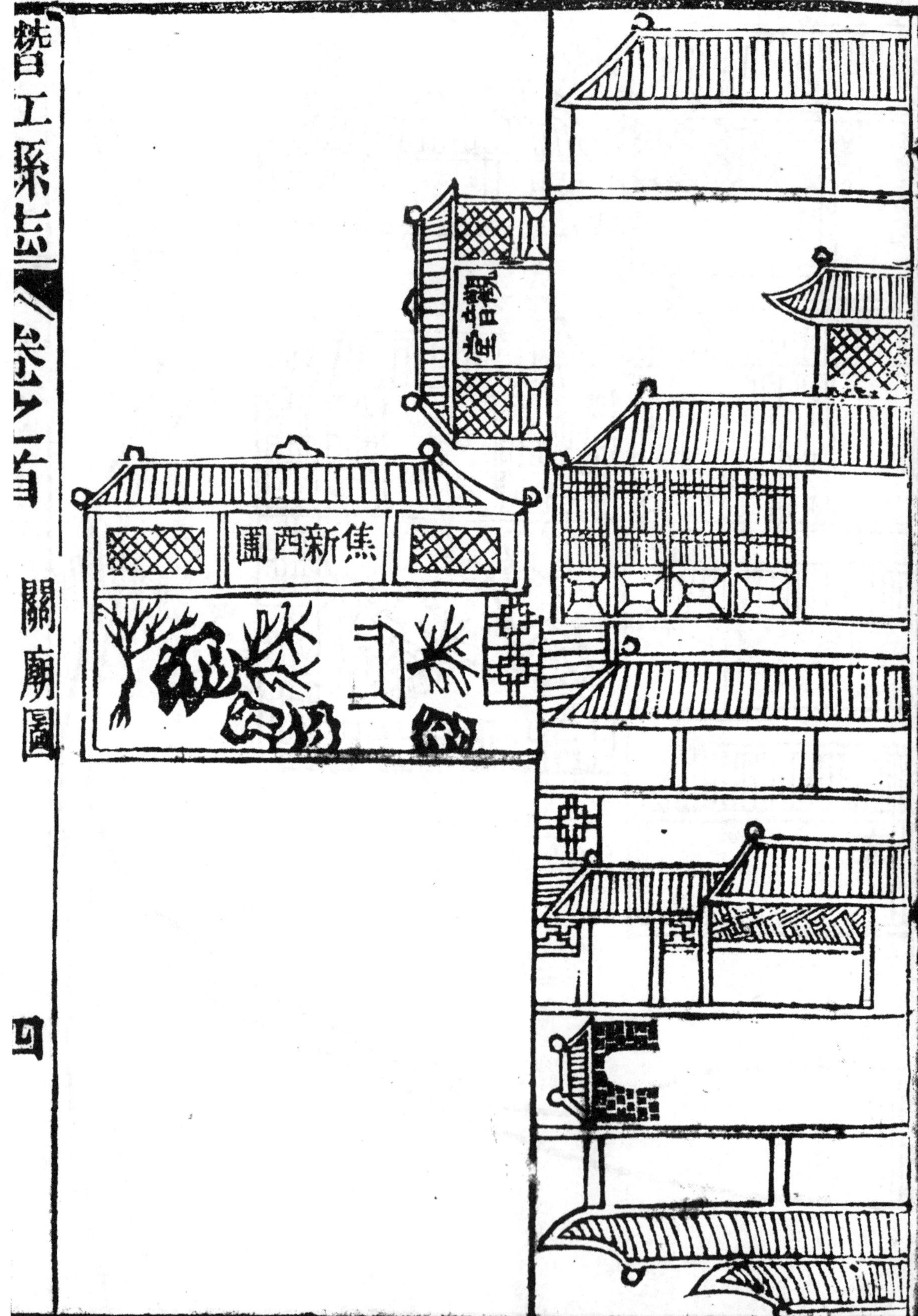
潛江縣志　卷之首　關廟圖　四
觀音堂
集新西園

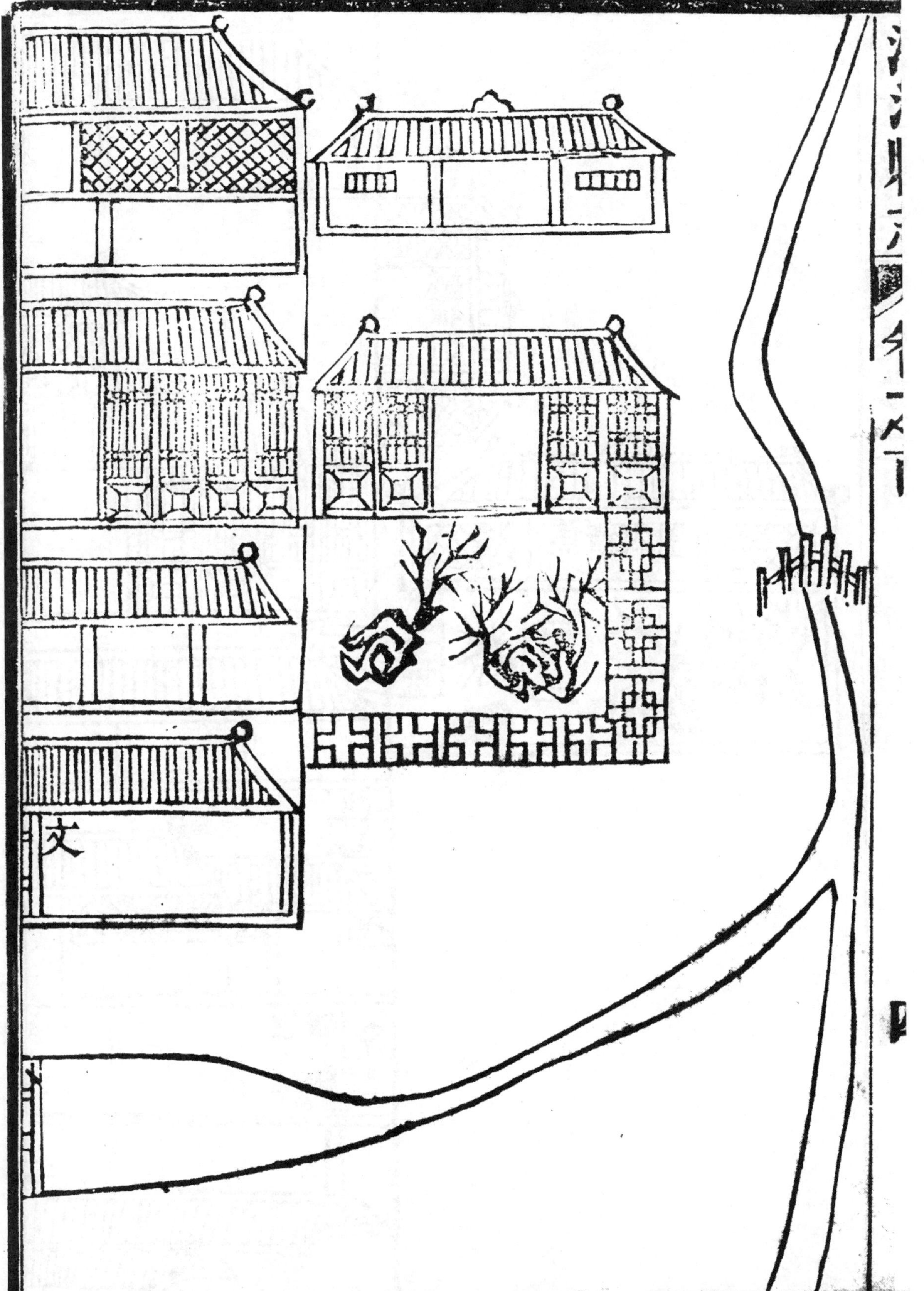
文

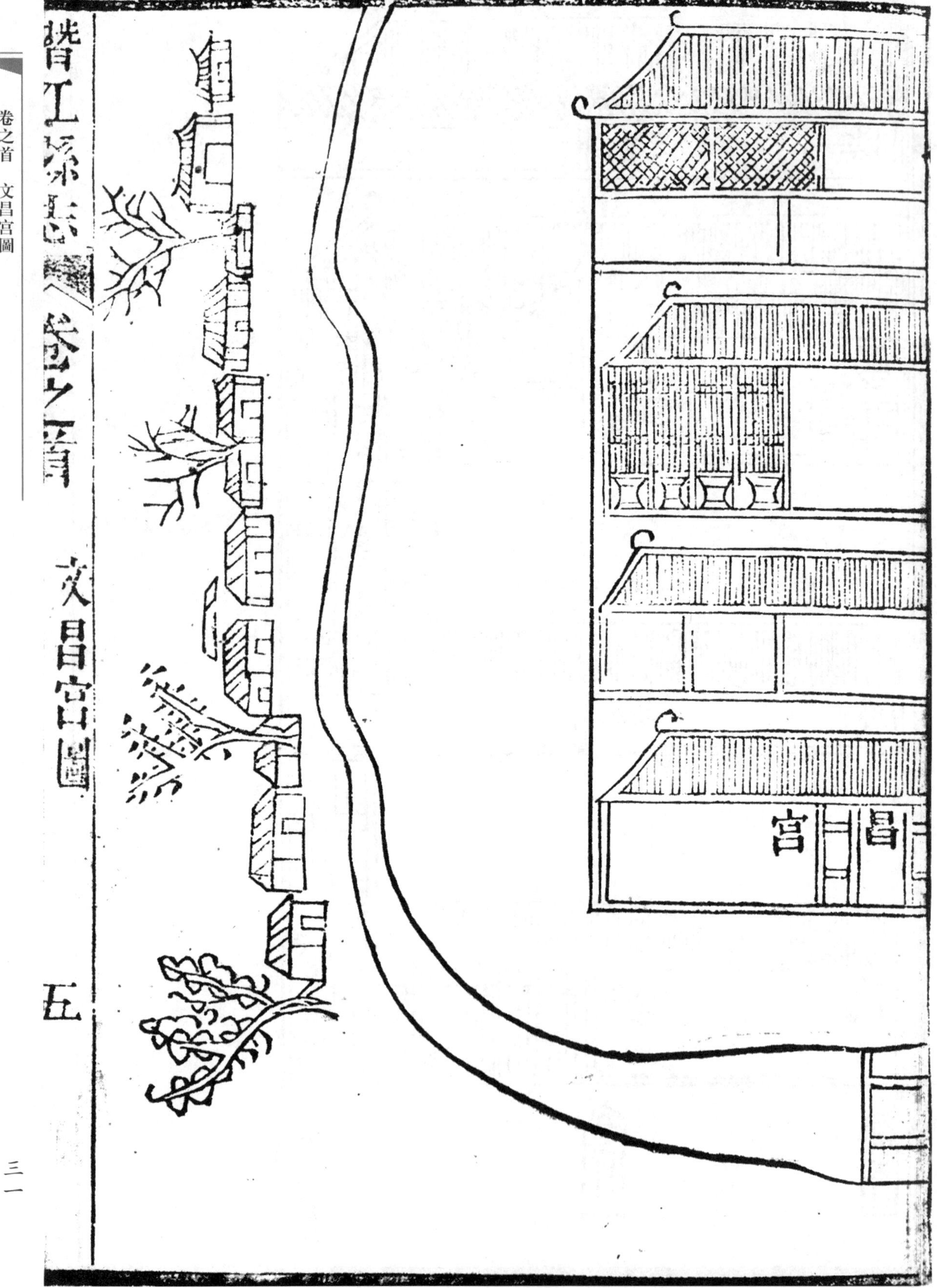
潛江縣志　卷之首
文昌宮圖
五
昌宮

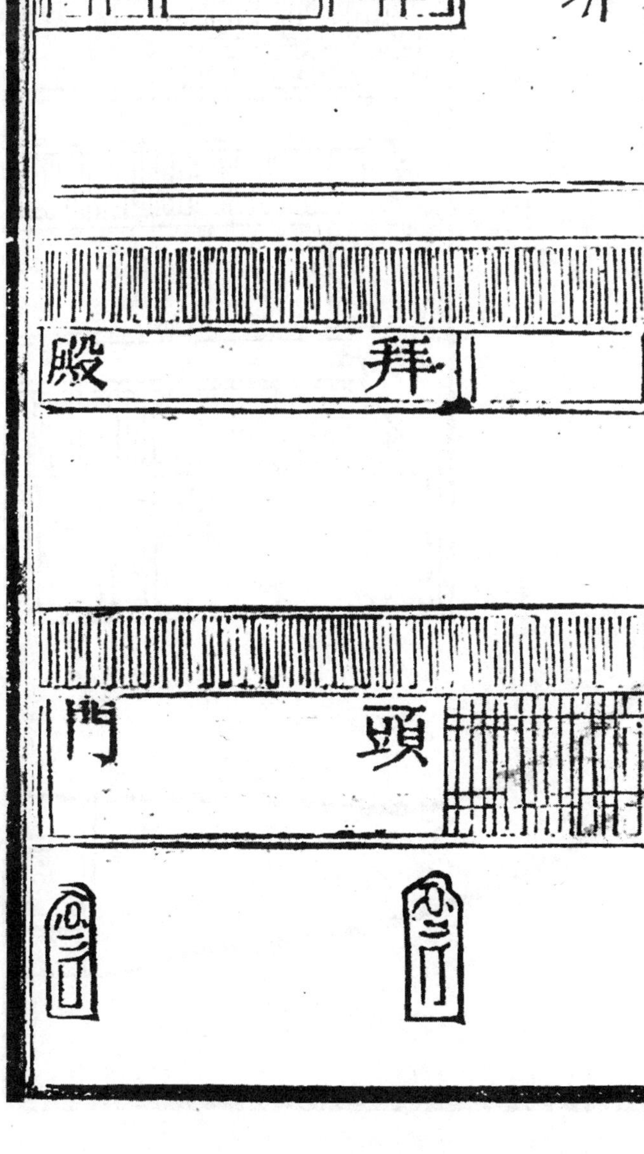
後樓
正殿
拜殿
頭門

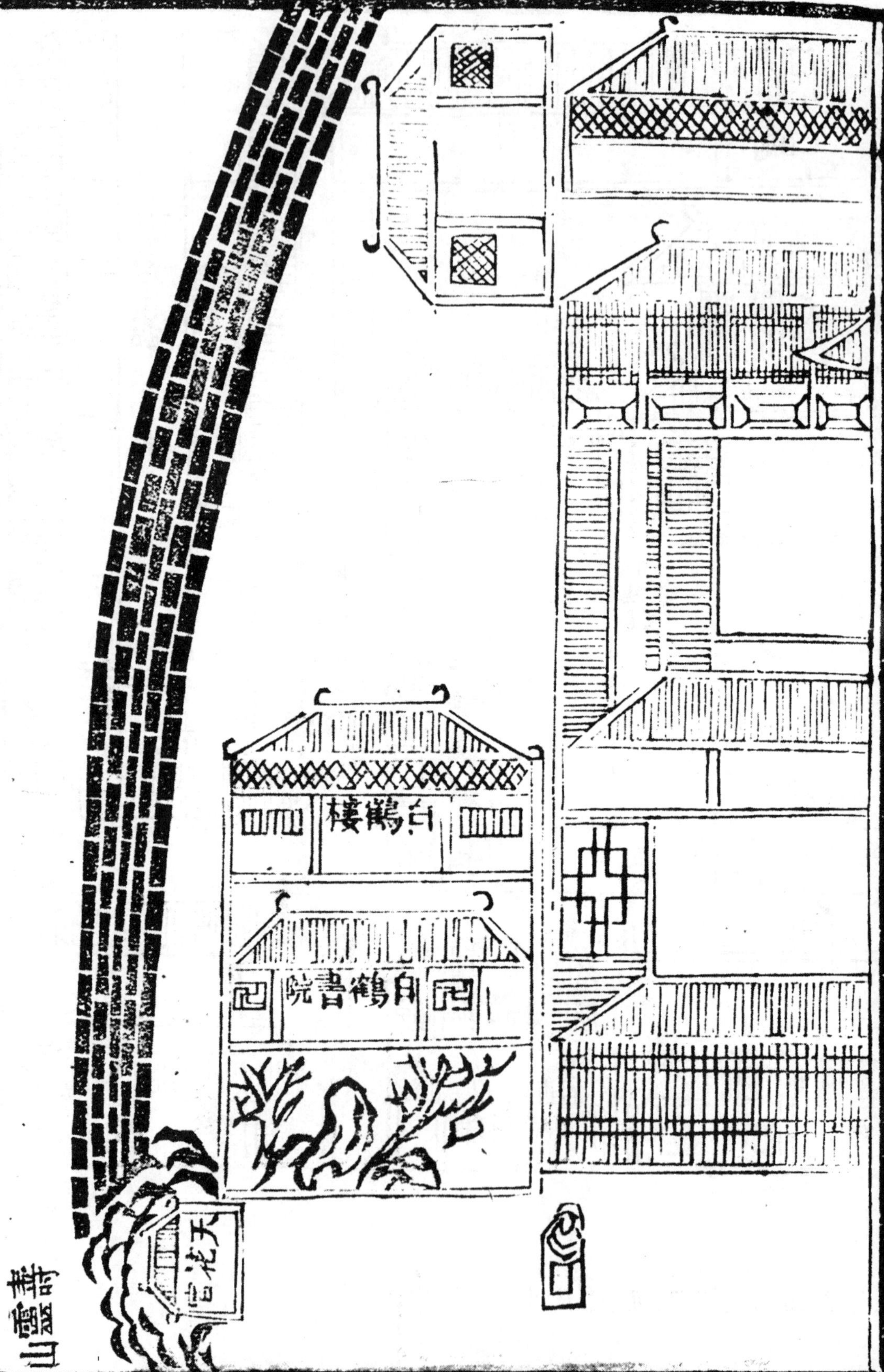
城隍廟圖
白鶴樓
白鶴書院

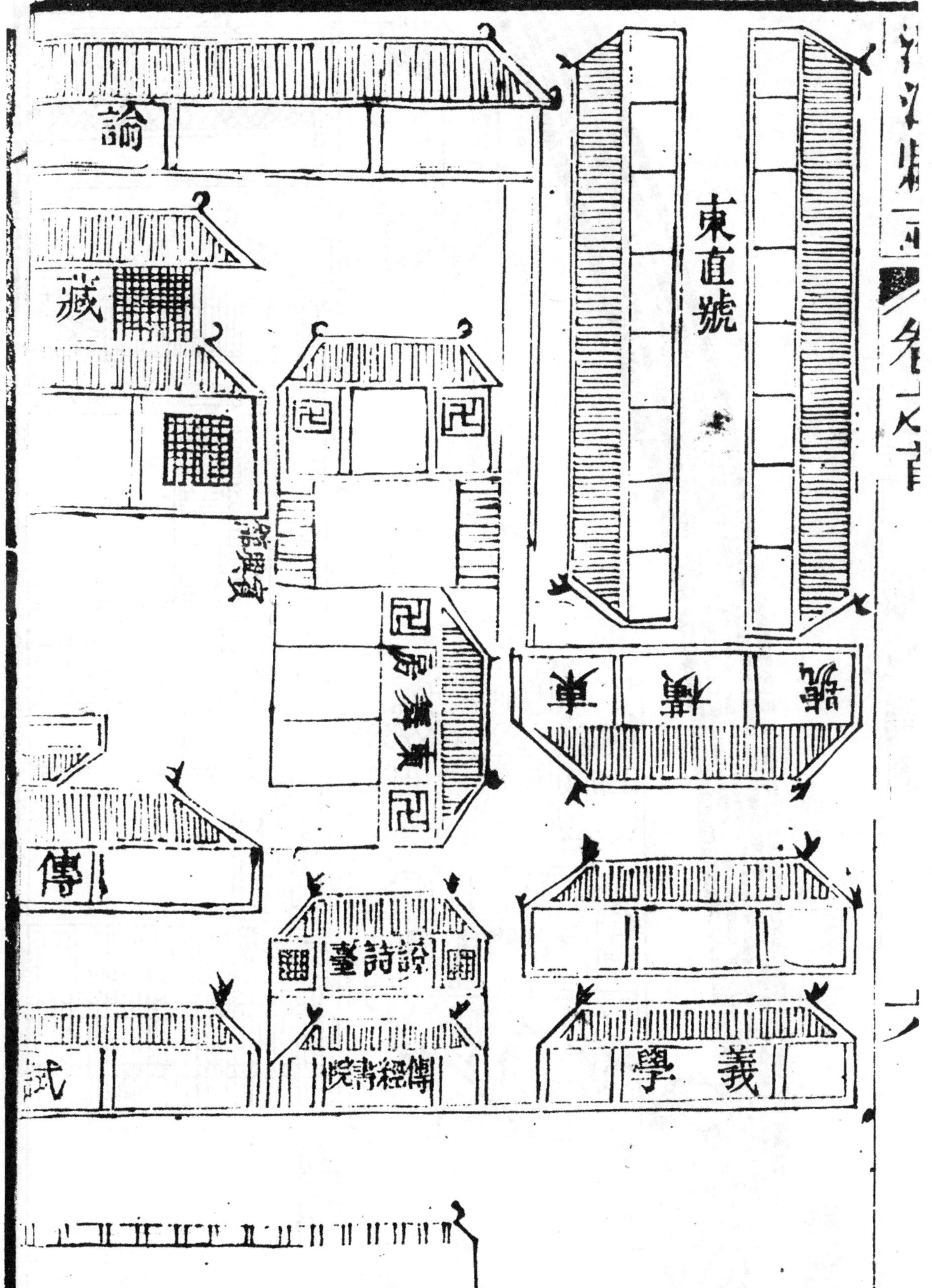
諭
藏
東直號
傳
傳經書院
義學
試

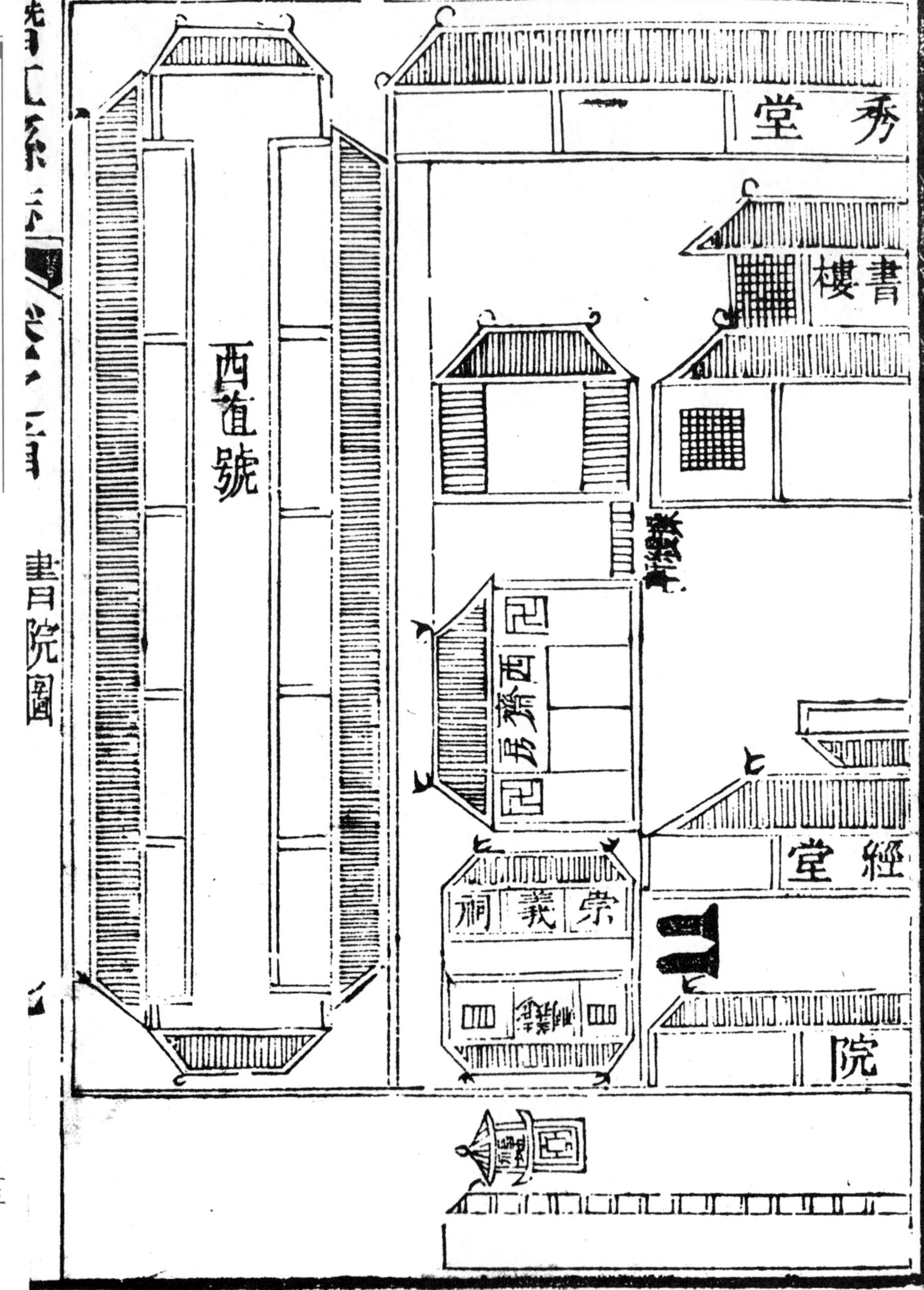
秀堂
書樓
西直號
西齋房
經堂
崇義祠
院
書院圖

潛江縣志　卷七　十

續修潛江縣志姓氏

督修

覃恩二品　誥封花翎知府銜直隸州用署潛江縣知縣史致謨

纂修

已卯科舉人劉恭冕

已未科舉人潛江縣教諭郭士元

監修

五品銜潛江縣訓導李逢紀

提調

潛江縣主簿范應鈞

潛江縣典史趙德秀

編著

誥封奉直大夫候選訓導萬芾

六品銜候選訓導潘希賢

已亥科舉人嘉魚縣教諭杜洁澐

候選訓導唐道顯

生員陳正誠

歲貢生白玉紳

廩生楊孫齡

校正

生員劉緒鴻　增生李孝成

生員賀玉　生員蕭光宇

參議

候選訓導簡光綸

歲貢楊鳳文　歲貢董化南

生員李熙先　生員劉桂馨

生員闕育才

丁卯科舉人戶部主事萬際循

庚辰科進士彭脩

採訪

廩生楊孫瀛　萬燊　李瀚　易祖煐

廩生何兆齡　朱綬清　甘城

歲貢張煥廷　生員賀鑾　彭慶珊

廩貢何培芑　候選從九品潘希哲

五品銜候選藩理問吳德明

清釐公產

武生康大喆

繪圖

貢生黃山龗

謄錄王忠言

舒子敦

繕寫黃岡陶雨田

梓人黃岡陶守坤

陶易廷

潛江縣志續卷之一

縣紀 沿革

潛之名肇於禹貢自宋乾德三年建潛江縣由荆州隸安陸府見前志宋置縣治於豆子湖元徙斗隄由明迄今地方之繁盛人材之挺生蒸蒸日上甲寅一炬官舍爲墟蒞茲土者僦屋而居與復何日跂予望之已續縣紀

沿革

潛俗湻樸各率其親親尊尊之理習俗相沿共安無事而因地制宜時亦與民變革乾隆十九年於高家場新設高鎮司巡檢一員

誌縣署　縣署後枕北郭前臨大街左右腋河捕廳白洑驛傍其東環以官溝後座樓祀衙神樓前川堂處官眷又前二堂堂臨廠苑排列簽押賬房門房居其下樓左書室三楹內署子弟讀書處前接花廳二進紅雨亭舊迹存焉接見賓客於此又左厨房二堂川堂之右另一宅爲幕府以上諸處崇垣横截中闢宅門通出入晨夕啟閉嚴鎖鑰內署無敢擅出者此宅

門内大署也宅門外庫居右而大堂迤其前堂上設煖閣階三級階前捲廊一道木柵圍之木鐸存焉左總房科右茶號廳前竪嘉石肺石東西班房次之房之後爲吏戸禮兵刑工六科辦事處官籤坊樹大堂正中於儀門爲近門左耳房土地祠連其前右獄室招房介其側差役分班以處儀門内之大署又如此門外甬道數丈圍以牆直接頭門鼓樓一座臺門高聳巍然諸侯之制蓋自宋畢漸中狀元始也咸豐四年燬於賊

潛江縣志續卷之二

災祥志

春秋紀災不紀祥無論星隕石言所以誌異卽有年大有年之書胡傳亦謂聖人之意并非記瑞蓋風雷雨雹水蝗旱潦及一切災變正天之藉以示警也作災祥志

嘉靖二十六年鍾祥隄決潛邑塔兒灣亦決下游受水患十八年方輿紀要

二十九年鍾京紅廟隄一帶盡決河北大水

隆慶元年鍾京隄決是年張相國居正援荆府督築南岸沙洋隄遂罹此患時有南邊築了沙洋隄北邊好作養魚池之謡

三年承天守陵内監督築北岸各決隄丁公廟桂公隄劉公菴皆以璫寺主築得名

三十八年周尚書嘉謨疏請築塞泗港操家口等河

四十年汞鎮觀決大水

四十一年趙林灘決潛令王念祖邑太僕寺卿歐陽東鳳請於巡撫錢春掘泗港周少保嘉謨移書止之

六月丙子夜有星如斗光芒十丈許自西南流向東有
聲如雷
崇禎九年八月操家口决兵亂未築鍾京以下葦蘆遍
地盡爲賊藪
十二年已卯秋太白晝見彗出
十三年庚辰京邑草廟聶家趙林等院隄潰連淹十五
載春大風霾雨沙不見人
十四年辛巳春黃霧四塞夏旱蝗十月日食晝晦
國朝

順治二年乙酉大水穀價石至四兩
四五年王家營隄潰河北大水六年冦平始築隄
十二年乙未四月雨雹大水
十三年丙申春三月大風潛江劉侍郎若金請開泗港
塞澤口漢川顧侍御如華疏止之
十五年王家營隄潰河北大水民流
康熙元年聶家灘潰河北大水
十五年丁公廟王家營茅草嶺俱潰河北大水
十六年茅草嶺復潰河北大水

康熙四十八年已丑聶家灘隄潰河北大水
雍正時騎馬隄潰歲大饑餓莩滿道見吳宏培傳
二年甲辰鍾邑隄潰河北大水
五年丁未荆門州沙洋鐵牛寺潰修築不時三湖一帶
盡淤成田
六年戊申大水
乾隆八年癸亥春雨雪連月米貴夏復苦雨
十一年丙寅江陵萬城隄潰邑西南鄉皆淹沒
二十一年丙子園湖垸隄潰

三十年乙酉春三月大風一晝夜
四十三年夏秋大旱飛蝗遍野
五十年乙巳三月雨雹晝晦夏大旱城內外火一日數
發居民遷器物於外數十日乃定
五十三年戊申江陵萬城隄潰潛屬南鄉紅庄等處二
十餘院皆被淹
嘉慶三年戊午白蓮教匪擾潛西北
嘉慶十年乙丑丁公廟隄潰河北大水
十六年監利楊林關潰邑東南鄉被淹

嘉慶十七年壬申有年
嘉慶十八年癸酉大有年
嘉慶二十三年戊寅有年
嘉慶二十四年己卯永豐院郤家榨隄潰水淹五邑三衛二次
嘉慶二十五年庚辰有年
道光元年辛巳水漫騎馬隄直注柴林灘冲斷柴市里許
道光二年壬午鍾邑王家營隄潰河北大水
三年癸未南江蔣家埠隄潰邑西南鄉被淹

四年甲申西荆河西岸周家磯隄潰王家營復潰河北大水
五年乙酉王家營旋築旋潰河北大水
六年丙戌東荆河鄭浦垸朱家灣隄潰是年王家營又決河北大水
七年丁亥南江卞子口隄潰邑紅庄等院皆被淹襄河坦豐垸堤亦潰冲斷蚌湖中街里餘河北王家營未築大水
八年戊子蚌湖隄復潰荆河西岸褚家塲隄亦潰連淹三年歲大荒
十二年壬辰春饑大疫夏秋上游鐵牛關以下連潰十三口河北大水
十三年癸巳春大疫秋大水饑葛柘崔家灘决帶淹黃中等院
十四年葛柘崔家灘又决
十五年乙未夏五月蝗秋大水荆河西岸韓家灣東岸許家塲隄俱潰襄河邱家拐隗家洲秦家塲等處隄亦潰

十六年丙申黃獐院謝氏灣隄潰監邑楊林關潰邑東南被淹不被水者有年
十八年戊戌謝家祠隄潰
十九年己亥襄河北岸張截港高家拐荆河坨埠垸深河潭隄亦潰
二十年庚子太雨連旬襄河北岸高家拐隄復潰張截港亦潰縣河東禪堂口王宅旁亦潰歲大荒
二十一年辛丑夏大水朱家橫隄陶家隄柴家剅隄俱潰深河潭潰冬大雪

二十二年壬寅南江文城隄潰潛屬梅家嘴盧家灘張家拐李家拐周家竹林黃獐工等隄俱潰平地水深二丈餘

二十三年癸卯春三月初八日巳刻有黃氣一道起西北天末少頃狂風大作飛沙走石拔大木壞民居無算自浩口東至蓮花寺約十里被害尤甚秋大水襄河鄢家店東荆河坨埠院鄧宅旁葛柘永豐寺隄俱潰許口莫家潭水溯一丈有零

二十五年乙巳篩子腦潰

二十六年丙午篩子腦復潰

二十七年丁未秋襄河兩岸張截港楊湖秦家場新豐社林甯家土地荆河陶朱埠坨中趙家垴周家磯逼順河東岸仁和周家榨諸院隄俱潰歲大饑民溺餓斃無數

二十八年戊申自三月至七月霖雨不休周家磯坨中院魏家拐隄潰

二十九年己酉春無麥自二月至七月霖雨江漢大漲是時周家磯團湖院嚴宅旁潰斗米錢八百文

三十年庚戌彗星見周家磯黃宅旁團湖院嚴宅旁隄復潰

咸豐元年辛亥荆河東岸南耳院龔渠院朱家拐隄潰逼順河黃中院彭宅傍隄潰

二年壬子大水張截港隗家洲張家拐高家拐淹黃中院彭宅傍隄俱潰茭芭院庠生黃道南生一牛兩頭耳目口鼻皆具旋死黃山俊晨起沐面落髮一莖盆內變爲紡莛置水中流去

三年癸丑冬十一月初六日辰刻河水湧有年

四年甲寅秋彗星四出民人家豬生小豕兩體合一粤匪陷城歲稔

五年乙卯大有年

六年丙辰夏大旱井枯河涸莫家潭水溯一丈有零

七年丁巳春大水無麥夏六月飛蝗蔽天食秋糧幾盡惟黃豆菉豆不食

八年戊午大雨水孫家剅深河潭隄潰

九年己未春三月十二日泮池水湧高數尺夏四月深河潭黃漢院等處隄潰五月蝝生不爲災

十年庚申襄河北岸趙林院荷葉潭隄潰
十一年辛酉八月朔日月合璧五星聯珠是月泗港煙
墪潰黃中院潰冬雨雪冰
同治元年壬戌監利楊林闕潰邑東南鄉被淹荆河東
岸木頭院石家拐隄潰黃中彭宅傍潰
二年癸亥襄河北岸太平院高家拐荆河西岸永豐院
熊家垴通順河東岸義豐院義河口俱潰
三年甲子有年
四年乙丑荆河西岸永豐院沙月隄潰

五年丙寅荆河西岸永豐院沙月隄通順河西岸鄭蒲
院菱角月隄俱潰是年荆潛地生黑毛長一二尺八
月十五日食異常
六年丁卯通順河西岸朱家灣隄潰
八年己巳夏淫雨襄河南岸吳家改口荆河兩岸龔渠
垸汪家場永豐院沙月隄俱潰通順河彭洲大士菴
隄潰沖開彭宅傍隄帶淹黃中等院
九年庚午三月十四日向午有旋風西南來從大泊委
蛇而南形如蓋至鄉東沙嶺則狂飈大作有傾山倒
海之勢村舍搖搖如水蕩舟沙廻礫捲風輪迅疾影
圓直如天柱上有物口與箕埼團團吐黑煙中雜大
小星如自爐出沖突雲霄一時棟折榱崩毀室無算
周灣黃宅老烏柏大可蔽牛連根拔倒地窟深丈餘
張家嘴香菱湖蟻岸小舟斷纜騰半空飄忽反側如
紙鳶之截繫者戴姓九歲兒挈至空中俄復墮地泚
上有小雲圓如蓋下綴龍尾四矯戲水面湖波斗立
三尺許俄而薄雲四布疎雨點點大於錢龍隱旋風
亦息二十四日大雨雹如雞卵壓壞夾洲牛埠兩院

麥苗三千餘畝居民屋瓦皆碎行人傷者無算夏五
月荆河兩岸深河潭垞中院孫家到通順河東岸永
林泗河場隄俱潰彭宅旁復潰
十年辛未秋霖雨深河潭永林泗河場隄復潰
十一年壬申深河潭隄潰水繞城日夜防險冬十月朔
大風發屋拔木湖中覆舟無數
十二年癸酉秋大水
十三年甲戌秋大水護城隄潰城中水深丈餘
光緒元年乙亥監利揚子院易宅傍隄潰潛邑團湖等

院被淹

二年丙子監利砂磯頭潰潛邑團湖等院復被淹

三年丁丑夏大旱河空歲稔

四年戊寅夏四月十四日大風湖中覆舟無數五月大水襄河兩岸楊湖院吳家畋口義豐院千華菴沙窩院騎馬隄荆河東岸深河潭丁家月隄直西院邊江院隄俱潰秋八月霖雨歲歉

五年己卯西鄉貢生董化南田刈粟得三禾皆一莖三穗垂穎尺餘五月十三日地震水溢

分野 見前志

潛江縣志續卷之三

輿地志 形勝 疆域 山川 鄉區

畫地分疆奠厥井邑千古弗易潛無山川流環繞而江漢介居為患一經水泛湖淤為洲陸沈為淵甚至河流遷徙疆域有贏絀鄉區有變更形勝百年轉瞬非昔有長民之責者所宜經理也續輿地志

形勝

荆州為武昌屏藩潛江則荆州東南門戶也漢廣莫逾

加以支流縈繞雨潦動為澤國連騎疊轂殊難齊驅以故髮逆捻匪窺伺荆州至潛俱為鄉勇所扼

疆域

道光二十九年襄水流潰楊隄灣順流至聶家場直瀉河遷十餘里京山之呂家灘逾河而南而潛江長堖光澤兩院田之崩於京山者亦不少

山川

潛県無山昔人詠県云荒城可當山今並荒城無之前志載道隆嶺在縣南五里今遺址不復可尋惟南有

劉巷嶺其地頗高在崔家院下去城八里

流河淤塞水失故道自昔已然咸豐初田關淤高西荆
河至高家場一帶俱湮
同治三年沔陽州人夥衆築壩於義河口縣河爲其所
塞至排沙渡縣河分支之通順河亦廢而縣河下流
之班灣河沙口河盡皆斷流矣

龔家渠在縣西南小河數道衆流所滙幾成澤國今淤
成院

崔家院黑老湖今淤

沱埠淵今淤

妙庭觀之前池崩入縣河遺址俱不可考

淨水池在大佛寺今毀四望皆水失池所在

獁猖湖在縣治西門外毗連南北環繞城垣邑人黃玉
潭吳文麒有獁猖湖打魚歌載藝文志

鄉區見前志

潛江縣志續卷之四

建置志　城郭　縣治　公署　官宇　倉厫
鋪舍　驛司　關廂　街衢　坊表
井　橋梁　津渡　市鎮　兵防

地瘠民貧兵燹後陽侯繼虐旱潦不時念前人創
建之艱與今日措置之不易浩歎曷勝然備歷艱
虞轉想望昔時之盛自城郭以及兵防前志之載
其興者頹廢堪傷爰備錄之以俟復古之君子續
建置志

城郭

潛城自土而磚建縣以來四次修築計廣周圍九百二
十八丈高一丈七尺建後被水嚙崩移築縣市中其
門由四而六而七蓋東西南北四門外增以朝宗通
會二門今又增關厢門也洩水石到三其在通會門
者早塞在南門者城圯而城內外之水相連現惟存
城隍廟前一到顧昔日之城縣河水大患在東北今
日之城荆河水大患在西南積水浸沈傾頹過半邑
人屢請重修不果自護城隄潰盡崩入水稍剩脚磚
亦填街溢巷不能復用今知縣史公於孔道就民居

樹柵以待暴客亦權宜之策也

縣治

縣治咸豐四年燬於髮逆內治廷堂及治左典史公廨白袱驛室俱燼惟頭門鼓樓尚存復圮於水歴任知縣僦居賓興舘招租房屋咸豐七年土匪刼獄燒大堂知縣熊重修同治十三年被水後知縣戴又復修葺

公署

學署詳學校志

主簿署不見舊志向在縣治西王太史夢樓題聯於門曰無負有司稱守土此間先務慎防川以警其弟文明主簿圮於水遷火星廟街復被水圮今租住正街民房

典史署在縣治左被燬後今遷文昌宮歲修租房在小東門

城守署向在城隍廟街圮於水今租住咸甯公所

官宇

祝聖苑在縣治照牆左康熙二十四年邑進士彭峻齡等以潛江積獘上聞奉 旨允錢糧官徵官解夫馬官當官養花戸自封投櫃永革排年里長泐石縣署照牆外後遷署左横街建院局之顏曰祝 聖今苑燬碑亦仆

田關公廨舊係荆南道設在梅家嘴荆河東西分支處稽察非常原係要務後荆河漸淤水道不通遷田關上二十里之興隆鎮前臨荆河口後據吳家潰口征稅較多云

育嬰堂

堂在火神街正屋三間坐南朝北階前隙地二分小門樓一座圍牆四面向係充公房屋日久欹傾道光已酉歲饑遺嬰路左西庠生潘振魁具稟知縣彭蒙批給與添料修葺永作育嬰堂在案魁當捐貲 十千有零修補完善選雇乳母收嬰兒育其內復募同胡福全劉高元余煥章熊春和曾岱山等輪日供給貲用一時全活甚眾咸豐四年知縣龔建白洑驛於其後向當年首事紳耆借此堂暫爲驛舍許以籌款給還

陰陽學醫學向在儒學內文昌祠左右今廢

僧會司舊在大佛寺道會司舊設妙庭觀元妙觀今三廟廢僧會道會之勝任者各於本廟任事

養濟院康熙三十四年建知縣呂公題聯於門口看諸君膓滿膓肥此日應餐常住飯想一樣鐘鳴鼎食前生都是宰官身道光時由城隍廟後遷西隄今廢無存

接官亭在策口河濱道光時知縣龔捐廉重修今無存

鄉約所今廢

倉厫

自廣儲五倉廢康熙三十一年知縣劉建恒豐倉於西城灣之糧倉街積糴穀以貯髮逆之亂罄數一空倉屋亦被燬食爲民天菜色可慮安得有復其舊者

鋪舍

鋪舍名仍前而永充徭編今未之見

驛司

白洑驛今遷大西街後抵火星街暫借育嬰堂爲驛中辦事處中設祠以祀馬神

關廂仍舊

街衢

縣治前一字街今廢其前滙水橋西出之城隍廟街舊名同仁街亦廢

關廟街今通關廂門直出

東街西街今稱大東門街大西街前東街前西街今稱小東門街小西街通會門今稱小東門

北門外街分前後街舊志稱抵策口者今前街也城中被水各商移市隄上自北門起至南隄貿易萃焉本

當日之東河街今稱隄街矣

坊表

前志稱近制裁減不如古無建坊者是以　國朝科名仕宦如朱劉莫涂等家實與前明相埒均未立坊其節孝之奉　旨旌表者間一立坊而力或不足亦有待焉題名坊在學宮櫺星門外泮池東西上題邑中鄉會中式及五貢年分不知始自何年前志未載嘉慶二十五年重修今咸豐八年重修

劉湖劉氏題名坊在大西街劉氏宗祠前

志凜冰霜坊在糧倉街乾隆三十八年爲節孝婦劉管氏立

瑶池冰霜坊在大街口乾隆四十二年爲節孝婦劉張氏立

義烈昭垂坊在北隄邊爲節烈婦李章氏立

節孝坊二在淌西之張家港一爲武進士張代守妻孫氏立一爲廪生張承寗妻王氏立

節孝流光坊在滙水橋下正街爲鄭袁氏立

井

前志載五井今惟劉公井存改名通政井新掘者二一在大西街咸寗公所一在大東門萬宅後

橋梁

滙水橋在城中正街城隍廟街口城東北隅水滙此出城隍廟石刻故名

大通橋在城隍廟前荷花池通西北往來之道架橋其上旁有石欄今圮於水

麟鳳橋在同仁書院後今廢

舊志南橋在南門外通荆州護城隄潰橋圮光緒二年重修

南隄外登雲口橋通荆州深河潭隄潰衝流成谿江西客民熊裕茂倡義捐修

文明橋跨東隄爲馬昌院出到水道創建有年同治七年范道高重修安陸縣教諭郭美彦紀以碑同治十二年復圮於水葛柘院文童易德鑑母戴氏更葺之

北河口橋同治　年彭遺遠建

東津橋在東門外架木跨河爲武漢至荆州要道咸豐五年建光緒五年熊裕茂吳永發重修

莫老潭橋亦係武漢荆沙通衢康熙初年黃花葛柘二院公建道光二十八年重修

沙　橋在永寗院

楊家橋在長湖院乾隆時建

磚橋在磚橋院同治八年邑人劉昌英郭錫輝倡捐重修易以石

左家橋在仁和永寗院界通天門驛道

禪堂河口橋

彭仙口橋

刁家廟橋

劉家場橋

以上皆跨東河架木爲之勢如半虹

津渡

河有通塞津渡亦因之改移自汚人築壩於義河口而縣河斷流竹根灘渡北關渡東河渡班灣渡無有也自田關淤而周家磯渡無有也餘有新設渡者非當通衢孔道時有時無殊難備悉闕以俟補

市鎮

長壋鎮 在縣西七十里荷花月隄咸豐甲寅燬於髮逆今遷長一外灘

陶朱舖 通判門州見前舖舍今成市道光己卯郭捐修石街

劉家場 在縣東三十里康熙十一年興上爲永豐場下爲李家集今統名劉家場甲寅兵燹房屋被燬漸不如昔

新興場 舊在永靖洲道光二十年移新豐院

漁洋鎮 在邑東五十里團湖院[illegible]八年興

蚌湖鎮 濱襄河道光八年漢決中衢斷三里許分爲上蚌湖下蚌湖而河流漸移遂成陸鎮

范家新場 在官莊院通黃家場至高鎮路同治六年興

鄢家集康熙五十八年謝玉鉅創興在襄河荆河分界之所商賈雲集稱繁盛焉官廳塘洸向設對河北岸澤口乾隆三十二年河形改變始遷移南岸鄢家集嘉慶十三年襄水浩大將集中間沖斷僅存上下街咸豐十年荆河淤塞 奏請移田關於鄢集

竹根灘明初時劉簡興集迨康熙間簡孫劉逵徙遷至通順河邊底址柴林灘

慶豐樓於道光元年騎馬隄潰街衖兩斷惟大興隆社存自後重建由此大興街成

劉家集 在永豐院大士菴旁同治六年興

新楊家場 在紅庙院明時歐陽氏興

馬家場 即舊志紅壁剅

馬王廟 在城東北永寧院潛天接壤立有界碑

七里新場 在城南三十里

三合場　在城北二十五里

六合場　在城北三十里

四合場　在城東十里

莫老潭　在城東五里

楊林口　在城東北十里

左家場　在城東十五里

吳家場　在城西南二十五里鄉林院

陳家場　在城東二十里

譚家場　在縣東南塹泥湖

快船灣　在縣東西四十餘里

黃家場　在縣西北二十里

義和場　在長三上院光緒五年新興

潛江縣志續卷之五

學校志

人倫明而人材盛士氣之振興端由學校潛自建縣以來儒學規制較他邑獨宏創建俱載前志而自康熙三十三年後迭有興廢文運亦因之盛衰蓋感應固不爽矣推之書院社學義學咸視諸此

續學校志

大成殿　嘉慶二十四年副貢萬錕偕邑紳勸捐並儒學內概行修葺咸豐四年燬於髮逆八年邑紳萬時

醕宋承湘劉開益楊玉成范明紱潘希賢等稟請知縣林籌費修理　聖宮各處重修　大成殿　至聖先師木主及四配十哲均照舊志所載自康熙三十三年後升列哲位者亦遵　例分列

先賢有子

先賢朱子

東西廡　嘉慶二十四年守備張萬榮修咸豐四年燬八年重建兩廡先賢先儒木主座位俱載舊志除有子朱子升列哲位外其在康熙三十三年後從祀者

亦遵　例分列

東廡先賢

公孫僑咸豐七年從祀　林放雍正二年從祀　顔何同上

縣亶同上　牧皮同上　樂正克同上

萬章同上

東廡先儒

毛亨同治二年從祀　鄭康成雍正二年從祀　范甯同上

陸贄道光六年從祀　范仲淹同上　謝艮佐道光二十九年從祀

李綱咸豐元年從祀　陳湻雍正二年從祀　何基同上

文天祥道光二十三年從祀　趙復雍正二年從祀　金履祥同上

陳澔同上　方孝孺同治二年從祀　羅欽順雍正二年從祀

呂枏同治二年從祀　劉宗周道光二年從祀　孫奇逢道光八年從祀

陸隴其雍正二年從祀

西廡先賢

蘧瑗雍正二年復祀　秦冉同上　公都子雍正二年從祀

公孫丑同上

西廡先儒

劉德光緒三年從祀　諸葛亮雍正二年從祀　韓琦咸豐二年從祀

尹焞雍正二年從祀　袁燮同治七年增祀　黄幹雍正二年從祀

魏了翁同上　王柏同上　陸秀夫咸豐九年從祀

吳澄乾隆二年從祀　許謙雍正二年從祀　曹端咸豐十年從祀

蔡清雍正二年從祀　呂坤道光六年從祀　黄道周道光五年從祀

輔廣光緒五年從祀　陸勢儀光緒元年從祀　張伯行光緒四年從祀

湯斌道光三年從祀

大成門　監生彭元紹修有碑道光二十四年教諭胡

訓導王捐廉修咸豐八年重修

泮池　嘉慶二十三年貢生別有綸修光緒元年知縣

王諭候補都司關俊才重修

內泮池月弓橋及櫺星門　節婦別李氏方氏修知縣

劉公澍製碑文未泐石咸豐八年光緒元年重修碑文

載藝文志

知縣劉公澍修泮池碑文

建不朽之盛事發潛德之幽光作者無成心信者傳義

舉焉潛邑學宮在縣治之東屢修屢圮歲庚午邑紳士

萬錕劉廷銓等首議捐修幸年穀順成鳩工庀材廟貌

一新而泮池甃石沈埋而未葺也貢士別有綸慨然以

修復爲已任甫舉事而殁子亦早夭妻李氏曰捐修泮池我夫子之志也可以沒而忽諸爰請生之業師萬方治謀修葺之綜理其事於櫺星門題名坊圜墻之功未興也並獨任捐修之功助及千金是能卽其夫未完之心而擴充之可謂義舉矣向使別生而在推其好施樂善成讀書稽古之榮必將致身鐘鼓辟雍間圜橋門而觀鐫其名於千佛名經之碑游金門步龍津氏以貞靜之德相夫子以有成方將翟茀揚徽鸞章膺寵蘋藻勷於祭蘭桂繞於階豈不盛歟乃士也不祿所以更腐朽

而新之起頹敗而成之者竟出於孤孀怛悼之餘成夫子未竟之志嗚乎此其堅貞之行可與泮池之石共垂不朽矣後之賢者見夫白虹半環丹囊高峙讀貞靜之傳述景婦德之懿嘉以覘夫坐擁厚貲遇有公舉再三勸論齟齬不前者豈可同日而語哉異日年例相符告於朝旌於門家乘傳爲盛事而別生亦因之不朽矣予蒞兹土憫生之志嘉氏之節見其行可垂諸不朽而樂爲之述其潛德也是爲記

崇聖祠 嘉慶二十四年通判郭宗曜修咸豐八年重修舊額啟聖祠祀叔梁公雍正元年更今名封孔子先世王爵合祀五代崇聖正位及配饗從祀俱遵新例

肇聖王木金父公

裕聖王祈父公

詒聖王防叔公

昌聖王伯夏公

啟聖王叔梁公

東配

先賢孔氏孟皮咸豐七年配饗　先賢顏氏

先賢孔氏

東廡

先儒周氏　先儒程氏

先儒蔡氏

西配

先賢曾氏　先賢孟孫氏

西廡

先儒張氏雍正二年從祀　先儒朱氏

學校表

紀朝	封謚	崇祀	立學	賜予
周 魯哀公十七年		立廟孔子舊宅		
漢 高帝十二年		以太牢祀孔子		
武帝			命天下郡國皆立學校	
平帝元始元年	追謚爲襃成宣尼公追封孔子均爲襃成後世裔			
平帝元始三年			詔立學宮郡國曰學侯國曰校命郡縣行鄉飲禮於學校	
明帝永平二年己未		以周公孔子并祀於郡縣學		
安帝延光二年甲子		祀孔子及七十二弟子於闕里		賜襃成侯以下帛有差
和帝永元四年	封孔損爲襃尊侯			
魏 文帝黃初二年	以孔羨爲宗聖侯			
齊王正始七年		以顏淵配		
晉 武帝大始三年	封宗聖侯孔震爲奉聖亭侯			
七年	太子釋奠			
惠帝元康三年	太子釋奠			
元帝太興二年	太子釋奠			
靈帝光和二年			置賢門學畫先聖及七十二弟子像	舞六佾設軒懸之樂
太始元年			命天下皆修學校	
宋 高祖九年			詔有司立學	
文帝	太子釋奠		舞六佾設軒懸之樂	
梁 武帝天監四年			立孔子廟	
陳 廢帝光大二年	封孔英哲爲奉聖侯			
魏 孝文太和十九年	封孔珍爲崇聖侯			
文成帝		敕有司行薦享禮		
孝文帝延興元年	謚文聖尼父	以顏子配		
北齊	封三十一代孫爲恭聖侯	詔月朔行禮		
北周	封孔子後爲鄒國公			
隋 文帝	謚宣聖尼父	詔州縣學以春秋二仲月上丁釋奠		
唐 武德七年		親臨釋奠	詔諸州縣並令置學	
太宗貞觀二年	尊孔子爲先聖顏子爲先師	罷周公祀令夫子下四時專祭孔子		
十一年	封孔德倫爲襃聖侯			

二十年

詔諸州刺史爲初獻上佐亞獻博士終獻縣學令初獻丞亞獻簿終獻

二十一年

詔以左邱明卜子夏公羊高穀梁赤伏勝高堂生戴聖毛萇孔安國劉向鄭衆杜子春馬融盧植鄭康成服子愼何休王肅王輔嗣杜元凱范甯賈逵并從祀

高宗乾封二年

尊爲太師

天授元年

封道隆公

總章元年

贈顔子少師　曾子少師

元宗開元八年

以曾子配享圖七十弟子及二十二賢於壁立十哲坐像曾子特坐從祀製顔子贊令文士分贊題壁幸孔子宅親奠遣使以太牢祀墓

令天下州縣立學

開元十三年

開元二十七年

追封爲文宣王服王者袞冕顔子兖國公閔損等九人皆侯曾參等七十子伯嗣褒聖侯封嗣文宣王

令貢士釋褐謁

樂用宮縣舞用八佾

後周廣順元年

幸闕里廟奠祭皆再拜或言天子不當拜曰夫子聖人也百王取則安得不拜

宋

太祖建隆二年

三年

太宗興國三年

詔孔宜襲封文宣公

親撰文宣公二贊

賜曲阜令孔仁玉緋魚袋

端拱

至道三年

免孔氏廟調

眞宗大中祥符元年

加謚元聖文宣王後改稱至聖加冕服九旒九章桓圭用玉追封叔梁紇齊國公顔氏魯國公夫人幵官氏鄆國夫人封閔損以下公七十二賢俱列侯配享命中書門下撰諸賢贊王旦撰顔子贊左邱明以下至范甯二十一人皆伯王肅司空杜預司徒命羣臣贊之

幸太學賜太學御書六經

太中祥符二年

詔太常禮院定州縣釋奠禮器數先聖先師每座酒罇二籩豆各八簠簋各二俎三罍洗篚各一燭一巾各共二

		爵共四從祀諸座各籩二各豆簠簋一各俎爵燭一		
仁宗景祐元年		命藩府皆立學		詔用篆歌賜飛白書殿榜金字篆牌
慶歷四年		詔太學特再拜	以范仲淹請詔州縣學興學校	
至和二年	封孔氏愿為衍聖公			
神宗元豐六年	封孟子為國公			
元豐七年		以孟子配享荀況楊雄韓愈從祀		
哲宗元祐六年		幸太學釋奠一獻再拜		三賜田敕守廟戶五十八
徽宗崇甯元年	封孔鯉泗水侯伋沂水侯			
崇甯四年	加冕十二旒服九章			
大觀二年		以子思配享		
大觀四年	詔執鎮圭用王者制			增廟戟二十四
政和三年		以王安石配享子雱從祀		
高宗紹興	孔氏挈族於衢以孔玠襲封			
紹興四年			令府州縣皆置學	
紹興六年				賜衍聖公孔玠衢州田
紹興十二年		幸太學步趨大成門外執爵灌獻製文宣王贊及七十二子贊		

理宗淳祐元年		褫安石與雱祀兩廡列周程張朱		
景定二年		加張栻呂祖謙爵伯從祀		
度宗咸淳三年		以顏回曾參孔伋孟軻並配享升顓孫子十哲邵雍司馬光從祀		
金 天眷三年	詔求孔子後於山東以四十九代孫璠襲封衍聖公			
大定四年	加服十二章繅斿九就顏孟章服皆用九			
元 成宗大德十一年	加號曰大成	勅到任官先詣聖殿著為令		
仁宗皇慶二年		以許衡從祀		
文宗至順	加先聖父為啟聖王母為啟聖王夫人顏子兗國復聖公曾子郕國宗聖公子思沂國述聖公孟子鄒國亞聖公			
明 洪武元年		詔天下儒學各建先賢祠春秋附祭制春秋二丁釋奠丞相初獻翰林學士亞獻國子祭酒終		蠲其子孫賦給酒掃役戶八百

洪武四年		獻遣子祭闕里定釋奠祭器各爲高臺其籩豆盤盞以瓷代牲用熟		樂用六奏
洪武五年		罷祀孟子祀尋復		
洪武六年				學士詹同樂韻鳳上釋奠樂章定舞六佾
十四年		文廟成遣官以太牢祀神主詔以後像毋用土繪		
十五年			頒禁例勒石於明倫堂謂之卧碑	
十七年			詔天下府縣立學賜學糧增師生膳勅每月朔望府縣官以下詣學行香	
二十六年				頒樂器於天下
二十九年		罷楊雄祀進祀董仲舒		
永樂四年	服皮弁行一奠四拜禮			
宣德八年	正文廟繪像衣冠			孔諤會試京師詔賜進士郎授春坊中允
宣德十年		以吳澄從祀		
正統元年		定從祀名爵位次		優免先聖子孫差役
二年		禁祀孔子於釋老宮進胡安國蔡沈眞德秀從祀		
成化元年		以楊時從祀		
宏治九年			幸學	加牲用樂

十二年	少詹事楊守成請追崇帝號祭酒周洪謨請改大成至聖文宣王爲神聖廣運帝上書周幹駁之	上親釋奠太學詔衍聖公及三代子孫聽講賜冠帶有差		命孔氏世舉一人爲曲阜令公親弟承子思爲翰林五經博士其房衢州者亦世襲博士
嘉靖九年	改稱至聖先師孔子四配爲復聖顏子宗聖曾子述聖子思子亞聖孟子從祀弟子爲先賢左邱明下稱先儒去塑像易木主罷封爵	改大成殿爲先師廟門爲殿門祭用籩豆八佾舞六四配籩豆六十哲籩豆四兩廡如之佾舞六罷申黨公伯寮秦冉顏何荀況戴聖劉向賈逵馬融何休王肅王弼杜預吳澄從祀林放蘧瑗鄭元鄭衆盧植服虔范甯各祀於其鄉進后蒼王通胡瑗歐陽修陸九淵從祀專祀啓聖公以顏無繇曾點孔鯉孟孫氏配享以周輔臣程向蔡元定朱松從祀		
隆慶五年		進薛瑄從祀		
萬歷十二年		進胡居仁陳獻章王守仁從祀		樂用六佾選民間子弟充之
四十二年		以羅從彥李侗從祀		

國朝順治九年壬辰			頒御製卧碑於郡縣明倫堂左	
聖祖仁皇帝康熙二十年甲子		幸闕里御製詩勒石孔林		
二十四年乙丑			勅懸御書萬世師表於天下文廟	
四十一年			頒御製訓飭士子文	
五十一年		升祔先儒朱子於十哲之次		
五十四年		以范仲淹從祀		
世宗憲皇帝雍正元年	追王五代改啟聖為崇聖	增宋儒張迪從祀崇聖祠	勅懸御書生民未有額於天下文廟	詔聖廟特設執事官三品二人四品四人五品六人七品八人八品十人九品十人悉以孔氏子孫為之
雍正二年	復增蘧瑗林放秦冉顏何鄭元范甯從祀進牧皮公孫丑公都子樂正克縣亶萬章諸葛亮尹焞魏了翁許謙羅欽順黃幹何基趙復金履祥陳澔滐蔡清王柏陸隴其從祀			
四年	詔避孔子聖諱除闕丘外餘俱加邑旁			詔以韓愈後裔世襲博士
高宗純皇帝乾隆三年		升有子於十哲中復以吳澄從祀	勅懸御書與天地參額於天下文廟	
仁宗睿皇帝嘉慶　年			勅懸御書聖集大成額於天下文廟	

宣宗成皇帝道光二年		以劉宗周從祀	勅懸御書聖協時中額於天下文廟	
三年		以湯斌從祀		
五年		以黃道周從祀		
六年		以陸贄呂坤從祀		
八年		以孫奇逢從祀		
二十三年		以文天祥從祀		
二十九年		以謝良佐從祀		
文宗顯皇帝咸豐元年		以李綱從祀	勅懸御書德齊幬載額於天下文廟	
二年		以韓琦從祀		
三年		以公明儀從祀		
七年		以公孫僑從祀		
九年		孟皮配享崇聖祠以陸秀夫從祀		
今上同治二年		以毛亨方孝孺呂枬從祀	勅懸御書聖神天縱額於天下文廟	

名宦祠　嘉慶二十四年李維新閤族修咸豐八年重
建　　元　知縣明安達爾
國朝補入
吳　琠原任湖廣總督　　郭世隆原任湖廣總督
額　倫原任湖廣總督　　楊宗仁原任湖廣總督
陳　銑原任湖北巡撫　　吳毓珍原任湖北巡撫
張道祥原任湖北按察使司　　葉映榴原任湖北督糧道
顯　謨原任湖北荆南道　　劉兆麒原任湖北巡撫
張朝珍原任湖北巡撫

忠孝祠　嘉慶二十四年修咸豐八年重葺
明福建都指揮僉事佘隆　　明長淮指揮僉事佘威
明儒士楊自騰　　明鄉民游鵬
明盱眙縣知縣歐陽燧乾隆四十一年賜謚忠愍
明舉人朱士完乾隆四十一年予祀忠義祠
清勅贈按察司僉事原任平樂縣知縣涂起鵬嘉慶十六年補給恩騎尉世襲罔替　以上忠
明舉人初言　　明儒士郭鑛
明中港鄉人柴浩　　明廩生謝復清

明太平鄉廖定安　　明廩生周淑元
明長樂鄉何瓚　　明方厢鄉張鈞
明舉人何翰　　明龔本源
明儒士高如岐　　明儒士邱甡
明庠生朱士弘以上孝
節烈祠　嘉慶二十四年奉祀生歐陽樹運修咸豐八
年重葺舊志未載今就已入祠者載之其奉　旨而
未入祠者從緩
邑庠生張昌琳妻曾氏　　庠生黃開枯妻郭氏

庠生鄭孝中妻袁氏　　武進士張代守妻孫氏
廩生劉湛妻胡氏　　庠生歐陽賛妻謝氏
儒童莫其潮妻劉氏　　儒童田曰臣妻龔氏
庠生李之英妻章氏　　廩生許應知妻楊氏
廩生張承寗妻王氏　　庠生謝知琫妻鄒氏
儒童劉運衢妻管氏　　庠生鄒官妻朱氏
監生張向榮妻楊氏　　儒童鄒時顯妻許氏
儒童董玖儒妻鄒氏　　儒童李焜聘室謝姑
貞烈吳幺姑　　儒童何復春妻李氏

儒童宋明訓妻何氏　儒童賀中華妻莊氏

神厨神庫　今未復

存貯樂器祭器所　在東西廡側咸豐八年建

宿齋所　在名宦祠左咸豐八年建

照墻　光緒元年重修

尊經閣　咸豐八年重修上有接黃衣枝四字扁書

國初頒行各經書今無存

明倫堂　咸豐八年重修內存各碑記屏書　聖經知縣陳煥世墨迹明倫堂額知縣王又旦書前臨隨處體認天理六字邑明參政袁國臣書刻石列大成殿座墻後

學署　遷明倫堂左右東齋在忠孝祠左咸豐八年修光緒元年建頭門西齋在節烈祠前咸豐八年重建後水圯今西學就尊經閣暫住

敬一亭今廢

道義門　咸豐八年重建

文昌祠　向遷東門外詳下饗祀志

大奎閣　隨文昌宮遷

福德祠　在黌門外咸豐八年創建

黌門　咸豐八年重修

儒學頭門　咸豐八年重修　光緒元年升基高八寸

射圃　明成化十五年建在學宮內久廢宜復

題名坊　舊志不載不知起自何時嘉慶二十五年別姓修咸豐八年重修至今坊存宜題名

學規

順治九年禮部

題奉

欽定條規約八款

頒刻學宫卧碑

朝廷建立學校選取生員免其丁糧厚以廪餼設學院

學道學官以教之各衙門官以禮相待全務養成賢才

以供朝廷之用諸生皆當上報國恩下立人品所有條

教開列於後

一生員之家父母賢智者子當受教父母愚魯或有非爲者子既讀書明理當再三懇告使父母不陷於危亡

一生員立志當學爲忠臣清官書紀所載忠清事蹟務須互相講究凡利國愛民之事更宜留心

一生員居心忠厚正直讀書方有實用出任必作良吏若心術邪刻讀書必無成就爲官必取禍患行害人之事者往往自殺其身常宜猛省

一生員不可干求官長結交勢要希圖進身若果心善德全上天知之必加以福

一生員當愛身忍性凡有司衙門不可輕入既有切已之事止許家人代告不許干與人辭訟他人亦不許牽連生員作證

一爲學當尊敬先生若有問皆須誠心聽受如有未明從容再問毋妄行辯難爲師者亦當盡心教訓毋致怠惰

一軍民一切利病不許生員上書陳言如有一言建白以違制論黜革治罪

一生員不許糾黨多人立盟結社把持官府武斷鄉曲所作文字不許妄行刊刻違者聽提調官治罪

學額 係大學額舊例取進新生十五名

咸豐八年奉文内開紳民團練出力加廣文武學各一名

是年奉

學憲馮 歲試取進文武學各十六名

咸豐十年奉文内各開紳民捐輸請廣永遠文武學各一名一次文武學各一名是年奉

學憲俞 科試取進文學十八名

同治二年奉

學憲孫　歲試取進武學十八名

同治三年奉文內開各紳民捐輸請廣永遠文武學各一名一次文武學各二名四年奉

學憲孫　歲試取進文武學各二十名

同治六年奉文內開各紳民捐輸請廣永遠文武學各一名一次文武學各一名七年奉

學憲張　歲試取進文武學各二十名

光緒元年奉文內開各紳民捐輸請廣永遠文武學各九

名二次取進是年奉

學憲王　歲試取進文武學各二十六名

光緒二年奉

學憲王　科試取進文學二十二名

光緒四年

學憲梁　歲試取進武學二十一名

學田稞光緒二年縣主王公方田暨兩學師諭紳首查清

崔北田貳形共計肆畝伍分劉榮榜捐

交灣院田拾形叁拾叁畝上貳形下捌形相連吳永發捐作歲修

紅花東三捲田貳形叁畝劉世邦捐作歲修

黃漢院田陸畝肆分

河汊院田貳形拾捌畝

古隄院田伍畝生員賀玉捐作歲修

上江院田玖拾畝零壹分康熙年生員程念濟捐作內學科歲卷價

以上交灣紅花黃漢河汊古隄上江六院均係新增學田

書院

邑書院之見前志者石橋陽春同仁中洲四書院久廢

白鶴書院藉元姚文恪公燧白鶴樓爲之亦廢今惟傳經書院存焉

傳經書院詳前志乾隆己卯知縣南州曾公倡捐置館廪一時邑人捐買田畝房屋收租稞爲經久計定章二月開課冬月停課月朔官課縣主評文優加賞賚望日堂課紳首擇優品學者先年禀請縣主捐廉延訂俟經費充裕再由邑中籌備修金惟每年酌送薪水錢一百二十串函請住院主講並杜乾館短局兼攝諸弊挾薦函來者已蒙前憲杜公如愚於乾隆二

十年批准自擇明師在案陳公煥世申杜弊實撰文
泐石迄今一遵舊章田稞房租備薪水膏火歲修者錄左
書院山長薪水項下
東湖院田壹形捌畝捌分玖釐伍毫 鄭貞吉田捐
曹灘田壹形叄拾叄畝 除大路外存實田 係曹熊二姓爭淤歸公
黃漳院共田貳拾陸形計捌拾柒畝捌分
鄭蒲院田伍形共計陸畝捌分
社林下院田貳形共計壹拾貳畝 劉姓捐
小白湖田叄形共計貳拾陸畝 黃姓捐

坨埠院北捲田貳拾壹畝壹分捌釐 連沙水共拾壹形
荷湖院田連界叄形叄畝伍分伍釐 劉姓捐
永寧院田伍畝肆分
坨埠院基地壹形壹畝貳分 張姓祠堂歸公
膏火項下
鄉東院蕭家嘴田叄百陸拾畝
左場舖面屋陸間基地壹形田陸形壹拾壹畝柒分玖
釐叄毫
衙署租銀陸拾兩閏月加增 前任安陸府龔煥枝捐另外一半歸賓興

劉家場鄒白茂息母錢貳百肆拾串整 咸豐四年兵燹失後追復取息
紅花東院田壹形拾壹畝叄分 邑紳劉世蕙捐
在城小街口上首舖面貳間又貳間壹進叄層租歸賓
興各半 孫王氏捐兵燹後燒燬經首士修復
賓興館 在書院藏書樓左同治十二年紳首即書院
厨房爲之所有賓興費田稞房租按季收存登賑積
貯於鄉試年七月初一憑公清算交科試批首解省
給發向例由書院紳首代理今賓興愈多賑務繁重
公議另擇紳首經管田稞房租及生息錄左

社林上院田肆形共田伍畝伍分陸釐 係戴正榮田歸公
鄭蒲院田壹形壹畝零伍釐 崔家院田壹形拾捌畝
鄭蒲外灘河隄內外共計貳畝陸分 爭淤歸公
黃漢中子外灘田捌分叄釐 汪貞瑞淤田歸公
黃中院田捌形共計拾貳畝捌分捌釐柒毫
鄉南院吳家場田壹畝陸分壹釐柒毫 王爲粦絕戶歸公
鄉北院四甲田肆形肆拾柒畝壹分叄釐陸毫 生員何貞吉等捐
鄉北院佃戶息母錢伍拾串整 此錢係何姓與各佃戶爭田經首士潘棼梅解處令各佃戶湊錢五十串入公生息寢爭

鄉北南小院田叁形貳畝玖分肆釐 絕戶歸公

淌湖院田柒拾玖形共貳百貳拾柒畝陸釐貳毫 江邑張姓捐

息母銀壹百兩 邑紳萬際韶捐

官莊田叁形壹畝壹分　張截港基地壹形 孫姓捐

棠梨院田拾形共田肆拾畝 係荆門劉家集趙靜一捐

鄉東高家場田貳形貳畝伍分 生員彭和庭捐

黃莊灘內外連界肆畝陸分柒釐 萬斌來捐

崔家院田玖形貳拾貳畝貳分伍釐叁毫伍絲

又田拾陸畝 甘國愷捐

葛北灘田貳形壹畝貳分零捌釐陸毫 王順才捐

衙署租銀陸拾兩 閏月加增又小禮六串與膏火同

在城鋪面 小街口下雙合鋪面壹所貳進上鋪面叁間一叁層此歸膏火各半一貳層

獁猖院田玖分

北門外皇莊灘田壹形貳畝伍 係胡盛墉家作抵

北門房屋叁間 係前縣劉壽椿捐息母錢叁百串胡盛墉借用按年租利無欠光緒五年墉死其妻子請城鄉紳首公議田產作抵外又找錢叁拾串作母

又息找錢柒拾串整 此錢移修正街鋪面

蝦子院朱柏台場基貳畝 即用訓導朱萬娓捐

張截港上場基地壹形 孫姓捐

荷湖院田叁形叁畝伍分伍釐 爭淤歸公

新豐外院田貳形共足實田拾伍畝叁分 張許二姓爭淤歸公

試院在南城内道光十六年邑庠生彭光廷稟請知縣何勸捐創建於傳經書院四圍築論秀堂於其後以備堂號於書院東西齋房後排列號舍各一條共數十楹點名傳經堂就藏書樓爲閱卷處辦文案於操縵軒說詩臺傳宣更鼓信炮改倉房爲頭門知縣何公璜溪記文泐石邑人於崇義祠前建彭公祠以祀昭德也詳義行傳今與試者多座位不充同治三年知縣劉公葆初諭貢生劉高紳庠生郭自煇等籌費加修復買基地二畝東邊得黃高懷施基地一形左右加修

號舍一條大門外照墻推開丈餘左右建立柵欄統計座位論秀堂左右棹櫈各二十四條爲座百六十有六左齋房棹櫈各十二條座七十四西齋房棹櫈各六條座三十左號舍棹櫈各一百零八條九百五十二座右號舍棹櫈各百三十九條一千二百七十七座共二千四百七十七座餘隙處亦排棹櫈各二十條可座一百六十人合計二千六百一十七座

歲修田壹百伍拾壹畝玖分貳厘在淌湖院浩口貢生文鳳鳴捐塊段錄左

塊段

中灘肆拾玖畝柒分貳釐

南淌陸拾壹畝陸分　又肆畝　又貳畝　又貳畝

馬溝壹畝　又貳畝肆分　又伍畝叁分　又陸畝陸分

姑墳台壹畝叁分　又貳畝　又伍畝叁分

余老埸壹畝肆分　又陸畝捌分　又伍分

糧冊

安淌糧柒斗叁升柒合陸勺壹抄

畢淌糧玖斗叁升壹合伍勺玖抄

共載安畢糧壹石陸斗陸升玖合貳勺

社學　創於明成化十五年一在縣西河街一在關廟街向例知縣學師到任謁　聖於明倫堂傳社學生宣讀　聖諭講書數章朔望亦然康熙二十九年知縣劉廣集僚屬士民講解至暮尤慎擇社生資以膏火置有社學田今社學廢將田暫撥入義學

義學

舊志言義學設無定所迨道光年間前令陳君士亮始

有是舉後謝君宜山方玉成其事因學俸無多難以延師不數年卽廢以致義學產業暫歸公用戊寅夏余承乏斯邑首重學校其學宮歲修暨書院賓興膏火均爲釐定又設童試卷價堪垂永遠惟義學尙缺如也爰進諸生問之廉得其情當飭生員賀玉董其事將義學各欵仍行撥還又查得社學有名無實田畝被人侵佔踞爲已有恐日久將社學之名亦俱泯矣余與邑紳商酌將此項撥入義學所有已歸別項公用者槪不之問卽遇有宣講事件應以義學師長代均化導事但有關於

風俗分所宜爲學俸有不足復爲籌備邑人士亦多所措施每年已得六十金之數不難永遠舉行所望後之急公好義者擴而充之則幸甚矣光緒六年三月權縣事陽湖史致謨

一舊有義學房屋一所　在書院旁孫王氏捐

一舊有曾元春捐息毋錢叁百串存北門典內典收以房屋之半作抵收息

一新增息毋錢壹百壹拾串　鄢集衆行公捐

一新增息毋錢壹百串　客民劉振興捐當安復盛住房續取之項

一新增息毋錢肆拾串　係柴西院監生樊純烈捐

一刁家廟房屋一所二間　客民劉振興捐

一崔西田肆畝肆分　係劉光祿絕戶田捐入

一黃景院　軍戶田貳畝叁分係趙明倫爭水道斷入　民戶田陸畝捌分係劉井山絕戶田斷入

一光澤灘田壹形拾陸畝　係育嬰堂項下撥入

一坨埠柒拕田壹形拾叁畝伍分伍釐

一坨埠董師湖壹形伍畝零柒毫

一鄉西田捌拾陸畝壹分陸釐

一崔西佘口田貳拾肆畝

一泰坪院田壹拾玖畝

以上五頃係社學撥入三股歸賓與二股歸社學

文昌宮項下

基地壹形拾陸畝肆分伍釐　內有荒墳到溝隄

小東門內房屋一進三層　羅裕科捐前兩進後一進係公項添修

崔家院田貳形拾伍畝肆分

大佛寺項下

獁狷院田共糧陸斗零叁合柒勺玖抄

育嬰堂項下

光澤灘田壹形拾陸畝此項皆歸義學保育嬰堂重建此用仍撥還原

城門項下

曹灘田壹形貳拾肆畝肆分叁釐歸吏夫收稞

坨埠院七捲田毗邊界塊段未清

紅伏院田拾畝

潛江縣志續卷之五

書院

舊志載書院五石橋楊春白鶴同仁中洲是也國初時久廢不可考郃陽王公又旦情殷作育與都人士創建傳經書院嗣後杜公汝愚許公恂相繼而正興之自今奉行勿替許公碑記附後其脩贄與膏火山長灘水各公項附徵

重修傳經書院碑記

今上二年余初來仕於潛過城南見所謂傳經書院者門雖扃離敗敞而觀其堂無瓦而椽覩其廬隊剝而欹行其階除則殘礫碑确蔓草縈履心念講肄之久墜也慨然惜之歸以他政故未暇理也既而諸紳士以公事見問之曰書院創於黃湄王公又旦公去廢杜公汝於葺之今復廢者四十餘年矣問舊時書院中曾有田畝克徵歲租者乎曰有沙田四百畝皆濱漢數遭淹沒旱則入穀數十斛水則無之問有積儲公帑克取歲息者乎曰無有也余曰若是則用不足而至於屢廢也固宜今度邑中諸子弟其俊秀而可造者散處於邱墟閭巷之間未必皆家有塾人有師也其有塾有師者未必其能擇

明師而事之也抱空守虛適越而北轅之秦而東轍其不至歧而惑於趨者鮮矣余蓋惜焉爲之計莫如勸而邑人其願輸者出私錢助修書院余爲倡君其力焉事有濟當再籌之皆唯而退踰時以捐數告又踰時以興工告隙材是徵補舊益新四年秋工成余偕諸紳士觀之顧曰微諸君不及此雖然事不患於不成而患於不久假令今作之後旋廢之是徒糜虛貲而無少益不如其已也茲議將修築餘錢悉買田收其租復買田焉設查再有官田無歸者余再爲撥入如是數載則田日益

而用給庶幾可計持久至週年延師修金生徒膏火之費則余任之其明年如言而行又明年延無錫顧君錦春主講生盍集是秋諸紳士來言於余曰向修書院以來尚未記今學使試肄業人中生多上等童補弟子員者十一二人矣可請記之余曰烏用是哉法言云百川學海而不至於海邱陵學山而不至於山是以君子惡夫畫也今諸生初習制舉業試卜捷其所學而未至者尚多矣胡記爲僉曰不然汎駕之足策以王良造父則絕塵而馳千里今即以公言爲策未必不爲無裨且聞官貧任淺亦勉捐廉四十千合計錢二百四十千方擬取息作膏火計適劉西航明府回任遂以屬之今夏西航書來云已交典生息取具領狀每年認利四十五千諭老成首士月按四千五百文支發或此項歲有羨餘或鄉林田值有秋皆另報官貯典取息勿動俟十年後子母共計若干於書院公事應行者不難大有起色余聞甚喜焉喜其事之以成復喜其事之後以更進於是其要歸於能守而已守之道在毋喜事紛更邑君子其念之勿以不善守者爲士林所訶病也

道光五年歲次乙酉秋八月穀旦署潛江縣事溆浦舒正戴譔

署湖北安陸府事即補府正堂龔　爲捐輸公館以助膏火而作賓興事照得本府前在潛江縣任十有九年會經自置大公館一所坐落大西街坐北朝南自頭門至大堂川堂上房以及後院磚牆止後牆外尚有餘地數丈抵賀姓陳姓屋基爲界東廂花圃花廳學屋三間小院子一段西廂正屋二重半以及厨房廁屋一併在內周圍俱有磚牆門東首有舖屋二重暫作券票房大

之古來利邑於人之事在作者之意未嘗不欲其久存繼者恒至於怠廢使繼者皆知作者之心則昔賢創建之蹟至今無壞可也今正欲繼者知之是以思記請之意固不在彼而在此也余不能拒爰書其詳鐫於石是役也鳩工作莞出納蕆其任者劉君廷銓佐其任者李君光緒萬君錫等監作者則楊君文熙李生大訓朱生承宣也

嘉慶六年歲次辛酉十月朔知湖北安陸府潛江縣事加三級又軍功加三級許恂撰文

新設傳經書院堂課膏火碑記

善雖小期於必成頼於能守守之久不失後乃擴而大之無難焉余以去歲署潛邑篆邑有傳經書院延師課士朔爲官課膏火自官出望爲堂課以鄭林院田租散給而此田時遭水澇致堂課膏火常缺余聞甚憂之查鄭林田之外尚有鄒曰茂太學以前官案斷還伊錢二百貫請作堂課膏火奸民巧以抵田抵頼屢年未結余率邑紳及首事同莅清丈印約發賣僅得價一百二十千而鄒君旋慨然捐錢八十千以足二百貫之數余苦

門西首有空房三間一併在內因思潛邑人文蔚起必得加意培養足以壯士氣而勵人材茲本府陞任安陸府署公館空閒議將此公館捐輸於傳經書院交與值年管理書院首士掌管除本府有眷口居住不許外如遇空閒着該首士留心照管無論官府客商每月應取租銀十兩交首士收存以作膏火賓興兩處經費外每月小禮一串交西廂出業黄瑞廷收此係本府自買自做並非公所亦非交代內所有之業該首士遞交遞接年清年算無許挪用分文永以垂久庶不負本府培養

人材之至意

右仰給傳經書院值年首士劉開益 潘希賢准此

咸豐七年十月初一日特諭 案存安陸府

考棚

潛邑向無考棚每縣試千餘人扃縣署各賃棹凳寒士苦之道光十五年邑諸生彭光廷請於縣令楊公昌繼任何公渭珍依傳經書院隙地左右創建越三載落成又勸貢生文鳳鳴捐淌湖垸田一百五十零一畝爲修葺嗣後人文蔚起號寒不敷坐同治五年經邑紳劉高紳郭自輝等左右擴充規模宏敞淌大觀焉歲修各項附後

勸捐建考棚啟

萬間廣廈宏開寒士之顏幾道明廊疊聽承平之奏築文壇以樹幟上將縱橫啟夏屋而連雲名流馳騁惟矮屋短檐之宏其結構斯懷鉛握槧之佳其揮濡溯茲古潛原爲舊郢緬懷先哲類芷蘭椒桂之生蔚起人文是梓杞楩楠之藪門外之青衿濟濟好待處以囊中庭前之玉樹森森正宜庇諸宇下乃向逢試日恒集公堂士立如林冰署既苦無餘地闌原非棘闈節又慮其逼風爰有邑士彭光廷好義情殷慨然倡首度宏規於書院隙地三弓搆衆材爲考棚危楹兩翼渭聊分鶴俸用僱鳩工作登瀛之始基兆集賢之開館惟是繚垣連棟非

一木所能支集腋成裘需通力以合作場同選佛結緣無惜乎布金地是求賢築臺尙思乎倒篋結藝林之勝果善不讓人助鳳樓以添修功獨在士此時鶱錢頻贈庀材呈鳥革之觀他日魚鑰重封前桊聽蠶聲之食無貽道旁築室誚也願與此都人士落之

考棚落成記

郡縣之有考棚何昉乎亦鄉舉里選之遺意也主制命卿論士之秀者升之司徒曰選士漢郡國取士曰賢良方正曰孝廉而先進之以博士弟子員唐宋以來科[illegible]設而選舉廢矣有明以制藝取士我朝因之鄉會試外歲科復有童子試焉縣令試而錄之郡守郡守試而送之督學法至密而典至重豈非以童試爲發軔之端將來掇巍科致通顯由此其選與潛邑置縣自宋始初隸荆而後隸郢人爲南服文獻之邦稽諸志乘代有聞人如畢殿撰張中丞以及初劉歐朱諸家莫不科第綿延勳業炳煥數百年間聯鑣接軫有不自童試來耶乃學校之振興已久而考棚之創造猶虛甚非所以張文教而庇儒林也丁酉春渭權宰是邑下

車後課傳經書院日與諸生接有彭生光廷進前曰吾潛向無考棚每縣試千餘人集署中不唯剌促難堪抑且關防未密惟茲書院隙地寬廣可建堂室東西可列號寮生矢願建之曾同邑紳請於前侯楊公蒙許可工由未興敢以煩執事渭欣聞之隨步堂後相其地勢宏敞洵足樹文壇而開廣廈爲多士壯風雲之氣焉爰捐俸倡首啟告邦人即以彭生董其事凡土石甃木之需資費出納之宜悉歸經紀更得吳生述洵劉生世惠張生世澤劉生炳郭生美彥等協力觀捐渭偕王梅嚴胡

桂鄉兩廣文汪石麓二尹涂壽田少尉公餘莅止區畫部署嗣以工鉅費繁時渭督修太平楊澗新豐各隄勸各首事出餘資相濟遂得成茲義舉是役也經始於丁酉之春蕆事於戊戌之夏閱十有六月始終不懈彭生之力居多堂五楹顏曰論秀東翼亭曰梯雲西翼亭曰步月東文場排連直號八間橫號八間西文場排連直號十九間分設座案羅列一千五百餘號前接藏書樓爲闕卷之所傳經堂作唱名之地院門直達西衢左右翼坊規模亦大備矣若夫恢而廣之則杞梓楩楠材雜楚有勸樸斲而塗丹雘將以待後來之哲匠焉幸覩落成適余剏篆爲上其事於大府乞優獎出力諸君子以爲來茲勸所有捐輸姓字勒石以垂永久諸生請爲紀其事故綴次之以記碑陰

道光二十年歲次庚子仲秋月知潛江縣事滇南何渭珍撰

捐辦卷價章程

具禀教職簡光綸附貢王焯廩生李瀚胡郁文何增徽生員袁式玉王先鴻蕭光宇武生陳鳳翔朱之喆昌開甲郭森林歐陽魁張鳳鳴監生陳定輝王振東周炳璜何士型耆民楊明祥胡天池爲遵籌公舉懇恩諭飭經理事緣生等永豐垸中鄉返木頭院灣獨院下耳七區共集吳口建磯畝費除支用外業經會算清楚尚存大錢壹千零壹拾肆串文市錢肆百伍拾壹串文小錢壹千玖百叁拾捌串文城隄借用伍百串文志局借用銀

叁百兩尚存銀伍百肆拾兩零玖分原俟該隄再修一概支取去秋興築未半水至卽廢存留至今仁憲慎重民膏專派監守誠恐異日遷陞勢必漸歸烏有生等仰體至意公同議將存項貯典生息歸闔邑文武小試卷價無如錢色大小不等現已議定將大小配搭借付富商并不取息限至今冬概歸大錢以便如諭遵辦但事無總理誰專責成今公同議舉歲貢張煥廷廩生朱綬清生員劉緒鴻李孝成等董理其事一俟錢色歸眞再定卷費章程理合公懇

大老爺賞諭歲貢張煥廷等經理錢文速成義舉以廣憲德上禀批查閱閱呈吳口存項數尚相符惟林前縣移交有布蘆項下餘肆百伍拾串並禀蒙 藩憲催提在案何以未還該局據禀議將錢色配勻借付富商并不取息至今冬概歸大錢以便舉辦闔邑文武小試卷價事屬可行但小試卷價若兼院府兩試則嫌其少僅用縣試又覺其多本縣斟酌盡善着提出捌百串文生息作闔邑廩貢生監鄉場卷價其餘生息卽作闔邑童生文武縣試卷價並如禀准諭飭歲貢張煥廷等經理

以專責成一面會同城鄉紳首先將卷費章程刻日議定呈候核奪錢色既經配勻卽有成數矣不得云俟歸眞置公事於泄沓該紳等向稱急公好義務卽核實舉辦實惠均霑不得少有偏倚致招物議凜之切切

具禀歲貢張煥廷廩生朱綬清生員劉緒鴻李孝成爲捐備遵籌公懇立案定章以垂永遠事緣生等永豐垸中院灣木頭鄉返獨院下耳七區剩有吳口公費久貯未用蒙 恩培植學校諭令捐充闔邑文武童小試卷價業經七區會議教職簡光綸附貢王焯等遵諭禀

案家批查閲開呈吳口存項數尙相符惟林前縣移交
布釐項下餘錢肆百伍拾串文並禀蒙 藩憲催提在
案何以未還該局據禀議將錢色酌勻借付富商并不
取息至今冬概歸大錢以便舉辦閤邑文武小試卷價
事屬可行但小試卷價若兼院府兩試則嫌其少僅捐
縣試又覺其多本縣斟酌盡善着提出捌百串文生息
作閤邑廩貢生監鄉試卷價其餘生息卽作閤邑童生
文武縣試卷價並如禀准諭飭歲貢張煥廷等經理以
專責成一面會同城鄉紳首先將卷費章程刻日議定

呈候核奪錢色旣經酌勻卽有成數矣不得云俟歸眞
置公事於泄沓該紳等向稱急公好義務急核實舉辦
實惠均霑不得少有偏倚致招物議凛之切切生等奉
諭遵查存欵肆千有奇因錢大小不等酌勻借付富商
限今冬月底一九折還典錢應有叁千捌百緡作母貯
典生息現又會同城鄉紳首議定考試章程除小試敷
用外餘歸文生鄉場卷價是否妥洽請示 鴻裁爲此
具領開單恭呈公懇
大老爺臺前電賞批示立案以定永遠章程而廣 憲
德上禀

計開卷價章程

文武童縣試各場卷價原擬一體公辦因頭場
文童向不點名有一人而領數卷者武童任意
報牌有一人而頂數名者紊亂場規殊屬不成
事體且經費不足加以虛糜勢必更行支絀今
擬定文童首場卷價仍照舊規每名捌拾文由
禮書向文童自取嗣後初覆至終覆合計發案
名數無論叁場伍場以貳千伍百名爲準卷價

每名歸禮書捌拾文由生息提給府試首場約
計壹千貳百名院試壹千伍百名卷價亦每名
歸禮書捌拾文概由生息提給至拔名給價統
照點名冊已到之數扣算所有縣府院補考由
禮書向文童自取武童縣試首場卷價每名肆
百文由兵書向武童自取嗣後初覆至終覆合
計發案名數以伍百名爲準卷價每名歸兵書
貳百文由生息提給府試首場叁百餘名院試
叁百餘名每名叁百文概由生息提給至拔名

給價統照點名冊已到之數扣算所有縣府院補考由兵書向武童自取以上所定各欵約計需錢壹千餘串文現將錢色配折共得叁千捌百串之數貯典生息三年得息錢壹千叁百餘串除提給文武童生卷價外所有餘賸利息無論多寡俟科場按名分送卷價是否允協仰祈

憲裁

批查閱卷價章程尚屬妥協應卽准領並候通

稟立案以垂永久領狀粘附

光緒六年五月初七日潛江縣新定文武童卷價

章程通稟各憲立案稿

敬稟者卑職到任後查卑前署縣王令方田任內諭飭永豐垸中鄉返木頭院灣獨院下耳七區籌集吳口建磯畝費壹萬餘串後因吳口隄潰此項暫存局中卑職親自詣局清點除城隄志局借用並經理首士歷年薪水火食動支外僅存大小錢肆千貳百餘串查吳口潰隄經卑職詳細察勘盡係嫩淤浮沙無從建築磯址不敢見好地方旋築旋潰轉致貽害業將難以修復情形據實稟明在案現在深河潭隄業已築起且兩經大汛隄腳淤寬足資屏蔽是此項錢文隄工既無所用若再任其遷延日久不特逐漸虛糜且公正紳首尚知守法而不肖之徒常欲造意修復改口爲侵蝕計留此實非善全之道卑職再四籌思既係公欵不妨公用竊見潛邑人知嚮學士習蒸蒸每值縣府考試不下二千餘人而寒士有志進取恒苦考費無出頗費張羅擬以前項發交殷實公正紳耆經營居積歲取子金以作縣府院文武考童卷價庶錢無糜費而實惠均霑當卽諭飭城

鄉紳耆妥議章程去後茲據候選教職胡光綸附貢生王焯廩生李瀚胡郁文何增敵生員袁式玉王先鴻蕭光宇武生陳鳳翔朱之喆昌開甲郭森林歐陽魁張鳳鳴監生陳定輝王振東周炳璜何士型耆民楊明祥胡天池等稟稱緣生等永豐等七區共集吳口建磯畝費除城隄借用並薪水動支外業經會算清楚存欵大小共錢肆千貳百有奇原俟該隄再修以便支取去秋興築未半水至卽廢存留至今仁憲慎重民膏專派監守誠恐異日遷延勢必漸歸烏有生等仰體至意公同議

將存項大小配勻借付富商暫不取息限今冬月底一律一九折還典錢應有叁千捌百串發典生息三年共得息錢壹千叁百餘串惟文武考童縣試頭場多有年幼學徒報名不到者亦有本不能文逐隊混場者經費旣不充足加以虛浮勢更支絀擬以縣試首場仍照舊規該文童每名自給禮書錢捌拾文嗣後初覆至終覆勿論叁場伍場合計發案名數以貳千伍百名為準每名給禮書卷價捌拾文府試首場約壹千貳百名院試約壹千伍百名統照點名册已到之數每名亦給禮書卷

價捌拾文武童縣試首場卷價舊規肆百文由兵書向考童自取嗣後初覆至終覆合計發案名數以伍百名為準每名給兵書卷價貳百文府試首場約叁百餘名院試約叁百餘名統照點名册已到之數每名給卷價叁百文以上所定各款約計需錢壹千餘串將來童卷之外倘有餘賸息錢無論多寡留俟科場分送卷價是否允協伏懇批示通詳立案以永栽培但事無總理誰專責成公同議舉歲貢張煥廷生員李孝成劉緒鴻廩生朱綬清等董理其事仰祈諭飭經理實為公便等情

據此卑職查閱章程尙屬妥協惟此項生息錢作童試卷價若兼院府兩考則嫌其少僅捐縣試又覺其多不得不因地制宜變通辦理餘款卽作科場卷價之需均各樂從應如稟准領並諭飭歲貢張煥廷生員李孝成等認眞經理以專責成一俟三年年滿仍由七區公舉公正紳首輪流經管互相查察免滋弊竇卑職為杜虛糜而恤寒畯起見是否有當理合據情稟懇

大人俯賜查核批示立案以永栽培實為公便肅此具

稟

潛江縣志續卷之六

典禮志

文武聖廟代增令典治民事神禮特隆焉自康熙後禮樂尤極明備潛邑載舊志者僅及先聖褒贈之典學宮創始之規而一切禮儀禮器闕如也以致琴瑟磬鐘之響執籥秉翟之容久曠無聞且康熙後先賢先儒祀從配享文昌武聖封典疊加均宜縷細補纂列圖詳載俾守先待後者得所考據焉作典禮志

學宮

廟在舊縣治左首咸豐四年燬於兵燹知縣龔煥枝兩學陳登雲吳毓松諭闔邑紳士萬時乂楊玉成潘希賢范明紋等重修大成殿覆以黃瓦其餘處一概整理如式

聖廟式樣

先師名位

先師木主制度

四配名位

十二哲名位

先賢先儒名位

啟聖神各名位

以上均詳舊志

正位祭器祭品帛一白色牛一羊一豕一登一鉶二簠二簋二籩十豆十酒樽一爵三篚一俎一

正殿陳設圖

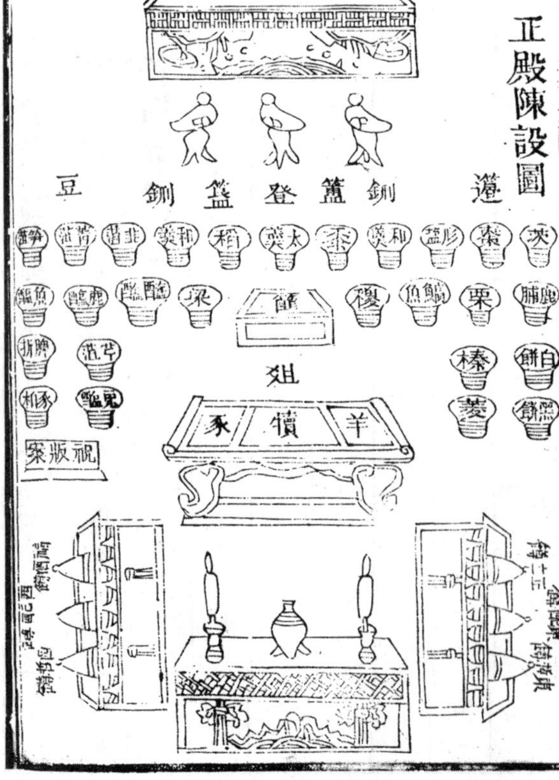

籩　鉶　簠　登　簋　鉶　豆

俎

羊　犢　豕

祝版案

四配祭器祭品陳設

帛一白色羊一豕一鉶一簠一簋二籩八豆八酒
尊一爵三

四配陳設圖

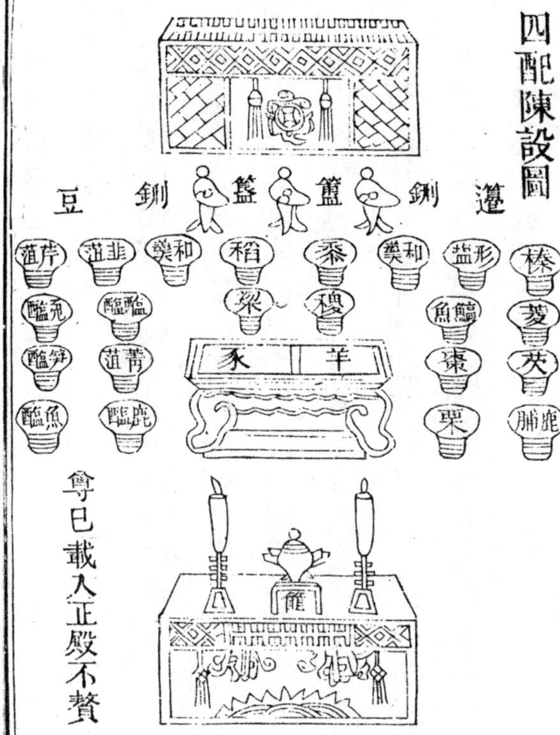

尊已載入正殿不贅

十二哲祭器祭品陳設

禮神制帛一白色豕一鉶各一簠各一簋各一籩
各四豆各四豕首一爵各一

十二哲陳設圖

尊載正殿

東西廡祭器祭品陳設

帛一白色豕三每案簠一簋一籩四豆四爵各四

東西廡陳設圖

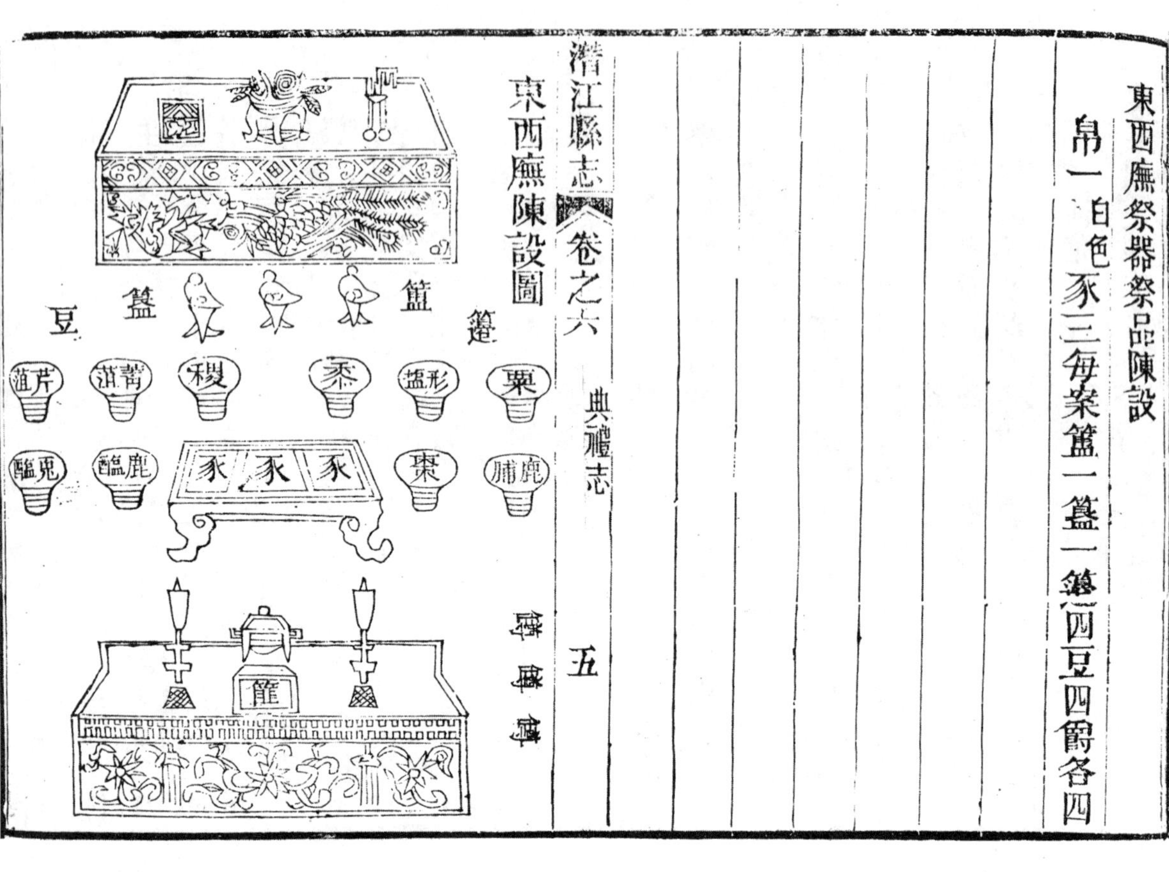

儀制

前祭二日教官淨廟設次前一日辰刻出祭器陳列明倫堂設香案於牲房外日午教官率讀祝生恭捧祝版及各承祭官執事生姓名榜至學宮奉安祝版於祝案前正中詣

至聖先師神位前上香行一跪三叩禮退挂榜亭內是日哺後各官具吉服至明倫堂升座以次三揖畢

主祭官起省饌設醴尊唱贊生唱詣省牲所引贊生前引並贊省牲執事者牽牲過香案前省畢唱復位各官

以次序坐唱贊生請演禮禮如正祀帛爵揖獻樂舞生請演樂樂如正禮演畢啟行祭之日四鼓教官率令各執事人陳設祭器祭品牲俎於各

神位前先祭　崇聖祠訖工歌陳笙簴琴瑟鼓柷敔等訖各齊集廟門外待事五鼓主祭官分獻官陪祭官各朝服詣廟門外下輿馬步行由櫺星左右門入文左武右升次序座茶二巡畢陰陽官報聲鼓唱鼓初嚴鼓初徐後疾以百桴為節在廟胥役各官從人俱出赴巡警牌外司巡人役俱就牌下立禁止閑人少選唱鼓再嚴主祭官分獻官陪祭官俱起立整冠帶斂容出幄次唱贊者先入就

位各執事生以次俱入序立東西階下樂舞生序立丹墀兩旁少選唱鼓三嚴引贊生引主祭官以唱下貫入戟門外魚詣盥洗所濯水進巾唱樂舞生就位各執樂器舞器接位立唱執事者各執其事司尊者就尊所立助獻生分東西階由殿左右門入各就應侍拜次左右立唱主祭官就位俟立定唱分祭官陪祭官各就位俟各立定唱瘞毛血助獻生徹毛血盤寘於坎唱迎神司樂唱舉迎神樂奏昭平之章引贊生贊上香引主祭官由東階升進殿左門詣香案前立上瓣香三炷唱復位引主祭官自殿右門出由西階下贊跪主祭官以下皆跪贊三跪九叩首贊興樂止唱行初獻禮司樂唱舉初獻樂奏宣平之章引贊生前

潛江縣志《卷之六　典禮志　七

引贊詣盥洗所濯水進巾詣酒尊所司尊者舉冪酌醴執帛者捧帛執爵者捧爵引主祭官自階上進殿左門贊詣至聖先師孔子神位前跪左右助獻皆跪獻帛右助獻舉帛跪受主祭官拱授左助奠神位前獻爵如獻儀叩首贊興贊詣讀祝位跪引主祭官於祝案前跪讀祝者舉祝版旁跪唱分獻陪祭各官皆跪樂止贊讀祝文讀畢仍安原位樂作贊三叩贊興主祭官以下皆同贊詣復聖顏子神位前引主祭官就案前立贊跪贊獻帛贊獻爵均如

贊前儀叩首贊興贊詣宗聖曾子神位前禮如前儀贊詣述聖子思子神位前禮如前儀贊詣亞聖孟子神位前禮如前儀其十二哲兩廡分獻官於讀祝後贊生唱行分獻禮各引贊生各引分獻官就神位前行禮俱照主祭官初獻儀注初獻禮畢贊復位引主祭官自殿右門出由西階下十二哲分獻官就所獻東西階下樂止唱行亞獻禮司樂唱舉亞獻樂奏秩平之章引主祭官各分獻官升階獻爵如前儀亞獻

潛江縣志《卷之六　典禮志　八

禮畢贊復位引主祭官分獻官俱復位如前儀樂止唱行終獻禮司樂唱舉終獻樂奏敘平之章引主祭官分獻官升階獻爵如前儀終獻禮畢贊復位引主祭官分獻官俱復位如前儀樂止唱飲福受胙引主祭官自東階上進殿左門贊詣飲福位贊跪助獻二名捧酒胙立於右又二名跪於左贊飲福醴主祭官受酒啐授爵於左跪者贊受福胙受胙舉拱授左跪者贊三叩首贊興贊復位唱謝胙跪主祭官以下皆跪三跪九叩首贊興唱徹饌司樂唱舉徹饌奏懿平之章助獻生舉饌出殿左右門由東西階下樂止唱送神司樂唱舉送神樂奏德平之章唱跪主祭官以下皆跪唱三跪九叩首唱興

唱讀祝者捧祝　司帛者捧帛　各詣燎所讀祝者先跪取祝文司帛者次跪者取帛向外立正祀由殿中門出左配左哲由殿左門出右配右哲由殿右門出兩廡各於其門出隨班往燎所各捧跪於於燎次之西主祭官及分獻陪祭各官面燎所立　唱焚祝帛　唱望燎　唱詣望燎位　復位樂止　唱禮畢

祝文

致祭於

至聖先師孔子位前曰惟

先師德隆千聖道冠百王揭日月以常行自生民所未

有屬文教昌明之會正禮節樂和之時辟雍鼓鐘

咸恪薦以馨香泮水膠庠益致嚴於籩豆茲當春秋仲祇率彝章肅展微忱聿修祀典以

復聖顏子

宗聖曾子

述聖子思子

亞聖孟子配尙饗

樂章　初仍明舊迎神歌咸和初獻寧和亞獻安和三獻景和徹饌咸和送神咸和乾隆八年更定樂章頒祭各直省其樂譜春夾鐘清商立宮倍應鐘清變宮生調秋南呂清徵立宮仲呂清角主調令各學樂舞生肄習歌奏春秋既異音簫篪與笛笙又異譜今將笛笙律譜分註樂章各字下春用右秋用左其簫篪律譜不悉註

迎神歌昭平之章

大伏仕哉亿仕孔仕仉子伬伏　先伏仕覺仉亿先伬伏知仕仉　與亿仕天仕仉地仉亿參伬伏　萬伏仕世亿仉之伬伏師伬伏　祥伬伏徵仉亿麟亿仕紱仕仉　韻亿仕答仉亿金伏仕絲仉亿　日亿仕月仕仉旣伏仕揭伬仕　乾亿仕坤仕仉清亿仕夷伏仕

初獻歌宣平之章　有舞

予伏仕懷亿仕明仕仉德仉伏　玉仉亿振亿仕金伏仕聲仉亿　生仕仉民亿仕未仉亿有伬伏　展亿仕也仕仉大伬伏成仕仉　俎伬伏

豆仉亿千伬仕古伬伏春仕仉　秋仕仉上伬仉丁仕仉　清伏仕酒仉亿旣亿仕載仕仕　其亿仕香仕仉始亿仜升伏仕

亞獻歌秩平之章　有舞

式伏仕禮亿仜莫仕仉愆仕仉　升仉亿堂伬伏再亿仕獻伏仕　響仉亿協伬伏鼓亿仜鏞仕仉　誠伬伏孚仉亿罍伬伏獻伏仕　肅伬伏雍仕仉雍仕仉譽亿仕　髦伏仕斯仉亿彥伏仕　禮仉亿陶伬伏樂亿仕淑仕仉　相伬伏觀仕仉而亿仜善伏仕

終獻歌敘平之章　有舞

自伏仕古亿仕在伬伏昔仕仉　先仉仕民伬伏有亿仜作仕仉　皮

伏伬弁伬亿祭亿仜菜伏仩　於伬亿論伬伏思仩伬樂亿仜　惟伬伏

天伬亿牖伏仩民伬伏惟亿仜聖伬亿時亿仜若仩伬彝伬伏倫伬伏攸

伬亿叙伏仩　至伬亿今伏伬木亿仜鐸伏仩

徹饌歌懿平之章

先伏仩師亿仜有仩伬言伬伏　祭伏仩則伬仩受伏仩福伬伏　四

亿仜海伏仩黌伬伏宮伏伬　疇亿仜敢仩伬不亿仜肅伏仩　禮伬伏

成伬亿告伏仩徹伬伏毋亿仜疏仩伬毋亿仜瀆伏仩　樂伬伏所伬亿

自亿仜生伏仩　中伬伏原仩伬有亿仜菽伏仩

送神歌德平之章

鳧伏仩繹亿仜峩仩伬峩仩伬　洙伬亿泗伏仩洋亿仜洋亿仜景

伬亿行伬伏行伬伏止伬亿　流亿仜澤仩伬無伬伏疆仩伬　聿伬伏

昭伬亿祀亿仜事伏仩祀伏仩事伬亿孔亿仜明仩伬　化伏仩我伬伏

烝伏仩民伬亿　育亿仜我仩伬膠亿仜庠伏仩

崇聖祠祭器祭品陳設

羊一豕一鉶二簠一簋一籩八豆八酒尊一爵一

每位帛一

正位陳設圖

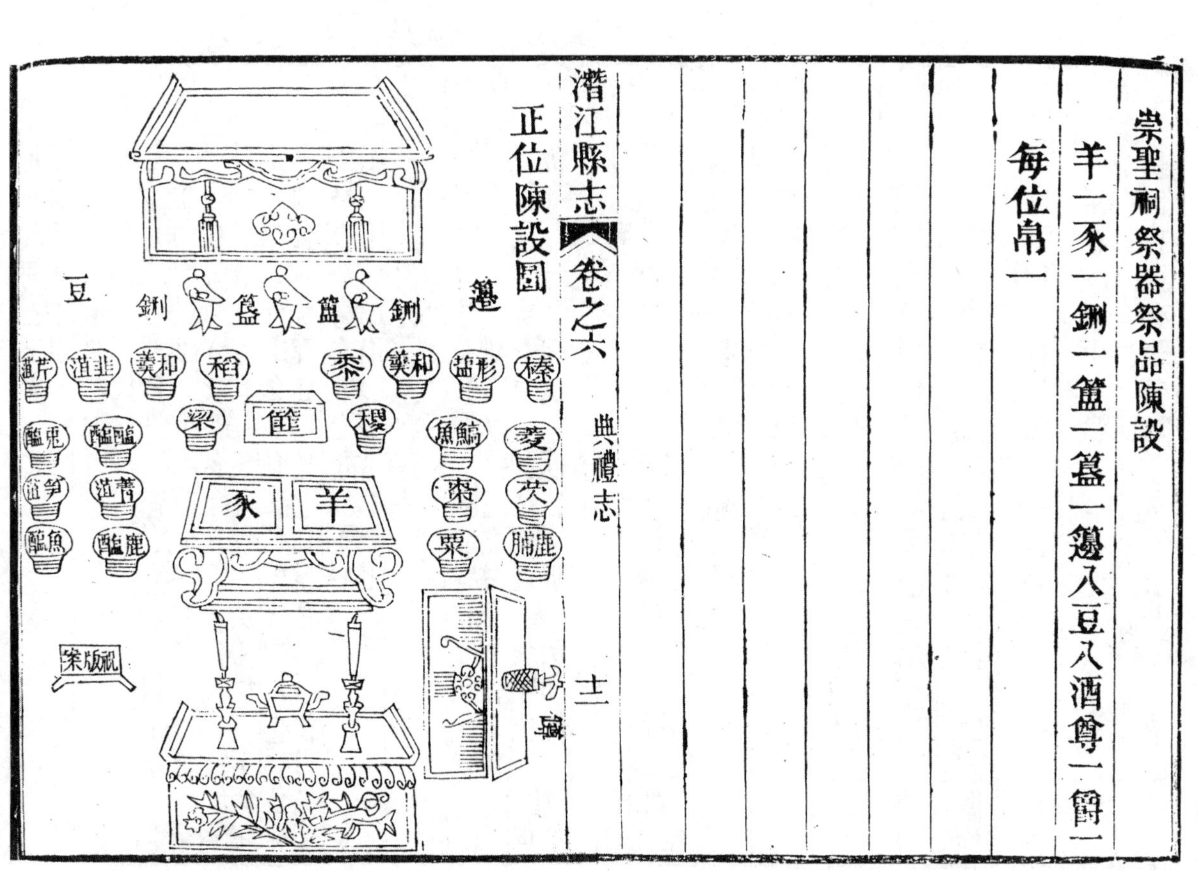

配位祭器祭品陳設

帛二白色豕首一簠一簋二籩四豆四豕肉一每位爵二

配位陳設圖

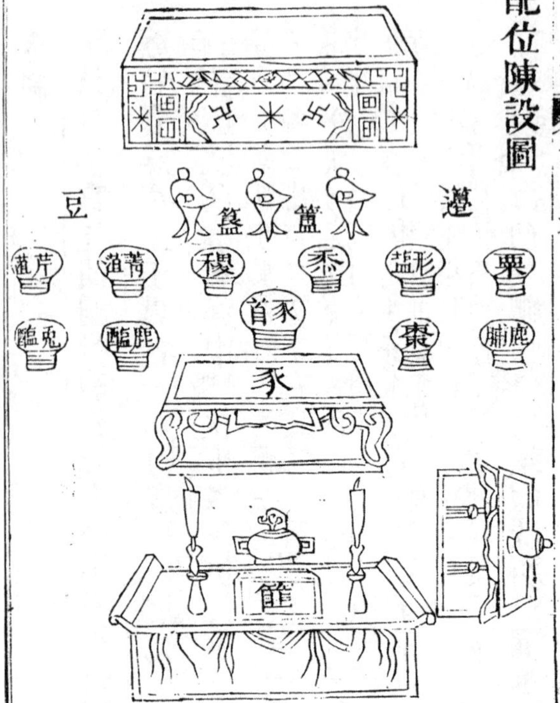

兩廡祭器祭品陳設

帛二白色簠一簋一籩四豆四豕肉一每位爵三

東西廡陳設圖

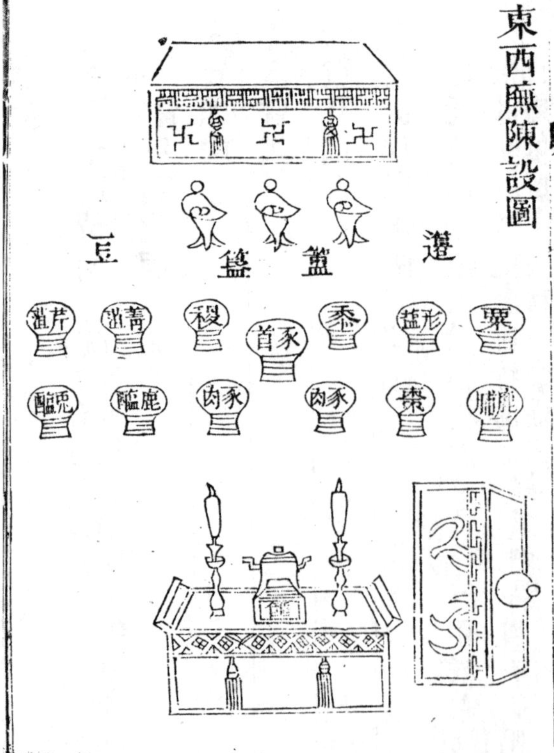

儀制

丁祭日學官先詣祠行禮教諭主祭訓導分獻兩廡皆食餼學弟子員各一人分獻引贊生引主祭官分獻官立祠前唱詣盥洗所濯水進巾唱執事者各執其事司尊者就尊所立助獻分東西階升進祠左右門各就應侍拜次左右立唱主祭官就位侯立定唱分獻官就位侯立定唱瘞毛血助獻生徹毛血盤寘於坎唱迎神引贊生唱上香引主祭官由東階升進祠左門贊詣香案前立上瓣香三炷唱復位引主祭官由祠右門出由西階下贊跪分獻官皆跪贊二跪六叩首贊興唱行初獻禮引贊生前引贊詣盥洗所濯水進巾唱詣酒尊所司尊者舉冪酌酒執帛者捧帛執爵者捧爵引主祭官自東階升由祠左門入贊詣

肇聖王神位前跪左右助獻皆跪獻帛授篚奠篚如儀獻爵如獻帛儀贊叩首贊興贊詣

裕聖王

詒聖王

昌聖王

啟聖王位前均如前儀贊詣讀祝位跪引主祭官詣祝案前跪讀祝者捧祝版旁跪唱分獻官皆跪贊讀祝文讀畢仍安原位贊三叩贊興贊詣

先賢孔子神位前跪左右助獻皆跪獻帛授篚奠篚如儀獻爵如獻帛儀贊叩首贊興贊詣

先賢顏氏

先賢曾氏

先賢孔氏

先賢孟孫氏神位前均如前儀

從祀位前分獻官於讀祝後唱贊生唱行分獻禮引贊生引分獻官就東西神位前行禮俱照主祭官初獻儀注初獻禮畢贊復位唱

行亞獻禮引贊如前儀亞獻禮畢贊復位唱行終獻禮引贊如前儀終獻禮畢贊復位唱飲福受胙詣飲福位跪飲福酒受福胙三叩首興復位謝胙跪俱各如前殿儀贊二跪六叩首興唱徹饌助獻生舉饌出如儀唱送神跪主祭官分獻官皆跪贊二跪六叩首贊興唱讀祝者捧祝司帛者捧帛各詣燎所唱望燎主祭官分獻官各面燎所立唱焚祝帛唱復位引贊生引主祭官分獻官俱出復次

右祠祭儀注遵例備登惟邑祠正位五王共一龕祭則統設一案承祭官上香奠獻帛爵各

五舉以州之東西祠配亦各統設一案每案奠獻帛爵從一例

祝文

致祭於

肇聖王

裕聖王

詒聖王

昌聖王

啟聖王位前曰惟　王奕葉鍾祥光開聖緒盛德之後積久彌昌凡聲政所覃敷悉循源而溯本宜肅明禋之典用伸守土之忱茲屆仲春秋聿修祀事以

先賢孔氏

先賢顏氏

先賢曾氏

先賢孔氏

先賢孟孫氏配侑　饗

武廟在關廂門內

謹按漢獻帝興平五年封漢壽亭侯蜀先主追謚壯繆侯宋追封公又封真君大觀以後加封王元封顯靈義勇武安英濟王明洪武二十九年始爲建廟稱漢前將軍漢壽亭侯萬歷四十二年詔封爲三界伏魔大帝神威遠鎮天尊內使奉袞冕天啟四年明祀典正神號海內遵行塑像皆以冕旒國朝順治元年定期每年五月十三日致祭九年封忠義神武關聖大帝雍正三年追　封　帝　父爲成忠公祖爲裕昌公　曾祖爲光昭公造神牌供奉後殿五月致祭外定於春秋二仲月上戊日致祭五月題准前殿祭品至十三日致祭但祭前殿不用籩豆用果五飣亦不用祝文乾隆二十五年允避帝諱改謚壯繆爲神勇三十二年封靈佑二字嘉慶十三年加　封仁勇二字道光八年加封威顯二字咸豐二年加　封護國二字三年加封保民二字　題准升入中祀四年奉頒正後殿五月頒祭及春秋告祭祝文樂章自本年春季爲

始悉照中祀禮舉行樂用六成舞於八佾以照崇
奉而答　神庥直省主祭及執事人員均一體辦
理六年加　封精誠二字
尊帝三代為王七年
萬世人極匾額歲春秋仲月上吉五月十三日誕辰
致祭知縣將事教官丞史陪祭贊引執事以禮生

儀制

前祭一日知縣淨廟設次日晡後陳設官率屬監
視陳設恭奉主祭官及各襄事生姓名榜至廟中
奉安祝版於祝案正中詣
神位前上香行一跪三叩首禮掛榜廟門外次委員
監視宰牲著補服至
廟封帛畢禮生引至省牲所接毛血供香案上省牲
官行一跪三叩首禮畢退祭日四鼓委員先祭
殿禮畢主祭官陪祭官皆朝服詣廟門外下輿馬步行
分左右門入文左武右升次序坐茶二巡畢陰陽官報

聲鼓唱鼓初再三嚴如　文廟節次引贊生引主祭官以下入二門內就拜位
旁立唱詣盥洗所濯水進巾唱樂舞生就位侯按位立
階唱執事者各執其事司尊者就尊所立助獻生分東西階上進殿左右門各就
所派立唱主祭官就位侯立定唱陪祭官就位侯各立定唱瘞毛
血助獻生徹毛血盤寘於坎唱迎神司樂唱舉迎神樂奏格平之
章引贊生贊上香引主祭官由東階升進殿左門詣香案前立上瓣香三炷唱復
位引主祭官自殿右門出由西階下唱跪主祭官以下皆跪贊三跪九叩
首贊興唱行初獻禮司樂唱舉初獻樂奏翊平之章

引贊生前引贊詣盥洗所　濯水進巾　贊詣酒尊所　司

尊者舉冪酌醴　執帛者捧帛　執爵者捧爵　引主

祭官自東階上進殿左門　贊詣

關聖大帝神位前　跪左右助獻皆跪　贊獻帛右助獻舉帛篚授主祭官舉拱

授左助獻奠神位前　贊獻爵如獻帛儀　贊叩首　興　詣讀祝位

跪引主祭官詣祝案前跪讀祝者舉祝版旁跪　唱階祭官皆跪　樂

止贊　讀祝文讀畢仍安原位　贊樂作　贊三叩　興主祭官以下皆

同贊　復位引主祭官自殿右門出由西階下　唱行亞獻禮司樂唱舉亞

獻樂奏恢平之章引主祭官升階獻爵如前儀　亞獻禮畢　贊復

位引主祭官復位如前儀　唱樂止　行終獻禮司樂唱舉終獻

樂奏靖平之章引主祭官升階獻爵如前儀　終獻禮畢　贊復位

引主祭官復位如前　唱樂止　飲福受胙引主祭官自東階上進殿左門　贊

詣飲福位　跪助獻二名捧酒胙立於主左又二名立於右　贊飲福醴祭

官受酒啐　授爵於左跪者　贊受福胙受胙舉拱授左跪者　贊三叩首　興

復位引主祭官自殿右門出由西階下唱謝胙　跪主祭官以下皆跪贊三

跪九叩首　贊興　唱徹饌司樂唱舉徹饌樂奏彝平之

章助獻生舉饌出殿左右門由東西階下　唱樂止　送神司樂唱舉送

神樂奏康平之一章唱跪主祭官以下皆跪　唱三跪九叩

首　興唱　讀祝者捧祝　司帛者捧帛各詣燎所

讀祝者先跪取祝文司帛者次跪取帛向外立由殿中門出各捧跪於燎所之西　唱望燎

樂止司樂唱舉望燎樂奏康平之二章　唱　詣望燎

位主祭官以下皆面燎所立　唱焚祝帛　復位　樂止　唱禮畢

祝文

致祭於

忠義神武靈佑仁勇威顯護國保民精誠綏靖翊贊

關聖大帝曰惟　神星日英靈乾坤正氣允文允

武昭聖學於千秋至大至剛顯神威於六合仰聲

靈於赫濯崇典禮於馨香茲當仲春秋用昭時饗惟

祈

昭格克鑒精虔

五月十三日祝文

惟

帝九宇承庥兩儀合撰訟生嶽降溯誕聖之靈辰日午

天中屆恢台之令序聰明正直壹者也千秋徵肸

蠁之隆盛德大業至矣哉六幕肅馨香之薦爰循

懋典式展明禋苾芬時陳精誠

鑒格佾饗

樂章咸豐四年春月製諸春夾鐘清均倍應鐘起調簫伬除仵笛伩除仵秋南呂清均仲呂起調簫伩除伍笛仩除歙頒發各直省樂舞生演習將事今將律譜分註樂章各字旁春用其右秋用其左

迎神歌格平之章

變宮商角徵角 伬仉伩伍伩

角徵羽宮羽 伩亿仩伬仩

懿鑠兮焜煌

鎓翔館鏦翔館翔伩仉伍伩仉伩伬仩伍伬伍仩
仩伍館鏞鎢館鏞鎢鏞仩亿伬仩亿仩伩仉伬伩

伬仉 仉伬

神威靈兮赫入方偉烈昭兮累禩祀事明兮永光

達精

仉伩仉伩伬仩仉伩仩伩仉伬
亿仩亿仩伩仉亿仩仉仩亿伩

誠兮黍稷馨香儼如在兮洋洋

初獻歌翊平之章

伬仉伩伍 伩亿仩伬

英風颯兮

伍伍仩仉伬仩伍仉伩仉伬仩伍伍仩伩仉伍伩
仉伩伬伬仉亿伩仉伬亿仩亿伩仉伬伬仉仩亿

伬仩 亿仩

神格思紛瑤盞兮龍旗斟桂醑兮盈卮香始升兮

明粢

伍仩伬伍伬仩仉伬仩伍伩仉伬
伬仉伩伬伩仉亿伩仉伬仩亿伩

惟鑒降兮在此流景祚兮翊昌時

亞獻歌㤜平之章

伬仉伩伍伬伍仉伩伍仩仉伍伩仩伍伬仩伍仩
仉伩亿仩伬伩伬亿仩伬仉亿伬仩仉伬伩仉伬

仉 亿

觴再酌兮告虔舞干戚兮合宮懸歆苾芬兮潔蠲

伬仩伍伬 伩仉伬
伩仉伬仉 仩亿伩

巍顯翼兮 神宮宣

伬仉伩伍伍伬仉仩伍仉伩伬伍伍伩仉伩伍
伩亿仩伬伬伩伩仉伬亿仩伩伬伬仩亿仩伬

終獻歌靖平之章

鬱鬯兮三申羅籩簋兮畢陳儀卒度兮肅明禋

伍伬仩伍仉伩仉伬
伬伩仉伬亿仩亿伩

神降福兮宜民宜人

徹饌歌彝平之章

仉伬伍伩仉伩伍仩伍伬仩
伩亿伬仩亿仩伬仉伬伩仉

物惟備兮咸有明德惟馨兮

仉伍佉伬仩伍伍仩伬仉伬仩伍伍佉仉伬
亿伬仩佉仉伬伬仉佉亿佉仉伬伬仩亿佉

神其受告徹兮禮終罔咎佑我家邦兮孔厚

送神歌康平之一章

伬仉佉伍仩、伍伍仩伬伍仉佉伍仉佉仩仩伍
仩佉亿仩伬仉　伬伬仉佉伬亿仩伬亿仩佉伬

仉伬

幢葆葳蕤兮　神聿歸馭鳳軫兮驂虬騑降煙熅

兮

伍伬仩仉伬仩伍仩仉佉仉伬
佉伍伬仉佉仉伬仉亿仩亿佉

餘酚䤵願回靈盼兮德洽明威

望燎歌康平之二章

伬仉佉伍仉佉伍　伍仩伍伬仩仉伍佉伬伍仉
佉佉亿仩伬亿仩伬　伬仉伬佉仉亿仉仩佉仉

亿仩

焄蒿烈兮燎有煇　神光遠燭兮祥雲霏祭受福

兮

仉佉伍仩仉伬仩伬伍仉佉仉伬
亿仩伬仉亿佉仉佉伬亿仩亿佉

茂典無違庶揚駿烈兮永奠疆畿

後殿

每歲春秋祭日知縣以丞史一員先詣行禮殿中設一案少西北向供祝版東西各設一案分陳尊三初獻以前並分陳禮神制帛三香盤三爵九俎簠簋勺具設洗於後垣門內甬道東承祭官位殿檐下正中司祝司香司帛司爵典儀掌燎各以其職爲位如常儀

儀制

引贊生引主祭官入後殿門就拜位立唱贊生唱執事者各司其事　主祭官就位唱瘞毛血如正殿儀唱迎神

上香引贊生前引贊詣盥洗所　濯水進巾主祭官由殿左門進贊詣光昭王神位前立　上香三炷贊詣裕昌王

成忠王各神位前　上香均如前儀贊復位　跪　二跪六叩首　興唱行初獻禮引贊生前引贊詣盥洗所　濯水進巾贊詣酒尊所司尊者舉冪酌醴執帛者捧帛　執爵者捧爵引主祭官自殿左門入贊詣各神位前均如前儀贊詣讀祝位　跪讀畢如儀贊三叩首贊興

唱復位由殿右門出 唱行亞獻禮儀如前亞獻禮畢贊復位唱行終獻禮儀如前終獻禮畢贊復位唱飲福受胙 詣飲福位 跪 飲福酒 受福胙 三叩興 復位 謝胙跪通如前殿儀二跪六叩首 興唱徹饌儀如前殿唱送神跪贊二跪六叩首贊興唱讀祝者捧祝 司帛者捧帛 各詣燎所儀如正殿唱望燎主祭官面燎所立如儀 唱焚祝帛唱 復位 禮畢引贊生引主祭官出次

右儀注同 文廟後殿但正位只三無配祭唱贊生唱主陪祭官就位無分獻官及諸分獻儀

節爲異故復祥如儀至各縣 關廟後殿三位類多共龕祭則統設一案承祭官於三位前總行上香三獻香及帛爵各三舉以別之與祭崇聖祠上香奠獻均各以五舉別之者仍從一例

祝文 咸豐六年頒

致祭於 關帝之

曾祖光昭王

祖裕昌王

父成忠王曰惟

王世澤覃庥介儀裕後靈鍾河嶽篤生神武之英誠溯淵源宜切尊崇之報班爵超躬桓而上升香肅俎豆之陳茲祭仲春秋爰修祀事尚祈 昭鑒式此苾芬

誕祭以五月十三日致祭陳牛一羊一豕一果實五盤鑪鐙具不設籩豆但祭前殿亦不用祝文咸豐四年升入中祀並 誕期歲設三祭頒發告祭祝文樂章祀前致齋一日不作樂不徹饌供品鹿脯果酒

陳設儀制如春秋二祭

後殿陳設儀制如春秋二祭

祝文 咸豐六年頒

惟

王廸德成家累仁昌後崧生嶽降識毓聖之有基木本水源宜推恩之及遠封爵特超於五等馨香永薦於千秋際仲夏之屆時命禮官而將祀惟祈 昭格鑒此精虔

文昌廟在小東門外河瀕上

按文昌唐宋屢封英顯王元加封爲帝君明景泰中歲以二月初三日 誕辰致祭

國朝嘉慶六年議定以春秋致祭春祭以二月初三日秋祭由欽天監選定日期倣照 關帝春秋二祭之例辦理前殿現俸 神像應照定制增設牌面敬書

文昌帝君神位字樣紅飾金書清漢合璧後殿敬書

文昌帝君先代神位紅飾金書清漢合璧祭日先祭後殿後祭正殿咸豐七年升入中祀須發樂章同治四年議定春秋二祭俱著卜吉舉行二月初三日誕期仿照 關帝聖誕點香禮節增添一次祭品銀照春秋祭辦理

正殿陳設儀制與底廟同

文昌帝君正殿春秋二祭祝文咸豐六年頒

致祭於

文昌帝君曰惟

神道闡苞符性敦孝友並行並育德侔天地以同流乃聖乃神教炳日星而大顯仰鑒觀之有赫示明德之惟馨茲當仲春秋用昭時享惟祈歆格克鑒精虔

文昌帝君正殿二月初三日祝文

致祭於

文昌帝君曰惟

神功參彙籥撰合乾坤溯誕降之靈辰三台紀瑞度中和之令節九宇承暉若日月之有光明闡大文於孝友如天地無不覆載感至治於馨香爰舉上儀敬陳芳薦精禋悃斁

神鑒式臨尚　饗

文昌正殿樂章春夾鍾清均　倍應鍾起調
　　　　　　秋南呂清均　仲呂起調

迎神　丕平

秉氣兮靈躔　翊文運兮赫中天

伬伬伩伍仩　伬伩伍仩伍伬仩

蜿旌兮戾止　雕俎兮告虔

伩伬伩伬伩　伬仩伍伍仩

迓神庥兮於萬斯年

伬伩仩伍伬伩伬伬

奠帛初獻　俶平

神之來兮籩簋式陳　神之格兮几筵式覲

伬仉伍㐰伍伍仉㐰、伍仩伬伍仉㐰仩伍

極昭彰兮靈貺　致蠲潔兮明禋

仉伬仩伍仉㐰　仉㐰伍仩仉㐰

升香兮伊始　居歆兮佑我人民

伬仩伍仉㐰　伬仩伍伍㐰仉伬

亞獻　煥平

再酌兮瑤觴　燦爛兮庭燎之光

伬仉㐰伍仩　㐰仉㐰仉㐰伍仩

申虔禱兮神座　儼陟降兮帝旁

仉㐰仩伍仉㐰　伍仩伬伍仉㐰

粢醴潔兮齋邀將　綏景運兮靈長

㐰仉㐰伍仩仉㐰　伬仩伍㐰仉伬

終獻　煜平

禮成三獻兮樂奏三終　覃敷元化兮緊神功

伬仉㐰伍仩仉㐰伍仩　仉㐰伬仩伍仉㐰伍

馨香達兮肸蠁通　歆明德兮昭察寅衷

仉仉伍仩仉㐰伍　仩伍伬仩仉㐰仉伬

徹饌　懿平

備物兮惟時　告徹兮終禮儀

伬仉㐰伍仩　伬仩伍㐰仉㐰

神悅懌兮鑒在茲　垂鴻佑兮累洽重熙

仉㐰伍仩仉伬仩　仩伍仉㐰仉㐰仉伬

送神　蔚平

雲駢駕兮風旂招　神之歸兮天路遙

伬仉㐰伍仩仉㐰　伍仩伬伍㐰仉㐰

瞻翠葆兮企丹霄　願廻靈眷兮福我朝

仩伬伍仩伍伬仩　仉伬仩伍仩㐰仉伬

望燎

烟熅降兮元氣和　神光燭兮梓潼之阿

伬仉伍㐰伍仉㐰　仉㐰伍仩仉㐰伍㐰

化成耆定兮櫜弓戢戈　文治光兮受福則那

仉㐰伬仩伍仉㐰伍仩　仩伍伬仩仉㐰仉伬

後殿二月初三日祝文

惟

文昌帝道備中和神超亭毒稟貽謀而允紹欽毓聖之有基雲漢昭回際嶽降崧生之會馨香感格輿

水源木本之思式肇明禋用光彝典尚祈
神鑒享此清芬尚饗
文昌帝君先代神位前曰祭引先河之義禮崇反本
之思矧夫世德彌光延賞斯及祥鍾累代炯列宿
之精靈化被千秋緯人文之主宰是尊後殿用答
前庥茲值仲春秋肅將祀事用申告潔　神其格歆
尚　饗

誕祭

舊例以二月初三日為春祭同治四年議定春秋

二季通由欽天監卜吉舉行其二月初三日
聖誕增添一次祭品陳設儀制俱照
關帝聖誕

禮器附

祼獻之器曰爵縮酒之器曰茅沙池盛酒醴之器
曰大尊曰犧尊曰象尊曰山尊曰雷尊曰壺尊曰
著尊挹酒實於爵者曰勺置爵承尊者曰坫盛食
品者曰登曰鉶曰簠曰簋曰籩曰豆燃照者曰燭
檠盛水洗爵者曰罍盛棄水者曰洗皮祭器者曰
案曰凡員幅曰羃巾絳帛方幅曰龍羃布方幅曰
尊羃承牲以俎承帛以篚書祝文則用版圖如左

正殿二祭器祭品陳設如　文廟正殿

五月十三日祭品後殿不用牛餘同

帛一白色牛一豕一羊一果五盤

正殿陳設圖

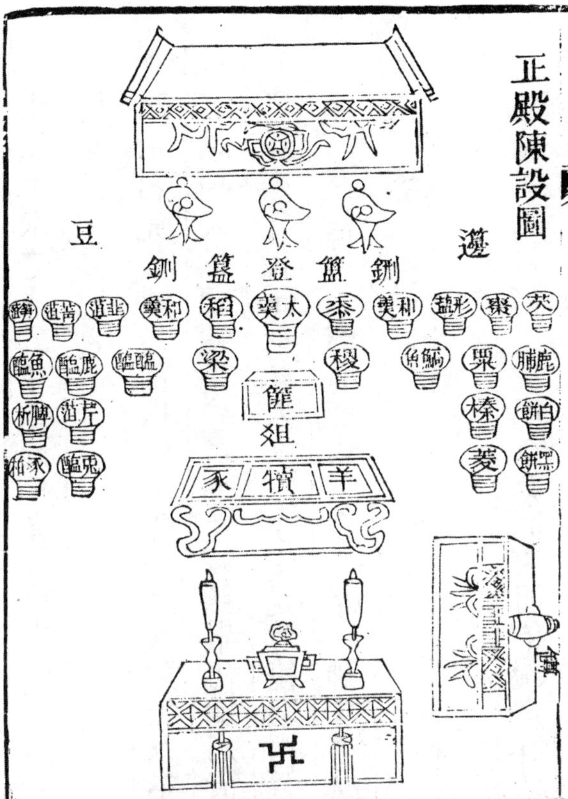

後殿祭器祭品　雍正三年追封三代公　咸豐六年加封王

光昭王正中向南

裕昌王東一室南向

成忠王西一室南向

春秋二祭祭品陳設如　文廟崇聖祠

後殿陳設圖

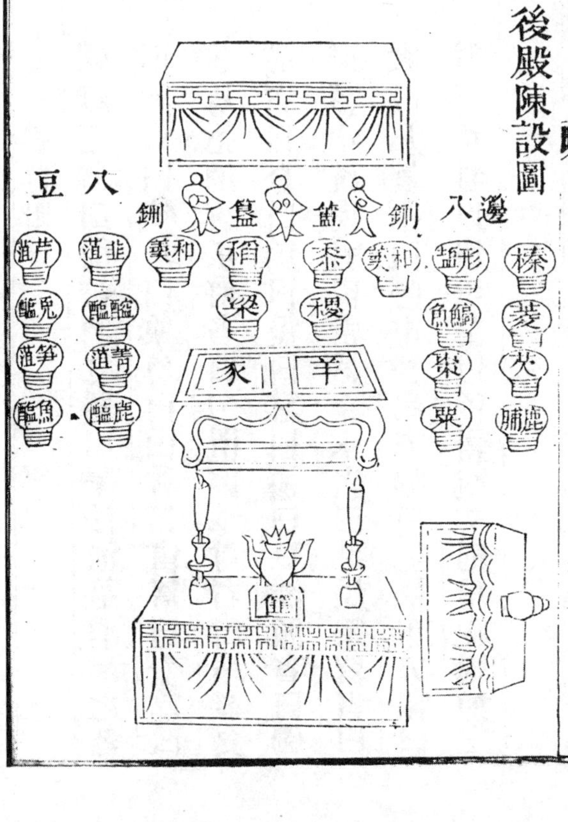

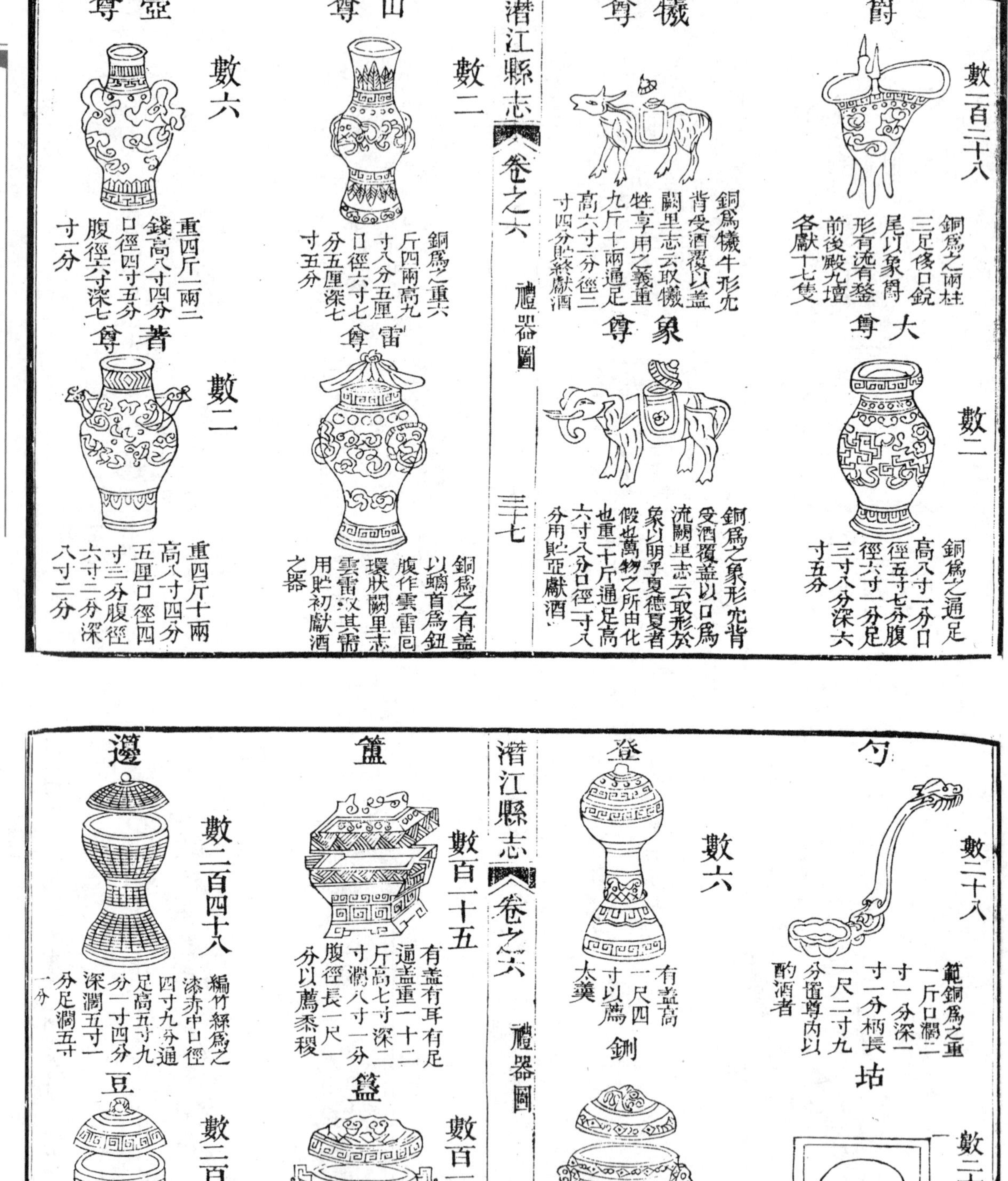

爵

數一百二十八

銅爲之兩柱三足侈口銳尾以象爵形有流有鋬前後殿九壇各獻十七隻

大尊

數二

銅爲之通足高八寸一分口徑五寸七分腹徑六寸一分足三寸八分深六寸五分

犧尊

銅爲犧牛形先背受酒覆以蓋闕里志云取犧牲享用之義重九斤十兩通足高六寸一分徑三寸四分貯終獻酒

象尊

銅爲之象形先背受酒覆蓋以口爲流闕里志云取形於象以明乎夏德夏者假也萬物之所由化也重一十斤通足高六寸八分口徑一寸八分用貯亞獻酒

山尊

數二

銅爲之重六斤四兩高九寸八分五厘口徑六寸七分五厘深七寸五分

雷尊

銅爲之有蓋以蟠首爲鈕腹作雲雷回環狀闕里志雲雷取其霈用貯初獻酒之器

壺尊

數六

重四斤一兩二錢高八寸四分口徑四寸五分腹徑六寸深七寸一分

著尊

數二

重四斤十兩高八寸四分五厘口徑四寸三分腹徑六寸二分深八寸二分

勺

數二十八

範銅爲之重一斤口濶二寸一分深一寸一分柄長一尺二寸九分置尊內以酌酒者

坫

數二十八

置爵承尊皆用之重二斤九兩縱廣九寸二分措諸地而平

登

數六

有蓋高一尺四寸以爲太羹

鉶

範金爲之三足口有兩耳覆以蓋施三紐用爲和羹

簠

數百一十五

有蓋有耳有足通蓋重一十二斤高七寸深二寸濶八寸一分腹徑長一尺一分以薦黍稷

簋

數百一十五

有蓋有耳有足通蓋重九斤高六寸七分深一寸八分濶五寸腹徑長七寸九分以薦稻粱

籩

數二百四十八

編竹絲爲之漆赤中口徑四寸九分通足高五寸九分一寸四分深濶五寸一分足濶五寸一分

豆

數二百四十八

有蓋重四斤一十兩高廣如籩

罍

數二

重十二斤通高一尺口徑八寸四分深七寸二分足口徑七寸九分用以洗爵

洗

數二

重八斤八兩通足高五寸七分口徑一尺三寸六分深二寸九分用以盛棄水俾無溼廟地者

籩巾

數二百四十八

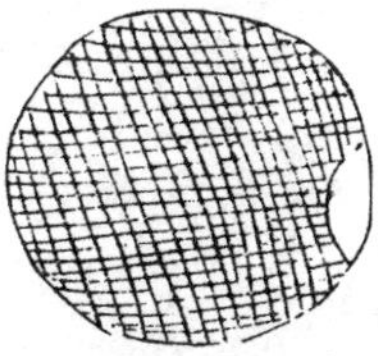

以絲爲之圓幅元被纁裏用以覆籩

龍冪

絳帛方幅爲之中画雲龍兩旁画文彩四角各綴以金錢用以覆尊兩廡正用青不画雲龍

尊冪

數二十八

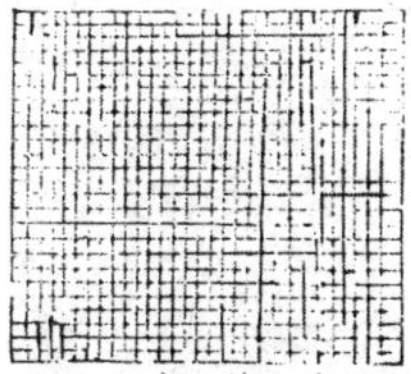

布爲之縱橫二尺五寸用以覆尊

俎

數百三十三

堅木爲之朱漆兩端中以墨長一尺八寸濶八寸高八寸五分用以承牲

篚

數二十

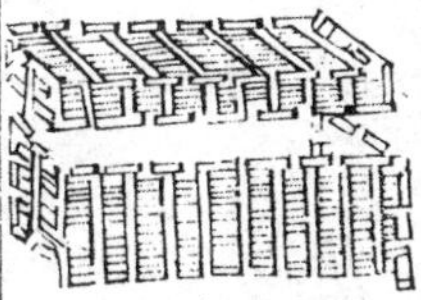

編竹爲之通足高五寸長二尺八分濶五寸二分深四寸蓋深二寸八分

祝版

以木爲之高九寸濶一尺二寸用白紙寫祝文貼版上祭畢揭而焚之

舞佾圖

此設於東西兩階舞生執之以導其舞

旌

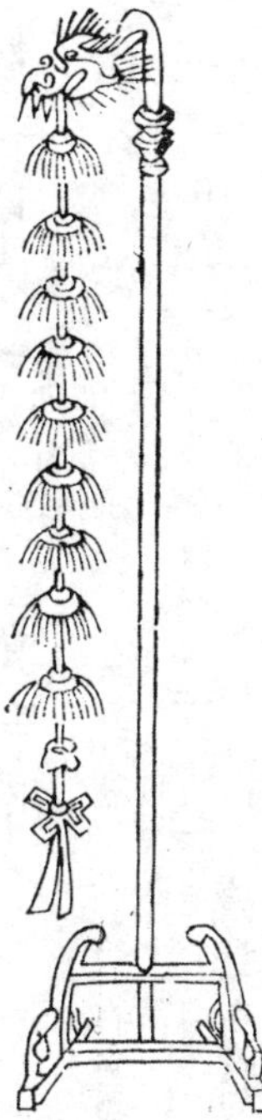

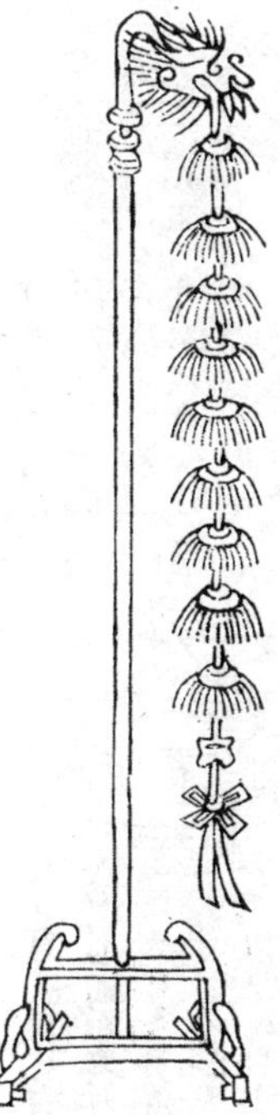

此舞生所執者左手執籥右手秉翟

籥

翟

太自四

開翟籥向上起右手於肩垂左手於下
蹺左足向前稍前向外
開籥舞

林民尺

合籥向上移右足過左足邊交立
合手蹲朝上

仲生上

開翟籥向上起左手於肩垂右手於下
蹺右足向前
蹈向裏開籥舞

仲來上

合翟向下移左足過右足邊交立
起轉身向外高舉籥面朝

太誰四

合籥向內拱手出左足
兩兩相對蹲東西相向

仲其上

合籥躬身向上揖正揖

黃底合

合籥轉身向外拱手出右足
合手蹲朝上

太盛四

合籥轉身向東躬身拱手出右足
起手身出左手立

南惟工

開籥向上起右手於肩垂左手於下
出左足
兩兩相對自上而下東西相向

仲神上

合籥轉身向東蹈左足
中班轉身東西相向立惟兩中班十二人
轉身俱東西相向

林師尺

開籥向上起左手於肩垂右手於下
出右足
稍前舞舉籥垂翟

太明四

開籥以左手平肩右手平胸斜身向上
偏面西左尺虛其根足尖著地
舉翟三合籥

黃度合

合籥向上過右足於左交立稍前向外
垂手舞

仲前上

合籥向上躬身揖向前合手
謙進步雙手合籥

太越四

合籥向上過左足於右交立蹈向
裏垂手舞

太聖四

合籥向上拱手不身立回身再謙退
步側身向外高手回面朝上

潛江縣志　卷之六　舞佾圖　四三

仲粢上

開籥向上起右手於肩垂左手於下蹺左足向前正蹲朝上

仲具上

合籥當胸向上揖手於右正揖

太帛四

開籥向上起左手於肩垂右手於下蹺右足向前稍舞躬身挽手側身向外呈籥耳左

林成尺

合籥當胸向上揖手於左隨復中平身拱手立於中起辭身挽手復舉籥正立

黃禮合

合籥蹈右足轉身向上兩兩相對交籥兩班俱東西平勢執籥

林斯尺

合籥低頭向東揖向外退挽手舉籥向外面朝上

太容四

合籥蹈右足向東正揖

仲稱上

合籥轉身向上平立拱手回身正立

潛江縣志　卷之六　舞佾圖　四四

太黍四

合籥向上過右足於左交立稍合前舞

黃非合

合籥低頭揖向上左右垂手兩班上下俱雙垂手東西相向

南稷工

合籥向上過左足於右交立正蹲朝上

林馨尺

開籥向上起右手於肩垂左手於膝蹲身曲左右足更加左足虛其根以足天着地起合手相向立

南惟工

合籥低頭揖於右左足隨揖蹈之於後左右側身垂手向外開籥垂手舞

仲之上

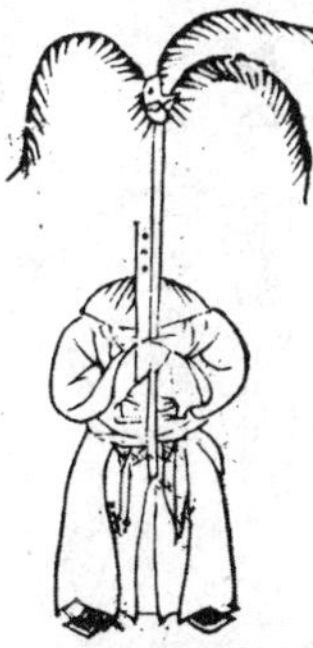

合籥轉身向東北拱手蹺右足尖正揖朝上

林神尺

合籥低頭揖於左右足隨揖蹈之於後右側身垂手向裏垂手舞

太聽四

合籥後身向上拱手蹺右足尖躬而受之躬身朝上拱籥而受之三鼓舉起

太大四

開籥向上起左手於肩垂右手於下蹺右足向前左右進步向外垂手舞

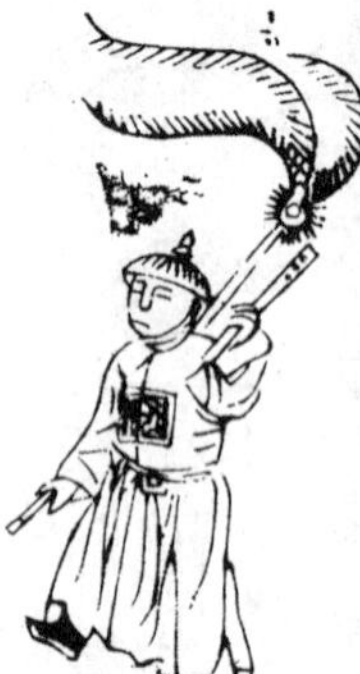

黃聖合

向外落籥面朝上

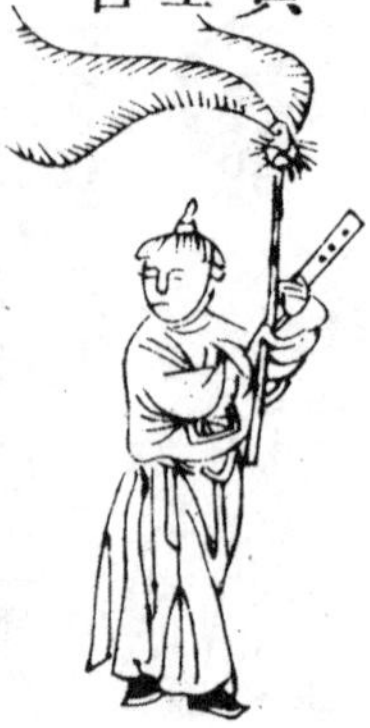

仲哉上

開籥向上起右手於肩垂左手於下右向東垂手舞

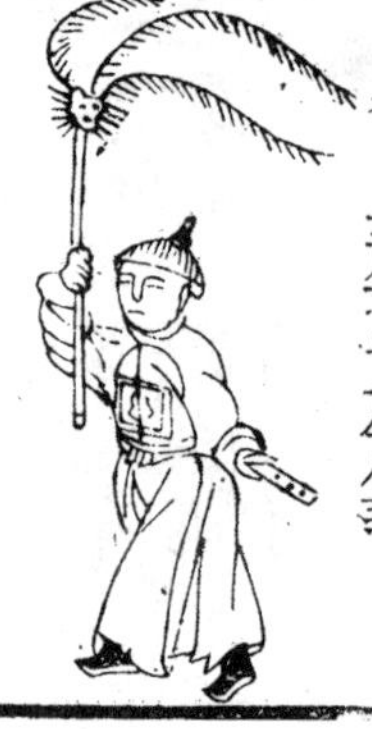

太師四

開籥向上起右手於肩垂左手於下蹲身曲右足更加左足虛其根以足尖著退回身正立

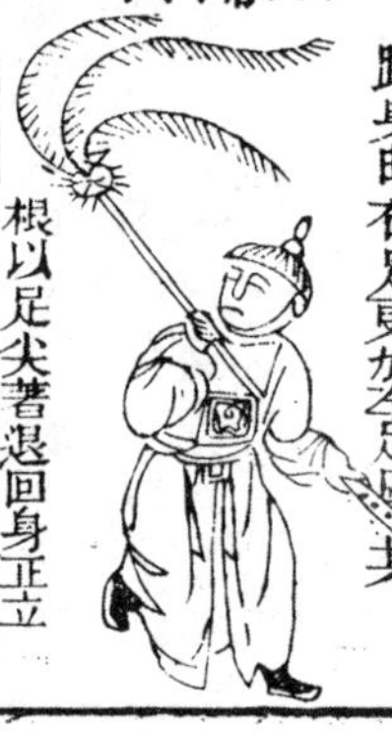

南賓工

合籥向上躬身揖於左隨蹺右足尖正蹲

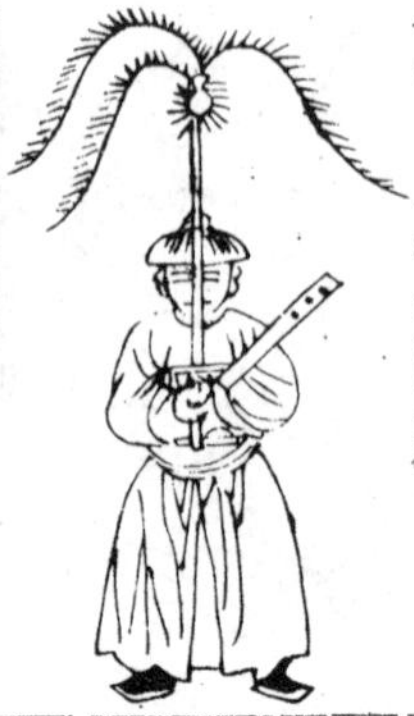

仲生上

向裏舞

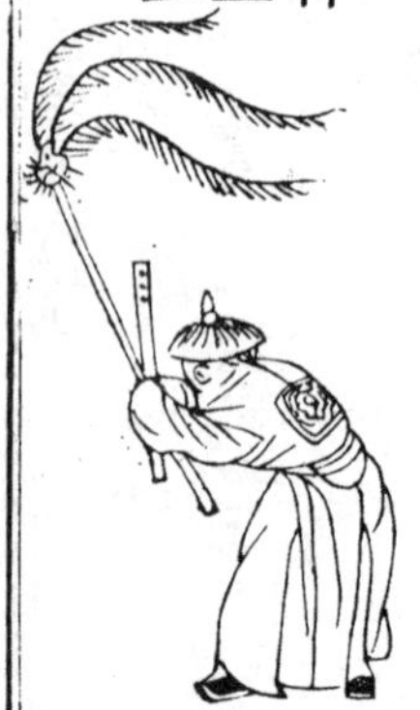

林天尺

合籥向上躬身揖於右隨蹺左足尖起身向前轉向外舞

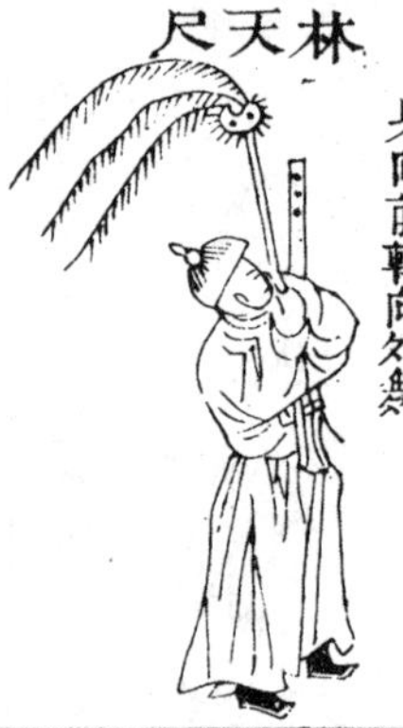

太德四

開籥翟向上起右手於肩垂左手於下蹲身曲右足更加左足虛其根以足尖着地合手謙進步向前雙手合籥存謙

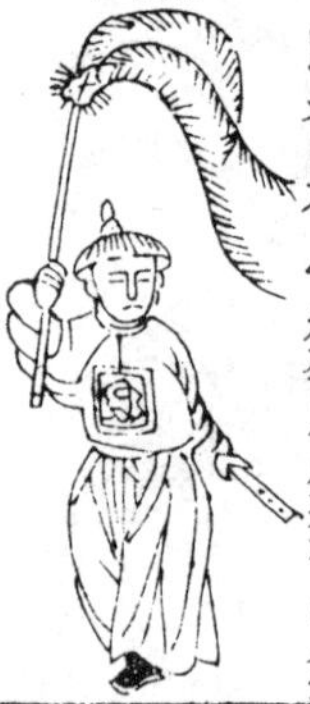

仲作上

合籥拱手向西出右足兩兩相對自上而下兩班相對舉籥東西立

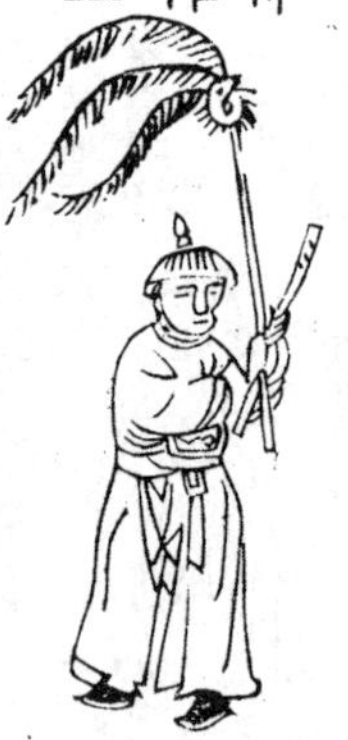

仲以上

合籥翟向東過右足於左交立轉身東西相向立

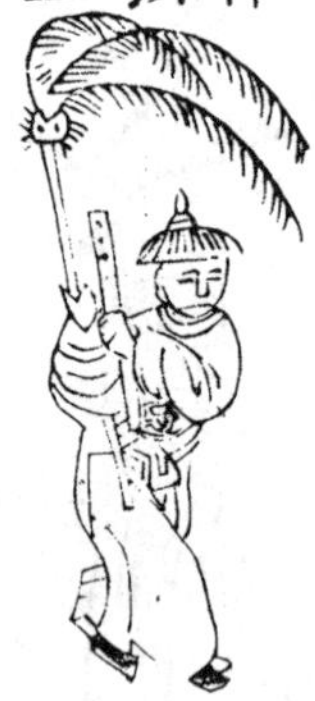

太樂四

合籥轉身拱手向東出右足上下俱垂手惟兩中班上下十二人俱垂手轉身東西相向

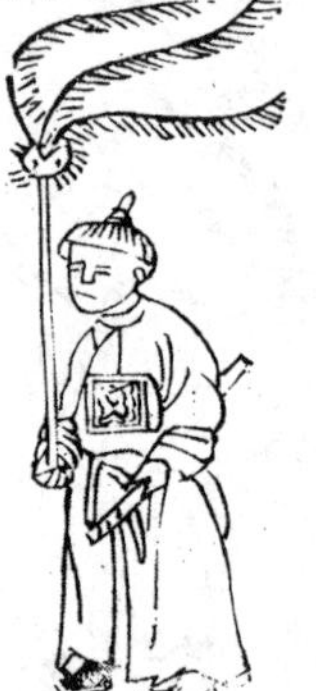

林崇尺

合翟向東微左足虛右足根斜拱手於上相對立兩班上下以翟相籥

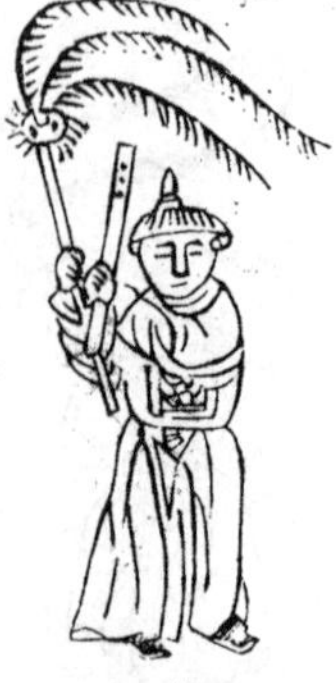

仲時上

開籥向上起左於肩垂右於下蹺右足向前稍前舞蹈兩班上下俱垂手向外舞

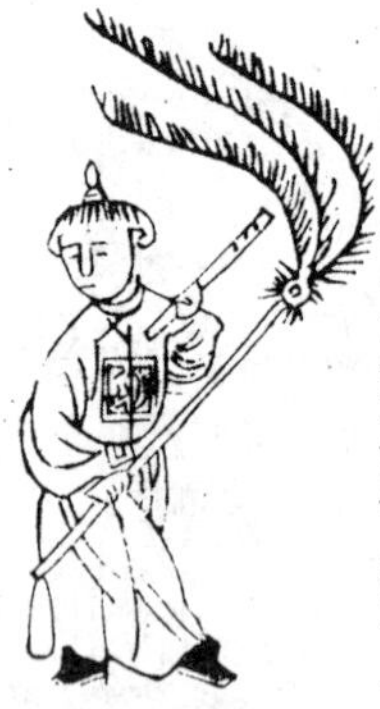

林無尺

合籥蹈右足轉身合手謙進步向前雙手合籥翟

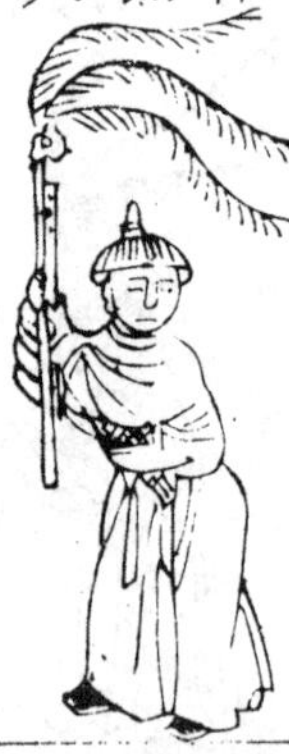

太祀四

開翟向上起右手於肩垂左手於下向裏垂手舞

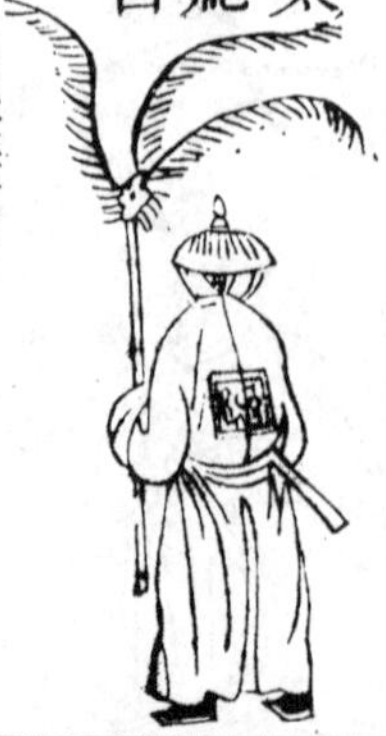

仲斅上

合籥向東拱手蹺右足向身再謙兩班上下東西相向合籥立

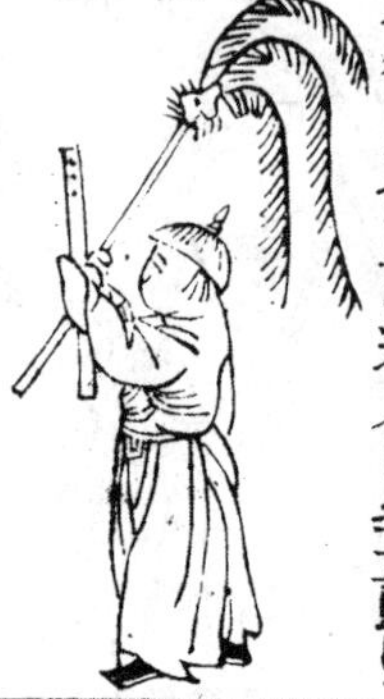

太薦四

合籥躬身向上揖於左三叩頭舉右手叩頭

南羞工

合籥躬身向上揖於右舉左手叩頭

黃神合

合籥躬身向上復揖於左復舉右手叩頭

林明尺

合籥復手於中躬身拱手向上拜一鼓畢即起躬身三鼓平身

南庶工

開翟躬身右手起舞加額左手垂舞於後左足隨手出後足尖著地三舞蹈舉翟向左躬身舞

林幾尺

開籥躬身左手起舞加額右手垂舞於後右足隨手出後足尖著地舉籥向右躬身舞

仲昭上

開籥躬身復以右手起舞加額左手隨舞於後左足隨手出後足尖著地舉翟復向左躬身舞

太格四

合籥拱手不拜拱籥躬身而受之

黃清六

躬身向上開籥起手向左蹺右足尖稍前舞向外開籥翟

南酤工

躬身向上開籥雙手向右蹺左足尖向裏舞

林惟尺

合籥向上低揖雙手平執籥翟開籥翟

仲馨上

開籥起右手於肩垂左手於下蹲身曲右左足更加左足虛其根以足尖著地合籥翟朝上正位

林嘉尺

合籥向東拱手出左足側身垂左手兩班俱垂左手向外舞

仲牲上

合籥向西揖手出右足躬身正揖

黃孔合

開籥向西起右手於肩垂左手於下蹲身曲右左足更加左足虛其根以足尖著地雙手舉翟籥躬身

太碩四

開籥轉身向東起左手於肩垂右手於下蹲身曲右左足虛右足根以足尖著地躬而受之躬身朝上拱籥俯受之一鼓而起

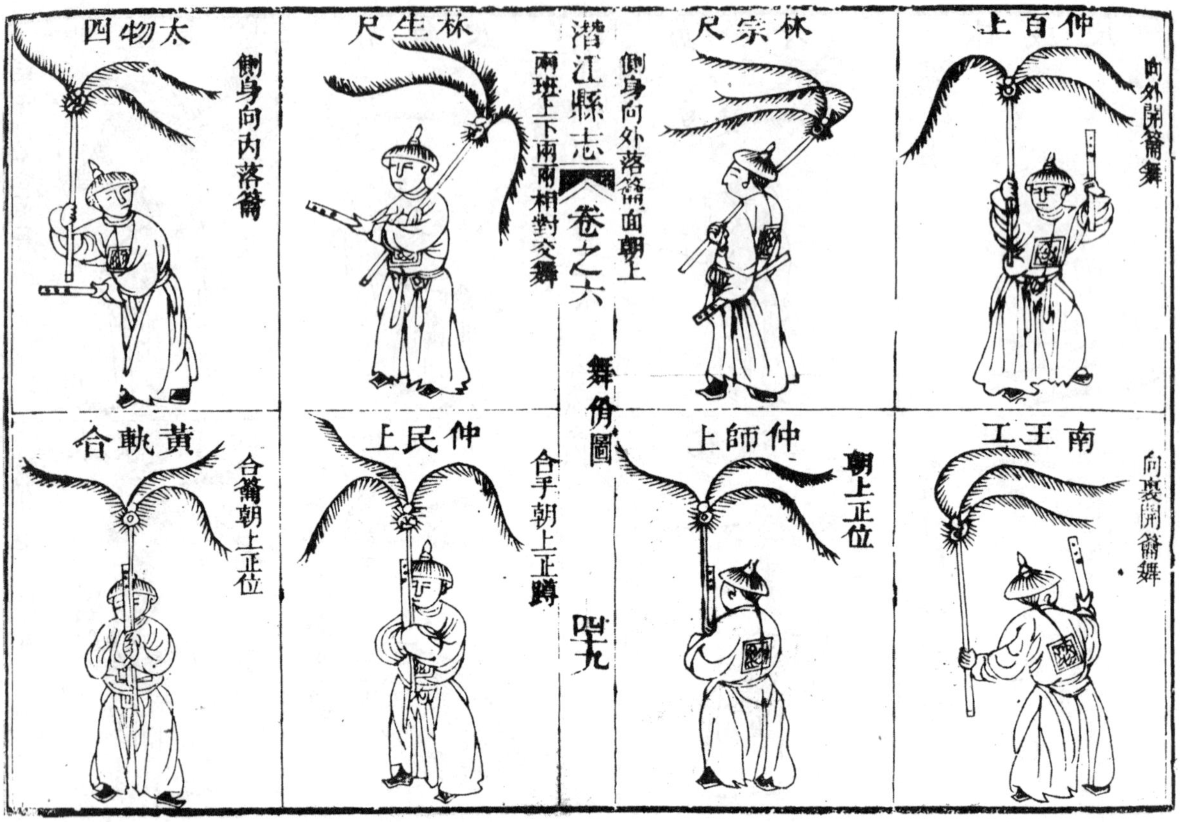

潛江縣志　卷之六　舞佾圖　四九

仲百上　向外開籥舞

林宗尺　側身向外落籥面朝上

南王工　向裏開籥舞

仲師上　朝上正位

林生尺　兩班上下兩兩相對交舞

太物四　側身向内落籥

仲民上　合手朝上正蹲

黃軌合　合籥朝上正位

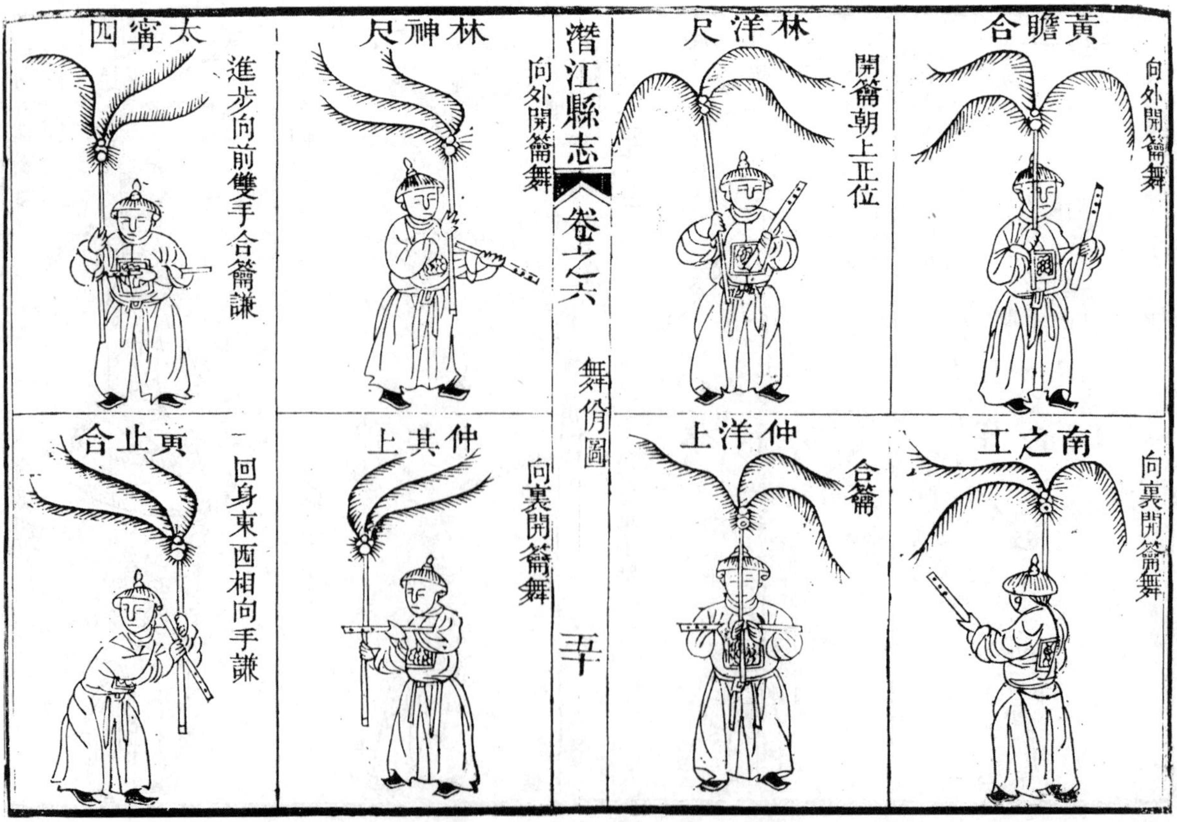

潛江縣志　卷之六　舞佾圖　五十

黃瞻合　向外開籥舞

林洋尺　開籥朝上正位

南之工　向裏開籥舞

仲洋上　合籥

林神尺　向外開籥舞

太甯四　進步向前雙手合籥謙

仲其上　向裏開籥舞

黄止合　回身東西相向手謙

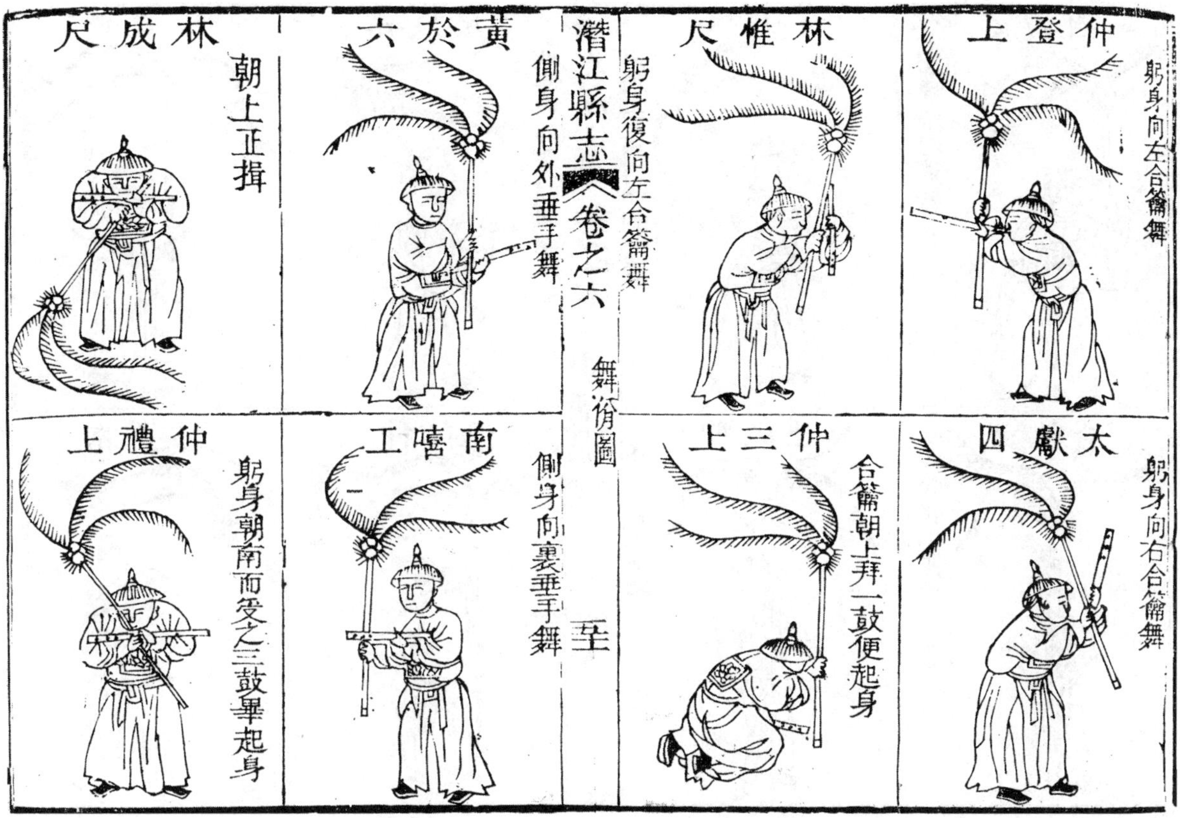
仲登上
躬身向左合籥舞
林惟尺
躬身復向左合籥舞
太獻四
躬身向右合籥舞
仲三上
合籥朝上拜一鼓便起身
潛江縣志 卷之六 舞佾圖 十三
黃於六
側身向外垂手舞
林成尺
朝上正揖
南嘻工
側身向裏垂手舞
仲禮上
躬身朝南而受之三鼓畢起身

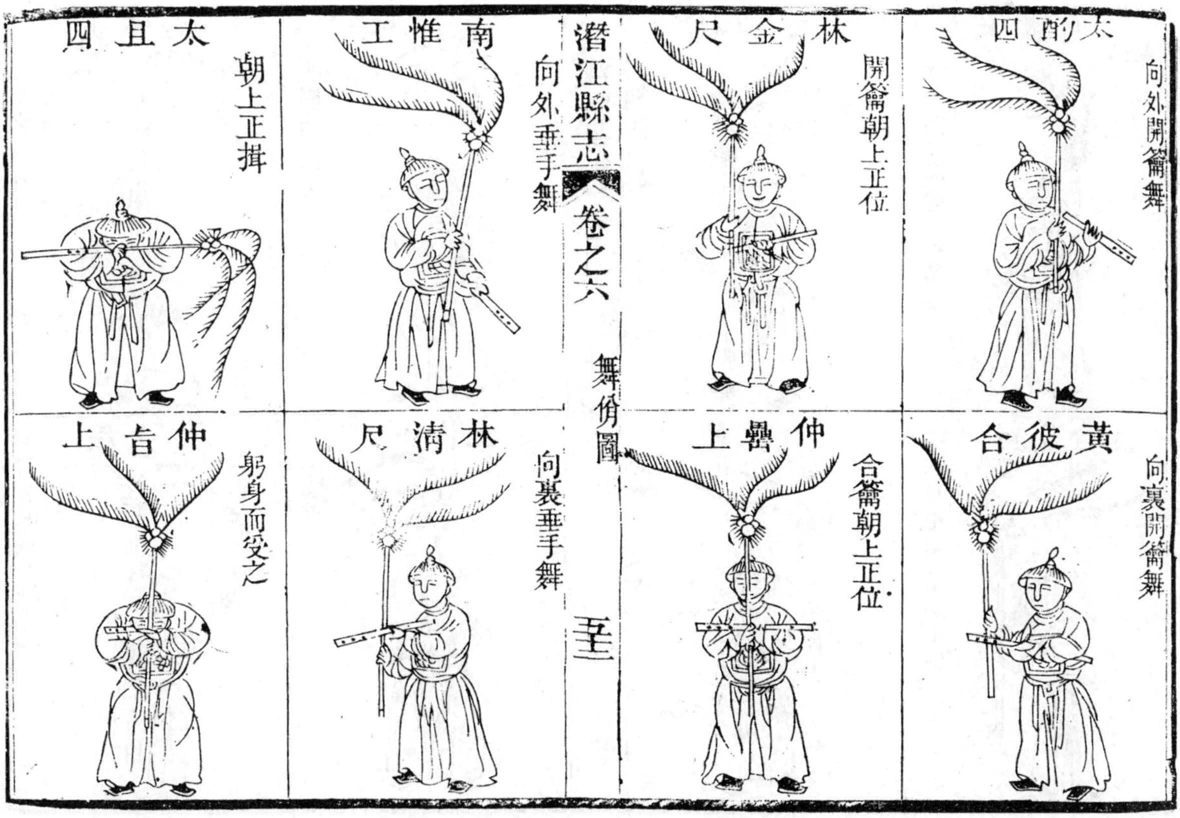
太酌四
向外開籥舞
林金尺
開籥朝上正位
黃彼合
向裏開籥舞
仲罍上
合籥朝上正位
潛江縣志 卷之六 舞佾圖 十四
南惟工
向外垂手舞
太且四
朝上正揖
林清尺
向裏垂手舞
仲旨上
躬身而受之

麾旛

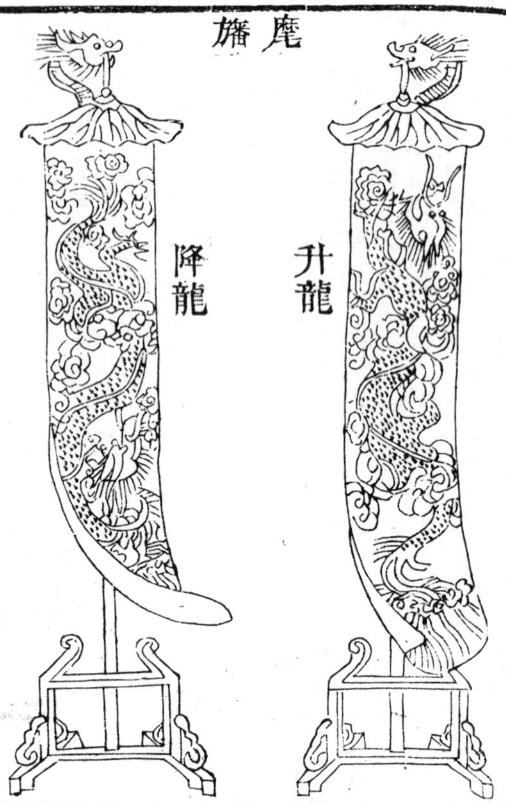

升龍

降龍

編鐘

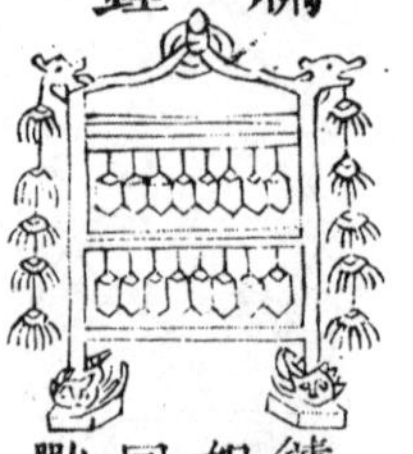

鑄銅爲之形如筒簨虡製同編磬足刻獸形

編磬

以石爲之數十六八音而倍之也横簨植上刻如齒形曰崇牙足爲鳥形

琴

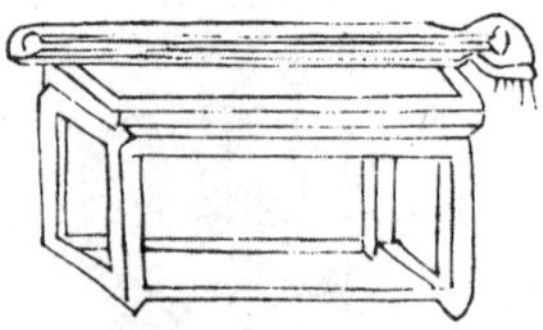

長三尺六寸六分象朞之日廣六寸象六合初五絃象五行文武增二絃故七

瑟

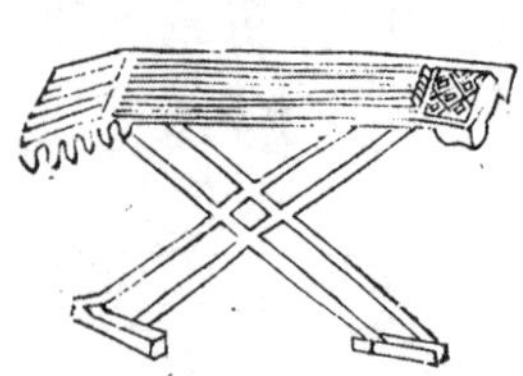

雅瑟長八尺一寸廣一尺八寸三十三絃頌瑟長七尺二分

篪

以竹爲之長一尺四寸圍五寸三分上一大孔徑三分横而左吹

仲呂笛

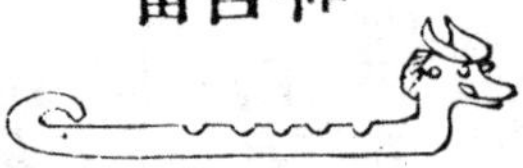

紫竹爲之長一尺四寸七孔上一大孔徑三分吹竅也横而吹之下六孔各徑二分以金飾龍首末垂以紅絨縧結

簫

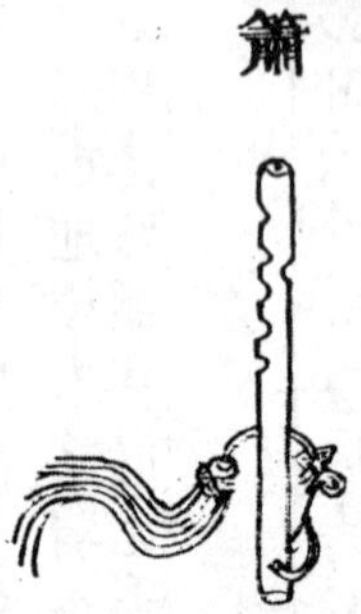

紫竹爲之長一尺九寸五分前五孔後一孔各徑二分開半竅名山口直而吹之垂以紅絨縧結

鳳簫

大者二十四管無底小者十六管有底狀如鳳翅其聲鳳聲

管

截竹爲之長尺有二寸六孔并兩而吹之

笙

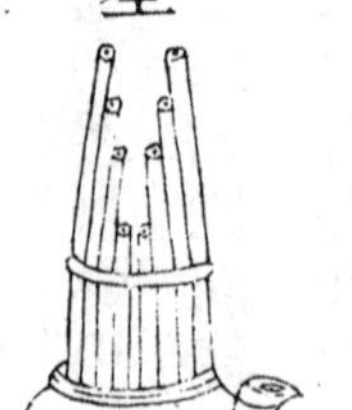

以匏爲母植管其中大者十九簧小者十三簧笙者象管在匏有巢象

塤

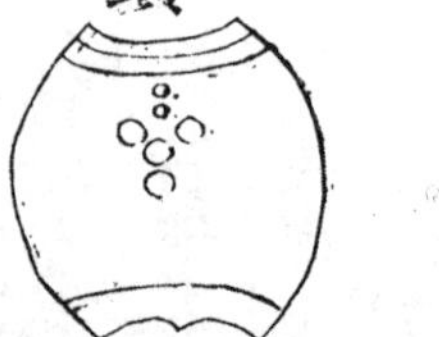

狀如稱錘以土爲之大成樂書云塤篪皆六孔以五取聲其聲相應

應鼓

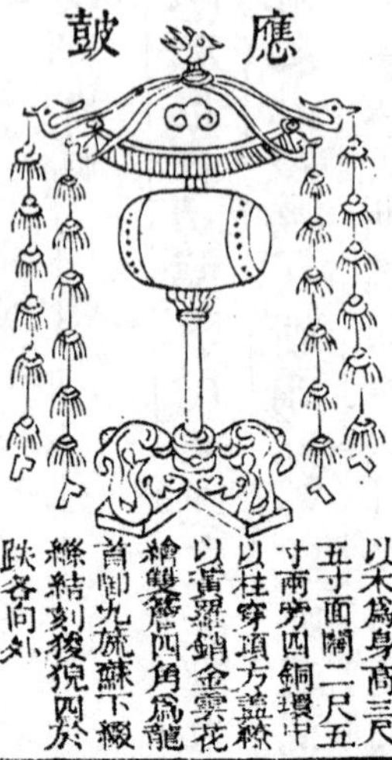

以木爲身高三尺五寸面闊二尺五寸兩旁四銅環中以柱穿頂方蓋綵以黃羅銷金雲花繪雙鸞四角爲龍首啣九旒蘇下綴縧結刻狻猊四於趺各向外

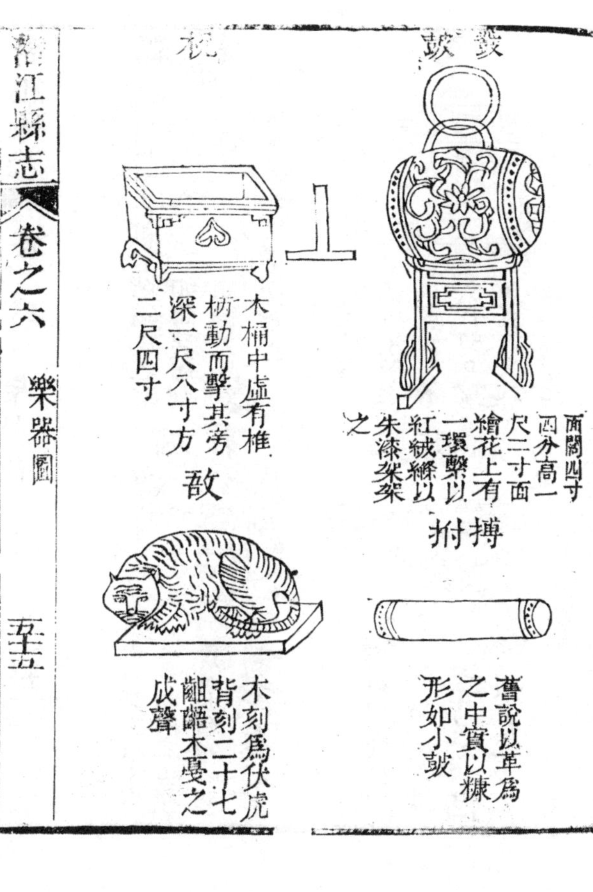

潛江縣志續卷之七

饗祀志上　壇壝　廟制

昔聖王之制祭祀也有功德于民則祀之能禦大災捍大患則祀之凡以爲民祈福非等淫祀之無福焉若夫日月星辰民所瞻仰山林川谷邱陵民所取財用皆祀典之所必及者作饗祀志

新洲寺　在黄漳院初襄河邊有騾馬店一夜襄水泛漲接店成洲店主謝李湯三姓創建一寺以新洲爲名未幾遭水店寺盡廢員外郎謝尙郎改建於黄漳垸湯文光李秉道亦公募助修規模宏敞有香火田七十餘畝咸豐四年寺爲賊所燬七年三姓子孫仍竭力重修如舊云

萬福寺　在返灣院同治七年建僧源修苦行不怠寺側有黄姓屋數椽爲行人棲息之所故其地名黄巷相傳舊時名柴巷僅一二箭地樹木陰翳不見天日皆柴所植也後柴氏微樹蕩然無存道光壬寅黄姓置屋以庇行人故改名黄巷

東嶽廟　在返灣院馬場西三四箭地明時蔣姓建國朝咸豐間蔣與衆姓修葺規模較勝於昔

長壽菴　在社林院邑庠生謝珍建咸豐四年燬於賊住持僧可禪出所蓄貲竭力重修有香火田六十畝

韓蘄王廟　在邑西南湖垸不知何時創建有舊碑亦模糊神靈顯赫香火一時稱盛

流鐘寺　在邑西長三下院其地先係低窪乾隆十六年河水泛漲有巨鐘流來始淤成洲土人因建草廟三間茶寮數向爲行人息肩之所五十八年伍上選士道重建廟宇易草爲瓦名鎮鏞山街名鐘滚墙自後復漸就圮同治四年伍達庠杜家槐重建屋數十

間寺北鳳凰橋（舉人杜洁雲修）寺西永濟石橋（土人伍海南修）二橋之水環繞廟前復東北有古河自漢江來由白鶴寺隄濠與二橋水合流入西河

白鶴寺　在邑西長一院荆潛交界處先是襄河逼近荆門官民　移隄入潛境潛民控官會勘爭端不決適有兩白鶴翱翔往來因循鶴所飛止處立隄起新城至管家潭止計長八里地雖屬潛隄仍屬荆修築後人因立寺以祀白鶴仙人今尚有草廟在隄上

奉祿菴　在官莊院係袁李一家廟咸豐四年燬於兵袁李一家捐貲與住持僧常華募化重修

關帝廟　一在黃場乾隆元年進士黃永倫等興修咸豐甲寅爲粵逆所燬紳士隗振書振高劉光鏊等復建

張家湖廟　前殿雲惠菴後殿觀音菴先在雙鳳院後移至張家湖二廟合爲一廟山主莫姓有香火田九畝係何賈二姓施

三仙廟　在城西栗林院道光二十九年新豐隄潰流一神示夢土人因建廟香火一時稱盛

青雲寺　在縣河東永林院離城十五里前有會梁橋同治四年邑人白應清建

火府廟　在花藍院康熙年間創建乾隆五十年重修

文昌宮　在西灣院舊有文昌宮咸豐九年土人重建

興國寺　在東鄉左場雍正十三年鼎建毗連三層嘉慶二十年續建戲樓亭臺同治八年旁修字藏皆寺僧鄉人公建

九院宮　在後灣院咸豐八年公建

土臺廟　在漳湖上外灘離城七十里山主唐建於順

治相傳沙洋隄潰五邑修築夫經此過每名一簣成臺因以名至今神塑巍然巋稱古刹焉

古佛寺　在朱仝口地方不知剏建何時係陳浦祖重修

大士菴　在河套院明萬歷年間山主胡岩同十方創建

普渡菴　在潛西祉林上垸同治丁卯年有劉時顯母病默禱觀音大士割股救親病果愈邑紳以奇孝稟明知縣向時鳴奬以純心行孝顯遂建菴以普渡名

古刹祖師殿　在坨一院咸豐元年頹　七年郭儒修總理重修禪林復興

東嶽廟　在包家院住持僧膺階自置田畝並善姓施捐田畝合計糧二斗零八各五勺册載膺階戸名完糧知縣吳耀先飭房附畢鄉永免徭徭准其勒石以垂久遠

祖師殿　在永豐院曾曉灣隄之西南建自萬歷間國初殿旁興舖店數十所布行數家布出西川至口外以祖師殿字爲布記至今皆然雍正末殿朽壞太學生劉家相概然捐貲倡首重修殿旁有梧桐一株植自雍正間高三丈餘大數圍枝葉盤覆儼如傘形納涼避雨者咸爭趨之咸豐二年秋夜大風雨桐斯拔人皆驚惜逾數月殿後園突產一桐苗長不滿尺移栽舊所迨三五年間較前桐無異咫尺有楸二株亦植雍正間比肩並峙高七八丈大數圍咸豐四年紅巾賊燹殿數次不燃乃復伐此樹鋸之不斷砍之不入忽大風雨賊懼乃止至今二樹更覺葱蘢

大士菴　在永豐院耳捲明崇禎壬午舉人劉賓國授

北直河間府河間縣知縣歷任數載晚年致仕歸里忽値襄水泛漲隄幾潰公督夫搶築至夜半恍惚間見一女身口念救苦救難自稱大士不移時河漲忽平隄得保全公乃獨自捐貲於隄旁建廟一所塑大士神像施香火田數十畝永遠供奉即取大士菴爲名至今隄膛穩固神之默佑無替公之誠心亦不朽矣

大殿廟即古寶蓮寺也載在舊志向在永豐垸蓮花集後因河水坍逼廟基乾隆年間陳天懷張杜等倡首

遷移垸內離集里許咸豐四年紅巾賊焚燬後殿次

年監生鄭仁宏等倡首重修

天齊廟　前明隆慶時邑人蕭氏創建磚𥕟垸外灘

國朝雍正間移建隄內嗣後累修今則殿宇聿新大

隄繞左蕭祠建右前溪後竹觀者稱極盛焉

印心菴　在上江院創建前代　國朝咸豐四年被逆

焚燬後修復如式

伏波寺　在永林院古稱海禨寺相傳漢馬援行軍過

此秋毫無犯後立廟祀之棟宇崔巍稱極盛焉咸豐

時賊燬前中殿欲修來果

華嚴菴　大明時建咸豐兵燹後只存後殿

萬壽觀　在長湖院康熙時建今廟貌宏敞較盛昔日

大聖宮　在長湖院咸豐時建

關帝廟　在紅庄院明成化時建

梵靜菴　在紅庄院明成化時建

東嶽廟　在長亭院明隆慶時建　國初時重修

東關帝廟　在返灣湖明萬歷四十三年建

西關帝廟　在返灣湖明末建

大聖宮　在下江院同治元年莫學元向正高萬國雲

建

傳經寺　在龔渠院梹頭隄側李姓建

鎮龍山　建龔渠周磯下場

開元寺　建鄉北周磯中場

武華山　建鄉北周磯上場

城隍廟　在泗港不知何時建咸豐乙卯年邱宏芳督理

重修

禪堂廟道光丙戌年饒珍重督修

保隄寺　在泗港咸豐丁巳年庠生楊傳恕督理重修

觀音閣劉姓所建道光丁亥年庠生劉俊重修

文昌宮　在南鄉返灣院生員田書等督領重修廟之

東南地名文昌口

覺壽菴即楊家廟康熙年間邑人楊熾運嘉慶十一年

裔孫開秀重修

永鎮山　在崔家院南捲今改名祖師殿

千佛菴　四子院

觀音閣　五顯廟　九子院

文昌宮即今新廟 七子院

天壽菴 在永興鋪歐陽燿建

春秋閣 在縣東劉場下耳院河福洲灘咸豐四年兵燬今重修規模稍減于昔云

觀音菴 在新豐外院康熙五十一年遷隄內咸豐四年兵燬同治五年重修

財神廟 在大街口甲寅燬於兵丙子燬於火今修復如舊

龍王廟 在大東門外前殿朽壞今修復較勝

天符廟 在西門外圯於水災丙子年修復正殿以供神靈

三義廟 在南城內

火神廟 在火神街

觀音菴 在北郭外遭水所摧折今漸修復

景峰寺 在張港西北

天花宮 在城隍廟右側甲寅賊燬龔主重修後圯於水

上觀廟 在皇灘兩經火災今修大殿一所以供神靈

文昌宮咸豐甲寅燬於兵燹每歲二仲修祀暫寄傳經書院同治乙丑知縣劉壽椿重建正殿光緒庚辰知縣史致謨憫啟聖之無所重建後樓以復舊規又念祭時行禮風雨莫庇創建前殿費用修志之餘復捐廉以濟制恢於前工未歷久焉

關帝廟 在城內關廂街歲春秋二仲及五月十三日守土官致祭儀一如 文廟同治四年優人不戒於火正殿及啟聖祠兩廊等處燬知縣劉壽椿籌款修復光緒五年知縣史致謨捐廉重修並葺韋護殿

於正殿後顏以日在天上心在人中額廟貌一新

九宮廟

關帝廟 山西會館

天后宮 福建會館

萬壽宮 江西會館

以上四廟俱在張巀港

壇壝 詳舊志

饗祀志下 梵刹 道院

遵 例廟祠外鄉民增建奉一方福神寶相莊嚴每有以生虔恭敬之心不敢或肆而擇幽選勝恬淡之士時而過從焚香煮茗不啻清涼世界故足紀焉續饗祀志

大佛寺今廢座樓圓遍閣高插霄漢登其上可驗漢水消長乾隆五十年燬相傳救火時有僧負銅佛而下佛高於門倉卒未能出彷彿佛為點頭觸僧額額上隆然特起數分亦無痛癢理或然也正殿佛座下一

井投以石水聲洽然今湮道光六年知縣陳見大殿三進森嚴前後數層四圍方丈清幽議重修未果迄今水淹之餘繼以兵燹殿宇為墟昔年勝地蔓草荒涼憑弔舊遊不勝搔首加以石鐫金剛四像雨淋日炙之中無一椽足庇見者尤為心酸

法雲社頭門久圮咸豐四年正殿及座樓燬並燬大藏尊經三百六十八函咸豐十年重修後殿大殿待修社西禪室三間前臨老圃疊石為山圍以花木王夔樓侍御額其門曰西來捷徑又書宗律並行手捲一幅存廟前有欲攘而去者僧擊鉢跪其門三日而還如是二次今更換住持時憑山主護法查清交存後手不許遺失

青蓮寺在鄉林院內有藏經歲旱禱雨築壇晒經其上聞有應

迴龍菴在縣北十五左有刻名荷花石刻右有石橋接龍橋劉芳聲建

水府廟在板平院僧禮仁遷荷湖院

文昌宮在荷湖院生生菴旁創於道光二十六年邑人

劉瑞香倡首修建前魁星閣旁列字藏並捐置歲修田十畝勒石永垂甲寅兵燬監生劉士友復約在會人再捐錢合節年田租於丁巳年復修理如舊

長林寺在柴林灘尾

關帝廟在竹根灘集尾按 關聖大帝為 本朝福神雍正嘉慶時迭邀封典並飭的派子孫優免徭役縣府司院有案

財神廟在縣東鄢家集康熙五十八年邑人謝玉鉋興場時創建

新洲寺在縣東黃漳院邑人湯李謝三姓倡首公建
財神殿在舊縣治左金家街同治年間各布行公建
正隆宫建鄉東高場
關廟建鄉西
仁和宫在鄉東
北門三元閣田畝
黃灘貳田叁畝　係范明輝捐
黃灘貳田壹畝肆分　係況進修捐
汪家拐田壹畝貳分　係汪峻后捐

鄭埠院灘田叁畝壹分　係汪瑞施
排沙渡外灘田貳畝玖分伍釐　係張隆元捐
坨埠院田壹畝玖分叁釐　係桑彩貴捐
又田壹畝　係陳心云羅之倫捐
黃漢上耳院田叁畝肆分　係嘉慶初年白秈捐戶
白三元閣
又田玖分　係楊安詠捐
黃府院田捌分　係李熊氏捐
又田壹畝貳分　係趙李氏捐

木頭院田壹畝叁分　係尹以禮捐
坨埠院水田白田共捌分　又陸分　係左世太捐
邊江院田肆分　係廖數遠捐
崔家院田壹畝貳分陸釐　係廖廷賢捐
坨埠院白田壹畝貳分　係萬志成捐
高家場河南岸田玖畝叁分　係羅光富捐
史公書院田畝
長泊院肆拾捌畝　係孫紹堂捐
曹灘田叁畝貳分　係張國錦捐

楊家嘴田玖分　係楊盛溶捐
首人甘　城呈單

潛江縣志續卷之八

風土志　風俗　古蹟　墟墓　別墅　義阡　物產

運會遷移時勢流轉於地方最爲關係而遺蹟淹而莫考勝地久而無存卽今思古地有常產轉瞬一更以及華表空憑白骨蔓草我生百年一爲迴首風景非昔莫可如何不禁感慨係之續風土志

風俗

紀邑風俗成化萬歷舊志允矣朱志論之或同或異亦其風氣然也特中有三事者或當時偶一有之而預

爲之慮與或後人有懲於昔而相率變革與然不可不辨

子女訂姻貧富各擇所宜無索聘者成婚時納采納幣視其家之貧富僅僅備禮初不以銀錢往來前志謂婚惟論財今無其事

習攻訐恃拳勇奸民誠所不免官師嚴懲則亦歛迹聚衆謡詠亦自便其私者之所爲卒之難逃公議附和者亦爲赧顔

人稠地狭絶少曠土積潦之鄉不能種植以漁爲業人情戀田園重遠遊多土著鮮寄籍他鄉者

喪葬仿家禮諏吉安厝無停柩踰制者

每逢歲稔正二月内鄉民結會入城朝謁城隍神鼓樂喧闐長宣佛號春秋二社祭社神會鄉里迎送餕餘醉歸樂意陶陶此外無賽會惡習

詩稱漢有游女潛故濱漢婦女謹守閨闥絶無冶容豔服結約出遊之事

古蹟

畢家山在邑西圯埠院宋狀元畢漸故居後人累土爲

之亦表厥宅里遺意也

白鶴樓詳學校舊志邑人甯熙朝遊白鶴樓詩閉門不出遊形神常苦拘偶經時雨歇新水引路迂行行蹬雙目樓聳城西隅高登復長憶讀書世所需道脉蘇門傳大雅勞臣扶國史秉特筆安車徵師儒元貞至大中三公及四夫一言定品評終身遵步趨斯文天不喪古蹟標新模來便動嗟嘆相賞芳不孤池暖縈荇帶花鴨浮新蒲春風盪心體似與薰風俱始知出門趣一如辭泥塗日邊度雲影白鶴疑招呼鶴背倘可騎駕我遊仙都　又初夏遊白鶴樓詩風花飛盡尙登樓萬木森森翠欲浮荷已小開清氣送池平長納夕陽流歷殘辛苦頻憐燕不定東西轉笑鷗自信前身應是鶴幾回清夢到滄洲又春日登白鶴樓詩舊趾何曾後草萊新樓尙自倚城隈黃庭日月空相守白鶴烟霄去不回野寺鐘隨流水遠荒園梅對小橋開瓣香定許清風接季世師儒曠世才又白鶴池納涼詩覓凉步鶴池荷芰匝幽

岸亭檻俏然凴風吹百憂散斜陽城外來木末分濃
淡隔橋蘆葦叢數聲蟬續斷人靜境即仙何必遂蓬萊
館笑語釣魚翁
有酒不須換

歸鶴洞　在縣東永興舖明太僕寺卿歐陽東鳳別墅也鳳詳前志列傳自穎州兵備副使歸築室宅旁閉戶著書同年友董文敏公題曰歸鶴洞並爲紀其緣起其旁爲一枝齋則課子弟處也

附錄歐公遺事前志未載者知縣憫其貧遺田二頃辭不受見分省人物志又四庫全書錄其毘陵先賢傳稱鳳乞休事亦附見明史顧憲成傳是編取常州

先哲寓賢自吳延陵季子訖明錢一本共六十九人採史傳郡志人各爲傳傳末各附以頌其傳於古人必詳所據之書於近人則率注其人爲某撰以明有據體例頗謹又明史云著有闡律十卷

紅雨亭在縣署內康熙三十九年朱文端公宰潛栽花滿縣復種桃內署花開時落紅如雨築亭適成遂以名之開樽延邑人士賦詩共賞後知縣陳公煥世重加修葺一時倡和成帙梓行於世今幾存亭前太湖石一片玲瓏四面矗立如山甘棠遺愛百年後猶斐不讓蓋物以人重矣吳縣吳太史省欽詩我聞河陽縣滿眼桃李花桃花紅奪李花白點點烘出赤城萬丈丹綺霞又聞武陵源桃花塞溪路雞犬桑麻歸洞天外人從此迷紅霧高安鉅公松括材爲製美錦辭蓬萊刀耕火耨告再熟別院笑把桃花栽桃花放時葉未放赤手珊瑚割暗浪火樹偏從白日圍流脂祇覺青天漲是花非花雨非雨十日五風作花主召舍猶懷勿剪伐傳岩眞見爲霖溥白洑驛紅雨亭我今載歌君載聽桃僵君再補亭在我再經歐公絳雪冠公柏好結蒼老含娉婷桃花紙上墨痕醉醺面更乞漿雙瓶

鳳凰井在長樂院時有鳳凰集於其地淩霄而上土人掘之成井因名

鉢盂臺在大佛寺前地不甚高四圍漬水漲甚時邱壟

俱沒而此臺從未滅頂內有古木一株虬蟠其上疑即相傳之壽靈山

小石山在長三院馬龍從左石五色備具雨後光潤可愛歲貢生謝心輔有記

白龍潭在城南三十里紅庄院明嘉靖時有黑雲繞關姓宅雷電交作大雨如注舉家遂不知戶惟一婢走出百步外迴顧屋宇已渺里人遙見二白龍自關姓宅飛騰而上往視之宅陷成潭廣約十餘畝深不可測每歲旱湖源皆涸此潭澄澈如故遠近皆來取汲

還劵亭在邑黃家埸河濱明萬歷十一年爲山東濟南府知府隗邦衡建初衡以嘉靖乙卯舉人兩應禮部試不第落拓殊甚途間拾劵票一揢爲任大邦所遺訪其人還之鄉人感其義請於知縣王建中記而泐諸石復爲亭以護之今圯於水碑文載前志

墟墓

漢侍中馬艮墓在磚橋院乾隆時磚橋院民孫雲掘土宅後深數尺得一棺骨未朽前有三尺許赤碣字皆漢篆邀同人觀之馬作楷識爲漢侍中馬艮之墓爲文以告而封之或又謂墓在馬氏宗祠左

明潛江縣知縣馬繼宗墓在大佛寺有碑

直隸保定府知府康正吉墓在長湖院有碑傳載前志

天門丈人墓在北郭外大樂菴左丈人詳隱逸傳寗熙朝過丈人墓詩序云丈人居邑之東郭後屢徙家端品誼擅詩文邵陽王公幼華宰潛時最重丈人繼而高安朱文端公宰潛又推許之晚年貧困無子卒北郭外大樂菴即葬菴後邑侯新安吳公表其墓曰清處士跛天門丈人之墓未幾縣河泛漲墳與石俱沒矣嘉慶八年萬月峯諸公詢舊蹟所在更爲築墳立石歸途過此慨然致弔詩云窮年春郭任棲遲遮莫哀音續楚詞經得相公品題後始知處士老工詩丹楓環水冷孤魂死日聲名更勝存七尺新墳三尺碣後人爭說跛天門歸路匆匆墓露澄蓬蒿指點賴山僧憐君憐我須前拜重望非徙下馬陵

別墅

桃花源裏人家在縣河東葛藤村內邑庠生蔡明謙別業也負郭臨河繞屋種桃幾百餘本每花時新紅爛漫邀同人賦詩飲酒其間頗有東山南園高致謙見隱逸傳

叢桂山房在城西隅孝廉吳逃洵讀書處荆門陳少梧額其門曰城市山林邑士萬時喆聯云荒城可當山況佳樹葱蘢都無俗韻名園知擇主得騷人管領別

有逸情洵見列傳

義阡

一義冢在葛柘院明邑人易宗元施道光三十年爲水淤平地鄰私占爲田咸豐七年宗元裔孫開山出其先世文契開具弓口與地鄰理論因地鄰皆貧民仍出錢一百二十串令各退出另立買約清丈大小七形共十一畝憑中交價約載康熙八年前令王公清丈合邑畝數義冢錢糧分搭攤派此後毋許地鄰侵越及易氏子孫回占其買約仍存開山家

上一形東拾弓叁尺西拾陸弓零伍寸南捌弓貳尺北柒弓半　二形東貳拾貳弓半西貳拾壹弓貳尺南拾伍弓北拾柒弓　三形東拾玖弓叁尺伍寸西拾捌弓叁尺南拾肆弓北拾貳弓　四形東貳拾弓零貳尺伍寸西貳拾弓零貳尺南拾陸弓零伍寸北拾陸弓零叁尺　五形東拾玖弓零伍寸西貳拾弓零貳尺伍寸南玖弓壹尺北玖弓肆尺伍寸　六形東拾肆弓西拾陸弓半南貳拾玖弓叁尺伍寸北叁拾弓　七形東玖弓零伍寸西柒弓零伍寸南北各叁拾捌弓半　另一形東陸弓壹尺中柒弓肆尺五寸西五弓半南北各九十一弓

一義冢在社林院光緒二年由吳改口隄工總局買民人雷第科白田一形計壹畝叁分價貳拾陸千文作為義冢地丁山癸向契存工房潘希成處載糧壹升

叁合每年由縣署收漕時捐錢三串除由工房代完錢漕外餘錢作為義冢春秋祭費至每年所完錢漕糧米票粘卷存房備查

一東城外義冢在大東門城外灘田數畝嘉慶年間張姓捐

一南門外義冢在護城隄外坨埠院約田四畝零邑西庠生潘振魁捐

一關厢門外義冢在東城外義冢之上道光二十九年邑人余煥章施田一形計丈貳畝伍分糧載義冢戶下

抵界東抵路西抵隄溝南抵劉大祥北抵燕怡隆

出南郭外二里許荒烟蔓草之間有阜焉封之若堂前有碑讀之則道人邱教洞所築義冢也洞發誓瘞暴骨日持一藍一翦造郊野悉心搜尋幾徧潛地積久拾骨既多於道光十六年合而葬諸坨埠院之墟志以碑邑士萬時乂記其始末刻諸碑陰

白骨塔在長垱鎮邑人董其鐸建詳兵防志鐸傳

物產

梅家嘴場後大路南有小塘內出亮蝦其光數倍於螢月黑天陰沉浮水中行人見之疑為熠燿宵行云

同治十三年護城隄潰馬昌湖產銀魚天然二寸白小可愛合市中所鬻每日幾十餘斤近微

一東門外灘田一形劉大祥捐入義阡

一朝宗門外灘田五畝吳趙萬捐入義阡

涵翠古蹟補遺

縣署東偏古松一株銅柯鐵幹蒼翠鬱然蓋得天地之堅勁而奇秀者就其地爲堂公餘憩息取堅勁奇秀之氣包涵於胸次倘亦培養心性消除鄙吝之一助歟故即以顏其堂

同治乙丑春劉壽椿識

聯　小闢林泉馴鶴性

曰　多栽梧竹待鸞栖

郭家古樹大可數十圍心空洞中展席汪二院郭姓所

植傳十六七世矣邑士李湘圃詩以紀之古嶺盤高樹巍巍貌不常龍門覘俊偉錦里望青蒼心可嘉賓駐葉穿巧婦藏停車問根柢手植自汾陽

潛江縣志續卷之九

賦役志

賦役載在舊志有定額矣凡一切出納因革損益莫非隨時制宜信乎有治人乃有治法也自康熙三十三年修志後代遠年湮時殊勢異不無變更就現在遵辦章程合林遠村方伯王曉蓮廉訪所輯指掌圖參觀撮要備大略以俟將來云

潛邑徵收錢漕自康熙年間修志後編戶五鄉一坊曰長安長樂太平太和道政五鄉謂之實糧一坊更名曰

畢公鄉謂之尾糧共計六鄉每田壹畝攤派毛糧壹升春秋繕寫紅簿某戶原糧幾升幾合幾勺幾抄即田幾畝幾分幾釐幾毫所謂升合攤糧者是也每升派完大餉銀壹分肆釐柒毫派完漕南貳米肆合零捌抄零五圭此外又有福惠光圻潞五王租餉即前明各藩邸之稞租也內惟惠租最重每畝派租銀肆分伍釐壹毫其福光圻潞肆租各有上中下則之分上則田地每畝派完銀肆分伍釐壹毫中則田地每畝派完銀貳分陸釐貳毫陸絲下則田地每畝派完銀壹分柒釐捌毫伍絲

亦有派完貳分貳釐伍毫伍絲之垸又有官莊租餉亦每畝派完銀貳分陸釐貳毫陸絲此老志所載更名福地更名惠地更名光澤地更名蘄水地更名潞地更名官庄地是也又有老志所未載現今紅簿所列之福抵惠抵光抵蘄抵潞抵官抵各名色臆度抵即邸也每畝派完銀壹分柒釐捌毫伍絲仍係更名地畝之下則田也因經管實徵底册各糧書希圖簡便且恐戶有遺漏凡係抵租皆以每畝壹分捌釐科派現照老志田畝核算此簿所列銀額皆多叁錢伍錢不等所由來也合計

實尾王租官莊並各抵租共派徵正銀貳萬叁千壹百肆拾壹兩柒錢玖分伍釐又丁糧外派門攤商稅銀叁拾伍兩叁錢壹分伍釐此銀另册徵收有帖各牙行派完又蘇鉄漁粿銀柒拾兩零捌分壹釐遇閏加增漁粿銀壹兩伍錢玖分肆釐此銀徒有名色無從催納合計共應徵正額銀貳萬叁千貳百肆拾柒兩壹錢玖分壹釐遇閏共應徵正額銀貳萬叁千貳百肆拾捌兩柒錢捌分伍釐向係統徵分解內係起閏正銀壹萬捌千捌百零壹兩捌錢零五釐遇閏加增銀壹兩伍錢玖分肆釐存留正銀壹千伍百陸拾肆兩叁錢零叁釐驛站正銀貳千零捌拾壹兩零捌錢隨漕正銀肆百肆拾玖兩貳錢玖分淺船正銀叁拾伍兩肆錢零捌釐驢腳正銀叁百壹拾肆兩伍錢捌分伍釐共符前數隨徵加壹壹耗銀貳千伍百伍拾柒兩壹錢玖分壹釐遇閏共應徵耗銀貳千伍百伍拾柒兩叁錢陸分陸釐凡徵正銀壹兩即有耗銀壹錢壹分在內從不另徵內除王租官庄抵租只派租餉銀不科秋糧外其長安長樂太平太和通政畢公六鄉共派秋糧漕南二米肆千肆百壹拾叁

石玖斗零玖合叁勺內係漕糧正米壹千柒百玖拾貳石叁斗柒升伍合伍勺南糧正米貳千陸百貳拾壹石伍斗叁升叁合捌勺共合前數隨徵加壹耗米肆百肆拾壹石叁斗玖升零九勺凡徵正米壹石即有耗米壹斗水腳銀壹分伍釐在內咸豐捌年改徵折色漕糧項下派解兌費銀壹千肆百兩每解正米壹石派解兌費銀柒錢捌分壹釐零捌絲陸忽此通年以來徵解錢漕之定章也因潛地環繞河濱不無滄桑變遷之處各垸彼坍此淤者有之坍於隣邑者有之破垸爲河者亦有

之且有屯坐各衛軍田與民田犬牙相錯軍民田地涸淆者亦在在有之其以實糧作尾糧希頭免派夫土者則指不勝屈矣未經清丈田畝自宜仍照老志所載田賦壹字不易天運循環自有否去泰來之日豐收數載民有蓋藏再議清丈田畝疏濬溝渠建修衙署再行續入新志更正賦額可耳邑人熊兆蘭記畧

倉穀

常平倉原額存儲穀貳萬肆千貳百陸拾壹石肆斗貳升貳合歷任因公動用及被刼顆粒無存已於咸豐六

年清查案內造報在案

戶口

康熙伍拾貳年　恩詔以五十年丁册定爲常額續生人丁永不派賦嗣後節年滋生雖無册可稽然較之往數必增多矣雍正　年奉　旨將丁銀攤入糧地於是有地之家雖畧加丁銀不爲大累其窮民無糧地者則均廓然如釋重負焉

地丁銀

地丁者合地銀丁銀統名之也潛邑自咸豐六年清查實存各則田壹百叁拾貳萬玖千肆百叁拾伍畝貳分肆釐柒毫額徵銀貳萬叁千壹百肆拾壹兩柒錢玖分伍釐外門攤商稅銀叁拾伍兩叁錢壹分伍釐蘇鐵漁稞銀柒拾兩捌分壹釐遇閏加增銀壹兩伍錢玖分肆釐共符原額正銀貳萬叁千叁百肆拾柒兩壹錢玖分壹釐隨徵加一一耗銀貳千伍百伍拾柒兩壹錢玖分壹釐時田未清丈按簿核算未免參差缺額然尚不致懸殊

秋糧

漕糧正米壹千柒百玖拾貳石叁斗柒升伍合伍勺又耗米壹百柒拾玖石貳斗叁升柒合伍勺南糧正米貳千陸百貳拾壹石伍斗叁升叁合捌勺又耗米貳百陸拾貳石壹斗伍升叁合肆勺舊例州縣兌漕漕丁及各

衙門規費徵求無藝或銀數百金或錢數拾串謂之漕規貪酷之吏藉諸名目加派百姓於是歲有增益民不堪命咸豐初粵賊擾亂漕路阻梗遂奉　旨停運而民間完糧仍如故制陸年湖北巡撫胡公林翼體恤民隱委候補府陳公壽圖查訪各州縣實情於潛駐紮武廟傳邑紳潘希賢楊玉成范明敘等詢問漕糧徵收積弊據禀潛邑漕米櫃價每石紳米徵收柒千叁百民米徵收柒千伍百其有浮收壹升至玖拾壹百甚至壹百肆伍拾不等者皆引催也蓋潛邑收糧向用圩正即舊

志里排是也　自民人馬萬有控革後更其名曰引催引催者
引糧差催收之說也積久弊生浮收勒派民力苦之然
皆衙門內外瓜分中飽於官無與焉陳公即飭縣裁革
引催示諭各花戶自封投櫃保甲鳴鑼趕催併盼諭潛
紳等赴縣具稟備案一面將完糧改折及一切支銷規
例申詳　撫部院胡體察情形酌核刪減飭令潛江漕
南各糧每石止准折錢伍千文由地方官買銀解交各
庫應用雜費亦在伍千文之內各種陋規均一律裁省
奏奉　准行自是而民慶更生即州縣官亦有贏餘足
資辦公矣

署安陸府事龔爲立石示衆以垂久遠事案奉　撫憲
胡札飭湖北漕務積弊民苦浮勒官無經制類皆中飽
於丁船雜費及衙門陋規現值停運之時遵奉　部文
折價充餉亟應清釐積弊於　國計民生均有裨益查
潛江一縣額徵北漕正米壹千柒百玖拾貳石叁斗柒
升伍合伍勺耗米壹百柒拾玖石貳斗叁升柒合陸勺
南糧正米貳千陸百貳拾壹石伍斗叁升叁合捌勺耗
米貳百陸拾貳石壹斗伍升叁合肆勺隨征漕南水脚
銀陸百陸拾貳兩捌分陸釐向來徵收紳米每石折收
錢柒千叁百文民米每石折收錢柒千伍百文券票貳
拾萬張每張收錢拾文種種浮勒民難從令今自咸豐
七年起酌核刪減無論紳民每米壹石定以伍千文壹
律折收耗米水脚票費壹併在伍千文之內此外不准
多收壹文所有解運均州倉米水脚運費士儀文武各
衙門規費抬禮修倉鋪墊催米差役飯食書吏紙筆路
途賞號貯米房租一切雜費共銀伍百壹拾壹兩柒錢
又雜用各費錢柒百玖串玖百文解安陸營兵米一切
雜費共銀貳百柒拾肆兩又給各兵丁散費錢叁百伍

拾串解運荊倉抵兌漕米及奉派南糧水陸脚價修鋪
駝背一切雜費共銀伍百玖兩貳錢捌分肆釐找還羅
田縣抵兌並節省水脚貳款共銀捌拾兩肆錢貳釐較
領新斛紅簿蓋印免驗斗級扒夫庫官監收斛斗規費
並隨封及書差斛匠投文斛價院房年規糧道南糧房
漕糧房京邊房規費案禮照應大計費戶部科漕院呈樣
米履歷完單郵封抵批派房總運府書辦解松板蘆席
帮抵兌羅田縣兌漕費糧庫官催漕規費漢倉斗級工

食本府糧房戎府糧房年規並書吏紙筆飯食各處情薦漕館等共叁拾陸款計銀壹千壹百陸拾陸兩捌錢肆釐又道府房小禮桶鎖庫官隨費糧道差提樣米本府均州安陸府荆州府各差催解米飯食夫價等拾貳款共錢肆拾玖串陸百文糧道漕規銀叁百兩雙隨小隨投文共銀柒拾叁兩又鋪堂散班錢壹拾叁串本道本府同知漕規並各隨封號房小叁行共陸款計銀肆百捌拾肆兩陸錢本縣主簿巡檢典史兩處城守各炭金隨封及縣書紙筆飯食斗級工食共柒款計銀壹百

貳拾玖兩貳釐又錢陸串本縣幕友書差家丁斗級等柒款計錢壹千伍百玖串壹百柒拾叁文以上種種浮費隨規一併裁汰恐窮鄉未必周知胥吏仍然欺隱爲此於潛江縣各境刊刻於石使小民共見共聞如有格外需索分文者許卽指名稟究爾百姓具有天良亦卽仰體　憲意趕緊自封投櫃以完　國帑毋得假手册書引催代完若敢抗違亦卽嚴懲不貸咸豐柒年拾月貳拾陸日示

起運漕南糧銀

漕糧正米並耗米壹千玖百柒拾壹石陸斗壹升叁合每石折銀壹兩叁錢共折價銀貳千伍百陸拾叁兩玖分柒釐隨漕淺船正項並蓆板銀肆百捌拾肆兩陸錢玖分捌釐又耗羨銀伍拾叁兩叁錢壹分柒釐驢腳正項銀叁百壹拾肆兩伍錢捌分伍釐耗羨銀叁拾肆兩陸錢肆釐水腳每正米壹石派銀壹錢伍分共折銀貳百陸拾捌兩捌錢伍分陸釐兌費銀壹千肆百兩俱隨漕解交糧庫

南糧正米並耗米貳千捌百捌拾叁石陸斗捌升柒合

貳勺每石折銀壹兩伍錢共折價銀肆千叁百貳拾伍兩伍錢叁分壹釐又水腳每正米壹石派價壹錢伍分共折銀叁百玖拾叁兩貳錢叁分又盈餘銀壹百兩光緒元年詳准核減貳成隨正搭解糧庫兌收按季撥歸藩庫備支

起運地丁銀

起運有無閏銀壹萬捌千捌百叁兩叁錢玖分玖釐壹兩捌錢伍釐又存畱坐支官役俸工下應解司銀壹百叁拾柒兩柒分叁釐存畱坐支驛站下依叁百伍拾肆伍目扣除外應解司銀陸百玖兩玖錢叁分叁釐陸兩貳錢壹分壹釐又耗羨有無閏除坐支佐雜

養廉銀外應解司銀貳千貳百捌拾玖兩肆錢肆分陸釐貳錢柒分

税課

牙税銀依同治十二年 奏銷冊報解司銀壹百柒拾陸兩貳錢伍分嗣後如有增减據實報解

田房税正額解司銀貳拾叁兩肆錢捌分肆釐如有盈餘銀兩儘徵儘解

牛驢騾馬税銀儘徵儘解無定額

坐支俸工等款各款前志已載惟今昔情形不同故復紀於此

地丁銀內存留俸工銀壹千肆百叁拾兩伍分陸釐內

除祭祀餘歸充餉並荒故丁銀貳兩捌錢貳分陸釐外實存留銀壹千肆百貳拾柒兩貳錢叁分

官俸銀壹百陸拾貳兩柒錢叁分叁釐提解司庫

文廟等祠祭祀銀捌拾玖兩貳錢陸分名宦鄉賢節義祠南北壇邑厲壇一併在內

關帝廟祭祀銀叁拾伍兩柒錢肆分陸釐

本府皂隸銀玖拾陸兩

斗級銀叁拾陸兩

禁卒銀柒拾貳兩

府學繕夫銀叁兩叁錢叁分叁釐

知縣門子銀壹拾貳兩

馬快銀肆拾捌兩

庫子銀貳拾肆兩

禁卒銀肆拾捌兩

斗級銀貳拾肆兩

民壯銀壹百捌拾兩內裁汰銀貳拾肆兩提解司庫又撥協濟沔陽州州判壯丁工食銀壹拾貳兩鍋底司壯丁工食銀貳拾肆兩

皂隸銀柒拾捌兩

仵作銀壹拾捌兩

轎繖扇夫銀肆拾貳兩

孤貧銀捌兩肆錢查冊報額設孤貧四名額徵花布口糧銀捌兩肆錢內除故夫丁銀陸釐實徵銀捌兩叁錢玖分肆釐又赴司請領補荒銀陸釐加增銀壹兩陸錢捌分以上徵領共銀壹拾兩捌分除扣五日小建銀壹錢肆分外實支發銀玖兩玖錢肆分邇來孤貧增至貳拾肆名歷任皆捐發貳拾名銀捌拾兩

鋪司鋪兵銀壹百捌拾玖兩肆錢陸分叁釐

迎送皂隸銀壹拾捌兩叁錢

各河渡夫銀肆兩伍錢柒分陸釐

縣學教官俸銀叁拾壹兩伍錢貳分

齋夫銀叁拾陸兩
門斗銀貳拾壹兩陸錢
廪糧膳夫銀陸拾壹兩叁錢叁分叁釐
主簿門皂馬夫銀叁拾陸兩
典史門皂馬夫銀叁拾陸兩
協濟江陵龍灣司弓兵銀壹拾柒兩柒錢玖分貳釐

坐支驛站等款

地丁銀内存留驛站叁百伍拾伍肆日額支銀壹千肆百柒拾壹兩捌錢陸分柒釐 柒拾伍兩伍錢捌分玖釐

排增夫工食銀伍百叁拾玖兩捌錢伍分 肆拾壹兩叁錢柒分伍釐
馬匹草料藥餌馬夫獸醫工食等銀柒百捌拾伍兩壹分柒釐 柒兩貳錢壹分肆釐
買馬價銀壹百肆拾柒兩
以上等款遇閏按日加增

耗羨銀等款

存留耗羨銀壹百捌拾兩
主簿養廉銀陸拾兩
典史養廉銀陸拾兩

高家場巡檢養廉銀陸拾兩

扣存減平減底空曠皮價等項

驛站減平叁百伍拾伍肆日銀捌拾捌兩叁錢壹分貳釐 伍錢叁分伍釐
役食俸齋減平銀伍拾壹兩叁錢壹釐
廪膳減平銀叁兩捌錢捌分
役食清查叁成銀壹百叁拾兩捌錢叁分叁釐
舖兵裁減陸成銀壹百壹拾叁兩陸錢柒分捌釐
主簿養廉減平銀叁兩陸錢
典史養廉減平銀叁兩陸錢

巡檢養廉減平銀叁兩陸錢
以上各款扣有批解 藩庫

赴司領款

文昌祭祀銀叁拾伍兩柒錢肆分伍釐向祇春秋二祭 銀貳拾叁兩玖錢伍分又奉文升添中祭銀壹拾壹兩玖錢柒分伍釐
常雩祭品銀伍兩
玖成養廉除減平外實銀柒百陸拾壹兩肆錢
教職加品俸除減平外實銀肆拾伍兩伍錢柒分壹釐
縣役食補荒除減平清查叁成外實銀肆錢伍釐

民壯補荒除減平清查叄成外實銀捌分伍釐

民壯修補器械除減平清查叄成外實銀陸兩肆錢

祭祀補荒銀陸分肆釐

額內孤貧銀壹兩陸錢捌分陸釐若遇閏年多領加增銀捌錢肆分

囚糧銀無定額

攤捐各款

年額捐款銀貳百捌拾兩

加攤捐款銀柒拾兩　江邑囚食銀肆拾兩加攤囚食銀貳拾貳兩　江邑本書工食銀陸兩伍錢　高錫鄉價銀柒兩　臬監囚食銀肆兩肆錢壹分壹釐　又秋審　科場赦欵解案四件經費捐欵有無多寡不同詳載錘詳縣册內宜查照辦理

潛江縣志續卷之十

河防序

河防爲一邑利害所關支流派衍舊志言之甚悉然自國初以迄於今二百年來形勢不無變遷河道因多淤塞其名與實古今之不相及者不得不縷細言之俾後世留心隄務者窮源溯流因端究委得其大畧云

漢水自嶓冢達襄郢經內方至縣北泗港向有支河以殺水勢前明隆慶五年巡撫趙賢疏請開泗港舊河於北岸直趨景陵漢川出漢陽而沿江之害戢日久復塞萬歷年間知縣王念祖邑太僕卿歐陽東鳳屢上議開疏舊河不果漸淤漸高昔年滄海半成桑田當此而議開疏難矣由泗港而下播爲三汊河以入江一名三江口其一汊東逕張截港接車墩交景陵過漢川至大別入江志謂漢水入江正流引禹貢過三澨至于大別三澨在景陵地自萬歷間張截港淤築疏亦不易其所謂一汊西南逕夜汊者卽今澤口分支判河也舊志謂夜汊之水過雙雁今雙雁之名久易其南流過陶朱埠至田關者皆昔雙雁地自田關下東折一支爲梅家嘴直

逕其東流為楊家場稍南為蓮花寺又東至直路河至新口為江陵境下交監利境即舊志所謂由雙雁過直路至新口者也自田關西折一支即舊志所謂自雙雁下西折一支為茭芭河也直逕歷周家磯至高家場高鎮司巡檢衙門在焉下出張么嘴分支其一支北折至腰口又分南北汊由汊而南五里許分支一由彭家河出蝴蝶嘴入荆門長湖一逕至枴角廟出江陵界由汊而北逕王通港至積玉口上通荆門沙洋鎮其由張么嘴南折一支為浩口有枴角廟上三里東折一支柴家

河稍下楊家河水於此滙流逕下尾糧河出江陵監利等垸下達江地形未變地名亦未改其自周家磯上一里為龔家渠者盡成高壤查渠南沙河有枕頭隄舊志未詳築自何人何年據河形下流甚寬至劉串口分汊其一汊東南折至熊口出江陵其一汊由新陽場馬家場與鄉林湖紅碧到水滙流至何家嘴出荆門江監等境下達江咸豐年間澤口上五里吳灘衝決屢築屢潰漢水之入夜汊河不自澤口而自吳灘潰口矣往往春漲莫禦兩岸垸民受害不小此漢水入荆河之源委也

自澤口下十餘里其所謂一汊從蘆洑口入楊林即今沙窩騎馬隄北邊竹根灘河也自竹根灘直逕其南流為排沙渡自排沙東下三里許折而東流為通順河係康熙五年景沔潛苦水害分守荆西副使請濬旗鼓隄始開南岸新興河套彭洲葛柘北岸仁和永林葛北此水經行其間自泗合場至天邑毛家嘴沔邑黃荆口仙桃鎮達江並可南至新潭口達江其自排沙渡下三里許折而南流者即舊志所謂明天順二年高家場衝開一河今之城東縣河也縣河南流三里分支東流為洛

江經黃中葛柘交界處莫老潭直抵深江站繞黃中東隄南流十里至鈀子壋又東流至天邑石牌埠經沔境達江順治十一年分巡孟僉事於高家壋築隄即今楊家嘴孟公碑是洛江之外從縣河南流二里分支東流者又有恩江係明嘉靖二年知縣敖鉞請旨疏開以殺縣河水勢以免縣城衝流者也自法雲社前官皇莊地東流至左家塲下至謝家塲入沔境達江係　本朝乾隆年間築最南從縣河經流而下者為班家灣先年直逕其南流為總口自黃漢下耳垸破垸成河縣河之舊

由總口分流者今則自劉家場池家灣過沔境出江矣此開則彼塞舊志所謂自總口南流至許家口下出楊林至新潭口出江者旣不與縣河同流舊志所謂自許家口東西折一支十五里爲監利境稍下至柏口爲沔陽境滙新潭口達江者亦不與縣河同派並舊志所謂自總口西折一支爲馬丹河十里出直路河康熙前之已閼者今已難尋其迹舊志所謂自排沙渡爲縣之西河逕巴家套過龍淵入馬市潭會於鎭子口一入荆州一入沔陽康熙前之已塞者地名盡易今愈難尋其迹

矣此漢水由蘆洑口分支入潛自排沙以下東流通順南流高家㙟所衝開之縣河並縣河各支流之源委也善治水者相其地因其時得其人以治之則潛無水患矣

古西河不知始自何時東至襄河隄十餘里西連小荆河河自荆河繞獐湖垸至陳家場綿亘二十里有奇上流由沙洋下逮長三垸漬水皆注此下流由荆河鎭入荆河直達潛沔出江道光八年蚌湖隄潰此河遂淤兩岸田畝如有積水遂無出路貧民於淤厚處改作田種植雜糧日久恐此河漸塞存此以爲將來考證

邑西南鄉返區中雜荆江潛三屬粮田水道悉出江邑馮河之馮閘因被下院毁築光緒　年京控案定藩臬札飭荆湘二道滙示馮閘爲上院放水之閘上院水渴則閉閘以蓄水上院水盈則啓閘以放水閘朽任修不與下院相涉不准下院私自堵築任意啓放章程永定矣

龔渠四剅魏剅王剅胡剅水出莫家溝謝剅水出歐陽溝皆達鄉林湖分洩紅壁馮河二閘

鄉返隄畦軍戸與民戸照粮段各修

黄中上耳溝剅　潛邑各院水道皆以剅溝爲重而黄中上耳剅溝之創建於蔣灘者成功尤爲不易先因南濱恩江於左家場建剅由沔出閘溝道田畝糧載黄金登戸完納至今無異後下游地高院水難洩乃於東北洛江之範子壋建立石剅經天沔達漢無如沔民恃强攔河築平遠壋天邑築石牌埠壋黄中屢控上憲俱嚴飭天沔開疏並委安漢二府會勘押挖該邑寘開卯築水仍難洩嘉慶間院民稟請移左家場剅板建木剅於

縣河法雲寺前由上耳倒漾西達縣河道光間縣河淤高難洩十七年縣主何公設法消疏諭院紳陶廷標白玉紳等於鄰院葛柘下院永豐寺因葛柘三四兩捲舊木剅爲內剅黃中另建外石剅自深江站至永豐寺買地開溝彼處人多阻撓公婉轉勸諭恩威並用而石剅成二十年石剅坍塌縣主耿公建外木剅而內剅塌二十三年修內剅旋塌龔主謂其地不吉捐廉一百串諭遷於蔣家灘買地開溝內外建木剅二埠同治二年外木剅塌劉主復建石剅屢詣查勘親詢疾苦懲刁民之

阻撓禁胥吏之需索民心踴躍石剅以成石剅既建內木剅又塌值下游天邑曾家磯決河道淤塞水難下行故此剅未經修理光緒四年夏雨連綿縣河之水直注通順河道稍通黃中葛柘院水浩大葛柘三四兩捲以地勢高於黃中收效至速因與黃中商同開挖蔣灘舊剅又以同治二年黃中建石剅葛柘三四兩捲費多未淸情愿獨整舊剅以補石剅未淸之項除葛柘一二兩捲向由邱宅旁雙剅埠洩水不在此剅之列此次修整葛柘三四兩捲不得與一二兩捲私立字據挪移牽扯致啟爭端以後如有修理黃中上耳與葛柘三四兩捲照畝均派公立合同稟案開疏五年春挖出內剅見剅底泉穴陷沒內剅板木數丈無蹤剅身止賸六丈零當與黃中公估查悉剅底有泉車水難乾剅板多陷倘仍由舊基修整勢難保固遂移至舊剅東南丈餘略升剅位以避西北泉穴葛柘三四兩捲愿修整舊剅六丈零黃中亦願建新木剅二丈當即修剅下墩黃中亦修陳子渡引水剅下墩以爲內外關鍵是年水消從前建剅之辛苦艱難自此可以稍慰以後比戶之樂利豐盈自

此可以豫卜者固皆由各前主創建之德而今主史公之集其成也後之生斯院者倘其體各憲愛民如子之心思此剅爲闔院賦命所關協力同心永保於無替也夫

總共黃中上耳在葛柘所買剅溝田畝共一百零八形共田六十二畝七分五釐四毫八

自王家旁起至永豐寺止共六十形田四十畝零一分三釐六二

自永豐寺起至蔣家灘出河共四十四形田二十二畝六分一釐八六

永豐院黃家剅係下捲地界上中捲東至下捲等處水出院西古内河至白鷺湖達外江　國初用木橋同治八年木橋朽鄭仁宏張治富倡首創建石剅楊家剅在黃家剅上里許出上捲東至下捲等處水由院西古内河至白鷺湖達外江　國初創立磚剅同治十一年磚剅朽公議買楊高明田數分作溝頭改建石剅張家剅在揚家剅上里許出上耳中下四捲水由院西古内河至白鷺湖達外江惟耳捲水由隄濠出此剅道光己卯舒家榨隄潰舊溝淤塞張治富出田一畝餘作溝頭

道光年間生員劉先甲監生陳觀賓等呈請前任縣主金鄭陳勘定開疏有案陶家剅在永豐院下中務院地界同治八年李宏榮倡首與中務院同重修石剅上中下捲水由隄濠至丁字隄出此剅由古内河至白鷺湖達外江　永豐院諸剅向係合院公議並無異説

西荆河自襄河之澤口引水至東荆河以下田關歧而為西荆河西達荆沙東注新隄由新灘口沌口分導出江可以宣洩襄汎並消各院田漬淹從前河道淵深舟楫暢利百貨流通近來節節墊淤商旅裹足光緒四年知縣史致謨到任後憫民間漬澇難消農商兩病親詣履勘計自田關至周磯逵陳家榨止共三千零六十七丈淤久泥深急圖開疏涸復田畝當諭紳首涂寶恒王焯等集議疏濬於五年十二月開工並通禀　各大憲在案原議於田關建閘視水消長而啟閉以免復淤業

於該處暫築隄一道計十三丈五尺防倒灌而可俟農閒疏河為建閘基

隄防志

隄院關生民利病此於襄河及東西荆河詳矣其各院修築事宜能更逐叚臚列使後之有事斯隄者一目了然則尤幸矣夫

隄防

漢江南岸隄西自長一上垸起上接荆門州王家潭隄東至莫獐垸止下接天門縣多垸隄凡十一工長一上　長三上　坦豐垸　蚌湖月隄　新豐垸　栗林垸　白洑垸　社林垸　沙窩垸　莫獐垸　黃獐垸計九十餘里長一萬六千餘丈北岸隄西自顏家垸起上接京山聶家口隄東至車墩垸止

下接天門縣長溝垸隄凡八工中泗垸　楊湖垸　樂豐垸　計家垸　太平垸　沿江垸　趙林垸　車墩垸計一百餘里長一萬八千餘丈

西荆河北自澤口起至丫角廟止隄長一百餘里計一萬八千餘丈南岸自周家磯起至丫角廟隄長七十餘里計長一萬二千六百餘丈

東荆河西岸自周家磯起至許家塲止隄長三十餘里計五千餘丈東岸自澤口起至官木嶺止隄長八十餘里計一萬四千餘丈

各區所屬諸垸隨時不同就今所分臚列於此

木頭區　直西垸　范家垸　紅西垸　河汊垸　西耳垸　蚕祖垸　魯士垸　木頭垸　協修吳家改口有獨垸邊江垸在內

永豐區　永豐垸　茭芭垸　洪福垸　長亭垸　紅莊垸　驥橋垸　范西垸　長湖垸　中務垸　協修吳家改口有獨垸涂洲在內

垞埠區　垞埠垸　崔家垸　泰豐垸　茭灣垸　丁家垸　直東垸　白測垸　陶和垸　古隄垸　紅外垸　東湖垸　北耳垸　平灩垸

垸壪區　垸灣垸　長溝垸　夾洲垸　牛埠垸　牛角垸　下江汊垸　東耳垸　後灣垸　東淌垸

垞中區　垞中垸　官莊垸　三臺垸　長泊垸　花藍垸　古埠垸　丁捲垸　彭仲垸　淌湖垸　蘆花垸　北耳河漁垸　大小白湖垸　三耳田洲垸

鄉返區　鄉東垸　鄉西垸　鄉南垸　到西垸　北垸

鄉返區　返灣垸　蘘渠垸　又係獨垸

黃漢區　黃中垸　中耳垸　上耳垸　甎淌垸　下耳垸　河北灘

道仁區　道內垸　道外垸　下耳垸　柴林垸　浪子垸　數垸先屬黃漢區康熙間大

水衝破下耳垸成河嗣在河南岸者遂別爲道仁區

獨垸區　獐雞西灣垸　羅揚垸　團湖垸　張家湖垸　梁泗垸　泥淌垸　紅東垸　上江汊垸　蘇湖垸　蘇外垸　王子垸　砂磯長湖垸　雙鳳垸　長

義豐區　義豐垸　仁和垸　永林垸　垸舊名邋遢垸　仁和垸

長壋區　長一垸　長二垸　長三垸　長四垸　獐湖垸　社林垸　栗林垸　坦豐垸　南湖　黃景垸　白伏垸　新豐垸　青洋垸　雙家垸　董家垸　毛中垸

浩會區　浩會垸　柴東垸　柴西垸　棠梨垸　七里垸　蝴蝶垸

河北區　民太平垸　府太平垸　民趙林垸　府趙林垸　計家垸　小伏垸　沿江垸　沙泗垸　荻蓬垸　車墩垸　唐家垸　楊伏垸

楊湖區　楊湖垸外　中泗垸外　泥伏垸外　楊林中　中觜垸中　諸通垸中　蝦子垸內　樂豐垸內　蒲團垸內　吳壪垸內　磨盤垸內　李文匆垸中　三汊垸中　新藍垸外　克成垸　外　顏家垸獨

李家嘴兩處挽月又沈家灘邱家拐代家嶺潰口修復此款豁免楊湖垸光緒四年隄潰知縣史致謨諭令同區中泗新藍克成樂豐蒲潭文葱三汊泥伏吳壋磨盤楊林中嘴蝦子朱通等院協修一千零七十餘丈並稟請札飭天門僉盃百餘院協修四百餘丈於本年告竣

花藍院部隄長二千零二十弓腳寬十二弓東抵長泊院西抵小白南抵荆河心

花藍院內灘潰口嘉慶十三年翟家灘洗潰一口成潭花監院道光十一年火府廟旁冲潰一口成潭道光二

十四年院東黃宅旁冲潰成潭咸豐元年院西趙宅旁潰口史宅後潰口院內界址隄通長四千四百八十弓東抵長泊彭仲院西抵小泊院北抵藍旗馬廠屯田隄外蓄潦溝十弓以便搶築

黃中上耳四面濱河西縣河南恩江東邊洛江北近通順皆各有部隄防泛非特為一垸保障實沔天以下之頂額利害攸關所謂同舟之患莫切於此故自來通力合作分工章程派定潛一天二沔七焉詎日久變生沔天以地係隔屬不樂赴工並將黃中上耳洩水之洛江江沔築平遠墻天築石碑埠三佛菴遂致一滴莫消迨後縣河淤恩江塞洛江於孟公碑築其上游三水並注通順勢愈洶而難遏猶幸彭洲外灘有隄以為屏藩迄咸豐二年彭洲大士菴潰冲開黃中上耳彭宅旁隄水淹本垸及天門以下一帶等處天沔既不協力搶築復以修培不堅具控圖免移催協修自是河漲則水逕射黃漢隄腳節年屢築屢潰三屬公害一垸獨當為害深矣向使天沔之人思患預防遵守舊規平時則同心戮修臨事則齊力防護將見衆志成城人定自可勝天豈

不並受其福哉

茭芭垸實糧役夫田二千一百三十畝六分尾糧不役夫田五百四十一畝七分共計實尾田二千六百七十二畝三分道光十四年築曾曉灣月隄同治十年築曾曉灣新月隄共壓挖五十三畝二分除壓挖之田歸尾應存實役夫田二千七十七畝四分

磚橋垸民糧田二千六百二十九畝四分役夫畢糧田二百四十二畝三分不役夫

永豐區舊志名洪水區旋改為洪福區今改為永豐區

區內九垸凡邊江者有六垸曰洪福曰永豐曰茭芭曰中務曰長湖曰范西不在邊江者曰長亭曰紅莊曰磚橋凡有邊江大工及挽月歲修各工均照舊志碑文通力合作其有中務邊江隄少派修永豐沙月隄仍照舊章

洪水區碑文碑立永豐垸大士菴

湖廣安陸府潛江縣正堂加一級胡　爲救兩府之民命等事康熙五十七年二月十七奉

湖廣安陸清戎府加一級李信牌內開准

署本府正堂事黃州府督糧總捕府加四級李關內開

本年三月初八日奉

湖廣分巡上荊南道按察使司副使加二級紀錄五次殷憲牌內開康熙五十六年十二月初九日奉

工部右侍郎署理湖北總督印務兼攝巡撫事加三級滿批發康熙五十六年三月初一日據紳士鄭光含劉見隆鄧邦俊黃譜戴桂鄭杰里民李祥友劉彥山蕭廷召劉名世李羽長劉柱山劉德三劉成一等赴督憲轅呈前事當批仰安陸府查勘報本府正堂段轉發本縣本縣當具文申詳隨移安戎府李訊詳覆本府據詳轉申督憲五十六年八月二十日前督憲曲體民隱愼重隄工再委巡判南道秉公確勘議詳蒙道憲不憚煩勞親勘詳覆咸稱查勘得洪水一區實係領邊河六垸腹心三垸共合九垸而爲一區者也向因康熙三十年間前任潛江縣劉令苦心隄防務爲民除弊將潛邑分爲十一區共領一百五十六垸皆計畝均丈協修襄隄又分險隄以一折二算丈使盡避難就易誠至公者也將長亭三垸編入洪水區內共九垸公修九千七十三弓之隄不特刊示遍諭使闔邑之民周知亦且詳載邑志

班班可考自此越歷十年公行合修各安無異至四十年間忽有長亭三垸內業戶候補中書何郇等思欲狡脫謂內三垸各有子隄自衛凡有水淹各不相涉具呈該縣遂批如議各修各隄自此紛爭一起屢年呈控疊前縣李令而李令只據水利主簿覆稱實不同區一語經數縣及府廳查審總未身歷其境詳勘遍查遂被利害初不相涉一語輕輕瞞過而反謂洪水妄行扳扯詳呈憲轅乃前憲臺虛心洞照猶恐纖悉有錯不足以折服兩造之心是以再飭本道確勘議詳本道仰體愼重

隄工爰養元元至意即於十月二十二日滅從親詣洪水一區遍歷九垸相其形勢不但曾曉灣月隄與三垸利害無關即洪水一區所分九千七百七十三弓之隄亦無利害與共查與三垸利害相關而居三垸之巔頂者乃周家磯之隄也業已分在郷林區承修是三垸無庸協修今以洪水區利害無關復不肯協是三垸竟無應修之隄矣試問潛邑有不修隄之人不修隄之糧否耶今若一旦任其狡脫只以六垸之民任修九垸所分九千七百七十三弓之大隄不惟心有不平亦且力有

不足特見三垸之士民日省日富六垸之士民日耗日窮正恐頹墮廢弛隄不崩潰而不已也今三垸謬指何家嘴爲命隄以爲躲避大隄之計譬之襄江之大隄乃城郭也何家嘴之隄乃家宅之牆垣也豈可以修自衛之牆垣而棄分修之城郭乎此風不戢垸皆効尤隄政尚可問耶茲本道奉委只知秉公不敢避嫌避怨合當急請憲臺仍照劉令分派規則以九垸合修九千七百七十三弓之襄隄永杜更張抗違重究慎改志書仍飭刊正伏乞秉乾特斷嚴行批示以期永固隄塍急拯民患者也緣奉委勘事理相應繪畫圖形並兩造投閱告示印冊同奉發圖誌一並具文呈詳憲臺閱奪當奉督部院批旣經該道親勘明確如詳飭行遵照任勒石永守取牌摹送查如有違抗指名詳究併奉撫部院批示檄隨經道憲修錄前由詳呈撫憲蒙批仰照督部院批示轉飭遵照檄旋奉道憲備牌行府府轉行縣即將長亭紅庙碼橋三垸仍照前縣劉令編區規則同洪水等垸合爲一區協修九千七百七十三弓之襄隄勒石永守取其碑摹將志書照舊改正一樣三套呈驗以憑轉

賫如有抗違指名詳究等因到縣奉批合行遵照豎立石碑永爲遵守須至碑者

康熙五十七年三月日潛江縣知縣胡燦主簿徐光第典史朱萬全立

永豐垸曾曉壪隄當三江頂流　國初至嘉慶年間退挽月隄數次同治十年又挽月隄一次福壽菴隄咸豐元年退挽月隄一次同治十一年又挽月隄一次

長湖垸隄長二千一百七十六弓屬東荆河東一廣係木頭匾借地修隄西一廣本垸受修上有丁字横隄八

十八弓屬中務受修

康龔二灣崩逼同治庚午生耆陳定輝等稟請知縣史湄勘估諭飭九垸紳首退挽二月隄長三百八十四弓

龔趙二灣崩逼同治甲戌生耆陳格華等稟請知縣戴昌言諭集洪水區紳首協修月隄長三百四十餘弓

木頭垸隄上自石家拐起下至黃家剅止中隔魯士公隄一道共長二千七百零二弓向係闔垸同修同治年間朱黃兩姓彼此推諉釀成京控奉 部覆飭令院分朱黃雜姓三捲隄分三段按畝受修知縣戴昌言遵照

勘分爾時朱姓田一千五百六十七畝四分受修朱家塲一帶隄五百五十四弓七寸黃姓田二千五百五十二畝五分受修石家拐隄四百零二弓黃家剅一帶隄五百零二弓一尺二寸雜姓田三千五百一十六畝八分受修中間隄一千二百四十四弓三尺一寸此歲修章程也如遇潰口大工向歸直西范家紅西河汊西耳貳祖等院同修而該垸於同區亦然

官湖垸咸豐元年夏隄潰知縣龔煥枝稟請上憲借公帑銀二千兩以資興築二年秋後在受益各垸按畝徵還已收錢一千六百九十三串二百四十文存庫候解及二年三年賊匪上竄招募兵勇即將前項挪墊勇糧軍需通稟各憲批准彙入兵勇口糧按內報銷

護城西隄趙家潭隄於同治十三年八月二十三日崩潰知縣戴昌言諭飭紳首萬帯等於闔縣各垸每畝出錢二十文同錢漕徵收將潰口修復

下耳垸隄康熙十年十一年班家灣兩次大潰西湖淤成桑田潛邑城壖及班家灣市肆悉沈波底自後春夏水漲不由故道竟南由下耳垸直瀉至沔邑解家口即黃

荆口今訛爲海兒口與通順河合流出沌口達江而下耳地方遂破垸成河矣三十七年沔邑新隄監邑螺山之民奉部文大起夫役在下耳垸中河南岸建隄一道俗名皇隄又名部隄工竣更名肴土在下耳下游潛沔交界處築子隄一道今名爲下耳蔣院

黃景垸正西有襄王河地最下傍河建隄以禦毛罔中州等垸積水上自白洑隄下至小白湖止長三千八百五十七丈寬一二丈不等垸民及感林白洑南湖社林雙家陳王彭仲官莊共九垸凡實糧田皆承修此隄其

西南有剅名安慶閘隔里許又有滿州剅均消內漬又八百弓隄則黄景及感林等九垸承修

官莊垸隄自關家榨起至袁家拐止長八百餘丈康熙四十九年潰陳家潭五十一年始堵築道光十九年潰趙家灣次年紳首楊心朗趙正傅修復二十九年挽陳家拐楊家拐兩月隄同治九年楊家拐月隄坍盡十年紳首陳鳳翔楊鳴鳳稟請復挽月抵禦垸內間隄自袁家拐起至江家潭止長一千四百餘丈因垸中魏拐孫剅兩處隄潰衝斷十餘口均成深潭至今未築

獐湖垸西接荆門山四面小荆河隄四十八里地窪下中有主溝十餘里通南剅消垸漬水道光年南剅汙塞陰雨爲害咸豐六年紳士唐廷鏵杜家榮稟請知縣龔煥枝闔院按畝派費二十文建新剅高一丈濶一丈漬水仍出小荆河達監沔而江

淌湖西耳院荆河隄自康熙四十一年剏築此隄爲下區十六院保障自林家嘴至么口止周長二千七百八十一丈柴北趙洲主修張家小垸協修乾隆年間督憲吳批准只修垸隄不赴外工後知縣王方田出示刊碑

永豐垸乾隆二十四年枝枝唐隄潰次年築嘉慶二十四年舒家榨隄潰四年修築

永林垸嘉慶十年接連天邑才旺垸隄潰次年築

騎馬堤道光元年潰冲柴市

長湖垸道光四年龔家灣潰長湖主修永豐區九垸協修

蚌湖隄在道光八年潰冲斷街市三里許遂有上蚌湖下蚌湖之分知縣陳天澤修築九年復潰再築嗣後遂無患

太平垸隄道光十一年罐頭尖隄潰又澤口邸家拐隄潰知縣鮑朝飛督同區紳民修復

計小垸道光十五年隗家洲隄潰知縣耿湞玉督同區紳民修復

長湖垸道光十五年蕭家拐潰長湖垸主修永豐區九垸協修

義豐垸道光十五年堤潰十六年又潰十七年十九年皆潰

長一垸袁家月隄長五百二十弓道光十六年知縣何

渭珍督紳鄧國賓張維榮杜玉堂修
車墩垸道光十七年隄潰知縣何渭珍督同區紳民修
復
垞埠垸道光十九年深河潭隄潰知縣龔煥枝督同區
紳民修復
朱家橫隄陶家潭隄均屬長一垸道光十九年七月同
時俱潰知縣龔煥枝督紳首唐廷鑑董其宣等修復
太平垸道光二十六年高家拐隄潰知縣龔煥枝督同
區紳民修復

楊湖垸道光二十七年隄潰歲大饑民力不能修築知
縣聶光鑾稟 府尊賈士陶請上司借銀二萬四千五
百三十五兩六錢九分一釐以次年秋後啟征於受益
各垸作八年徵還後該區歷受水旱賊擾虫災遂免
永林垸道光二十七年鄧家拐隄潰知縣聶光鑾督夫
修復
新豐隄道光二十七年八月潰知縣聶光鑾督紳首唐
廷鑑陳文德修復
仁和垸道光二十八年周家榨潰知縣龔煥枝督夫修
復
官莊垸道光二十八年魏家拐隄潰知縣龔煥枝督同
區紳民修復
葛北垸道光二十九年張家土地潰 修築
又咸豐元年挽月二年潰知縣龔煥枝督夫搶築
咸豐九年襄河隄潰次年又潰
義豐垸同治二年于華菴隄潰知縣劉壽椿督同區紳
民修復
永豐垸同治三年熊家垱隄潰四年築

太平垸同治六年高家拐隄潰知縣向時鳴督同區紳
民修復
永豐垸同治七年沙月隄潰九年築後潰十年築
祉林垸同治八年荷葉隄潰知縣諸鑅督同區紳民修
復
坨中垸同治八年孫家剅隄潰知縣史酯督紳王焯等
修復是年八月內河水大泛襄荆縣各河隄塍低矮瀰
漫稟請上司撥銀一萬三千兩加修楊湖張垱車墩李
家灣兩月隄又沈家灘邱家拐代家嶺潰後築月隄四

處並加修荷葉潭等處次年三月完竣
長一御家埠袁家宅鄭家宅三處外灘崩逼近隄同治
八年紳董化南唐道顯等稟請知縣史醕於隄內督同
區修築三處補疤以資抵禦
通順河於咸豐十一年築是年劉家月隄潰旋築
祉林月隄長六百三十弓同治十三年議修屢築未成
光緒四年六月知縣史致謨督紳首隗文藻唐道顯修祉林
十五垸紳民公立牌云祉林挽月由甲戌至戊寅春屢
築未成夏六月幹輔史公來幸斯土百廢具興而於隄
防尤爲先務爰集西區人士告之曰隄防不固國賦無
徵民生何寄吾其爲爾憂而又慮費冗民勞仍如前之

迄無成效也當示以節用限以定期同區人士聞之莫
不踴躍奮興未幾而功告成噫我公來未半年捐賓興
嚴保甲復鄉約修邑乘設字藏義棺牛痘局邑之人已
無口不碑矣而於此隄之成尤非公之力不給此俾我
子孫長享樂利因謹
勒貞珉以垂久遠云
義豐垸光緒四年千華菴潰三築
梁灘吳家改口濱臨襄河南岸居澤口上游相距約五
六里緣襄水由澤口灌入荆河旋折逆流約四五里右
有梁灘左有馬湖灘又折而西約半里許至祉林垸長
隄復折向南流約十數里河直如箭直抵深河潭隄乃
迤西南行分支爲東西荆河由江監沔各屬達江咸豐
初澤口潰江監沔謝明揚等稟蒙大憲委勘令四邑受
害各垸籌修因逆匪侵擾工未完竣九年四邑紳首馬
鉦莫京元等籌修完工十年澤口又潰至同治元年監
邑監生姚以南等稟請在澤口修建石磯因賊擾未獲
完工二年生監丁先甲等補修殘缺隄段八年襄水大
漲在澤口內梁灘吳宅傍復冲潰一口寬僅數丈鄉愚
不以爲意玩未亟修俄水大至口漸刷寬因呼爲改口
九年深河潭隄潰十年十一年籌修未果淘汕口門益
寬梁灘崩坍北岸漸淤成沙嘴挺峙河心大溜直趨南

岸知縣戴昌言稟稿云自吳宅潰後襄洪湧盡將沔監
交界之楊林關以上隄段衝決甚多其破圩成河者計
合城逼城紅湖等處百餘垸而楊林關以下河道盡行
淤塞氾濫橫流又云襄水向由北岸趙林灘順流而去
今則趙林灘愈長愈高水道改由灘外逼靠南岸之改
口若仍聽其侵灌侵削則水勢全注於南後患更不可
測度經知縣戴昌言會同江監沔各州縣稟奉大憲批
准四邑公築改口並疏澤口於是潛江派錢三萬四千
串沔陽二萬四千串監利一萬串江陵五千串於光緒

元年正月開工旋因襄水迭漲隨築隨流稟請停工計用潛沔錢七千餘串其餘夫費未收是年九月知縣王方田同沔陽知州王庭楨請於　憲先後籌撥釐金錢四萬九千串以三萬串築隄一萬九千串疏河十一月分別開工塡築改口水段長七十七丈修築正隄長三百七十七丈斜高二丈七八尺不等面寬六丈五尺七丈五尺不等隄上首外灘建石磯一座以殺水勢疏挖澤口河道計長一千八百二十丈不敷費項四邑仍照上年所派之數設局催收以濟工用二年五月工竣是

年夏汎盛長由澤口灌入將新修正隄內腳洗刷極力搶護無虞隨於洗刷處修砌礮岸三年三月復於隄外挽築月隄甫興工因汎漲遂止委員候補縣劉葆源同知縣林瑞枝勘估應於改口隄內修建石磯稟請撥給釐金錢三千串因未興工此項未領各區所收畝費存局以濟公用四年六月襄水大漲由澤口灌入將改口正隄汕塌二百餘丈又復口而深河潭之督修護城隄之防險亟宜留心矣

鄭灞垸丁家月隄同治間傾圮殊甚光緒四年夏大水隄潰冬知縣史致謨督紳首曾希坤等修築未踰兩月工畢士人稱爲史公隄光緒五年黃鄭官垞士民公立碑云潛江爲澤國久矣而吾黃鄭官垞四垸受害尤亟自同治九年以來水患頻仍僅恃丁家月隄以爲捍蔽累遭傾圮連年修築費用不貲去歲夏間又復爲沼幹轄史公規度地勢剋期興工懲斂費之結習杜奸蠹之僨事愛民力節民財於是人夫踴躍凡五旬而告成公之莅吾潛也承凋敝之餘詢民病苦去煩苛勤撫恤興利除弊吾潛屢議未築之隄凡九經公昕夕籌維一律告成固不獨月隄一役也而我四境之民得以安農桑而歌樂土者胥受公之賜焉爰頌公之德名曰史公隄並爲文壽諸石以誌不忘而系之以銘其詞曰神禹不作天禍我潛滔滔洪流奪我閭閻我公來止與民休息爾田爾田爾宅爾宅民曰無衣我公是諮民曰無食我公是謀修我隄防禦災捍患經之營之功倍事半出作入息復我邦族飲公德漿饜公仁粟桓桓我公百靈感通河伯匿影天吳潛蹤鞏若磐石固於南山我公之德於萬斯年

垞埠院同治八年深河潭隄潰知縣史酯督同區紳民修復九年復潰議者見水直射抵南岸護城隄修築復潰知縣吳耀先仍於舊隄形修復旋潰光緒元年知縣王方田修復保固一載又潰

趙林垸同治八年荷葉潭隄潰知縣諸鑣督同區紳民修復

襄荊縣三河同治八年大水漫隄知縣諸鑣稟請上憲撥銀一萬三千兩加修楊湖張坮荷葉潭等處車墩垸

黃獐垸隄形如彎月東北濱襄河西南濱荆河自月隄起至楊林到止凡堵築潰口及歲修皆垞𡐒鄭浦崔家茭灣泰豐丁家直東紅外官湖陶和白測平灩古堤東湖西耳十六垸通力合作

田洲隄塍不過月隄至道光二十四年崩挫殆盡而垸後三臺垸隄亦漲潰難築伊垸隗其昌等卽請向田洲借地修築並立合同字據田洲隄工伊垸亦協修水亦從伊垸金獅潭出均無壅

垸灣隄塍東班灣河隄與道仁區毗連北總口橫隄西

荆河部隄南橋頭大隄以禦江監沔三屬外河之水週圍長五十餘里

羅楊垸向係獨垸荆河杜家淵隄咸豐元年河水漲潰一里有餘至咸豐三年首涤雕玉璠等協修始固繼又崩挫同治十一年耆民馬國亮等稟請退挽月隄長半里

棠小垸乾隆十六年分爲外灘隄六百弓東抵橫隄西抵北耳垸

上江乂隄塍週圍濱河綿長二十一里中有許家口間隄向係自潰自築

圍湖垸隄自餙腦起至監利謝家口止計長二千八百四十弓內有監利隄七百四十弓江陵隄一百三十弓院內橫隄長一千二百四十弓院後小河隄自江陵官垱起至毛家橋止長二千八百四十弓前周家到水出東荆河後陳家到水出古班灣河

深河潭隄十數年來屢築屢決卒無成功光緒六年春縣主史公致謨憫民疲苦剔除積弊並諭紳潘希岳等修築民感恩體德踴躍爭先閱三月而工竣公自視篆

以來善政流風培植地方不少要不若此之救民爲尤切也安瀾永慶公之功何可沒與

邑人杜浩澐詩云麥歧新頌滿潛陽循吏風流到處彰一紙輸將除弊竇公以密稿示諭除錢漕裁券積弊半年心血耗隄防邑內隄工若社林陽湖垞中及郜甲埠丁家拐等處皆親督修經師禮聘文中子傳經書院延宿儒主講幕府賢招馬季良聘名士馬潤琴理刑政更喜公餘親法帖衙齋適與墨花香篆隸草書各極其妙散衙後卽縱筆揮灑集證纔將聖教宣重刻聖諭集證書訓世還披邑乘手重編邑志百七十年未修公殷勤

好古下車卽搜羅殘帙決意續修竟獲告成百年蠹簡歸釐正兩月鳩工
急補偏序義淵源宗蔡註序筆簡老尤善發明舊註述明心法祖
商賢局門榜曰重刻意不欲以作者自居也自慚粗識之無字也附三
長史筆傳謭陋如湮亦沐備協修之數
邑人潘希賢詩云頻年積弊早芟除兩載蒼生惠澤
敷裁革多年弊竇風氣漸臻三代古吏胥爭說一錢無琴彈
日永堂廉肅鼓舞歡騰父母呼妙有閒情工篆隸蛇
龍飛迓水雲鋪
源遠縱橫漢水長此邦先務愼川防隄塍到處勞心

血廉俸頻捐解宦囊珍重用人專委任刻期收效奏
平康精誠果是天能格氣壓迴瀾不敢狂是年新修隄均鞏固
殷勤集證手重編著有聖諭廣訓集證行世能使煌煌
聖教宣軫念每躭民力困衡才多結士林緣春風化雨
甘棠蔭捐助賓興聘宿儒主講傳經書院政簡刑淸幕府賢詩品官
聲淸莫比在山冰雪出山泉
忠魂烈魄久冤沉邑乘重修志可伸好向乾坤扶正
氣采從編簡顯幽貞董家史筆能傳遠閣部文章更
覺新敢說不才能任事公以志書委賢督辦此心差可質天人

楊湖院隄久經崩挫自同治十三年崔定邦等議修頻
年奮築迄光緒四年未成六月水至冲潰被淹內中外
十五院並淹天門百餘院知縣史致謨督紳易祖燠諶
景輝朱昇臣等集夫興築每畝派實糧三十文尾糧二
十文爲磯價公用自方家灣起至泗港城隍廟止共一
千五百丈以工大費繁力不能支稟請　各憲批飭天
門受益各院協修四百餘丈於光緒五年正月開工六
年三月一律完竣計陡高二丈四尺脚寬十六丈面寬
四丈

長一院卸甲埠隄頻年崩塌屢修未成光緒四年知縣
史致謨督紳唐道顯董治軍等內挽月隄一道計長三
百三十一丈五尺三閱月告成
垞中院王宅前孫宅後隄外灘崩挫光緒四年知縣史
致謨督紳王焯陳鳳翔等內挽月隄二道計長一百七
十六丈五尺五年閏三月工竣費簡工堅院民建碑以
紀功碑云史公之德萬民咸沾史公之隄一區所關今茲告竣羣仰恩覃念一勞兮永逸實賴以廻旣倒之狂
瀾
護城隄自縣城傾圮全賴隄爲保障同治十二年知縣

戴昌言過隄加修入九百丈後歷任皆搶築穩固而改口深河潭屢築屢潰直射冲刷城南隄岌岌可危光緒四年知縣史致謨督紳潘希岳於指路碑處建磯一座周圍長十一丈高一丈九尺面寬三丈又修南北隄六百三十二丈是年水發得安堵六年深河潭隄成又慮黃漳隄水溢加築化隄五百五十丈面寬一丈兩月完工

潛江縣志續卷之十一

秩官志上　知縣題名　主簿題名　巡司題名　典史題名　教諭題名　訓導題名

國家設官凡以為民為政大要前聖悉言之孔子告季孫子帥以正雖賞不竊感應之機抑何捷與有官守者職思其居微特可以治潛而潛無不治矣潛自元明迄國初甘棠遺愛悉詳舊志後之君子輝映前光功德在民亦沒世不能忘也

知縣題名

康熙

呂夏音　三十四年任浙江舉人

朱　軾　三十九年任江西高安進士行取戶部主事歷任大學士謚文端

張元雋　四十五年任四川涪州舉人

朱名璘　四十九年任江南人

吳元鉞　五十年任浙江錢塘人

胡　琛　五十六年任貴州鎮遠舉人

雍正

張延慶　元年任山東濟寧州進士

孫起襄　十二年任浙江長興人

乾隆

陳　鈞　三年任雲南遵義進士

曾日琇　四年任南州人

艾恩應　五年任江南上元進士

楊　芬　七年任廣西陵桂舉人

張榮倫　九年任湖南衡陽進士

王　璪　十三年任四川城都進士

王　鑑　十五年任浙江山陰人

杜汝愚　十六年任山西平陸舉人

曹　鑾　十七年任

杜汝愚　十九年任

隗樹本　二十二年任淮陰人

王　　四十年任寶應人

史　湛　四十一年任

陳煥世　四十八年任

武

王　鷺　五十七年任

嘉慶

許　恂　三年任

棠

關維紀　八年任

陳　炯　廣西人

陳鍾理

關作楫

丁　昌

劉　澍　十九年任直隸通州進士

詹英豪　二十年任

金開第　二十五年任直隸天津進士陞大理正卿

鄭　燁

道光

舒正載　五年任

劉坤琳　六年任四川宜賓進士

明　保　七年任滿州正黃旗舉人

陳天澤　九年任福建閩縣進士

劉德煥　十年任四川優貢

鮑翰飛　十一年任安徽監生

王庸度
謝慶遠十二年任山東郯城舉人
楊昌十五年任雲南麗江舉人
何渭珍十七年任雲南師宗舉人
范炳監十八年任山西拔貢
耿渲玉十九年任山東舉人
龔煥枝二十一年任江南南昌進士陞安陸知府
彭鳳墀二十五年任廣東人
龔煥枝二十六年任

聶光鑾二十七年任四川進士陞武昌知府
龔煥枝二十八年任

咸豐

邵晉簃二年任
龔煥枝六年任
熊登瀛七年任四川舉人
林之華八年任福建閩縣舉人
陳汝松九年任浙江監生

宋文觀十一年任四川解元

同治

楊應桓元年任江南金匱舉人
廖玉麟二年任廣西吏員
李振麟三年任江西廬陵吏員
劉壽椿三年任湖南龍陽附貢
向時鳴六年任四川銅梁進士
周琮六年任
向時鳴七年任

史醕十年任安徽桐城供事
諸鑣八年任浙江錢塘吏員
吳耀先十二年任陝西吏員
戴昌言十三年任安徽合淝舉人

光緒

王方田元年任河南扶溝進士
史醕二年任
林瑞枝三年任貴州郎岱廳廪生
史致謨四年任江蘇陽湖監生

主簿題名

康熙

鄭榮慶四十六年任浙江錢塘人

徐光第五十一年任江南陽州人

雍正

陳廷佐三年任浙江慈谿人

乾隆

邱逵二年任江南武進人

王夢叶七年任河南邱縣人

王懋德九年任浙江山陰人

張藎臣四十六年任

王文明五十七年任

嘉慶

單　三年任

楊正邦四年任

丁日隆六年任

晏廷詮十九年任

道光

余秉光四年任

汪世樛十八年任

胡秉楨

咸豐

陳仁茂五年任

桂甡七年任滿人

李澐九年任

危文漢十一年任

施燦

高澧

丁

貝永錕江南人

趙建甫號藎臣河南人

范應鈞號陶菴江西吏員

高鎮巡檢題名

潛江城倚東隅西南抵江陵界杉角驛計程九十里更有闌入荆門州界者去城更百里而遥此乾隆十一年高鎮巡司所由添設也向無題名歴任官非有德政可

紀代遠無考僅就可考者附列秩官題名之後

巡司題名 姓名貫籍不可攷者缺之

乾隆

沈汝旦 十二年任錢塘人

嘉慶

陳月芳 十九年任紹興人

道光

張元傑 十八年任

鍾 基

章

倪

艾 錕 江南人

咸豐

葛寶森 四年任

錢 五年任嘉興人

易化洪 七年任

同治

趙艮輔

馮家麟 號瑞生四川人

光緒

王樹槐

典史題名

康熙

伊 亮 順天宛平人

謝三玉 直隸人

張世擢 直隸鉅鹿人

許好禮 河南人

朱萬泰 山西降州人

張萬鈞 江南無錫人

乾隆

易芝綸二年任宛平吏員
陳恩賜江南青陽吏員
錢　照十五年任浙江會稽吏員
潘永綸四十一年任
王錫政四十八年任
周連登五十七年任
嘉慶
周　濼四年任
徐永慶十七年任

道光
姚舜輝三年任
高元吉
孫培基
古天祿
梁　烋
范　楨
艾聯棠
涂　椿十八年任福建人

咸豐
楊光如四年任
劉豫泰六年任
周思信
祝　濚
同治
陳金鼇三年任
仇超增六年任
趙艮輔

葉際春河南人
章　鉌號子布江南人
成　玉荆州駐防
趙德秀號幼穀江西人

教諭題名

康熙

邢　雲三十六年任湖南舉人

李惟一湖南舉人

張履一江陵舉人

程有年四十八年任黄岡舉人

雍正

張陳堯三年任黄岡舉人

郭　峩四年任漢陽舉人

范桂林五年任湖南衡陽舉人

李　明公安舉人

乾隆

秦人藩九年任黄安舉人

羅鍾才三十七年任

胡可郇四十八年任

李宗裔五十九年任

嘉慶

萬年書四年任

萬世嵘六年任

孫起楠

徐　洲十九年任

道光

鄧茹芳五年任

邵際然七年任江夏舉人

蔡紹榮十年任蘄州舉人

傅以成十二年任江夏舉人

胡　敏十八年任蘄州舉人

咸豐

徐　霖元年任江夏副貢

陳登雲二年任黄皮舉人

熊文鏡七年任松滋副貢

吕大昜長樂貢生

黄鍾清七年任松滋舉人陞湖南鳳凰廳同知

陳壽昌九年任雲夢舉人

同治

閔紹蘭六年任安陸廩生

楊高椿七年任嘉魚廩生

胡名桂十年任黃岡舉人

郭士元號後麗十一年任南漳舉人

訓導題名

康熙

楊擇善三十六年任黃岡貢生

閔亦鴻石首副貢

王嘉賚黃岡貢生

曾紀常監利貢生

雍正

徐掟士四年任江陵貢生

鄧希鵬九年任襄陽貢生

柳蔚十年任鄖陽貢生

蕭韶漢川貢生

乾隆

張令樞七年任襄陽貢生

唐之元十年任巴東貢生

李潮四十八年任

謝開埜五十七年任

張士傑黃梅舉人

張尙智五十九年任

嘉慶

胡若淮四年任

彭繩祖八年任

蕭協中十九年任

道光

阮恩兗十一年任黃安舉人

王兆椿十八年任孝感舉人

白濤江夏副貢

劉德增漢陽舉人

咸豐

吳毓松元年任應城副貢

吳登垣十一年任廣濟廩貢

同治

嚴家彥七年任孝感增貢

李逢紀號伯綱八年任棗陽貢生

武官志舊志未載

城守一員

外委一員

知縣宦蹟傳 主簿宦蹟傳 典史宦蹟傳 教諭宦蹟傳 訓導宦蹟傳 城守附

劉煥

劉煥字文山陝西清澗貢監蒞潛任提挈綱領興學校葺黌序尤加意隄防每馳單車越陌度阡與田夫野老相度地勢悉心經理地方賴以無患邑志舊纂於朱明經士尊未竣篇帙漫漶公設局聘其長子載震續修時屏騶從徒步至局討論折衷使一邑典章燦然大備成書二十卷迄今得所考證侯之功爲多

朱軾

朱軾號可亭江西高安縣康熙甲戌進士由南書房行走出宰潛江爲政提大綱振興文教邑白鶴亭元姚文恪公燧讀書處也負郭臉湖前有塘種白蓮數十畝公就其地建白鶴書院捐廉爲膏火費朔望課士與究經術有用之學一時風化大振築紅雨亭於署中延賓開樽紀以韻言梓行紅雨亭詩集皆寓培養風俗至意又善處士段陟雲劉逵俊以文行相砥礪後逢

睿皇御極行取入都累遷至文華殿大學士經綸世業宜付

國史館有傳不贅居相位時寓書於潛賦詩招隱極縉

衣好賢之誠其相度可想見矣卒謚文端潛人立主祀於白鶴樓

杜汝愚

杜汝愚號勉堂山西平陸縣舉人宰潛留心民瘼騎馬隄决慨然賑䘏董三十八院民夫修築朝夕驗功版築堅實屹如山立至今賴之又瀕襄河有仙人隄潛民獨修維艱公稟上憲准荆門沔陽江陵監利與潛五邑合修著爲定章

陳煥世

陳煥世字唐園福建惠安縣進士性坦率不設城府宰潛時本經術爲吏治仍不局於書生之見公餘之暇信步里塾聽講門外一言有契入與揖反覆暢論兼爲生徒評閱課藝諄諄啟廸勸以敦尚實行時有宿儒敦品爲所重每書院課士必示以某先生人品端方宜奉爲榘範生監有涉訟者必問曾從某先生否答以從則欣然喜然訟事仍就案斷決是非無一毫成見工詩善書恭錄　聖經勒於明倫堂至今猶存著有唐園詩文集梓行其所稱某先生者卽副貢生萬錕也别有傳

史湛

史湛字德凝號澹園浙江餘姚貢生由山西知縣卓異改發湖北署潛多惠政七月調鍾祥去之日士民餞送北郭人奉一錢不見選卽以其錢築史公書院奉公祿位牌於中鍾祥縣志稱其蒞事勤敏斷獄公平民無冤抑允哉

許恂

許恂號謹菴福建閩縣人蒞潛時聘江南名宿顧菘圃課子並主講傳經書院捐廉奬賞生童歲約三四百金

去之日邑人建崇義祠立主以祝祿位郃陽王公爲之配邑人劉廷銓記其事泐碑稱其居官直而廉不苟取不妄刑有築隄捍水之事請帑不給卽捐俸助之非諛詞也

鄭偉

鄭偉號琴鶴蒞潛素節儉淡情仕宦蕭然若老衲以仁慈爲政恤民疾苦值襄水陡漲騎馬隄危不及乘輿馳馬出督夫搶築水高於隄數寸壓力障禦卒無患去潛日士民跪送道左有泣下者後逃於禪

陳天澤

陳天澤字士亮福建閩縣進士道光九年蒞潛任爲政恩威並用忠恕待人而發奸摘伏人不能欺獎拔士林多所成就後陞鄖陽知府祀鄖陽名宦祠

耿醞玉

耿醞玉號輝山山東郯城舉人宰潛時專意撫字公暇手一卷不釋恥攀援上官過境供具粗糲曰瘠民媚上不忍爲也上官廉其清潔亦不之較

何渭珍

何渭珍號璜溪雲南師宗縣舉人由大挑一等宰潛嚴繩隸役訴冤者當堂立判絶牽延拖累之弊道光十七年邑人創建試院籌畫經費極力玉成士子賴之

龔煥枝

龔煥枝字幹亭江西南昌縣進士道光二十一年宰潛性寬厚不尙苛察咸豐間粤逆再陷省垣土匪蠭起潛城久爲水所齧壞無可守公捐廉募勇多方捍禦未能制幸荆州將軍官調兵由潛進勦公與紳士協謀內全地方外籌軍餉接濟大營爲督撫憲所器異坐陞安陸府知府在潛十九年與潛人如家人父子去任時以所置公館一所歸傳經書院歲計收租銀百二十兩爲賓興膏火費勒有碑至今邑人咸沐其惠

聶光鑾

聶光鑾號陶齋四川進士以即用班宰潛興利剔弊一切務持大體課士書院與生童講文藝亹亹不倦尤精衡鑒縣試列前茅者四中鄉榜一捷禮闈後任武昌府知府

林之華

林之華字棣園福建閩縣舉人蒞潛當兵燹後每畝徵賦減餘耗錢二十謁 聖廟見 大成殿燬 先師木主設供明倫堂爲之愴然倡議重修遴紳首董其事越數年始竣而公陞任荆門直隸州矣

主簿宦蹟傳

汪世樛

汪世樛浙江人大學士汪汝洋孫昆仲十六人齒居幼故號石麓博學能文尤工詩由吏員授潛主簿性恬淡公餘之暇以詩酒自娛咸豐時髮逆陷潛獨居署中被

執至逆巢問之不言與食不食鄉民知為公羣叩賊請曰此好官也仍送還署蕭清後陞沔陽州州判

典史宦蹟傳

姚舜輝

姚舜輝以吏員為潛典史性仁厚愛民息事喜勸人為善終日逃禪口誦金剛經為民祈福而所司亦無廢事民樂戴焉

教諭訓導宦蹟傳

傅以成

傅以成字星帆江夏舉人由大挑授潛教諭持躬清潔澹泊自甘絲毫不苟取教士以敦本厲行為重卒於任貧無以斂潛人士共助喪具始得扶櫬歸善詩古文辭續廣初志多錄其作著有太璞生制藝行世

胡敏王兆椿

胡敏字桂薌蘄州嘉慶丁卯科舉人以大挑一等改授潛教諭性和厚喜拔引後進不苟言笑有時縱談古今名儒學問經濟滔滔不絕具見根抵諸生行或不檢反覆開示務使自新不輕屏黜作楹聯曰惟有此官能情福更無別業勝為儒文廟大成門壞與西齋王梅岩代主傳經書院講席出其束修修葺之不居功在任十年以病告歸行李蕭然邑生徒欣然助資斧行時城鄉衣冠畢集祖帳至數十里王兆椿字梅岩孝感人嘉慶丙子科舉人任邑訓導工詩文名流多受業門下蒔花齋前兀坐吟哦別有會心以修文廟功陞黃州府教授

城守宦蹟傳

羅金魁

羅金魁穀城人提督羅軍門思舉族姪也有勇力趫捷

善超躍承平日久無以自見以行伍積勞為潛江汛城守性坦率短衣楚製與軍民安於渾噩而馭卒森嚴毫無滋擾小醜歛跡道光中年歲大祲所得餉不足自給甚至斷炊不言貧官小而介又如此

田達三

田達三江夏人咸豐初調潛江汛城守髮逆陷省城之次年三月朔四川潰勇三百餘人勾連土匪至潛城冒稱過路兵勇踞關帝廟達三以情形可疑密防之初三日晚匪首遣人沿城縱火達三擒之以稟知縣龔龔飭

督兵民鄉勇就廟圍勦匪困急衆大礮計圖豕突達三奮勇一呼直前踢翻礮位手斫十餘人餘匪潰圍東走達三率兵勇追勦之

潛江縣志續卷之十三

選舉志 薦辟題名 進士題名 鄉舉題名 恩舉題名 拔貢題名 恩貢題名

邑志載選舉以覘士風潛不百里地每值賓興捷春闈者三四人萬歷己丑四人順治戊戌己亥康熙庚戌三人捷秋闈者七人崇禎己卯順治辛卯一時青雲共登可謂盛哉時而鄉榜間一二科嘉慶道光時進士遲至百年自乾隆丁丑至同治甲戌亦足深人慨歎已然運有循環邇年來士氣奮興科名漸振不難復昔時之盛前志首薦辟次貢生今亦猶昔合之選舉志下各條均次第紀之續選舉志

薦辟題名

康熙

王　晸 鄉舉孝廉方正辭不就後癸巳科中式

康正吉

乾隆

峗若祁 邑庠以孝廉方正 詔用

嘉慶

萬　錕 廩生鄉舉孝廉方正 恩賜副榜贈奉政大夫

萬斯年省試給與六品職

進士題名

康熙丙戌

蕭　震任福建鳳山知縣

李前勳任江南蘇州同知

雍正癸卯

朱時敏任四川榮昌知縣

丁未

鄒克昌任浙江瑞安知縣

乾隆丙辰

陳若璉

丁巳

涂　擴任江南荆溪知縣

同治甲戌

彭慶颺任直隸良鄉知縣

光緒丙子

萬際軒工部屯田司主事

光緒庚辰

鄉舉題名

康熙丙子

關　玭任江西崇義知縣

周　粹任廣西容縣知縣

李前芳教諭

蕭　震丙戌進士

己卯

羅鴻儒教諭

龔昌濬副

辛巳

李前勳己丑進士

壬午

余陽瑗教諭

劉守俊任隨州學正

吳士元

何子釗

乙酉

江天霽任江南上海知縣

李應國任雲南知縣

癸巳恩

王　晸任黃陂教諭

李鯤化

汪　鼇

甲午

魏師亮任新化教諭

鄒克昌丁未進士

丁酉

朱起峴

庚子

朱時敏辛丑進士

鄭光重

楊繼楨

彭其嵩

劉慰祖任直隸滄州知州

雍正癸卯恩

張肇元任漢川教諭

黃孫鳳

張　玠任竹谿教諭

丙午

余重輿

陳元錫副

壬子

袁瀛世任漢川教諭

涂　擴丁巳進士

陳若璉由拔貢北闈中式丙辰進士

陳廷柱

乙卯

黃之遂

乾隆丙辰恩

劉懋泗

黃　諧

戊午

李世第副

甲子

嚴朝勞
何一舉副
壬申恩
何士沖
丙子
周迎輅
許岐陽任漢陽教諭
己卯
江鍾奇任黄安教諭

庚辰
歐陽沂亞元
黄　鐘任棗陽教諭
朱　坦任興山教諭
戊子
馬國銘任竹山教諭
朱萬政
庚寅恩
李廷錫

吳仲英
胡以耀任應城大冶教諭湖南長沙府教授直隸井陘知縣
丁酉
朱有案
癸卯
陳之翰任崇陽麻城知縣
丙午
黄履恕
莊自儀任廣東始興興寧曲江定安臨高知縣儋州知州署瓊州知府

甲寅恩
劉用賓任漢陽訓導
嘉慶戊午
劉　嵐
楊文鐸
丁卯
何明璪由拔貢中式
丙子
甯熙朝候補教諭揀選知縣

道光壬午

劉世蘭 揀選知縣

乙酉

萬時喆 解元歷任廣東徐聞信宜龍川樂昌知縣連平州德慶州知州

戊子

黃學喆 任咸豐教諭

己亥

吳逃洵

咸豐辛亥恩

杜洁澐 任蒲蘄嘉魚教諭

戊午

萬際韶 由咸安官學教習任陝西榆林中部扶風宣化知縣陞授同知

己未恩

萬 駿 由覺羅官學教習揀發甘肅知縣

同治丁卯

萬際循 由拔貢戶部清吏司主事中式加郎中銜

楊 澐 候補教諭

庚午

杜紹勲

癸酉

彭慶颺 甲戌進士

光緒乙亥

萬際軒 丙子進士

己卯

彭 脩 庚辰進士

謝 琳 副

恩舉題名

拔貢題名

康熙己卯

歐陽琦

乙酉

涂華若任當陽教諭

丁酉

陳大呂

雍正癸卯

陳晃羅田咸寧教諭

己酉

陳若璡壬子中式丙辰進士

乙卯

陳偉言

乾隆辛酉

歐陽錫駿候選州判

癸酉

陳萬榮候選教諭

己酉

劉之楷

嘉慶辛酉

何明璪丁卯中式

癸酉

戴復昌

道光乙酉

易承箴任蒲圻棗陽漢川教選鄖陽府教授

丁酉

彭兆珂任宗陽羅田教諭議敘江蘇儀徵知縣

己酉

郭美彥任安陸教諭

咸豐辛酉

萬際循朝考一等授戶部主事丁卯中式

同治癸酉

張紹燕候補直隸州州判

恩貢歲貢題名

康熙

張承寵

王明德

吳善彥

李詵禔

王元旦

楊廷佺

吳　昌

蕭　禧任福建漳平知縣

葉有聲

龔光朝

劉　偉任湖南耒陽訓導

孫雲麒任黃岡訓導

劉澤民任嘉魚訓導

戴起俊

郭春汶任興國州訓導

高其志

沈　瑞任石首訓導

陳士枚任竹谿訓導

李廷彥

段錫祉

朱石鉉

何　郊

劉肯孫任福安縣知縣

劉慶純

劉澤宏任東湖訓導

劉雲行

劉行超

吳善匯

雍正

劉　先歷任湖南寶慶府教授附塞翁傳

鄭時中甲寅恩任黃安訓導

柴永燾乙卯恩

張先會

歐陽賓壬子任監利訓導

張盛祖
黃曰都
謝知誠
趙煓
鄭履中
乾隆
吴之瑩辛未恩
劉慶遇壬申恩
鄒錦

劉大成
鄒鐸
陳于愔
陳于耆
陳榮錦
張先名
吴觀成
楊名濬
何錫履

劉大衍
蕭毓棟
郭道南
朱之壽
蕭承訓
劉之良
劉國賓恩賜檢討
吴士珏恩賜副榜
嘉慶

張代工丁巳恩
魏玉魁丙辰恩
鄒時軏丁巳
何汝誠
彭相廷
姚以昇
劉永頤
朱邦彥
張彝訓

劉掄昇

姚人輝

萬方治

李大訓（任來鳳教諭）

李先科（戊寅）

黃叙倫

劉志瑜

王光盛（壬申）

道光

萬廷琇（戊寅恩候選直隸州州判）

劉賡颺

劉尙鏞

劉玉泉（甲申）

謝心輔

王思盛

袁先魁

曾玉琢

方（中）

李廷光

董其燦（丙申）

何東昇（丙申）

劉永彥

趙　杰

朱邦熙

楊明鑑（己酉）

何榮錦（己酉）

咸豐

張國玉（癸丑恩）

劉永芳（壬子恩）

張定圻（辛亥）

李忠義（癸丑）

劉楚楠（乙卯）

萬柏香（丁巳任穀城教諭）

孫衍陞（丁巳）

白玉紳（己未）

武秀三（己未）

董文林辛酉
劉世蕙辛酉
黃以洪癸亥
同治
董化南甲子
劉高澧乙丑
劉裕平戊辰
王汝芳戊辰
萬　芾己巳

陳瑞林庚午
楊鳳文壬申
彭慶颺癸酉中式甲戌進士
李升墉
光緒
萬時乂乙亥恩
簡光綸丙子
黃　圖丙子
唐道顯戊寅恩

張煥廷己卯

武進士題名

康熙己丑
孫春灘
朱時衍
癸巳
涂　傑任江西饒州守備
乾隆壬戌
張代守

辛未
張代宣侍衛
嘉慶庚辰
章學經侍衛歷任安徽壽春鎮總兵

武舉題名

康熙戊子
李楫忠
乙酉
涂　傑癸巳進士

庚子

劉師漁

雍正癸卯

黃瑢

黃璽

鄧師虞

李正

李青選

己酉

黃仕清

乙卯

張代巡

乾隆丙辰

張先立

戊午

張代守

趙濬

黃國璽

丁卯

張代宣

庚午

黃國瑶

壬辰恩

文兼武

章大成 科未確

嘉慶甲子

朱邦亨

庚午

彭登甲 任羅田穀城石首城守授守備

劉大中

袁超泰

癸酉

易承椿

丙子

章學經 庚辰進士

鄭廷標

道光辛卯
劉永孚
鄒鳳翔
咸豐戊午
崔定邦
同治丁卯
闞俊才
癸酉
鄭超一

光緒已卯
杜高椿
康熙乙丑
余銛 拔貢補入

恩賜
宿儒耆舊不以耄老廢學册名天府同列甲科不獨拜賜者生感也故特誌之以榮

君賜
吳珏 乾隆戊午副
朱有榮 乾隆庚戊賜同進士出身授職檢討
劉國賓 嘉慶壬戌有傳
萬鋗 嘉慶丁卯副
楊自鳴

高卓林 道光乙酉副
蕭宣三 同治丁卯
彭惟灝 副
方學灝
張南金 副
張定瑤 光緒乙亥
張南金 光緒丙子
鄧應魁 副

封贈

接舊志次第具書而以舊列武胄之歐陽鋼冠首以

旣拜

覃恩宜以類紀也

歐陽鋼　誥授光祿大夫太子少保義勝大將軍

補

恩蔭監生劉侊　勅授文林郎陳氏　勅封孺人補

貢生李銑禔以子前勳江南海防同知貴　誥贈

奉政大夫方氏　誥封宜人

李前勳　誥授奉政大夫　氏　誥封宜人

戶部郎中涂詮　誥授朝議大夫姚氏　誥封

恭人

劉泌如以子效曾山西直隸州代州知州貴　誥

贈奉政大夫吳氏　誥封宜人

劉效曾　誥授奉政大夫王氏陳氏　誥封宜

人

貢生張承寵以孫代宜雲南永北鎮總兵貴　誥

封中憲大夫宋氏　誥封恭人

張先昇以子代宜貴　誥封通議大夫吳氏

誥封淑人

張代宜　誥授武義大夫方氏　誥封淑人

武舉章大程以子學經安徽壽州守備貴　勅封

左騎尉羅氏　勅封安人

章大誥以姪學經貴　貤封左騎尉莊氏　貤

封安人

江南金匱縣縣丞劉有堂　勅授修職郎鄧氏王

氏游氏　勅封孺人

監生張國翰以子萬榮守備貴　勅贈左騎尉

氏　勅封安人

恩賜副榜萬錕以孫時喆廣東龍川縣知縣貴　勅

贈文林郎鄭氏　勅封孺人

恩貢生直隸州州判萬廷琇以子時喆貴　勅封文

林郎魏氏　勅封孺人

初天章以曾孫發祥花翎提督題奏總兵靖勇巴圖

魯貴　誥贈振威將軍闞氏　誥贈一品夫

人

初維正以孫發祥貴　誥贈振威將軍姚氏
誥贈一品夫人
初家順以子發祥貴　誥贈振威將軍張氏
誥贈一品夫人
初發祥　誥授振威將軍章氏　誥封一品夫
人
廪生萬時叙以子蘷同知銜陝西淳化縣知縣貴
誥贈奉直大夫楊氏　誥封宜人
庠生萬時彦以子夔貴　誥贈奉直大夫李氏

誥封宜人
杜聲瑤以子洁澐蒲圻縣教諭貴　敕贈修職郎
孫氏　敕封孺人
貢生劉高紳以子克聰鄖陽府學教授貴　敕封
奉直大夫楊　敕封孺人
增貢生萬時醕以子際軒工部屯田司主事貴
誥贈奉政大夫謝氏　誥贈宜人
歲貢生候選訓導萬芾以子際軒工部屯田司主事
貴　誥贈奉政大夫蔣氏劉氏　誥贈宜人

張重文以子萬英候補縣丞貴　敕封修職郎
氏　敕封孺人
從九吳超萬以子德明候補同知貴　誥封奉直
大夫羅氏　誥封宜人
監生吳德明　誥授奉直大夫雷氏　誥封宜
人
郭耀宗以六品糧捕府　敕授宣德郎　氏
敕封孺人
關長福以子俊才候選都司貴　誥授振威將軍
吳氏　誥封恭人妻吳氏　誥封恭人

彭元紹以孫兆珂貴　誥封奉政大夫蔣氏
誥封宜人
彭易以子兆珂貴　誥封奉政大夫黃氏　誥
封宜人
彭兆珂以直隸州銜江蘇即補知縣　誥封奉政大
夫劉氏　誥封宜人

恩蔭

致身事君人臣之大節而優邮徇事死有榮施生者深感激矣前志載涂㽞蔭補監生而嘉慶六年又

奉　特恩後乎此者草野編氓亦邀寵襲志義激發有由然也

涂㽞　承父僉事起鵬死事蔭補監生嘉慶八年奉

旨世襲恩騎尉

朱寶林　承父甯化縣丞蔭世襲雲騎尉

周　　承父從九周安祥死事蔭世襲雲騎尉

唐毓清　勦逆安徽陣亡世襲雲騎尉

例仕　未分發者待查

漢室間用貲郎而司馬相如諸人實能度越儔類超卓古今

聖代取士途寬援此例於科甲吏員之外而才足有為者亦卓卓焉

朱欽恩　福建巡檢

朱　堂　任福建漳浦縣知縣泉州府同知

劉有堂　任江南金匱縣縣丞

劉岱復　貢生歷任武昌漢陽荆州監利松滋房縣歸州沔陽黃安應城孝感教諭補授均州訓導

由江陵訓導議敘知縣

朱　壎　直隸試用知縣

郭　璪　號藴堂廩貢任江夏德安穀城安陸訓導

易行湛　號晴嵐任陝西渭南西鄉縣縣丞西羌州州判實授同官縣知縣歷署保安西安咸甯縣知縣

袁　鈚　號彝樓山東曲阜縣巡檢善畫花卉

吳淑柄　庠生議敘六品銜直隸武清縣典史見兵防志

戴聯芳　西庠生號春霆任江陵縣城守加守備銜

彭慶嵩　任江南兩淮鹽知事

朱泗源任福建寧化縣上泉縣丞有傳
謝祖潤江西候補縣丞署瑞州府經廳
劉克聰附貢生號燮堂任鄖陽府學訓導
彭銘賢候補江南兩淮鹽經歷
劉克睿候補陝西縣丞
初鼎臣庠生號一庵江南縣丞補缺後以知縣用
陳永沅號芷亭增貢生任安陸縣教諭

議叙

脫潁而出英豪大抵如是　國家取士途寬科目吏員而外於閭閻有一得者亦從而錄之有志之士所由投筆而起也

教諭劉岱復由江陵縣學任襄辦白蓮教匪議叙知縣
庠生吳淑炳嘉慶三年襄辦教匪議叙六品銜任直隸武清縣典史
武舉朱誠堵勦教匪議叙都司別有傳
吏員張慶颺襄辦軍務議叙安徽祁門縣典史

庠生張炳咸豐六年團練議叙同知
庠生張有筌議叙訓導
庠生張開晉議叙布品州同
庠生劉寉然咸豐十一年議叙訓導
教諭郭美彥同治元年議叙翰林院待詔陞銜
貢生劉世蕙團練防堵同治七年議叙五品銜
從九孫道瀛議叙五品銜
庠生范明紋議叙國子監典簿銜
庠生楊玉成議叙國子監典簿銜

庠生潘希賢克復天門防堵出力議叙訓導
謝祖潤議叙縣丞
附貢劉倚濂議叙鹽提舉銜
庠生唐毓清議叙縣丞
庠生董其灼議叙六品銜
初發祥帶勇捍匪歷湖北江西山東各省所向奏捷屢
功議叙花翎提督題奏總兵　並賞靖勇巴圖魯
胡起堂帶勇捍匪屢功議叙參將加提督銜

吏員

張慶颺典史由吏員襄辦川楚教匪軍需議叙部選祁門縣
胡全五吏員
章秀三吏員
曾師魯光緒三年議叙刑科
李祖墀光緒三年議叙禮科
劉永炎光緒四年議叙戶科
章憲斌光緒四年議叙吏科

潛江縣志續卷之十四

人物志 壽民

精神强固壽逾期頤不得比巾幗完人自命不朽者之壽於千秋也顧得天獨優松柏長青亦足見
聖朝培植之厚已作壽民志

姚日寬白伏院人順治十年生乾隆三十八年卒享壽一百二十歲受　皇恩三次
韓良玿長一院人附貢生康熙二十四年生乾隆五十三年卒壽一百有一歲

許應國返灣院人康熙五十一年生嘉慶十四年卒壽一百有二歲　恩賜黃絹
張方楡乾隆三十六年生同治七年卒壽九十八歲
鄭炳康團湖院人壽九十八歲而終
戴復森長一院人國學生於乾隆丙申沒於同治甲戌壽一百歲
魏玉魁坨中院人歲貢生壽九十六歲而終
羅夫林字殿昇壽一百有二歲而終互見義行傳
楊辟超字月常中務院人壽九十八歲而終五世同堂

胡應樊上江院人壽九十六歲而終
謝承松長湖院人九十餘歲旌題　恩榮額現年一百
有十四歲身體康健
陳格秀壽一百有三歲而終五世同堂旌題　恩榮額
何錫光字恒齋長亭人壽一百有一歲而終五世同堂
李義方壽一百有二歲而終四世同堂
陳天懷永豐院人壽百歲而終五世同堂
董報國長一院人壽一百有一歲而終
黃碧鄉西院人壽一百有三歲而終

陳峻峯磚淌院人壽九十三歲而終
鮑國隆戴家院人乾隆丙午年生享壽九十三歲
郭呂運三耳院人乾隆庚戌年生現年九十一歲
楊文壽三耳院人乾隆庚戌年生現年九十一歲
謝應芳之妻孫氏長三院人康熙四十七年生嘉慶十
四年卒壽一百有三歲
職員王光顯之母王甘氏長隄院人乾隆三十六年生
同治十二年卒壽一百有四歲
李宗德之妻朱氏長二院人庠生李壬甲之母現年一
十六歲
歐陽秉康之妻楊氏永豐院人現年八十九歲五世同
堂
董其朝之妻簡氏長一院人武庠定安之母也壽九十
七歲而終
劉之鳳之妻李氏乾隆十二年生道光二十二年卒壽
九十七歲

潛江縣志續編卷之十五

兵防志

舊志縣無衛所而有民兵明嘉靖初知縣夏泗募勇敢防禦厥後以土兵捍禦流賊民兵爲用即古鄉遂訓練之遺今團勇實肇於此康熙四年六年兩次撥派營兵爲數無多僅足守塘汛備奔走戰守無能爲役安有戰功可紀是以舊志於兵防從畧自嘉慶時捍禦教匪後咸豐同治間髮逆捻匪竄楚窺伺荆州潛爲必由之道兩次團練民兵勦堵其奮不顧身以死報國者已編入忠節而運籌決勝以保全地方者固荆州之門戶敵愾同仇亦足徵 國家之培養民心之固結所以靖逆氛而奏廓清者有由來也續兵防志

營制迭更悉載舊志後定制城守撥荆門營把總一員張截港汛外委一員兵額六十九名塘汛如舊

嘉慶元年白蓮教匪滋事延及潛西南境長湖院庠生吳樹炳稟縣練勇協助官兵堵勦殫心盡力多著勳勞匪平知縣上其功議叙六品銜授直隸武清典史

嘉慶三年白蓮教匪竄入潛境武舉朱誠約謝天翔陳其綸唐正文謝天翔汪孝全黃樹昭李忠堂董勃萬等督勇堵勦敗之知縣許珣詳請獎叙有差朱誠謝天翔謝天翔董勃萬有傳

咸豐四年二月初一日四川潰勇至潛踞關帝廟謀作亂初四日二更匪黨沿城縱火城守田達三職員關長福稟縣率兵勇圍於廟匪礮傷長福右肩礮子洞出擊斃福身後一人乘勢突圍東走達三率眾追勦手及數十人餘眾潰散

三月髮逆陷沔陽裹脅土匪上竄縱火焚劉家場知縣龔煥枝募勇防堵出內署大小礮十數尊分佈要隘遣勇勦逆於劉家場逆宵遁

潛城久傾圮四月初一日據探稱逆復蝟集劉家場時安陸府城已陷知縣龔遣高家場巡檢葛寶森赴荆州將軍轅求援初二日夜逆突至縱火譟攻遂被陷荆州將軍官 奏調松滋鎮雙總兵率所部兵入潛境會官紳進勦五月二十三潛江縣克復

初咸豐二年冬髮逆陷省城三年春髮逆分股上竄土

匪四起漳湖院庠生唐廷鑑家被刼遣次子庠生道顯赴控道轅適雲貴制軍羅繞典駐節襄陽查辦土匪諭道顯練勇防堵道顯奉諭歸鑑卽同長塅鎮十五院紳首團練鄉勇共推董熺國爲首四年春復奉知縣龔示團練熺國挑選壯丁招募健勇具辦火藥器械共計若干人一旗旗有長若干人一團團有首凡大團六誓以戰守分任號令必行賞罰有章熺國駐中策應量地要害董其灼謝心治等紮王家場董熺國卽與董學純戴自培董其燾等俱紮長塅鎮董

思杭化南等紮港口董藍田張永煊等紮白鶴寺唐廷鑑等紮漳湖院董玉魁等紮卸甲垸聞警互爲聲援威勢大振四月初二日潛城陷熺國行將入救忽逆分水陸上竄至蚌湖熺國定計分調各團於初十日擊逆於蚌湖殲六十餘人十三日擊逆於多寶灣殲九十餘人而逆衆轉增水陸各數萬進犯長塅鎮十五日熺國分勇擊逆於李家洲鏖戰至日暮各收退更約次晨由卸甲垸直擣逆營逆夜遁遣團首董化南玉魁等輕舟追之敗諸河殲四百餘人燬逆船三十有三獲米船二十五米四百餘石糖百餘桶硝一百二十六包騾馬共二十四匹槍刀器械號衣無筭逆復招集餘黨嘯聚乾河二十九日進勦逆於乾河殲四十餘人陸續擒誅逆探六十八人相持二十餘日逆勢窮促五月初一逆全股挑戰熺國分遣水陸會勦又大克之殲數百人逸將遁矣會逆別股蠭集四面縱火勇見熺國無退志猶復奮力殲逆首三十餘逆黨三百餘忽大礮轟裂水漲風作逆連偪而進團勇見衆寡不敵遂潰熺國取爲逆虜率子其彥

投河死弟燃國亦力戰死是役也戰斃者千餘自刎者數十投河死者數百婦女盡節者千餘老弱遇害者數百合計三千七百餘人事平　上聞賞　恩優卹各團首　賜祭葬銀暨蔭贈有差其有死難人民俱准從祀省垣昭忠祠並賜銀准於本地建義勇祠姓名載入湖北節義錄知縣龔設壇致祭邑人士亦公祭焉卹典祭文公啟附後

卹典

董熺國唐廷鑑戴自培董燃國張維榮董孝昌胡先
魁沈開甲陳士昌彭文适孫武周文職予世職蔭襲
武生加贈外委銜照七品
官例各䘏祭葬銀一百兩
從九周安祥世襲蔭職照六品
加例䘏祭葬銀一百五十兩
閻首董學禮董學忠董學孝周天德董士寅董其勛
杜方和董士太孫殿臣巴丙宜傅顯章楊得勤劉秉
相鄭明國邱言貞董德昌謝代儒董勳昌董和昌董
士朝陳秉義胡學純王開第董俊昌董作昌董士官
董士中左福遠劉文榜周日楨鄭景儒王仁則祝文
壽張國修董其培杜宏林董天來董松山董學純董
能謙董能讓董能訓周松林鄭
士槐照馬兵例各䘏銀七十兩
董丙南戴萬春張維貞周士玉萬士儒黃多慶董其
運董其秀董能榮董能華周邦渭周邦松周邦本照
步兵例各䘏
銀五十兩

祭文告示公啓

咸豐四年歲次甲寅季秋月朔日　祭日知
潛江縣事龔煥枝謹以香帛酒醴之儀致祭於邑西
陣亡鄉勇董熺國等靈位前曰嗚呼莫非王臣獨操
死難不奪之節幸當平世已作恍惚難憑之身國讐
未殄於生前家祭空期於死後戮鯨鯢而不見對狐
兔以興悲四境雖安九原不作嗚呼傷已顧不親上死
長其志行已薄雲霄殺身成仁即微賤亦光日月古
皆有死殁亦爲靈而況一本里黨之同仇執干戈而效
節有不宜報以俎豆快一世之人心表厥忠貞正千
秋之祀典者乎昨逆虆之逼潛也妖氛偏野毒霧衝
霄突起瘴海之濱橫行光天之下爲獍爲梟忘地天
之高厚率狼率虎擾井里之雍和惟我義民節凜在
三誼明不二激昂制挺感奮揮戈伐罪之師有名敵
愾之兵莫禦而乃短兵困拔山之手怪雲遮捧日之
忱蠭蠆毒深瘈狗噬反重圍方合大義同歸或體無
完膚而血膏原野或手亡寸鐵而命付波流或怒氣
未平日不瞑而背嚮或壯心難死頭已斷而髮衝或
巢覆而卵不完哀因從父或珠焚而玉俱碎慷慨銜
夫致命者三千餘人絕嗣者百十餘戶朝天何日報
國此身此足令烈士吞聲而路人飲泣者矣然而星
雖殞地日已貫虹蓋以鳩集之民而當豕突之衆方
其有進無退以少敵多相持三旬所誅千數土匪常
慮伺其後流賊不敢越而前固已膽裂么魔胸吞羣
醜迄乎援孤勢絕矢盡力窮視沙場爲善終臨鋒鏑
勿苟免熒熒碧血耿耿丹忱誓死如歸足寒奸回之
膽有生共憤益激頑懦之風義樹閭閻忠存戰陣此
又疾風勁草足當砥柱中流也嗚乎仗劍出師偏邏
英雄之淚舉杯酹地誰招果毅之魂今日者上託
皇威克復潛邑翦除荊棘想在天之有靈平掃煙氛應
入地之無恨枝職悊守土念切培風蔚下里之光傳
兹高誼仰　聖朝之化慰此忠魂折衝禦侮之宜
酬以死勤事之必祀祠環松柏自蒙旌恤於他年菜
擷蘋蘩先致虔誠於此日謹羞清酌用展微忱撮白
土以爲壇馨香允依明德及黃泉而復見威儀快覩

漢官所祝望沱水以歸來乘清颸而戾止明禋共享
即散天末之愁雲勁節不磨永作人間之正氣尙饗
知潛江縣事加三級紀錄十次龔示爲同弔義民以
慰忠魂事照得食毛踐土忠悃具於斯人禦患捍災
祀事關乎世道查邑西捍逆陣亡鄉勇激昂舉義師
一隊而自成慷慨成仁軍千人而竟覆臨難勿免視
死如歸無忝名流有光潛邑本縣擇期於九月初一
日親詣戰場築壇致祭痛死者其長已招魂兮而歸
來挹白洑之清波揚兹峻節悵黃泉之長夜慰此忠
魂爾士民等憂患同遭精忠悉鑒既難離之與共詎
安樂而如遺爲此示仰邑屬士民肅詣壇所虔弔英
靈集闔邑之衣冠同襄大禮想昔時之旗鼓轉覺餘
榮大節千秋誠心一片望沙場而隕涕可知忠義同
情擷蘭芷以抒忱庶乎存没均感此示
肅啓者精忠自矢吾輩相同義勇當酬今日爲急而
況殁於王事日月爭光祀爲國殤山川生色有不宜
同襄祀事共慰忠魂者乎昨西鄉六團捍逆陣亡鄉
勇諸公蒙縣主於九月初一日賜祭表兹忠烈即慰

一邑之人心殫厥虔誠允肇千秋之祀典煌煌大禮款款隆恩我同人幸值盪平叨思忠義念沙場之暴骨洵霄漢之爭光大節無虧下風甘拜爲此敬啟闔邑碩德鄉先生望壁壘以前來恍瞻義幟肅衣冠而戾止同爇心香居秋露之既濡對清飔而一奠盼到青楓林外定有魂兮歸來懸知白骨塔中當作仙乎去也蕪詞奉

達文駕幸臨

邑歲貢董化南曰逆自竄踞楚省縱兵四掠所至勢如破竹獨吾邑六團士民慷慨倡義蹈白及而不悔功雖弗究然他郡邑聞風興起遂招集義兵更迭拒賊其後官兵克復省垣亦資勇力謂非六團有以作之氣耶奉諭建祠濱襄河同治四年燬於火有世道之責者幸留意焉

潛江克復之後邑紳劉承彥張炳郭美彥等二十餘人合城鄉舉行團練併力防堵賊不敢復窺潛境時漢

江迤近州縣多被陷七月雙鎮率兵進勦天門逆時庠生萬時滔劉隺然楊玉成范明紱張開晉李升墉職員劉開蒞謝祖潤等率練勇千餘人爲鄉導庠生郭代振潘希賢載糧以從兵勇至漁新河逆艘數十自上游突至兵勇截擊敗之進至江家橋與逆隔河相持明日奮勇濟河連戰皆捷遂復天門縣盧逆回竄留潛勇防守二十餘日俟天邑團練立潛勇凱還雙鎮自率所部兵順漢江進勦是役也潛江陣亡練勇三人費餉二千餘金皆由潛紳民捐助不取償於天門天民感其義上知縣龔父母孔邇匾額未幾而沔城亦復

五年正月逆踞仙桃鎮潛江沔陽天門會議合勦知縣龔煥枝檄城守田達三合邑紳劉隺然楊玉成張開晉范明紱萬時乂潘希賢等率團勇二千人紮仙桃鎮北岸賊先踞南岸斷浮橋相持天沔勇後期不會收勇退保漁泛洪二月荊州都統貴統領駐防兵由漁泛洪濟漢擊逆諭田達三與邑紳率潛勇防河達三請留輜重於河南岸不許遇逆於天邑之岳口鼓

勇直進逆設伏待之全軍潰敗都統陣亡潛楊林垸團勇吳光德師家壽死之護送夫役被殺及溺死者六百餘人逆見南岸兵盛不敢渡潛獲保全九月官軍失利於仙桃鎮逆由襄河南岸上竄逼潛境居民震恐庠生楊玉成等稟請知縣龔招集潰散兵勇時值四川營官李光榮湖南營官李錦鑾李保邦等帶勇過潛境因發給口食同荊州都統魁玉翼長錫齡阿協領伊西布之兵駐紮防堵以保荊沙賊知有備遁去兵勇追敗之潛境肅清

六年春湖廣總督官駐師潛江數月規復省垣潛民供餉糈經藩司申詳督撫給有樂襄義舉匾額

八年二月邑西南湖土匪夏五夏六聚亂知縣熊登瀛捕獲夏五繫獄其黨率匪夥入城燒燬公廨大堂科房民居刼夏五去知縣熊遣舊團首彭光彪及舊勇易有宋周文奇等招募鄉勇於刼獄之第三日直搗匪巢殲之

同治五年冬十一月捻匪分股犯潛境一由德安一由河南徧延潛河北岸緣路縱火民情倉皇知縣向時

鳴諭令紳耆劉世蕙楊玉成范明紱潘希賢會議募勇沿河防禦並檄各垸團首許大森蕭光宇彭慶琳謝祖潤闞俊才孫道瀛劉玉紳陳道揚等督帶團勇輪班巡防河干上下百餘里密排如柵旋通稟荊州將軍巴發兵進勦蒙撥馬步兵二千援潛潛勇防河者聲勢大振沿岸耀兵匪遥望南岸軍勢不敢渡擁衆回竄爵帥鮑率大軍蹴之於京山永樂河殲焉邑人潘希賢具稟荊州將軍請援稿潛邑濱臨襄河實係荊州門戸今捻逆上竄爭欲渡河無非窺伺荊州之意其欲渡而不遽渡者恐潛江躡其後耳然則襄河可作長城能守則潛受福荊亦受福不能守則潛受禍荊亦受禍此固彰明較著人人能言之者也刻下雖各路募勇防河而職等慮其難守者其故有四蓋城守營兵數少鄉勇爲烏合之衆未經習練如有重兵在前鄉勇在後搖旗吶喊亦可稍助聲威若使之角逐疆塲獨當一面是置之死地而已此一難也捻匪飄忽無常多得力於馬隊而鄉勇則皆步行緣潛邑水鄉馬匹從何而得卽使四處湊集而乘騎非素習施展自覺不靈此二難也經費爲行軍切要潛邑地瘠民貧並無大商巨富籌款維艱卽欲四鄉勸輸而變起倉卒緩不濟急此三難也至若助軍旅之威寒逆賊之膽其要莫先於鎗砲然火葯爲地方例禁區區下邑力難備具況事處危急匪獨無力卽有力亦無從措辦此四難也夫以素不經見之狂寇而又有展布萬難之情形雖職等志切同仇而時窮勢促不能不望救於慈父母之前況縣令向時鳴初膺仕版甫涖潛任人地未熟防禦較難不蒙速發騎步兵須賜鎗炮則潛江危恐荊州亦不得安枕矣職等一介寒儒本無官守言責之分而事急燃眉危深累卵

不得不冒昧陳情除通稟督撫及荊襄兩道憲請酌給餉糈外理合就近哀懇軍憲大夫賞賜原諒發兵駐守並賜鎗砲火葯則潛江倖獲安全而荊州亦有磐石之固矣

是月二十一日捻匪自德安一晝夜竄擁至潛河北境冀渡河以竄荊州河南岸防堵甚嚴無從偷渡遂蔓延於河北二十八垸時垸民自團爲匪所乘皆不勝死於鋒鏑所在多有然匪之不敢渡河而南亦未嘗不因河北獨團有以牽制之也爰錄其死事之人事實詳忠節傳

六年冬捻匪復竄縣河北境中嘴團勇郭人敷郭書聲

郭家官陳遮芬李日忠等率鄉勇迎截力不能支遂戰死

七年捻匪復竄縣河北境更圖渡河知縣向時鳴會團首於十二月督勇防堵募敢死士率勇隨官兵紮河干適鄢家集一帶有匪數十人乘馬至河岸挑戰隊長周國熙李先清錢光華等帶勇渡河力戰敗之殲匪多名奪獲號褂刀錨等件匪退知縣向詳請獎勵有差

計開各團首陣亡名目

董熔國監生長一垸人另有傳　董然國長一垸人

董學純監生長一垸人　董學禮長一垸人

董學忠長一垸人　董學者文童長一垸人

董能謙文童長一垸人　董能讓文童長一垸人

董能訓長一垸人　陳秉義武童光澤垸人

戴自培廩生長一垸人　陳世昌武生光澤垸人

董孝昌監生長一垸人　胡先魁武生長一垸人

張惟人監生長一垸人　沈開甲武生長一垸人

周安祥從九光澤垸人　周邦渭文童光澤垸人

周邦松文童光澤垸人　周邦本光澤垸人

唐廷鑑文生章湖垸人　彭文适武生彭灘垸人

鄭明國長一垸人　邱言珍長一垸人

董德昌長一垸人　董松山長四垸人

謝代倫長四垸人　董勳昌長一垸人

董和昌長二垸人　周天德長一垸人

董士寅長一垸人　董其勛長三垸人

杜方和長三垸人　董士朝長一垸人

董天來 長一垸人　胡學純 長一垸人
董俊昌 長一垸人　王開第 文童長二垸人
董作昌 長二垸人　董士官 長三垸人
董士中 長一垸人　左福遠 長二垸人
劉文榜 長二垸人　周曰貞 長三垸人
鄭景儒 光澤垸人　王仁則 光澤垸人
祝文壽 長四垸人　張國修 長四垸人
董其掊 光澤垸人　董士太 長一垸人
孫殿臣 長一垸人　巴品宜 計家垸人

傅顯章 官湖垸人　楊德勤 楊湖垸人
以上各垸團首陣亡共五十四名

計開長老垸陣亡團勇名目

董其運　董其彥　董南丙　陳邦義
董士丙　董五兒　董三喜　董么狗
王仁舉　董大生　陳末兒　陶保兒
杜集序　杜升渭　杜福兒　杜升輝
王三七　杜集松　董能祥　董三兒
杜吉云　杜吉成　杜吉春　李二狗
董么兒　彭臣法　董五兒　董八兒
李大生　李二生　胡中喜　胡和尙

鄭家英　鄭么狗　鄭小么　彭和尙
彭壽兒　董官保　董大生　董再生
董六兒　董么狗　董小元　董和尙
胡三元　胡業見　胡么狗　胡三元
胡萬周　胡大生　胡和尙　李四兒
董狗兒　董大生　董四喜　李孝大
李二大　李四兒　李大狗　李二狗
李年喜　李四喜　羅克俊　羅克銀
羅和尙　鄭和尙　鄭二生　張中俊

羅大狗　羅三六　洪友臣　羅大生
董望生　羅選昌　洪福昌　王大生
張狗兒　羅克洪　羅狗兒　王和尚
董學金　董五兒　董九兒　王狗兒
羅克科　董士金　董士相　羅士恒
羅士倫　董光選　羅克邦　吕中容
董和尚　鄭二狗　王光天　劉可如
劉可名　劉小生　劉長生　陳振貴
陳振富　陳登榜　陳登寅　董寅昌

董小兒　董七兒　聶大朋　聶大廷
聶七兒　聶長生　聶大生　聶二生
羅喜兒　羅克秀　何大生　杜升富
陳士林　周云禮　李旺兒　李七兒
李九兒　李大保　李二保　董士貴
周邦丙　李友生　李福元　李六元
李二喜　李大生　李二生　李云西
李二漢　李大生　王二保　李緒丙
李大生　熊閏生　李中保　李緒岡

董井昌　董丙昌　羅心官　羅心堯
羅心要　羅克仁　陳起林　陳先林
陳起五　唐元壽　陳起云　陳起容
陳士朝　陳先德　張明喜　曾永中
汪忠貴　劉加才　何起惠　杜加政
余起梅　余起春　李純元　陳禮才
陳禮全　洪林得　洪明得　洪先得
洪四兒　方正國　陳禮富　陳禮甲
陳禮國　彭懷周　彭天來　彭臣富

謝萬青　杜加運　周義珍　王學思
彭學兵　廖西恒　劉景福　周永昌
盧起奉　范明得　周大祥　李皮匠
陳先治　彭鳳學　彭文喆　彭高元
陳夕勤　李洪祥　李宏璉　李宏名
周邦祥　李喜保　董喜昌　董士秀
周安明　李緒全　李朝五　李大狗
李大勳　李緒金　李大漢　李緒寅
李緒全　李宏德　姚開萬　陶爲義

張憲均 羅忠國 洪友甫 洪友富
羅克升 羅友克 羅舉昌 羅忠昌
洪貴得 羅克純 洪友辛 羅心倫
羅心梅 王學岡 羅克榮 董士才
董學海 董學臣 王相恒 王萬福
羅心淑 王學金 董勤昌 董士佐
羅克宣 羅心柱 羅克遠 孫狗兒
孫忠兒 劉可臣 周安玉 羅心文
羅克常 羅景山 劉升山 呂明章

呂文法 陳明禮 雷輝先 陳秋保
陳志孝 陳志清 劉得勝 董其堯
蔡學校 董其選 鄭代福 王學倫
王學貞 王學富 楊文明 熊國保
楊起富 楊法云 楊法先 劉安作
劉必運 劉可祥 劉可福 周安時
陳士英 陳三怡 劉可思 董其珍
聶起怔 聶么狗 王光德 鄭學德
聶起周 劉德盛 蔡志儒 蔡么狗

董士凰 董咸昌 董明昌 董士禮
董隆昌 董明昌 董士俊 董士蘭
董士名 董士揚 董學中 董學義
董士容 董士炎 董士魁 董士勳
董士美 董士貴 董士福 周毓癸
周士官 周士宣 周士六 田在文
詹明煥 詹傳經 廖西太 廖西廷
戴士煥 戴士燦 戴士儒 劉漢儒
劉漢賢 劉漢文 張朝助 張國愷

張艮占 張艮輝 張艮選 洪成萬
洪成相 洪成福 洪元康 洪輝康
洪福主 洪萬主 洪正升 吳朝相
吳朝貴 吳清遠 關國貴 陳孝先
陳孝倫 陳孝至 陳孝遠 陳孝元
陳孝昌 陳孝千 陳孝禮 陳進魁
陳進思 陳進達 陳進昌 陳進武
陳進元 戴萬名 劉國均 戴萬選
董隆昌 董學云 董壽昌 袁茂海

王長云　王長壽　李朝選　熊國均
李愷先　李悌先　胡要祖　胡夕祖
胡惠祖　胡學海　顔求相　李華先
李緒岡　李公先　李富先　董士福
董桂升　李宏福　陳先魁　李富先
陳光緒　熊廷兆　熊國楷　袁法云
袁之華　陶一明　李洪寬　李洪友
李洪學　李洪甲　李洪科　李宏國
郎太和　雷輝先　李明先　李林先

李中兇　李引兇　董士仲　陳夕芬
劉樹滋　王開甲　劉貴端　周希亮
陳　註　邵明順　邵明舉　羅克珍
羅克臣　羅心盛　羅昌榮　董其考
董得昌　董斌昌　詹明魁　詹明先
詹傳義　周育德　董拜昌　董士升
董恊昌　董士宣　董士臣　董郁昌
董鄂昌　董偉昌　董士南　董士年
董秉昌　董運昌　董士恒　董士奉

熊廷之　熊廷南　熊廷仁　熊國臣
彭道科　鄭太瑞　董其培　董仁學
董六昌　董燕昌　董化昌　董奎昌
董登昌　董盛昌

以上俱係長老垸陣亡團勇共四百四十二名

計開長一垸陣亡團勇名目

梁其正　梁其貴　梁其治　梁其昇
梁其相　梁純昌　董子昌　董位昌
董克昌　董先昌　董學昌　董賢昌
董士順　董士永　梁大貴　梁之順
梁之玉　梁其官　梁其懷　梁其恒
梁其玉　董武昌　董貞昌　董楚昌
董日昌　董云昌　董定昌　董富昌
董選昌　董怡昌　董隆昌　董仁昌

董之昌　董俊昌　董太昌　董士全
董士春　董士奎　董士超　董士倫
董士兒　董士鐸　董士太　董士華
董士正　董士豪　董士明　董士雄
董士仁　朱建元　朱建廷　朱大珍
朱大富　余先容　龔學敖　龍家福
董學丙　董學金　董學臣　董學云
董學書　熊文珍　柴永昌　謝家德
丁加才　杜生富　杜生羊　杜加正

涂世德　施元林　鄭士位　邵明岐
余起春　余起梅　鄧行道　高老兒
何起梅　王心治　王仁德　王仁秀
金其賢　金昌元　金昌珍　金昌達
金昌遠　金其華　袁仲華　袁心華
袁松云　袁朝云　袁廷云　袁心華
王心周　毛士元　毛一壽　毛天明
袁春華　袁秀云　袁學云　袁作云
袁廣云　袁采云　袁金云　袁之云

袁南云　董其明　董賢昌　董士前
董士海　董士倫　董士秀　董士元
周日春　陳光貴　楊學伍　戴萬俊
董其永　董其懷　董其書　董六昌
董朋昌　董同昌　董松昌　董仁昌
董代昌　董士高　董士桂　馬士冲
馬作元　馬作貴　馬作祥　馬作堂
馬大和　馬士秀　劉中揚　劉中彦
周德升　董士容　董其甯　董其燿

謝克寬　周臣恩　楊玉文　朱代寬
謝代和　張國華　王光福　王光槐
王艮金　王光全　王秀山　鄭曰國
鄭太達　鄭太啟　鄭太成　鄭太奉
鄭太和　鄭太玉　鄭太輝　鄭太倫
鄭太允　鄭太胡　鄭太春　鄭太受
鄭太銀　鄭太堯　鄭太元　王在得
王仁甫　帥大全　王仁元　王光照
劉大敖　劉正和　周得魁　王啟德

鄭奇伽　祝文壽　鄭生儒　鄭太亮
鄭惠仁　鄭仁貴　鄭仁福　朱建文
朱建安　朱建天　朱建遠　沈明煌
董貴昌　董明國　董漢昌　董舉昌
董道昌　董準昌　董士官　鄭國明
鄭國林　彭大安　董靖國　董述昌
董明國　董士煌　董之昌　董卓昌
董兌昌　董其協　董均昌　董南昌
董惠昌　董其華　董中高　董士[illegible]

董士福　董其信　董其六　朱光天
朱光福　朱光壽　朱大年　朱大華
朱光敖　朱光斗　陳孝進　陳孝天
陳孝洪　陳進春　汪志魁　何升明
何大德　何天福　李臣角　鄭太和
鄭孝國　鄭之朋　鄭士胡　鄭士璉
鄭太坤　鄭學高　鄭學胡　鄭太金
鄭學仁　彭登云　彭家春　余道云
孫作岡　孫常儒　蕭國順　董士林

董士昆　董士得　董士奇　董士敖
董得昌　董其煌　董其煐　沈自梅
王大訓　王大林　王相章　王相元
王心安　董堯昌　董行昌　鄭學純
鄭學澍　鄭學士　董昌元　董科昌
董昌英　董昌甲　董昌純　董昌言
董昌達　董林昌　杜其才　杜宏仁
杜宏青　杜宏福　董明昌　董其仁
董其胡　董和昌　董太昌　董春昌

帥光梅 帥達科 帥克云 王心才
王大生 董學方 何又文 魏臣俊
董學得 董安得 吳國祥 吳四知
吳天兒 董學南 董望兒 杜宏林
杜加奇 杜其昌 杜奇英 杜長生
杜三兒 王代朝 杜其岡 杜其占
杜大保 杜加誥 杜加桂 杜加英
杜么兒 杜其兆 杜小么 杜安得
彭臣奎 彭文舉 彭文品 彭文魁

彭志中 彭文永 熊廷照 熊國皆
熊國均 王相福 王傳云 王傳桂
王光桂 王光貴 周義珍 周明禮
謝代傳 鄭心儒 周曰序 謝代青
周曰珍 陳士堯 李國選 周啟明
張國林 張國春 張國學 張定學
汪士肖 王心仁 鄭加六 鄭士游
鄭林如 馮臣華 劉倫貴 劉文榜
劉文壽 周大勳 董士文 蕭振興

董瑞昌 董士協 董述昌 董云昌
董士奎 洪得高 洪福昌 洪貴康
周曰文 周曰斌 鮑本華 鮑大壽
鮑友天 陳光國 羅心才 馬邦吉
馬作科 戴加容 戴萬煥 戴萬選
戴萬春 戴萬南 戴士珍 戴士元
戴士進 杜方海 杜洪奎 杜宏信
杜洪才 杜加祥 杜加瑞 周欲松
周士華 周士元 周士亨 周士珍

戴萬祥 戴萬貞 戴士兵 戴士康
戴士昌 戴士則 董華昌 周得容
熊廷煥 熊廷虎 熊廷文 熊國瑞
熊廷輝 杜宏德 杜其俊 羅定宇
董德玉 劉前士 李木匠 田成周
周曰魁 黄采高 張心富 張學進
譚朝一 董中昌 汪春茂 汪天云
汪永中 官義龍 杜宏心 周曰方
周曰中 周曰桂 龍中賢 董其山

邱言六　邱言成　邱言受　鄭旭國
鄭禮國　鄭緒國　鄭夕國　鄭招國
鄭桂國　鄭士賢　鄭太昆　邱言名
邱言珍　邱言誥　徐長堯　楊心華
楊必元　帥克云　帥光臣　董太順
董太珍　董太爽　董太章　董士云
董士龍　董士會　董士英　董其烈
董其福　董其壽　董其康　董其林
董其堯　董士祥　周得中　彭得揚

彭得揚　彭三倫　彭法揚　彭桂揚
彭三林　王仁元　邱士萬　邱士甲
王仁早　王志高　王仁秀　王光珍
王元祥　王仁友　王光勳　王永升
王啟德　王啟明　王光得　王得付
王中順　王中堯　王中才　王中和
杜吉松　葛加賢　趙萬甲　黃元吉
黃連三　黃元祥　黃元得　曾以成
高國玉　易么兒　劉士方　劉香平

董仁學　董全學　周得天　董其培
董士英　董勤學　董容昌　金昌明
彭道成　彭道立　彭道科　彭道青
羅克明　羅克順　羅克寬　羅克仁
董受昌　周育才　周育章　周育萬
周育文　鮑大元　龔學斌　張學國
張定南　鄭學貴　鄭學敖　鄭其欒
王元春　王道成　董伯昌　董祥昌
董其成　董其安　董其祥　董世安

董緒昌　董儒昌　董其發　董其丙
董達昌　董克昌　董其元　董士勇
董士岡　董士達　董松國　董秀國
董中仁　董春國　董中信　董其富
董作昌　董士岐　孫心名　孫應元
孫心遠　王丙岡　王受岡　閔玉泉
閔五元　閔士棟　董士信　帥達全
劉朝平　范應昌　郭萬視　帥遠祥
董金昌　孫仁先　王仁敖　邱士欒

王光昌 王在田 王光升 王在天
吳今香 吳今之 田敬美 田敬仲
朱見公 朱見文 袁大安 袁士文
袁大敬 袁大文 黄玉龍 黄玉山
黄玉文 黄在三 高懷清 高懷節
黄在仁 黄在天 方志升 方志清
徐夕覓 徐玉三 朱名文 康一明
高上青 高上國 高上中 何安相
何必文 何安平 向永升 向永光

董士云 董其道 粱大華 向永一
向永安 向永心

以上俱係長一院陣亡團勇共六百三十二名

計開長二垸陣亡團勇名目

向永平 黄官林 黄官康 王開太
王開仁 何明貴 何明才 何明喜
楊向明 楊明遠 洪開榜 廖元貞
杜壽山 江自清 黄前山 朱見丹
董上彩 董其科 何在祿 何在福
何在廷 何在賢 何在德 金易善
蕭明禮 蕭明得 邵元珍 邵元國
邵先一 謝傳心 謝傳文 孫大元

謝傳六 楊文得 楊啟茂 趙青云
黄青甲 洪天明 洪見明 洪道明
洪萬明 李見勳 李見明 李見韶
董裕昌 董秀昌 董天元 萬家振
萬家升 萬家其 萬正清 萬見名
萬家元 陳光元 陳見天 萬加元
萬近天 李師付 楊開文 楊啟華
楊維賢 金占魁 趙洪必 趙見天
趙見文 趙維金 趙元吉 蕭司務

戴克用　戴克金　戴克賢　譚家其
譚家學　譚家舉　吳光斗　吳光國
何訓得　何訓寬　何訓文　王大理
王大貴　王高一　鄭中平　鄭艮平
鄭安平　田在得　田玉得　田光得
田國千　田國清　鄭行道　謝萬青
謝大王　張定華　王文多　涂士德
彭顯揚　彭顯名　劉漢有　丁家村
謝家正　杜士儀　王文多　謝大生

聶喜兒　余啟珍　余之仁　余起允
余起文　余起五　余起學　余起後
朱明順　朱名光　余名得　余名宅
伍德朋　伍德厚　伍得仁　朱志文
王國寶　何高名　何得名　田楚寶
田育秀　吳中林　高仁美　高仁艮
高光勳　謝玉堂　王大中　王大友
王大付　王大貴　譚一清　譚一進
譚一科　高仁合　曹元清　曹元漢

曹元萬　黃萬名　彭百高　黃萬一
李全得　李廷瑞　李揚名　李揚位
李全光　王平一　王魁一　曹洪章
曹洪宅　曹洪兵　曹洪告　譚玉山
譚卜山　譚得順　劉克仁　劉克寬
蔡元貴　蔡元付　蔡元康　吳光斗
吳光平　吳光治　何大平　何大順
曹仁里　曹仁美　曹仁彥　黃萬春
黃萬青　黃萬一　李維倫　杜升羊

李純先　李云魁　李加正　彭學春
金起春　陳光友　陳光美　金道魁
周美珍　周名理　曾永中　廖同
陳光秀　陳啟武　陳先林　曹維元
李大華　吳啟之　楊安名　楊安清
楊文桂　杜名貴　李大名　伍篤昌
張存仁　劉大生　孫大年　陳光得
陳士朝　陳士堯　李國顯　施文今
查元近　沈青朝　廖必選　文天心

王仁元　蕭振勳　周義華　周義寬
鄭士華　鄭士克　鄭士昆　鄭士斌
張林秀　張棟秀　周理會　周理則
周聖朝　周里名　周里玲　鄭士福
鄭寬儒　馮臣華　張定勳　鄭士文
周華義　朱太文　祝文秀　何六柯
何訓祥　何其升　何大文　何大倫
何秉主　何義主　何純主　何恒主
何定主　管學國　管學義　管太貳

劉志發　劉志昌　劉志光　劉志胡
朱邦和　朱邦連　朱邦昆　朱邦音
鄭升儒　鄭其儒　鄭林儒　鄭士懷
鄭家六　彭顯揚　王開第　江周
黃中里　曹主順　黃永方　黃永用
劉士高　劉受儒　李文中　胡心位
胡國同　姚以方　鄭家龍　吳茂修
曾順從　余國禮　朱在三　朱在元
朱在宣　張士发　黃士書　黃中[illegible]

鄭玉國　鄭士科　鄭名儒　鄭士又
鄭士銀　鄭士舜　鄭家其　鄭士賢
鄭士聖　鄭士廣　鄭士近　鄭太黃
鄭太亮　鄭太奉　董士超　張定龍
張國儒　張國臣　張國名　張國玉
張國榜　張永華　張國文　左福遠
左林遠　周大勳　周曰正　鄭心儒
周曰序　汪志勳　汪志名　汪仁中
汪仁言　蕭振勳　劉文壽　董士交

周禮舜　周禮俊　周禮知　周禮千
周禮定　董士宣　董士超　張國位
董貴昌　董士信　王起得　王光全
王光貞　王仁休　張定南　周曰貞
劉開榜　謝代元　王光六　王光福
王光先　鄭士見　王心烈　王光輝
謝代靜　謝代寬　董富昌　王仁林
王仁福　王心仁　張定懷　周臣得
宋名才　王光美　王光華　王起奉

文天貴　文天福　文天杜　文起賢
文文元　文起武　文起才　文起先
譚文奉　常大才　常大心　常文吉
金占廷　彭一名　彭一清　彭一舉
張立朝　張立廷　張立國　何之臣
何之高　伍以選　伍以澤　伍上文
姚天成　姚克仁　姚克寬　姚天相
高光斗　高光丙　李一平　劉漢宏
秦貴天　秦貴法　秦貴先　吳先升

陳士太　陳士文　陳起臣　董士又
董清學　董學安　陳光天　田光祥
尤文富　蔣大耶　邱言奉　邱言煌
邱言南　朱見才　董士林　董士昆
董其聖　董夕國　張永輝　張永耀
張永升　張萬儒　張升名　張菊清
張永岡　黃應魁　黃應輝　黃應敖
黃中相　龔永中　鄭家銀　鄭賢儒
張升桂　鄭士珍　鄭士秀　鄭太宅

王修永　李定成　李定得　胡國玉
胡順天　姚以均　姚厚奇　王相元
王相美　余國太　傅選章
以上俱係長二垸陣亡團勇共四百三十九名

計開長三垸陣亡團勇名目

董百昌　龔在天　張允貞　張允祥
張允相　張允桂　張之棟　張大云
張大富　張大華　朱邦棟　黄萬選
龔康福　張永順　張永一　張心朝
張心周　董夕宏　董夕云　董仁昌
董義昌　董其休　董義國　董楚國
董介國　董福國　董千國　董言國
董訓國　董貴國　董其井　董其前

董義國　董其珠　董立國　張祥國
董常國　董昌雄　董學保　董學純
董學清　董學龍　董能賢　董學斗
邵文金　邵文清　邵國保　方正國
方正加　方正秀　方一品　方一位
萬加富　施克仁　祝正君　鄭文元
王仁壽　曾萬邦　曹萬秀　朱太元
張之萬　張之南　張之元　李緒元
李緒萬　李國元　王先材　王先倫

王先宅　王先奉　王先太　王先春
王國才　王爲全　黄太明　黄太冲
黄太能　金近邦　金在邦　金國邦
金家振　金家升　袁清臣　袁清太
袁清吉　袁清訓　袁清談　袁　夕
袁正甫　洪太名　洪金名　洪光名
洪元名　楊　正　董上千　董爲元
董上明　董國湖　董國連　董　年
閔兆坤　閔兆遠　閔兆元　閔一臣

閔一中　閔一峯　閔文定　閔定武
閔定前　閔定國　閔家朝　秦奉同
秦奉松　楊文遠　楊應天　楊應其
楊應武　洪必運　洪必天　洪必前
洪必元　洪必章　洪太天　洪必文
洪堯天　洪清文　向全高　向至重
向全賢　向全胡　向至華　向至前
向先文　向先武　向先太　文起賢
文起明　文起聰　文起瑞　文起云

徐在田　徐在福　徐在和　徐在德
徐文明　徐文太　徐文賢　徐文峯
徐文壽　徐天新　徐天元　徐若思
徐鳳亭　彭登樓　彭登亭　彭登高
彭登榜　彭登元　彭登山　彭登朝
彭升揚　彭名揚　彭在揚　彭才揚
彭遠揚　彭近揚　彭文揚　彭禮揚
彭貴揚　彭光田　彭光天　彭光珠
彭光祥　彭光屯　彭光明　彭治升

彭怡升　彭治平　彭么兒　彭大付
何九兒　張成元　張成亭　張成貞
向一文　燕士輝　燕家禮　謝有升
朱貞秀　陳嘉林　何必奎　王仁則
熊山福　陳師付　萬必全　朱必釆
朱必華　廖元清　廖元文　廖鳳九
廖其春　廖其名　廖其俊　廖其和
廖其元　廖其生　廖丙昌　廖今國
曾司付　何九九　何九六　何仁心

文起太　文起運　文起華　文常遠
文常春　文光全　文啟前　文啟全
潘兆元　潘兆熊　潘兆福　潘兆瑞
潘兆賢　潘文質　潘文盛　黄曰富
黄曰華　黄得賢　黄得心　黄得純
黄得全　黄得正　黄得元　黄曰春
黄曰康　黄光正　黄光彩　夏春華
夏春田　夏春宣　夏文典　夏文明
夏文彩　楊正宣　楊正廷　楊正朝

董上顯　董廷文　董廷秀　何之宣
朱元文　朱元珍　朱太休　朱太典
朱云鳳　高金賢　高金魁　高金明
高金成　余其典　余其俊　余其相
余其鳳　余其凰　余一松　余一同
余一峯　余一金　涂太安　涂太永
涂太發　涂太玉　涂太南　涂太高
涂太聖　涂太賢　涂居正　涂居國
涂居年　涂一新　涂一國　涂在天

何仁早　何仁大　何仁福　何仁六
何仁德　何仁周　何仁遠　何仁才
何仁奎　何仁受　何仁顯　何義舉
何義中　何義臣　何義秀　何義書
何義文　何義武　何義章　何義相
何禮文　何禮賢　何禮貞　何禮元
何信昌　何志全　何志文　何志高
何志名　何志顯　何志大　周志奉
周知賢　周知典　周知生　周知得

周文炳　周文祥　周志金　周志相
周志臣　周志純　周志超　周志虎
周文修　周文彥　周元明　黃學臣
黃在天　陳光斗　陳光孝　陳光珠
陳先玉　陳光林　陳光虎　陳光黃
陳光傑　陳光俊　陳光豪　陳嘉英
陳光嘉　陳元禮　陳先福　陳孝先
陳得先　陳光培　陳光德　陳光華
陳常元　陳光在　陳光云　張萬忠
張之佐　張華伽　張永隆　陳克元
陳克仁　陳克亮　陳克兵　陳賢仁
陳光則　陳天明

以上俱係長三垸陣亡共三百六十六名

計開長四垸陣亡團勇名目

左光秀　左光仁　左光經　左光典
左光南　周世太　周世元　董桂國
董洪昌　董漢昌　孫曰大　張士萬
張士玉　董福昌　董保國　熊心祥
董其心　董其舉　黃其學　黃其清
黃其云　周士峯　周士孝　沈則士
沈元士　沈賢士　沈英士　沈士金
沈士萬　沈啟天　陳傳起　陳文元

李得奇　李得三　李得世　李得祿
李起秀　李得先　董中學　董昇昌
董桂昌　董士定　董耳順　董朝昌
董士方　董士平　董清昌　董百昌
董法昌　董必昌　董業昌　董安昌
董九書　董其元　董士惠　董之璿
[illegible]見國　張心國　張新國　張惠國
張其璋　張其瑞　張兆林　張俊遠
張兆高　張連三　張士舉　張士遠

張咸玉　張方中　張士林　張士剛
張士年　張清遠　張萬一　張德三
張永兆　張永林　張永至　張永書
張永清　張永學　張永洪　張永桂
王者瑞　王者香　方士中　方士太
方士元　方士前　方合上　杜元甫
杜宏連　杜宏寬　沈必元　沈啟寬
沈致清　沈得高　賈得明　賈得剛
徐文貴　徐文剛　徐文治　徐文清

董士官　羅丙順　張季亨　何訓揚
何孝文　何中保　唐元受　唐元太
張正寬　張正奎　張大振　張大文
張大臣　張大祥　張正朝　楊文魁
楊文勳　楊得臣　楊得孚　董學周
楊中臣　方得富　楊得信　鄭上倫
左光昆　唐文林　張其付　唐文林
董士俊　劉國能　劉安華　董孝昌
董士則　鄧定魁　鄧國山　鄧國華

鄧金昌　袁向云　袁九云　袁文華
羅克均　董菜山　董太交　董士田
董法前　董井昌　董得昌　董日昌
董懷昌　董輝廷　董守千　董大高
董學公　董士彩　董士合　董士倫
董士登　董士得　董士云　董士禮
朱成六　朱成福　朱成壽　朱志云
朱士云　王士桂　李德元　李起能
李德才　李得明　李清高　李得心

陳起福 陳起春 陳么兒 李祖耀
李祖輝 李祖德 李緒元 李緒在
李緒存 李宏山 李宏貞 李祥光
李宏友 李宏元 李宏寬 周克明
賈毓先 鄭士光 胡國宏 胡國選
李木匠 李必達 李必文 陳爲福
朱國楝 楊士祿 吳文秀 洪天元
趙必全 何司付 王秀仁 楊得魁
何得全 何宏高 李宏得 李遠先

李堯先 李在兒 陳士煥 楊高名
周得松 何生貴 何生富 秦司付
彭登甲 李先湛 李先春 鄭士位
董梅昌 董士林 董孝昌 董艮昌
董盛昌 董訓昌 董其林 董岡昌
董士煥 董士均 董子昌 董士容
董其代 董煥昌 董學郊 董心朝
董學昌 董士英 董連岡 董其福
董其會 董其楝 董公學 董克昌

徐文亮 徐文思 徐文明 徐文甲
徐文天 徐文臣 徐在朝 徐相朝
王一淸 王一和 王萬年 王淸臣
曹先理 曹盛國 曹光炳 曹盛世
曹安邦 張萬年 董其貞 董富昌
董其玉 董士書 董士書 董澤國
董寶國 董悅國 董其義 董其檢
董其生 董其俊 董士方 董龍昌
董士賓 董前昌 董明昌 張光倫

張先文 張光丙 張季元 張中舉
張得相 劉光新 段孝新 段孝文
段孝義 段孝寬 段則堯 蔡傳湖
楊文奎 譚正國 曹太前 簡金海
簡金山 簡登朝 簡登明 董運國
董恒昌 董其會 董士元 董林昌
董云昌 黃其壽 黃其富 黃其桂

以上俱係長四垸陣亡共三百壹十二名

計開光澤垸陣亡團勇名目

董其龍　董其虎　董其堯　董其諒
董其懷　董壽昌　董士六　張開玉
張運發　張光朝　張得林　張得相
張得清　張中心　張季聖　張運昌
劉正明　劉正舉　劉光明　董心國
董其昭　董其道　董大國　董在昌
董其龍　董其方　董其位　朱萬一
朱邦托　朱邦一　朱邦秀　朱邦明

朱要國　朱其愷　朱其山　朱其章
朱首國　黃喜昌　黃其萬　黃其六
張秀伽　張洪伽　張純伽　張永堯
張惟則　張惟得　張明伽　張起伽
徐開運　徐登勳　徐昌運　徐登烈
徐登心　徐登西　徐登元　徐登仁
徐登華　徐登祿　徐登榜　徐登朝
徐合運　徐清運　徐洪運　徐登桂
董尾國　董命國　董其梅　董其注

董士哲　董士良　官士安　邱正順
邱言付　邱言云　董士美　邱言文
陳至舉　陳志寬　陳志朋　陶居讓
李至得　李在文　李會得　李寬信
李寬直　李寬良　鄭大清　鄭士文
郭士光　郭代允　郭光斗　萬開選
萬開科　萬開甲　何至永　何志九
何天池　胡子見　胡子清　胡得洪
胡子文　江國見　江國玉　江國清

江國賢　李選才　江敬兵　帥達才
董士官　董三桂　李子三　李志文
李志祥　李志蓮　李志仁　董士奇
李九兒　劉天則　陶士居　陶士臣
陶士太　王心才　帥選祥　董敬昌
胡學清　胡耀主　胡學渭　胡學江
董秀山　胡云主　江士清　江士大
江士文　江士千　袁加升　袁克甲
王文元　張大福　張大成　張大全

董士達　曾艮田　曾艮玉　曾艮元
曾艮必　孟培元　孟培本　閔官清
閔則修　沈祥高　沈洪升　杜進文
曹賢艮　曹一明　祝裕昆　董心昌
董名心　董運昌　董倫昌　鮑一丙
沈代傳　劉大邦　劉大都　劉國貴
劉洪恩　劉上文　張志合　張士玉
朱心高　朱志名　沈啟瑞　沈育青
董為伽　董督國　董其相　董常昌

張艮占　張惟賢　熊廷南　董其春
董其梅　董其國　董守惠　董名國
董其金　董其傍　董其朝　董華昌
董學珍　陳仁海　董喜昌　董士仲
李洪相　董仁昌　董義昌　董士惠
董美昌　董壽昌　董士書　熊合升
熊國均　李朝玉　孫大升　李玉堂
李大玉　李玉科　李壽兒　胡代平
董卆升　董學吉　孫四兒　孫士臣

陳其孝　陳其遂　陳其聖　陳一官
陳其彪　陳其科　陳吉士　陳其正
陳一員　陳一循　陳其要　陳其輝
陳其煊　陳年一　陳四喜　陳其云
陳其松　陳居玉　陳居太　陳先禮
陳先仁　陶居近　陶居恒　陶居亨
陶一太　陳若璉　陳若胡　陳士昌
陳光元　陳光亨　陳光煌　王天臣
李成年　李萬青　生孝喜　黄培華

黄培元　董其昌　董元昌　田在文
田文有　田有天　曾思順　賈若明
施文遂　施文達　施黄昌　袁司付
楊常文　楊印天　楊常正　溫作元
溫在朝　溫四兒　溫在廷　沈加富
洪元桂　洪士名　鄧洪玉　孫常倫
孫珍六　何貞學　何光文　何傳棟
孫作明　孫心典　孫作聖　孫常逵
孫常迎　孫常秀　孫常壽　孫作秀

孫作文　孫常知　孫常柱　孫常高
張士名　張士青　何培會　何狗兜
何廷元　何臣仁　何臣學　李康成
李名升　李文華　李文道　李么兜
江啟明　海克相　董士平　董升年
杜以之　張開選　朱明青　朱明俊
朱克明　楊文惠　楊文運　曹盛其
曹盛平　曹成治　曹國伽　李先明
董三奎　董士高　董士遠　董三狗

董士托　段行遠　段云中　孫孝文
孫行友　孫行五　孫行達　王心華
王心富　王心友　王心官　王心六
王官林　李國相　李國兵　李國康
陳光昌　陳三元　陳光斗　李明青
李三兜　李名章　李名托　劉文丙
劉文渙　劉文國　劉安邦　王心平
王仁科　王仁倫　王仁常　王仁坤
王仁亨　王桂國　王仁達　馬魁一

簡登奎　簡士尾　簡登注　簡登明
簡登朝　董其成　董元國　董立國
董其中　董其位　董運昌　董年昌
董達昌　董奎昌　董山奎　董仁桂
熊義昌　熊正心　熊正朝　李正明
萬士岡　董士六　董士福　董士昌
董其哉　董德昌　王仁合　李純先
李一國　李一受　李一明　李一相
李大元　李大名　何其松　何其明

何祖祥　何祖連　何其受　何其仁
何訓祥　何訓坤　董賢昌　董其升
董明昌　楊之六　楊其書　楊言昌
楊黄昌　楊全昌　簡士金　董其秀
董其六　董菲昌　董大昌　董西昌
董其平　董萬昌　何訓道　何子玉
董艮玉　王美玉　李至清　李子清
馬任重　游艮田　李必玉　嚴德天
言登舉　言登魁　朱在天　朱在仁

田運會　田運隆　王康平　王康安
王康林　王康文　何啟瑞　何啟五
何國治　何高一　何國正　朱季功
朱比功　田大順　田光昌　江士友
張貴華　吳之春　吳克仁　李春之
董士遠　姚之華　楊安華　楊安云
楊士付　陶春廷　代其培　劉以龍
陳敬春　陳敬之　陳敬朝　李臣名
李臣華　朱近元　朱丙臣　朱亮采

袁恒周　田在隆　戴克先　楊之春
邱言丙　邱言均　王加桂　萬加七
江老兒　江太清　江太桂　江太名
鄭光國　吳清臣　董官文　董國文
董國艮　董國浦　張心文　張心元
張心甲　張心付　張心美　張志賢
馬丙文　馬作艮　馬作美　馬至臣
馬作臣　馬作梅　曹太連　胡子玉
董士培　馬作林　董士均　董士名

朱其元　朱士舉　朱玉昌　朱士山
朱甫昌　劉安平　王士云　王士平
陳井福　陳井貴　陳井相　陳井得
陳井岡　陳井黃　陳祥朝　陳祥舉
陳開位　陳開國　劉韶仁　劉士安
劉士林　劉士康　楊文玉　楊文金
楊文名　張光朝　張開科　張光玉
張開烈　張開名　蔡傳文　蔡傳江
蔡傳高　楊明青　楊明敬　楊明全

李玉山　王開太　劉啟五　劉啟文
曹一官　曹士江　曹一青　譚嘉桂
譚嘉梅　張成朋　張成聖　張成賢
劉正中　劉正順　劉正平　曹太中
江啟青　江克明　江一臣　江先華
何大喜　何光斗　何明見　何明松
何光富　彭正桂　彭三才　李天福
馬正方　吳啟亮　廖惟貞　廖惟云
朱大之　朱大華　田登羊　田運盛

孫士黃　孫學江　董代峯　董學千
胡大生　胡子清　胡旺生　胡裕平
胡一平　董友文　董守昌　董士元
董士科　董裕秀　董士兔　董士寬
周得坤　周相云　周相華　周相富
李全中　李全孝　王國高　周相貴
師達昌　師克梅　馬士千　杜宏芝
周士玉　周得安　劉京山　劉得云
李官保　王和尚　董其書　董見昌

董其見　董則修　孫常昌　孫士丙
孫祥昌　董占居　董心邦　杜宏其
杜學元　李木匠　張光升　張元奎
董居尊　董爲交　董提國　孫士選
董其經　董華昌　董士達　董學中
董學易　董其壽　董心昌　董大新
曾光烈　李汝修　李汝皆　李士冲
李士峯　李學海　李昌其　李執兵
李學坤　李其惠　李林高　師達聖

董士元　董學方　吳開祥　吳士芝
吳木匠　吳國祥　董士天　董登高
董大喜　杜宏休　杜宏元　周士海
杜宏秀　杜法國　唐大前　唐朝一
李皮匠　王林中　王其榜　王其恩
王九兒　王學一　周士中　李宏光
李士秀　李學光　李恒昌　李士見
李羊昌　李玉昌　李昌輔　李昌樂
李先訓　董士忠　董士天　官升先

周鉄匠　董拜昌　董云昌　董云山
李起周　董其杏　黃士丙　黃洛昌
黃士平　黃學海　黃學士　黃學易
黃士丙　李丙南　李裕才　李九成
王林起　王士才　熊爽哉　陶居千
孫一丙　陶居奉　陶居萬　陶名遠
陶召明　陶光名　陶爲先　陶居煌
陶光禮　陶光仁　陳光道　陳光登
陳輝祖　陳萬容　陳永安　陳天喜

王俊臣　王俊國　李占敖　李占奎
李占元　朱必彩　朱友三　朱必文
朱必相　周九臣　周六經　周臣三
胡曰貴　賈如青　賈伽品　賈得茂
傅永臣　傅永文　廖一丙　廖必貴
文曰山　文曰貴　周至安　胡一貞
胡千國　胡育才　胡天來　周天德
周天代　周大茂　周大其　周大金
周大福　周大育　周大壽　張光前

張元成　周廷奉　熊廷經
以上俱係光澤垸共七百五十五名

計開坨埠垸陣亡團勇名目

楊朝貴　魏明成　劉興祿　劉順芳
劉學中　劉順名　劉順選　劉官耀
阮孟高　阮孟春　阮孟宏　阮孟其
曾惟壽　袁先云　袁先貴　袁光珍
袁天生　劉泗福　劉士全　劉士魁
劉儒學　李家升　李先邦　李先華
李先元　李先滔　李中壽　李中山
李中漁　張昌裕　張遠昌　熊　禮

袁肇成　李光坤　李光松　袁業相
李業柯　鄧宗烈　鄧邦貴　高業勤
李肇寬　李超高　李超貞　李先薛
李先玉　羅景興　李宇彥　李宇生
李宇先　趙得玉　羅井云　陳　貴
劉官壽　萬正相　萬正中　柴德耀
吳道金　陳大勲　陳大青　李中進
萬正倫　李全福　傅光壽　傅光林
廖大元　曹玉興　蔣同高　蔣同懷

吳道全　夏光禮　郭官云　鄭開秀
蕭中名　樊大和　王之云　萬正祥
王文華　盧儒祥　盧仲元　楊培德
李宇順　李大概　劉泗勤　吳大福
劉金萬　劉正明　劉起祥　董國明
廖興明　丁家賢　李中遠　李正福
李明高　王大明　王開遂　李先漢
龔光要　廖大友　孫達儒　張學文
錢之寅　蕭大爲　錢之林　許振元

舒　貴　劉順元　楊大壽　楊大升
袁業臣　王和高　王開文　張名受
劉文周　張志成　廖大魁　劉其元
胡臣周　田凡壽　郭中明　郭順明
郭興福　郭興紀　李光國　蔡盛揚
張中寅　李仁超　袁先曰　袁業云
袁業福　袁肇元　張志黃　高業寬
葛玉堂　楊治文　孫道勳　孫道德
唐大堯　唐大康　周心順　唐大廷

關才德　傅必科　張明盛　唐光國
張必壽　周士烈　丁中華　丁光全
張明文　陳國玉　鄭冠興　趙得心
杜禮中　傅志貴　傅志循　李先德
石作黃　石作付　李連輝　陳德上
舒天德　鄭開遂　周金榜　周明章
郭在位

以上俱係坨埠垸陣亡團勇共一百六十五名

計開崔家垸陣亡團勇名目

周學忠　徐光明　吳明學　周志文
王開忠　張云得　陳安壽　劉學高
張培華　彭文中　彭中元　倪大魁
張　心　張文治　周志紅　鄭其賓
邱仁高　李先德　彭華元　馬汝令
雷德合　杜禮青　傅光廷　向心培
陽心福　汪祚元　劉高敖　劉克官
彭華廷　周定朝　陳能云　呂學國

吕學壽　吕之貴　吕仁壽　黃學得
李正寬　趙文托　王傳烈　尹一舉
薛業文
以上俱係崔家垸陣亡團勇共四十一名

計開上耳垸陣亡團勇名目
黃士朝　郭正儒　汪亨燦　徐秀
王玉貴　鄒昌純　郭昌科　郭宜德
張代高　甘大寅　徐德珍　郭家富
劉秉福　蘇彥洪　姚正德　楊文章
劉之元　萬得全　易得詢　易得儒
王承林　楊章福　張玉元　劉名貴
劉名玉　劉子堂　郭宜德
以上俱係上耳垸陣亡團勇共二十七名

計開長老垸陣亡團勇名目
董其棟　董東山　董萬合　董華昌
謝萬德　廖西珩　陳禮高　陳懷仁
董士金　董周世　董常昌　董卜昌
董樂昌　董學詩　董唐世　董守昌
董堯昌　董士見　董林昌　董文昌
董士金　董士選　董士達　董士堯
董新昌　董士華　董辰昌　董寅昌
李大華　何永貴　李德寬　李德宏

王心杜　陶一祥　張國保　張國林
董揚士　董胡昌　周大勳　范昌達
李書元　袁家云　鄭心儒　周三兜
陳士法　陳光祥　陶居正　陶一緒
陶居虎　陶一官　杜家聲　段甫兵
王公興　謝玉魁　周日珍　杜家登
王光瑶　王光燦　杜升魁　龍心安
王大順　杜家龍　杜升周　杜升宅
黃永治　杜升高　李狗兜　杜升學

吳明遠　杜升适　杜家邦　杜生託
杜家正　董士文　田衍廷　李未匠
杜升達　杜升林　杜近元　杜升柏
龍心恒　李任光　劉望兒　趙金敏
胡西祖　胡祥祖　胡祐祖　胡德成
王相福　董其祿　彭金桂　董士忠
李作先　胡學杜　胡學富　鄭福儒
鄭漢儒　鄭四兒　鄭末兒　彭惟宇
彭惟順　彭承魁　李四兒　胡學賢

董其新　李洪舉　李洪魁　董學則
董士鵬　董士修　胡祖訓　胡紹祖
胡純祖　胡季祖　胡學運　胡先代
胡望兒　胡業廣　胡學純　李輝先
董士六　董士正　李宏岡　李宏倫
李逢先　李宏順　楊志高　帥先臣
羅興好　羅興容　李狗兒　鄭和尚
鄭大生　張學禮　張臣舉　張學曾
羅克前　羅克明　羅大昌　王啟文

胡得輝　胡中兒　胡臣祖　胡大喜
胡天喜　李大生　董學金　董學貴
董閏生　董得生　熊國喜　陶惟亨
李中兒　李么狗　李二大　李三兒
李壽喜　李小么狗　董士得　董大生
董士裕　董士明　董大狗　董士彩
董大保　董二保　董金兒　董士勤
董大狗　董士韓　董旺兒　董學仁
董大狗　董小生　董二狗　董五兒

董大么　董末么　洪仁康

以上俱係長老垸陣亡團勇共一百七十九名

計開長一垸陣亡團勇名目

董能謙　董大生　董能榮　董能貴
周九兒　周狗子　熊國順　官修兒
周大福　帥克光　董壽保　吳元兒
杜二喜　杜大生　熊么狗　朱明開
陳建華　黃大喜

以上俱係長一垸陣亡團勇共一十八名

計開長二垸陣亡團勇名目

戴萬春　張惟員　王友生　王友元
何節三　金本初　黃元兒　譚五兒
邱大么

以上俱係長二垸陣亡團勇共九名

計開光澤垸陣亡團勇名目

董三大兒　董大兒

以上俱係光澤垸陣亡團勇共二名

計開在城垸陣亡團勇名目

董維太　郭士云　張啟元　龔傳兆
王以訓　黃中聖　熊大炘　李忠賢
吳兆琪　宋遠春　燕德璜　吳恒業
喬淩霄　柴若仲　張郎官　李春華

以上俱係在城垸陣亡團勇共一十六名

計開上耳垸陣亡團勇名目

胡維仁　彭國望　張昌林　汪亨燦
張天成

以上俱係上耳垸陣亡團勇共五名

計開戴家垸陣亡團勇名目

廖從順　胡維昇　李富金

以上俱係戴家垸陣亡團勇共三名

計開黃中垸陣亡團勇名目

杜光福　宋明玉　杜光貴　黃昌貴
彭隆坦　彭隆章　余繼科　向啟玉

向漢艮　朱永中　汪心元　錢利云
張士科　曾廣彬　曾憲康　張培高
衞開順　衞元福　余培燦　楊大清
熊大貴　熊友千　熊友風　易開勳
潘有岡　余先悅　余先元　余培宏
余培松　李正魁　蔣　朋

以上俱係黃中垸陣亡團勇共三十一名

計開章湖垸陣亡團勇名目

楊元青　何貴元　何必采　楊開喜
何元方　邱在受　袁萬青　江昪一
江昪清　萬受前　江上在　袁克珍
常開甲　董在位　黃友坤　楊常元
楊常科　袁太壽　萬在田　龍在天
金占魁　秦盛豐　黃元華　丁時在
金秋元　楊大順　丁其彥　萬云青
施元昌　尤爲元

以上俱係章湖垸陣亡團勇共三十名

計開官洲垸陣亡團勇名目

吳茂進　吳茂修　陳之壽　張定周
余國太　張子和　張定高　張子先
張顯福　張光前　劉名萬　劉永林
黃士遠　黃永若　黃孝芳　周天角
黃中禮　彭育青　彭大安　彭大文
董文學　董文思　田文早　田文芝
田文南　董元宜　彭一全　彭全聖
彭全才　彭全得　向邦云　向邦安

向邦治　向邦在　何在田　彭一萬
何存寬　何在云　曹以中　孫文注

以上俱係官洲垸陣亡團勇共四十名

計開鄭蒲垸陣亡團勇名目

熊仁山　熊仁義　許正高　曹祖岡
徐明壽　周順和　周順國　張光明
何起科　張明順　胡臣心　汪心正
汪心運　劉文順　汪心傳　汪心連
高大舉　曾盛全　魏順文　李家升
劉日亮　陳正輝　郭為相　余生名
郭為秀　李仁安　周天順　曾西之
李業青　何國玉　熊之才　廖大容
李國春　李相寅　沈仁順　劉銀國
李得相　劉大純

以上俱係鄭蒲垸陣亡團勇共三十八名

計開馬湖垸陣亡團勇名目

袁家杰　劉明富　王光美　王光青
王大學　曾為壽

以上俱係馬湖垸陣亡團勇共六名

計開楊湖垸陣亡團勇名目

朱秦天　向永成　何天向　江洪云
江洪元　江洪明　張上宜　張上清
張之山　張之成　向在坤　向在華
向在云　向在林　張明年　張光文
張光清　張光仁　王仁里　楊友先
朱光文　朱光前　朱光太　朱光奉
朱光天　朱光宅　何明前　戴克珍
戴克巳　戴克純　戴克節　戴克山
戴克明　戴克庸　江萬舉　熊國太

以上俱係楊湖垸陣亡團勇共三十六名

計開董家垸陣亡團勇名目

雙德光　雷章云　雷華書　雷華奇
雷章彥　雷華恕　雷章懷　雷華堂
曾德美　劉修珍　劉明高　鄧中敖
雷華坤　鄧中元　姚厚貴

以上俱係董家垸陣亡團勇共一十五名

計開雙家垸陣亡團勇名目

蔡好美　龔中聖　汪一寬

以上俱係雙家垸陣亡團勇共三名

計開栗林垸陣亡團勇名目

曾祖順　李遂安

以上俱係栗林垸陣亡團勇共二名

計開南湖垸陣亡團勇名目

李安林　李安福　李定成　李安貴
龔顯托　龔坤奉　熊三能　龔明魁
田聖學　馮開德　馮文彪　潘天祥
潘興培　耿天畢　姚以文

以上俱係南湖垸陣亡團勇共一十五名

計開白伏垸陣亡團勇名目

胡順文　劉泗高　劉儒壽　胡與位
李定成　李安得　李文中　姚厚其
廖順杲　袁開信　袁進傳　袁傳貞
余艮玉　楊義科　廖順友　廖中茂
廖順才　郭家龍　姚以芳　鄒義君
黃士遠　鄒天角　巴望兒　黃永若
巴學貴　劉小兒　張定高　黃中禮
江周

以上俱係白伏垸陣亡團勇共二十九名

計開小官垸陣亡團勇名目

彭光田　彭承開　王光湖　彭光元
羅啟太　彭文焻　彭大和尚　彭小和尚
彭光連　彭長生　彭又生　李代寬
彭光寶　余起萬　彭繼亨　彭光位
王先哲　王中壽　余冬兒　余五兒
余年喜　彭文林　李壽兒　魏德明
魏德光　魏德賢　魏永聖　魏安得

魏么狗　彭文貴　彭文云　羅士奎
羅啟福　李天才　饒安得　饒鳳兒
丁耀傳　饒光林　饒光干　饒國順
伍達芳　魏德全　魏在兒　魏金兒
魏秉全　彭全道　彭光炳　彭光立
廖光惠　彭承孝　彭承安　周定國
楊大成　彭前道　彭么喜

以上俱係小官垸陣亡團勇共五十五名

計開社林垸陣亡團勇名目

吳汝元　陳其得　吳孟修　余元修
余國大　張子和　張士壽　張士安
陳壽保

以上俱係社林垸陣亡團勇共九名

計開彭灘垸陣亡團勇名目

李天才　彭文貴　彭文富　彭天育
彭以仁　彭光明　朱永先　朱永貴
朱永盛　朱得勝　朱保兒　朱狗兒
朱得科　朱得賢　朱永全　朱國順
饒文國　饒千年　彭臣開　饒舉年
饒純年　李代寬　李國元　李要傳
彭光連　彭光杜　彭柱山　彭臣杰
彭臣兵　彭道文　彭道武　彭道得

彭友仁　彭文登　彭起太　彭光保
余啟中　彭繼亨　彭文井　彭文中
彭光佐　彭承旭　王先則　王中受
彭文林　彭文明　彭承佐　彭承均
彭光青　彭臣六　彭承思　彭臣孝
彭臣文　彭臣禮　彭臣玉　彭光恒
彭文朋　彭文一　彭文容　彭臣盛
彭臣見　彭臣岡　彭臣曰　彭臣春
彭臣虎　彭文榜　彭文道　彭光先

陳大金　王光要

以上俱係彭灘垸陣亡團勇共七十名

計開新豐垸陣亡團勇名目

董學昆　熊廷彩　熊廷伽　熊廷元

金之科　金之甲　金之和　熊志文

沈開科　胡一善　胡一見　胡一清

何其中　何旺兜　何其知　何其臺

張之進　張開進　張育進　黄之盛

黄曰才　周士友　周士明　周士賢

彭永福　彭永保　彭永宅　萬一尚

萬一青　高見心　高見云　高見韶

王名臣　王名遠　李必信　李必忠

李光名　高季中　彭士臣　彭臣舉

彭臣祥　彭臣瑞　彭臣前　胡永元

胡永清　胡得山　胡一名　胡一朝

胡順中　胡宜舉

以上俱係新豐垸陣亡團勇共五十名

計開永靖垸陣亡團勇名目

孫學一　孫明禮　孫明青　孫一元

孫一亨　方定文　方定中　方定和

方大名　方江世　伍大云　伍大富

袁上明　江起五　江起中　向臣煥

向臣章　向臣文　向臣釆　李先仁

李先富　李行中　王定國　王定邦

何成龍　何成鳳　何成丙　何方心

王正中　王正順　王正治　王正平

方高尚　方高品　方高名　江大志
江大成　江大達　孫文昭　張志高
王仁山　王仁昌　王仁清　王中元
方大中　方定中　方之中
以上俱係永靖垸陣亡團勇共四十七名

計開計家垸陣亡團勇名目
巴品釗　巴學甫　巴純升　巴大生
巴學永　巴學貴　巴純光　巴學注
巴學彥　巴品楷　周定國　楊大成
唐昌輝　劉之義　方至中　李光顯
李文南　李文清　沈至合
以上俱係計家垸陣亡團勇共十九名

計開在城垸盡節婦女名目
周羅氏　張文氏　黄戴氏
以上俱係在城垸盡節婦女共三名
計開社林垸盡節婦女名目
陳劉氏　陳董氏　孫陳氏　劉蔣氏
易張氏　倪戴氏　劉雷氏　劉董氏
陳鄧氏　陳計氏
以上俱係社林垸盡節婦女共十名

許開長老垸盡節婦女名目

董陶氏　董王氏　董陳氏　董李氏
陳么姑　董引姑　董閏姑　董四姑
董七姑　董四姑　董杜氏　董周氏
董閏姑　李董氏　王么姑　董五姑
董二姑　陶秀姑　陶王氏　陶董氏
陶田氏　陶鄭氏　陶四姑　陶六姑
杜龔氏　杜安姑　杜引姑　周丁氏
杜周氏　杜朱氏　王周氏　王杜氏

王二姑　王大姑　杜董氏　杜楊氏
杜王氏　王杜氏　王大姑　吳杜氏
董大姑　董二姑　董三姑　杜楊氏
董聶氏　董二姑　董大姑　杜大姑
李陳氏　龍杜氏　龍羅氏　龍二姑
龍在姑　龍引姑　龍尤氏　杜任氏
胡楊氏　王陳氏　董二姑　彭陳氏
董王氏　董么姑　李張氏　李四姑
胡楊氏　胡劉氏　鄭董氏　鄭吳氏

王鄭氏　王董氏　王么姑　羅李氏
王陳氏　董陳氏　董王氏　羅董氏
羅鄭氏　羅么姑　羅胡氏　羅田氏
羅董氏　羅杜氏　劉秀姑　羅洪氏
周楊氏　羅何氏　羅陳氏　羅閏姑
羅陳氏　劉呂氏　劉在姑　呂二姑
呂么姑　陳董氏　陳王氏　陳六姑
陳么姑　董黃氏　董簡氏　董么姑
羅杜氏　羅么姑　王陳氏　楊蔡氏

羅楊氏　羅喜姑　劉運姑　劉四姑
劉范氏　劉張氏　劉羅氏　劉董氏
劉大姑　劉方氏　劉大姑　劉四姑
劉九姑　陳在姑　劉楊氏　胡劉氏
胡何氏　董張氏　聶陳氏　聶田氏
陶董氏　羅袁氏　聶董氏　聶劉氏
蔡施氏　董楊氏　陳李氏　何陳氏
何戴氏　何么姑　洪羅氏　陳洪氏
陳徐氏　李鄭氏　李么姑　李劉氏

彭鄭氏 彭喜姑 彭關姑 胡劉氏
胡大姑 胡四姑 董帥氏 李胡氏
陳廖氏 董邵氏 董大姑 董九姑
董邱氏 董王氏 董王氏 董李氏
董引姑 胡大姑 胡楊氏 胡在姑
胡陶氏 胡李氏 胡易氏 胡蘭兒
胡小姑 董王氏 董么姑 李熊氏
李喜姑 李周氏 李吳氏 李謝氏
李大姑 李王氏 周董氏 羅劉氏

羅張氏 張姚氏 張大姑 張小姑
張李氏 羅陳氏 羅大姑 羅萬氏
羅伍氏 羅大姑 羅郭氏 羅引姑
羅么姑 洪解氏 洪劉氏 洪大姑
洪小姑 羅五姑 羅六姑 羅董氏
羅馬氏 羅龔氏 董張氏 洪龍氏
洪連秀 王簡氏 張黄氏 羅董氏
羅張氏 羅杜氏 羅王氏 羅安姑
董趙氏 董王氏 董鄭氏 董黄氏

董張氏 董三保 周徐氏 周董氏
李邵氏 李大姑 李董氏 李董氏
李鄭氏 李二姑 王洪氏 王二姑
王在姑 熊楊氏 熊呂氏 胡周氏
胡方氏 胡金姑 胡五姑 李羅氏
李羅氏 李在姑 李邵氏 李二姑
李董氏 李鳳姑 李杜氏 李羅氏
李六姑 董陶氏 陳袁氏 陳王氏
熊張氏 袁丁氏 袁喜姑 陳周氏

李劉氏 李龔氏 董楊氏 董周氏
董呂氏 董伍氏 董杜氏 董么姑
董戴氏 董周氏 董王氏 董趙氏
董謝氏 董大姑 董二姑 董田氏
董二姑 董三姑 董周氏 董伍氏
董鄭氏 董曹氏 董謝氏 董張氏
董張氏 董周氏 董田氏 董周氏
董王氏 董張氏 董羅氏

以上俱係長老垸盡節婦女共二百七十九名

計開長一垸盡節婦女名目

董王氏　董孫氏　何戴氏　陳謝氏

何張氏　何陳氏　周李氏　周聶氏

董李姑　汪陳氏　王么姑　董大姑

董李氏　董蕭氏　董胡氏　董張氏

魏劉氏　董楊氏　汪邵氏　董羅氏

吳張氏　吳陳氏　吳唐氏　吳貴姑

董貴姑　董楊氏　杜周氏　杜董氏

王田氏　王李氏　杜董氏　杜三姑

杜楊氏　杜董氏　董鮑氏　董彭氏

杜文氏　杜劉氏　杜小么　彭閔氏

杜董氏　彭陳氏　熊呂氏　熊大姑

王陳氏　王李氏　王鄭氏　王秀姑

朱李氏　陳胡氏　黃李氏　方么姑

方大姑　熊楊氏

以上俱係長一垸盡節婦女共五十四名

計開長二垸盡節婦女名目

陳許氏　董召姑　黃王氏　王吳氏

何楊氏　洪王氏　洪安姑　萬楊氏

田黃氏　張胡氏　劉王氏　文楊氏

高黃氏　高引姑　高大姑　董王氏

張宋氏　張羅氏　李杜氏　李張氏

以上俱係長二垸盡節婦女共二十名

計開董家垸盡節婦女名目

雷周氏　雷胡氏　雷董氏　雷王氏

雷陳氏　雷王氏　雷余氏　雷大姑

雷二姑　聶王氏　曾廖氏

以上俱係董家垸盡節婦女共十一名

計開白伏垸盡節婦女名目

胡饒氏　易胡氏　潘黄氏　胡雷氏
胡大姑　胡小姑　龍劉氏　李王氏
湯黄氏　袁陳氏　袁大姑　黄李氏
廖趙氏　張龔氏　袁彭氏　李龍氏
姚劉氏　巴鄧氏　熊巴氏　劉田氏
張謝氏　黄楊氏　熊雷氏　黄余氏
熊羅氏　劉楊氏　張易氏　張黄氏
黄劉氏　袁二姑　黄余氏　黄王氏

以上俱係白伏垸盡節婦女共三十二名

計開小官垸盡節婦女名目

彭章氏　饒董氏　彭王氏　彭桂姑
彭蕭氏　余張氏　魏彭氏　饒錢氏
尹向氏　魏劉氏　魏引姑　劉李氏
董蔡氏　董四姑　饒么姑　丁饒氏
丁任氏　饒孫氏　饒雷氏　饒梁氏
饒周氏　張闕氏　饒陳氏　饒黄氏
饒張氏　伍索氏　魏曾氏　魏陳氏
陳蔣氏　魏六姑　魏余氏　魏饒氏
彭徐氏　彭三姑

以上俱係小官垸盡節婦女共三十四名

計開長三垸盡節婦女名目

張章氏　劉王氏　張何氏

以上俱係長三垸盡節婦女共三名

計開長四垸盡節婦女名目

吳大姑　吳王氏　董譚氏　董么姑
董鄭氏　董王氏　董徐氏　董郭氏
朱董氏　朱毛氏　李王氏　董吳氏
董譚氏　董張氏

以上俱係長四垸盡節婦女共十四名

計開光澤垸盡節婦女名目

董張氏　杜胡氏　黄李氏　張王氏

胡王氏　董胡氏　董李氏　李劉氏

熊劉氏　胡劉氏　劉高氏　李杜氏

董劉氏　張何氏　董唐氏　董劉氏

李唐氏　吳董氏　杜董氏　周李氏

周關氏　李熊氏　李朱氏　周楊氏

陳周氏　陳王氏　陳董氏　陳楊氏

陳伍氏　陳戈氏　陳萬氏　陳在姑

李賈氏　董田氏　董王氏　袁萬氏

以上俱係光澤垸盡節婦女共三十六名

計開彭灘垸盡節婦女名目

魏劉氏　彭李氏

計開計家垸盡節婦女名目

巴李氏　巴彭氏

以上係彭灘垸計家垸盡節婦女共四名

計開官洲垸盡節婦女名目

傅唐氏　易李氏　易張氏

以上俱係官洲垸盡節婦女共三名

河北殉難婦女名

福姑劉邦遠女　重姑王光宗女　帥氏王作友妻

楊氏張冠選妻　張氏巴純中媳

以上俱係趙林院人

孫氏王順倫母　張氏梁心盛媳　楊氏張士友母

王氏余道舉母　李氏巴純适母　四姑劉正楊女

劉氏劉標紀妻　有姑劉義安女　長姑王官和女

劉氏趙士中妻　徐氏鄒心懷妻　劉氏鄒學三妻

李氏劉義順母　湯氏蒲魁元媳　易氏董國中母

以上俱係太平院人

湯氏孫士元妻

係中洲院人

高氏蕭全福妻

係楊伏院人

李氏胡習鑑妻　易氏胡習三妻　余氏楊行甲妻

以上俱係顏家院人

大二姑李榮友女　涂氏鄒心和妻　萬氏張士榜祖母

以上俱係沿江院人

一姑鄧友順女　吳氏朱逃南母　保姑朱逃南女
鮑氏陳正琢妻　三姑陳正琢女　郭氏鄧友紀母
劉氏周正運妻　劉氏周正揚妻　鄭氏周國珠妻
周氏諶至心妻　吳氏朱大定母
以上俱係蒲團院人
才姑熊紹利女　張氏周炳南妻　李氏吳能尚母
潘氏吳能先母　宋氏吳能才妻　管氏劉翰榮妻
朱氏方世南妻
以上俱係磨盤院人

邱氏韓大華妻　易氏朱邦俊妻　賀氏朱建倫妻
曾氏朱建炳妻　郭氏劉榮升妻　陳氏嚴於宣妻
江氏周定禮妻　朱氏許光相妻　朱氏王武敖妻
隗氏曾廣文母　吳氏王起甲妻　黃氏孫士杰妻
吳氏巴學榮妻　李氏聶繼遠妻　朱氏王敖母　彭氏王敖妻
李氏聶起華妻　羅氏鍾大定祖母　謝氏巴么狗母
黃氏孫定昌母　羅氏徐正愷妻　胡氏李盛朝母
汪氏李友中母　郭氏李友才妻　彭氏李友德妻
何氏徐正訓妻　徐氏張正勳母　郭氏徐光榜母

秀姑姚乃謙女　王氏毛洪章妻　許氏楊天英妻
秀姑涂義泰女　吳氏謝尙謨母　庚姑朱明漢妹
以上俱係沙洄院人
四姑陳開端女　大姑陳貴端女　三姑李士金女
大姑王文松女　陳氏李德學妻　賀氏熊明義妻
方氏巴尙藹妻　劉氏陳金端妻　高氏張學俊妻
以上俱係楊湖院人
寶姑方有英女
係中泗院人

福姑羅學成孫女　二姑陳之代女　余氏吳　春妻
羅氏吳　升妻
以上俱係新藍院人
大姑榮艮彥女　氏鄒義祿妻　陳氏隗道德妻
邱氏吳大成母　王氏吳浜福母　邱氏龔純寬妻
楊氏李士明母　吳氏陳國泰母　羅氏吳宏傑媳
聶氏黃明萬母　陳氏吳　茂母　傅氏王　元妻
陳氏榮家奇妻　陳氏黃明萬孀母
以上俱係文葱院人

朱氏曾日禮妻　曾氏余亨舉妻　張氏吳榮芳妻

以上俱係吳灣院人

黃氏諶禮潤母

係中嶝院人

張氏郭開才母　郭氏江文祥母　鄧氏夏洪榜母

楊氏廖學書母　陳氏程傳常母　羅氏蔡學修妻

張氏郭家化妻　鄭氏郭家安妻　潘氏劉一泰妻

以上俱係楊林院人

二姑陳名常女　二姑陳惟先女　保姑方定中女

小姑方超賢女　楊氏廖大才妻　劉氏廖學書妻

朱氏陳惟超妻　賀氏劉義安妻　熊氏阮德輝妻

程氏陳惟三妻　王氏陳遜啟妻　朱氏陳運祖母

以上俱係諸逼院人

元姑朱進秀女　四元姑朱樹才女　壽姑朱樹仁女

大姑柏章千女　三姑朱樹杰女　朱氏鄧友春母

朱氏劉道宗母　嚴氏朱樹德妻　吳氏朱樹珍妻

朱氏陳承代妻

以上俱係樂豐院人

賢姑徐光榜女　長姑藍心順女　小姑朱樹方女

運姑徐光春女　蘭姑徐光杞女　長姑周順禮女

以上俱係蝦子院人

吳氏謝尚仁母　毛光奇妻

俱係唐家院人

朱氏毛明道妻　郭氏陳萬琮妻　劉氏張芝炳妻

以上俱係汪二院人

孫氏隗元芳妻　陳氏蘇明仁妻

俱係馬灣院人

潛江縣志續卷之十七

列傳

嘉言懿行載諸簡編垂法後世非僅增一邑之光潛江舊志義例謹嚴不傒誇靡所有邑前輩宦蹟儒林文苑槪登列傳未有分門上法龍門存其實不矜其名也今仍舊例間有武功亦附其中續列傳

彭鳳翀

彭鳳翀明萬歷壬午舉人任廣東肇慶府知府清勤愛

民致仕歸囊槖蕭然補

涂銓

涂銓奐祚子官秩見前志奐祚傳居鄉以孝友稱仕優而學仍自披圖史親翰墨著有唐昌草秋旅咏懷入蜀草琅琊退筆穀城堂詩文集子擴乾隆丁巳進士補

鄭先民

鄭先民字質生號青門性孝友順治己亥進士出知山東館陶縣事九載以實心行實政如捕逃免連坐卻晚堂火炬銀雇夫挑運糧河不徵役減鹽引皆有益民生循聲上達擢授行人司乞假歸陶人感戴編陶山遺愛十二條泐諸石立生祠塑像以慰懷思家居敦孝友以忠厚勵俗年九十二子六列庠序者五中子絅歲貢以施州衛籍任本郡京山縣學教諭孫光重康熙庚子舉人曾孫庭彪武舉補

劉效曾

劉效曾字爾思隱逸泌如子年十三補弟子員康熙初以明經除咸寧縣教諭訓士有方去之日咸人刻甘棠碑以誌不忘咸令王公爲之記事載咸邑志轉穀城縣

教諭倡修學宮荆襄道張公以卓異推薦擢江南懷寧縣知縣甫下車與民誓曰不徇情不沽名不愛錢不惜官一時豪猾斂迹陞任代州直隸州懷人亦樹去思碑在代尤守正不阿歲大旱多蝗不入代境民歌謳之有富豪倚勢斃人律當抵賄權貴關說不爲動竟置之法以是忤權貴嫉當道誣列十款奏請參處卒蒙昭雪年七十二終於任子烒歲貢任湖南寶慶府司訓補

李前勲

李前勲號恒堂康熙己丑進士任廣東博羅縣知縣潔

清自矢裁陋規銀數千兩禁納糧米斛面費嚴鹽政課士子以有本之學朱文端相國湯文正尙書薦授江南海防同知督運南糧　旨稱可授清河縣知縣充丙午江南鄉試同考官得人稱盛復徵督運因同事掛吏議旋昭雪蒙開復以母老乞歸板輿奉養朝夕承歡覺家庭至樂黃金橫帶莫與易也與邑後學講論文藝賞奇析疑無虛日嘗謂文章根柢宜從倫常至性探出蓋以風化爲己任者母卒哀毁而逝遺訓子孫諄諄於守先訓培祖德六字著有嘉務堂遺稿東遊草羅浮紀遊都

門寄懷雜咏歸田雜咏共十四卷

吳觀成

吳觀成歲貢生制行端方究心五子近思錄文辭深厚屢躓棘闈識者決其後必昌子仲英乾隆庚寅舉人

蕭　震

蕭震康熙丙戌進士性純孝値縣試在釋服之先一日不與頭場知縣廉其實以補考冠縣軍後任福建鳳山縣知縣

朱載震

朱載震字悔人選貢士尊子幼承家學博極羣書侍父纂修邑志受知王黃湄邑侯由選貢考取正黃旗教習受業於王阮亭司寇門尋以歸省續修邑志閤邑典章作述相承士論榮之既而五次入都韓慕廬宗伯朱竹垞檢討諸名士器之與聯講席繼以倡和文章德性日粹而詩亦彌工一統志文苑傳稱潛江劉肇國莫大岸後無過載震者著有京華集東浦詩抄梓行其帶經草堂花木六咏選於別裁集王阮亭叙其詩謂澤潞紀行諸篇力追古作江漢之間其人卒有屈宋遺風朱君其

騷人之苗裔耶推許如此而篤於師弟之誼王黃湄卒搜其詩文集梓以行叙文載湖北藝文志後官四川石泉縣知縣川督聘請纂修四川通志

歐陽沂

歐陽沂號二瞻字曾川拔貢錫駿子乾隆庚辰亞元性嚴重動必以禮赴縣試知縣沈公有高才仙品之評作自强錄以厲志嘗語其兩弟曰讀書必先立德立德莫如忠孝工文詞弋科第其末也語其徒曰學以治心爲先著有課程錄事父貧能養志生平著作甚富皆以畀

親爲義親沒後作啼嬰集制藝凡經其父手訂者曰過庭草作於後者曰思貽草在京邸作擎春集意在春榜獲雋克遂顯揚之願而終以不遇卒於京邸子樹輔廩生

王晸

王晸字覲鎣康熙癸巳舉人性至誠閉戶讀書不輕與流俗交朱文端公宰潛時縣試拔前茅招入署與講學鄉舉孝廉方正辭不敢當會試北上謁朱文端公出所著下學淺言六卷相質正文端深嘉之稱爲後學津梁

可以訓世爲之敘而待梓後益致力於學任黃陂縣教諭訓諸生以敦本崇實爲主

陳庭桂　陳若璉　陳萬榮

陳庭桂字悅安號信齋性謹樸渾厚待人意所不合輒明言之不蓄於心爲文力追先正不趨時好著有論語學庸集解古文試鬱久躓棘闈及雍正壬子中式鬢毛斑矣而與胞弟若璉南北闈同年蘭蕙齊芳若或待焉時有大舉人小舉人之目若璉字志商爲學務期實踐其與兄同年也由辛酉拔貢生應北闈壬子中式成乾隆丙辰進士卒於滄洲官舍而亦未展其志庭桂子萬榮乾隆癸酉拔貢朝考授直隸州州判改教諭陳氏自康熙丁酉大呂拔貢後父子祖孫三世四人三拔貢兩鄉榜一進士科名萃於一家亦云盛矣而皆未登仕版以授徒自給豈天之特貽以清福與今其族列黌序者繼繼不絕

劉懋泗

劉懋泗號孟崖乾隆丙辰舉人授四川知縣以所學未優辭不赴閉戶讀書詳究古名人註疏參以史事多所

發明所閱濉參一部眉評尤悉

黃永綸

黃永綸號理齋乾隆時優貢任江西寧都州知州署吉安府知府著有分類詩腋行世

馬國銘

馬國銘字品一號郗林曾祖繼宗明進士由山西察院左遷潛江知縣卒於潛遂家焉銘中乾隆戊子鄉榜性灑脫不食人間烟火物瓜果療飢身輕善走每北上行李一肩徒步三千里囊觧果且行且餐速倍輕車由大

挑任竹山縣教諭

黃　鍾

黃鍾乾隆庚辰舉人性寬和任棗陽縣教諭致任歸徽步宅後長隄遇醉人恃酒横行衝鍾踣道左家人見之將執而甘心焉鍾曰我自立脚不穩何與他人事麾使退醉者歸傷酒暴卒不忍小忿者可以鑒矣

黃履恕

黃履恕號約齋乾隆丙午舉人由大挑選隨州學正振興文教乞假歸邑人士留設臯比多所造就復選漢川

教諭辭不就著有理法雙清文集

莊自儀

莊自儀號荔田乾隆丙午舉人歷任廣東始興興甯曲江定安臨高縣知縣擢知儋州署瓊州府知府瓊廣東瀕海地不嫺禮讓儀爲治一本經術化民於禮樂冠裳文教爲之一振

萬錕傳 子廷琇孫時叙時喆時繩曾孫夔

前志稱莫公汝嘉精敏好學檢身直方訓子孫以禮讓爲一時儒行之宗尚矣繼起者其惟萬公錕乎公字劍光月峰其別號也家世業儒補上舍生嘉慶建元鄉舉孝廉方正丁卯科　恩賜副榜性友愛家買房一所屢易主多不祥恐禍及兄弟自請居之未久墻圮得術人所爲厭勝土偶去之遂安葬母於天門龍尾山柩止中道越日見二白兎哭出柩前競逐及窆所而沒時符吉壤咸驚爲孝所感授徒里中曲成寒峻富貴子弟必使習勤苦知稼穡艱難嘗謂子弟成敗關乎蒙養不徒課文藝獵科名也嚴立身制行之責庶頴異者不至流爲狡詐愚魯者亦可勉爲善良好善之士梓行感應篇

勸世者偹錄其行誼以爲證邑宰陳公唐園公餘輒步至塾中談德行道藝外無一語旁及久之歎曰此今之濟臺子羽也寡交遊終日端坐如塑里中少年必正衣冠而後過其門晚年督修　文廟自備餱糧籌費於鄉咸感其誠而功集年八十二卒卒之前夕結算工料帳訂閱孫輩課藝畢書遺囑次早起端坐而逝子二廷瑤廷琇以孫時喆廣東龍川縣知縣　貤贈如其官

廷琇號雲槎錕次子由　恩貢就直隸州州判職以次子時喆廣東龍川縣知縣　勅封文林郎幼稟庭

訓甫入庠旋食廩餼六戰秋闈患寒疾不復應試而學不輟著有晚香園文集家貧授讀世其業以忠信篤敬爲教訓童蒙首懲僞妄門下士應試獲雋者舉不肯作得意狀晚年食指日繁貧益甚子孫各授一經無一遷業時或絶糧仍課讀不稍貸族黨勸爲子孫衣食計慨然曰貧富有命書何可不讀性仁厚見人疾苦惻然動念自忘其貧道光中年歲大饑率家人分所食以待餓者適遊客款門與論文有合解衣衣之學師傅星帆卒厚其賻學中人繼之得歸葬素善布衣袁菊圃雪夜過

訪悉其未舉火饋以糧袁不謝由是愈重袁生平不乞假於人或有饋遺合於義而後受以是人不敢干以私年逾六十祭祀躬親墓省步行必徧每元旦率家人講孝經暨格言畢述先世德歷舉其立心制行爲鄉里敬式之由平居一卷子婦孫曾定省以次無敢紊不喜與公事而於書院課士則嚴奉章程尤以修　文廟工未竣弗克承先人之志每一念及輒欷歔不自已年七十張南山太守鳳仕楚耳其行贈以聯云居鄉稱善人惟德致福教子作循吏以政承歡實錄也卒年七十一子七

時叙時喆時繩最著時叙號珏田郡廩生錕孫廷琇長子生而穎悟甫能言即識字十歲熟十三經通曉大義弱冠有聲庠序科歲試四冠其曹困棘闈三薦不售時藝思若泉湧敏且工氣息酷類經畬堂尤以詩古知名學使許其賦賦出有正味齋上非過奬也嘗琴解音律兼通釋典於天文地理卜筮書算皆能悉其蘊奧尤精於醫决生死於未病壬辰端午自館中歸值大疫診視無間晝夜二十餘日全活甚衆性孝友平居戀戀庭幃每歸省不忍一息離於諸弟厪力誘掖萬氏子弟無常

師兄弟叔姪相授受自叙始也與人交和氣藹然尤能急人之急適鄉試同寓友病劇爲診脉量藥甚至飲食便溺皆親焉謂此朋友分内事也喜揚人善然有過必規徵逐嬉遊之場獨持正論所作詩賦古體雜著稿多散佚近存芸香閣制藝二卷子二長駿舉人揀發甘肅知縣次夔出嗣以夔同知陝西渭化縣知縣　誥贈奉政大夫

時喆號檞香錕孫廷琇次子幼誠篤與兄叙俱善讀彝勺時應傳經書院課院師劉雨村太史賞其文有元度

道光乙酉鄉舉第一應禮部試四膺房薦不售由大挑出宰廣東初任連平州以勤廉善結積案得民心值佳節各懸燈於門署官清民樂四字禁之始止州紳顔魯愚總制雲貴述其治行爲僚屬勸在廣十餘年歷任德慶州徐聞等縣授龍川縣知縣所在有德政碑有循吏傳有虎渡河記有自作勸民歌初邑先達彭公峻嶠宰龍川有惠政龍人建祠繪像事之後並繪喆像於旁爲政不競名不喜功廉而能平臨民每在辰刻前人問之曰夜氣猶存也勤於課士州縣試首拔皆英俊襄校秋

闈二次所得士五成進士二入詞館今陝撫馮譽驥其門下士也性孝友家居依依膝下遠出歸偕兄弟六左右承歡嘗謂人生天倫之樂不可多得顧以爲貧而仕宦三千里外迎養不獲每函示諸弟囑善爲奉侍語極懇摯至肅禀堂上則故作解頤語間以海濱民俗歌謠冀博老人歡兄卒時赴試在都及歸哀慟動鄰里撫教諸季弟及兩姪勤懇出於至性後丁艱回籍日惟課弟姪讀書每訓以文章必根至性出始可經世精說文工漢隸訂六經音訓釐正字體著有梅花館古體雜集制藝各數卷芸香閣試帖二卷卒於樂昌任所家人捧柩歸行李蕭然所存宦囊各州縣德政碑額感恩衣蓋而已本身所應得封典　貤封祖父母子際循戶部主事　誥贈奉政大夫　虎渡河記附後

廣東翰林院編修梁國瑚虎渡河記　潛江萬僻香先生以楚北名解元出宰粵東歲丁未權德慶州篆爲政不煩民咸稱便朞年之間教化遂行州治依山素有虎患自先生涖任虎夜渡河而去父老傳爲美談瑚聞而嘆曰行何德政而至是乎抑事出偶然乎瑚已亥鄉試出先生門下時得晉謁知爲循吏先生嘗言爲政之要不外乎得民情恤民隱務盡牧民之職而已瑚心識之今以傳聞軼事相證益信其言有徵謂事雖偶然亦常然可也昔漢宋均遷九江太守虎東遊渡江劉昆擢宏農太守虎皆負子渡河兩賢

守治行爲東漢最在位無赫赫名而均退姦貪進忠善昆以異政被徵詔帝稱爲長者是其安靜謹厚無愧循良與先生論治之言先後如出一轍故其治效同瑚嘗論之虎猛獸也居山林無患於民其爲民患皆在殘吏吏以虐政害民是吏而虎也吏縱爪牙假威肆酷又虎而冠也孔子曰苛政猛於虎殆謂是歟夫民不畏眞虎畏吏虎眞虎之害不及城市吏虎之害無地可逃爲民除害者審所輕重而捕治之其害庶可并除也先生操司牧之權惠政及民禁網疎濶猛獸不擾宜哉瑚備員史官忝司載筆樂聞其事思爲循吏勸於是乎記

時繩號謹堂錕孫廷琇三子也爲學不以貧易志入庠後不數年兄叙卒兄喆赴禮闈試未歸諸弟尚幼堂上二人衰老食指增繁獨力持家政諸弟姪有成繩之力

也而家計縈心遂不復習舉子業生平惡惡嚴然無成見能改卽止人以是樂近之髮逆擾後家中服物多喪有匪被緝到官供稱搶刼萬姓衣物列報寄贓四十餘家縣主龔據供差追緝聞之急詣署求觀所供人名指其第一人名曰此所素識其子現從舍弟肄業安肯爲匪寄我家贓固請銷案後被供者欲邀同報謝却不受龔以是重之　文廟被燬領修難其人紳許爲搆料鳩工事遂集漁泛洪之役桂都統陣亡潛勇隨潰紳在團練局聞之隻身招勇於鄉酉刻起程繞縣河東下抵拖

瓩埠由總口歷南鄉歸一夜步行百里至次日三鼓鄉勇以次集聲威復振逆夜遁時咸豐六年二月初五日也羅雲門明經楚南宿儒精青烏術館於家而卒葬之如禮學官陳星舫嘆曰焉有仁而有禮如此而後嗣不昌者乎初艱於嗣逾年舉一子際輔時年已五十八識與不識皆信爲積善之慶持家嚴正五世同堂無間言援　例入貢卒年六十九施南樊雲門太史迯其行誄之以嗣子際軒工部主事　誥贈奉政大夫誄叙後

施南翰林院編修樊增祥誄序　惟同治十一年秋九月乙酉潛江萬先生蓮堂卒公家累世同居老幼五十餘人易七而食合龢以樊公少舉茂才卽躬任井臼其兄若弟皆能立德立言顯名當世猶子三人亦相繼登賢書所以得肄力於學而勿爲八口所困者公之力也夫以此易彼人情所難公獨摒擋米鹽不以跲伏井里爲恨鄉之人以是敬憚之而精力亦由是竭矣寢疾五日遂就殗殜春秋六十有九昔顏延之在尋陽與陶淵明善於其沒也爲之誄以哀之今祥之才不逮光祿而公之夷粹溫和淡於榮利則昔之陶徵士也

乃作誄云云

錕曾孫二十餘人半業儒多知名士其任陝西者時叙次子夔原名際部字葵甫胞叔時彥卒無子奉祖命嗣其後幼頴異受近思錄讀之進於誠篤孝事兩孀母祖老多病隨兄駿掖扶出入牀褥厠牏之役奉侍周至由

舉人考取咸安宮官學教習任滿出宰陝西歷署榆林中部扶風掇淯化縣知縣所在除雜徭振士氣與民休息政平訟理故任內以囹圄一空報者二次而歌頌功德四處俱勒遺愛碑其署中部也地陷猶逆前任黄死難上憲揀員特委以七年臘月二十九日乘逆隙馳往正初抵縣時值本州鄜州失守目擊流膘徧野縣城爲墟居民迯亡殆盡議出倉中剩粟代賑修城一面申詳報憲一面出示諭民招集流亡以勢處危急一息難延不俟批覆卽行開倉興工寄居明倫堂募勇以助圍防

朝督役晨聽訟午課團練日晡查戶口逃復夜巡城卽以討工問日察勘四境加之軍旅往來應酬無暇晷而上馬捍逆又復無分晝夜行之半年逆遠遁期年四境獲安民復舊業嘗謂撫亂離之民宜先培養元氣至言哉忽大吏檄賠倉粟將被議百姓聞之踴躍捐輸三日畢具民乃大喜去任時民泣送境外癸酉襄校秋闈得士八人累功議叙同知以勤勞致疾卒子三長肇庠生

劉廷詮

劉廷詮號倣觴太學生代州知州效曾孫工寫蘭竹善吟咏培植士類於聖宮文昌祠傳經書院事悉倡首經理年七十手不釋卷著有信口吟解魔詩草四卷子二長世蘭號香畹道光壬午舉人幼勤讀窮年兀兀夜倦凴几小憩長年不復成寐晚主講荆門州象山書院與諸生講解和氣藹然使人如坐春風中次世蕙歲貢生

何東栢　子榮錦附

何東栢號崧園庠生性疏曠詩筆嫻雅每風景清和招

高人韻士率子弟與門下士環座飛觴高吟爲樂而內行修睦家庭怡然仍自循循禮節年八十餘卒著有十雅吟子榮錦號鏡溪歲貢生有父風多聞強識尤悉於邑中掌故善諧謔游戲詩文與人一言有合高談今古落落千餘言舌端泉湧一談俗務則嘿爾而息風流倜儻涇渭仍自分明卒年八十有四

朱誠

朱誠原名必諒世居潛邑之長四院毗連京山由京山縣試入西庠遂隸籍焉身長八尺而多力乾隆丙午科

中式巡撫李公偉其人更名誠嘉慶三年教匪自房縣南犯匪首張翰朝竄荆潛接壤之張壩從意窺荆州誠聞警團練鄉民得勇萬餘人屯於漬佑湖誠自紫漬佑寺扼險相持數十日匪後隊由沙洋徧筏渡河水暴漲半渡多溺餘衆回竄誠督勇逐北直抵荆門州之三尖山官軍乘之匪以平知縣許恂贈以有勇知方額詳憲奏請議敘山東守備孫兆南太學生仍歸籍潛江

董勃萬

董勃萬西岸生沈毅有謀畧其偕朱誠之團鄉勇也斷大木約長五六尺塗以烟煤會匪大股至勃萬不執兵械左右臂各掖一木而出距匪不遠突出陣前匪遙望驚其力能挾兩礮遂潰衆乘勝逐北殲匪多名相傳勃萬骨相奇偉鄉人呼爲董大脚匪平後歸功朱誠不受賞族孫煊國別有傳

劉用賓

劉用賓號迪菴奉母旌表節孝陳孺人教乾隆甲寅中式歷任漢陽德安武昌縣教諭所至以正學迪士念家世自明迄今所著詩集梓行者板多散佚搜求遺稿擇其尤者與戚誼朱氏作合爲一集顏曰朱劉二家詩選合刻賓詩附後亦存千百於十一也

劉嵐

劉嵐字翠崖嘉慶戊午舉人篤意經史不遑家計歲除書聲不輟時門下有以酒餽歲者命家人煮酒論文刺刺不休家人咨以無米嵐揮之談益劇其安貧若是工詩稿分散門人處其憫旱詩若干首評者云具有憂世深衷卒無子李侍郎瀠嵐姊夫也素契嵐爲誌其墓采輿論私謚曰文介廣東連平州知州萬時喆爲之銘

朱邦彦

朱邦彦字介卿歲貢生清癯鶴立父萬榕結褵未久出遊不歸承母劉氏訓制藝以理勝精刻處迴出恒蹊學使初頤園稱爲大士嫡派引入幕中資其砥礪遂與遊燕都後學使撫雲南聘主講滇南書院多所成就邑侯楊竹塘昌受其教益宰潛甫下車訪邦彦嗣搜求遺稿朱學使九香梓其文集板燬於火朱劉二家詩選合刻載其詩數首亦片羽也

劉國賓

劉國賓字用光歲貢宿學者德庭前問業者屨恒滿邑侯陳唐圓聘請主講白鶴書院振興士氣極意培植立造士規條嘉慶壬戌　恩賜同進士出身授職檢討著有振藻軒文稿詩集三卷蔣丹林太史爲之叙

鄒時軏

鄒時軏號南津歲貢生父遵孔十歲能文以神童稱軏承家學造詣深粹乾隆戊子庚寅兩科擬魁未售性端方隣有因端釁軏族弟者軏鳴於官隣厚賄寢其事軏不顧卒致之法而亦無所枉著有四書南津述六卷南

津拙稿四卷待梓

李大訓

李大訓號香圃歲貢生鄉舉孝子李光濂子寒素家風硯田自給而性和平春風煦物一座皆歡人樂近之晚任來鳳縣訓導著有日行錄來鳳遊草梓行香圃詩鈔待梓

江漢桂

江漢桂號客峰庠生上海知縣天霽孫黃安教諭鍾奇子幼承家學斗室中圖書插架几坐編閱凡有裨身心格言必莊書一通粘座右師保奉之與人酬對不苟言笑而惻怛成性有飢由己飢之思矢志紹先緒年八十猶應鄉試書院月課無不與者虛心請業執弟子禮甚恭卒不遇文章憎命士林爲之悵然

甯熙朝

甯熙朝號雙梧一號柑堂詩人廷楫子自幼嶔寄磊落意氣自豪其詩獨拔一幟早爲騷壇所推崇以嘉慶丙子經魁應禮部試獲觀京師之壯麗日與輦下名公卿遊復得幽燕豪士氣而久困春闈羈愁騷屑形諸歌咏

借題發揮洋洋灑灑動輒千言下筆不能自休既而遊蜀遊吳越名山大川開拓心胸所學愈進詩亦愈豪大挑以教諭用未赴任而卒絕筆有我輩要須無死法九州雖大幾雄才之句著有蜀遊草江南遊草庚辰集梓行柑堂古今體詩草十六卷柑堂雜錄二卷元明綱鑑總論二卷碧湘齋文集二卷待梓子光坤光奎庠生坤尤能詩

方世樑

方世樑號退菴職監生制藝專講求脈理而又出以軒

豁呈露心明似鏡筆快如刀兩擅其勝遊其門者多成名手道光辛卯甲午科鄉試兩次擬元未售著有得心堂文集四卷退菴文稿梓行

李洪玉

李洪玉字璞山庠生性廉介授徒自給言表行坊爲士林楷模而春風煦物和氣靄然人咸樂親近之列門下者多所成就子熙先照先庠生孫鼎三廩生

張世沅

張世沅號芷卿廩生少孤禀母氏旌表節孝萬孺人教

以縣試首舉應院試時攸者縱浮言棄而歸鍵戶潛修仍以府試冠軍入庠自是愈攻苦揣摩純熟科歲試輒冠其曹而棘闈十一戰屢薦不獲一第性簡默不欲以議論勝人而啟口彌形雋永所居古榴書屋雜花叢植有太湖石峰題曰何處飛來毛會建得意筆也授徒其間研究經學所讀書手自勘校取先儒之精粹者更加發明抄錄成帙尤善書子開晉庠生咸豐建元鄉舉孝廉方正

蔡一樟

蔡一樟字逸園庠生性謙和善氣迎人而行矩言坊見者自慢易不生少染咯血症不事參苓靜坐調攝不以一事縈心年七十二卒家貧授徒自給受業門下者雖童子皆循循規矩以此士林咸敬式焉

吳迹洵

吳迹洵號竹居道光己亥舉人孝子宏培之孫處士宗鑰子也幼不覊有父執戒之遂奮志攻苦計日課功值除夕課未竟不遑送歲讀書鈎新摘異求有心得制藝不喜方樸山謂一挑半剔實欠大方可以想其文品詩

格近昌黎間有禪悟書法揮灑自如別成一格舊讀書得樹軒從遊者衆復於軒後倚城之地購屋數楹據城基疊石爲山高與城等有桂數株顏曰叢桂山房花時躋石山嘯咏其間與城外菱歌漁唱互答心境俱清嘗勗門人曰我輩不能造到聖賢地步必須向此途進方不失讀書人面目素染血症應春官試病劇歸中途卒古廟流連光景如所已經賦詩寄慨經宿而卒或疑爲有夙因云著有叢桂山房文集衹自怡說詩且園雜著待梓子文豹庠生文麒廩生麒字瑞臣性温和幼孤事

兄恭謹性成學尤深粹食餼後益揣摩舉子業樊雲門太史主講傳經書院深器之而以苦讀致疾卒惜哉

郭懋德

古詩人窮而後工者唐有孟東野惟潛亦有東野氏名懋德郭姓世爲潛望族賦性坦易而嗜學質勝乎文號曰東野自箴也以縣府試兩首選入庠筆情豪放能自抒其所見文章憎命兩次擬中不售潦到數十年學益不倦博覽旁參尤深經學於易得漢儒精微於春秋究五家同異之所以然於詩別有心得而參之書禮以滙

其歸學有根柢以故發於吟咏音雅志和尤工試帖咏史咏物咏時景興到揮毫高出前賢每一脫稿互相傳誦至有竊一臠以獲雋者而歲科試屢列前茅卒未食餼奇窮如此其與唐詩人之窮異乎否耶著有東野文集四卷漢儒春秋斷獄考一卷詳註七家詩八卷經史參疑未及編定而卒子松齡邑庠生

劉永煊

劉永煊號詩桴孝婦劉余氏子性孝友母病苦痰裹喉間藥無功煊以口吸之出病亦愈年十六冠縣軍補弟子員遊郢上歷江漢從一時名宿遊凡所爲制藝試帖及詩古文辭萃窺古人堂奥不落恒蹊尤究心經學滙覽先儒註疏及唐宋以來各名家之訓詁研索而衷於一是凡手抄講義數十部徧加評論皆貫串大義晰其精微而困於名場體羸多病作三十自責詩慷慨悲歌有彼蒼忌才之歎弟崔然失學煊嚴督之卒入庠尤樂獎善人有一長輒稱道弗置書法具一種清氣而不以是見長著有過庭手編郢門雜咏待梓餘所著書多未竟業而卒

劉偉

劉偉康熙歲貢任湖南耒陽縣教諭居家孝友崇尚實行詩倣樂天放翁著有止園詩集

楊文林

楊文林字木雙性木訥攻讀艱苦入理甚深知縣楊竹塘雲南名宿也賞其清剛奥折拔第一入庠謙謹好禮口不言人過見有一長足錄輒心佩嘖嘖稱弗衰偶聞前輩嘉言懿行起立致敬若親見其人者然孝友性成毫無粉飾授季弟鳳文讀愛其聰穎友于尤篤

劉永彥

劉永彥字梅羹歲貢生幼嗜學承先業家有　賜書得縱觀內府之藏揣摩純熟遊學江漢間介介自處無所遇素性孝友嗣父之杞嚴毅不苟家人小不合卽申斥不稍貸而彥左右就養能得歡心喪葬盡哀盡禮四方觀者咸曰嗣子可以爲法在省垣接兄永旭訃音兼程奔喪不二日抵家哀痛動鄰里時年六十餘矣白首兄弟至性如此其平日有可想見

楊永清

楊永清號竹猗旌表節孝楊袁氏孫以嘉慶己卯入庠至今戊寅六十年　例得重遊泮水而性謙冲不自炫學師查得其實飭地方稟請申詳學憲批示遵行以光文教清幼受業於姻長萬雲樣先生門後由小門生私淑萬月峰先生彷彿道範教讀胥取法焉見年八十二孫曾滿前猶終日一卷不釋

潛江縣志續卷之十七

人物志　孝友傳

倫常非立名之地而庸行在家庭要可傳爲後世法潛邑風俗醕樸骨肉之恩庭幃之愛時見天眞謹就合乎中者紀之過激之行君子弗尚續孝友傳

歐陽柟

歐陽柟號竹軒事親孝一日羣盜入室獲其父將梃之柟請以身代盜怒斷其指父賴以免後以納粟官江西德興主簿奉上憲諭捕獲巨盜獎金三百卻之以助賑民義之爲立卻金亭旣而告終養歸不復仕見一統志補

歐陽錫疇

歐陽錫疇號遯軒康熙庚午副榜性孝友父珹任高密知縣卒任所疇扶櫬歸葬侍母不離左右孺慕依依撫其弟以兄兼父師寬柔相濟爲娶婦生子而弟與婦俱卒又撫姪自襁褓至成人教養一如所生設教鄉里授教諭辭不就著有遯軒詩集一卷銷夏偶筆一卷

吳宏培

異宏培號渭村名宿吳榜子也嫡母氏姚生兄宏塤培出於庶母氏李早孤兄奉嫡母還居張港以城中薄產遺培傭書養母暇輒流覽詩古文詞學有進母患風痺日增劇嘗糞以卜休咎而母尋愈母持家勤篝燈夜織培勸止弗聽培擇世俗感應事燈下演說以慰母勞機聲軋軋雜以笑語達戶外知縣張夜半過其廬聞而異之廉得其實延入署掌書記又查其嫻掌故悉吏治薦之知漢陽府事秦公幕佐修金沙洲石磯當道獎其勤能聲價日增而家計小裕無何兄病故舊產蕩然僅遺

老母孤兒貧無依培亟往迎母母至城中不欲同處僦屋而居培再三往求長跪至三日母感其孝允焉培又分其產給諸姪俾各得所築一亭顏曰樂護朝夕奉二母頤養其間府尹杜公表其門曰萱闈聚順紀實也二母相繼沒均廬墓三年時賢欲詳請旌表培力辭而止生平爲善必果思貽令名雍正時騎馬隄潰培出貲拯救漂溺全活甚衆乾隆時江水決萬成隄培自湖南撫幕歸出修金沿途拾瘞暴骨囊爲之罄荊州府尹杜以勘災至聞其事合官紳商民籌款玉成其事其土人爲立高義碑以誌之培年八十七卒著有省身錄未梓梓行覺夢集十卷卽其所演說母前潤色而成者也板壞今湖南有翻刻名曰般若波羅蜜多所增損子宗鑰亦以孝稱別有傳舉人述洵其孫也

文曰明

文曰明字若思鄉西院人荊州衛籍監生有至性父早歿祖父病痢曰明親侍湯藥衣不解帶雖穢汚不避及母歿廬墓三年衛主嘉之旌以純孝天成額事載荊州府志

彭欒之

彭欒之字存仁邑庠生年七歲喪父哀毀如成人既葬朝夕哭諸墓而苫塊間更血淚斑斑然恐母知之母每哭則破涕母前作嬰兒戲以紓其悲既而入小學就外傅晨興問母安母色和始之館晚歸一燈熒熒母績子讀夜深作倦狀請母寢而攻苦達旦入庠後三戰棘闈不獲售慨然曰違膝下色養以博功名何忍屢勞倚閭之望絕意進取偕婦余氏依依母前授讀藉束修以供甘旨子婦仍啖粗糲母病家人聞梟鳴以爲不祥欒之

竭誠叩禱而母愈母年九十三卒榮之年六十七矣哀痛如孺子泣鄉里謀呈請旌表榮之泣辭而止年七十八卒遺命葬父母墓側子國旭庠生　孫脩已卯舉人

魏玉魁

魏玉魁字雲階歲貢生父沒三月而生母旌表節孝孫孺人時年七十厘力撫字就外傳時黠者誘出嚮之徧尋無得如是二年餘孺人日夕號泣失明後魁逃歸哭禱於神跪舐目翳數日頓豁然朗援例入太學深自悔日不博青紫事顯揚無以對高堂苦節閉戶讀書院試

屢雋忌者以違例訴學使黜其名准繳照應試是冬冠童子軍再入庠旋食餼愈益攻苦而屢躓棘闈遂淡意進取壹意侍養版輿承歡間以詩酒自娛及貢成均選竹山縣教諭以終養辭不赴後值孺人九秩帨辰魁亦七旬餘呈請旌表大憲題其閭曰萱堂衍慶魁卒男暨孫曾二十九人五世一堂舞斑衣捧觴上壽母節子孝年逾古稀猶獲依膝下以伸孺慕斯則天之厚報節母而魁之孝亦足法焉

孫作霖

孫作霖邑庠生幼以嬉遊被業師屏出歸家父嚴責之詣師跪陳悔過復見收力返滔篤得有成終身不忘師恩師弟白首相見猶依依不忍去其事親也竭力用勞亦猶夫人而廬墓一事鄉人更嘖嘖稱之結廬墓左懸遺像其中几杖供具手澤咸在霖寢苫其側朝夕奠儼乎如見其音容前後數年如一日

謝光廷

謝光廷荷湖院人孝友性生產不中貲弟三皆稚弱廷獨任家計竭力耕田供甘旨以次遣弟等就傅讀書一

切束修筆墨之資廷悉任之無缺諸弟既成立而高堂健在彌形歡悅晚年友愛彌篤每出門兄先弟後斑白偕形孫三璵貢士琨廩生琳巳卯副車食報尚未艾云

何東義

何東義號仗峯鄉南院人例從九兄東昇丙申歲貢有聲黌序謀理家計備極艱辛俾兄得專制舉業屢膺房薦晚年風雨對床團圞共話同居至老無一間言

李肇元李洪元

李肇元洪元王家巷人兄弟俱邑庠生性至孝勵志讀

書冀以顯親入庠時父喪中庭懸一孝字述諸人或謂不祥既而捷報至始知一衿之榮具有根柢鬼神亦故彰厥善也

張梅溥

張梅溥事親孝奉侍親側不以婢僕給役而委曲承順更能得其歡心子定瑤光緒乙亥科　恩賜副舉人

何清遠

何清遠庠生性孝友念父衰邁諸弟幼稚以家督事耕作望杏瞻榆居然農家者流而又不忍墜儒門家聲既

耕亦種時還讀書與季弟履清炎第入庠居家一稟禮法子姪輩多有聲黌序

黃道亨

黃道亨號楓亭廩生昆弟六人以文行互相砥礪列膠庠者五性孝友承歡高堂壎箎迭奏每佳晨勝賞相率捧觴上壽馨膳潔餐孫子並列暢論古今浮杯樂飲以博老人歡真能得天倫之樂者家中生齒日繁婦輩欲析爨亨勸以不能事父母不得承產業議遂止學精易理熟史事制藝摹王允體素行端方羣季中尤爲特出著有禮記約解易經約解各一卷

李光海

李光海張港人業屠性粗豪喜鬬然有至性少失怙母老且盲偶與人忤聞母聲卽止同治四年冬十月二十九日鄰人不戒於火延燒海屋海自外歸聞母在室倉卒被湮綿入救同死於火及撤火場其尸負母而殭蓋既負於背而爲火所衝仆者知縣劉公刊碑記之子以救母而死豈天道固不可知耶

董思杭

董思杭邑廩生派名其籌爲人樸實喜讀書有孝行父母每膳必親視不假手於僮僕寢必致問安否寒暑無間迨父母相繼沒猶日於墓前瞻依如是者三年里人重之子化南廩貢生爲邑名儒孫必昇食廩餼人皆以爲孝行之報云

莊鴻鐸

莊鴻鐸鄉西院人父自誠庠生晚病痿頓在牀多年飲食起居需人鐸朝夕侍奉不稍離媟褻之役亦躬親服勤並不委諸子女亦不以病久稍懈時鄰居被火延鐸

舍鐸竭力負父冒火而出回顧廬舍已成灰燼器具一無存留而鐸以幸邀天佑父得保全不復計及家貲鄉黨稱孝者無間言

盛全秀劉昌殷陳惠朱光祿黃以祥鄭家和李道一陳祖義張正雲

守身爲事親之本而愚孝竟至毀身是以例載刲肝割股毀傷遺體俱不准奏請旌表然果出於本心之誠當參苓無功之時不忍坐視其死力之既竭身亦致之天鑒其誠得兩全以成其孝識者猶惜其見理之不明至

若平昔侍奉無狀一旦藉此補過卽幸而無失固士君子所弗尚也顧愚之行所在多有謹就平日之能事親者錄數人焉一城中盛全秀市賈未習詩書性純孝供養不給典質以供甘旨必期得其歡心母病割股療之而愈邑侯表其閭曰篤孝可風一直東院劉昌殷力穡爲生少失怙事母孝甘旨罔缺而自甘藜藿撫弟尤極誠懇母病劇割股療以愈後益努力行善祈母壽建石橋於崔家院孔道倡捐重修長湖之磚橋一南湖院童子陳惠年十七母病心痛欲絕惠禱於神割股煎湯以進飲之而愈創亦旋合知縣李賜以孝行克彰額又有道仁院朱光祿之事母返灣院黃以祥之事叔長四院鄭家和鄉西院李道一官莊院陳祖義上耳院張正雲俱以割股傳

伍聯奎

伍聯奎號雙槐邑庠生童子時偶觸母怒母杖箠追責致母顛扑奎反身曰悔不當逃請受責母怒解及長父母膳必親視寢則問安常依膝下談笑以博老人歡里黨謂其孝生而使然子大理亦邑庠醕謹不失父風

劉晃杰

劉晃杰號士英荷湖院人性孝友少失怙諸弟未成立杰棄帖括業佐母治家日漸饒裕延師課諸弟讀弟桂馨列邑庠皆杰之力也里党咸稱道不衰

何祿珩

何祿珩三齡失恃繼母撫之如己出不十年間母生祿琇祿璸而父亡家亦落時珩甫十三歲佐母耕織並經營生理家稍起奉母極孝順待兩弟友愛異常歲甲寅紅巾擾亂率弟負母潛逃歷盡艱辛幸免於難後兄弟

分析多以腴產歸兩弟族人異之珩云弟等幼無他藝無衣食累卽可安母心我能貿堪自給族黨稱孝友焉

子兆林邑廩生

潛江縣志續卷之十八

人物志　忠節傳

見危授命士君子或優爲之豈易責諸草莽之臣而一介細微蹇遭凶逆亦克秉大義蹈白刃而不悔則沐浴於　聖朝之化者深也前志稱匹夫慕義矢志靡他載諸史册自烺烺千古允哉斯言續

忠節傳

柴孕參

柴孕參前明庠生崇禎癸未參募鄉勇拒賊爲賊所擄縶之使降參曰爲首起義者我也何肯靦顔從賊遂被

害參妻劉氏亦同時死節見前志女貞傳補遺

劉諒國

劉諒國四川遂寗縣知縣劉菖季子幼具至性爲父母所鍾愛明崇禎癸未流賊陷潛城諒國十八歲侍母蔣氏避寇湖濱游騎突至母蔣氏投湖死諒國悲憤罵賊賊怒亂刄之罵愈厲至死方絕聲事平邑人士私謚曰孝烈劉逵俊於邑志旣成後爲之傳母蔣氏見女貞傳補前志遺

田復初

田復初庠生生平重氣節咸豐四年髮逆陷潛城年七十餘悢書生無力殺逆旦夕憤哭餓數日不絕仍自經死

陳大農

陳大農字穡夫庠生正誠子逆逼潛境農計逆必撲城督鄉勇邀擊之而逆由別路進陷潛城鄉勇亦潰逆四出抄刼至其村掠農幼弟去次日復至農急欲救弟挺身出被執至深江站誘以僞職不動臨以刃亦不動及

賚遣其幼弟仍不動逆憤其倔强詈罵擁至天邑橫口殺之懸首大楊樹上樹立枯逆感而葬其尸首逆平縣主龔以成仁取義表其閭詳請 題旌

汪順先順明

汪順先順明排沙渡農家子髮逆竄潛城擄順明明罵逆被害順先求其尸不獲不食三日自經死

蔣運福

蔣運福返灣農民憤髮逆橫行單身造逆巢閒陳大義觸逆怒被害

董熺國

董熺國長一院監生慷慨自負有幹才承其先世勃萬勷白蓮教匪餘威爲鄉里望故六團十五院士民咸推重焉及髮逆竄潛境兄弟父子力戰捐軀弟燃國長子其彥督團死事並詳兵防志

戴自培

戴自培號楚香邑廩生同董熺國督勇勷逆書生壯志執干戈努力國家五月初一日死難面帶數創左耳並被劈去蓋員期一死報國臨危不避者奉 旨優䘏江

夏汪仲鋐茂才誄之監利王子壽比部弔以詩監利王柏心潛江烈士行書生仰天眥雙裂誓馘豺貙飲其血潛江烈士有戴君慷慨大義日陳說懦夫攘袂盡敢決六萬健兒起團結妖賊蟠屯潛沔間刼堡攻村往復還火光宵熱仙桃市殺氣晨高多寶灣君聞赴難親躍馬援旗大呼震屋瓦揮戈疾鬥賊不支髑髏藉藉皦原野仲夏再戰氣彌厲孤軍陷伏後無繼水深浩浩蒲青青烈士捐軀堪隕涕失我外援空號咷四千殘骨委蓬蒿凶徒高歌血洗刀悲風捲地揚怒濤當時大師高連營人言殺賊惟書生書生何嘗有祿秩婦孺爭傳烈士名君不見湘鄉羅羅山江陵林立甫並起書生奮材武威稜忠節照吾楚戴君戴君亦其伍世無韋布出禦侮誰信儒林有貔虎

唐廷鑑

唐廷鑑字藻亭邑庠生素慷慨仗義髮逆由省城上竄

土匪四起遂刼其家知地方將罹大亂州縣力不能支聞雲貴制軍羅繞典駐節襄陽遣次子庠生道顯詣轅叩謁制軍器之諭令歸家團練並給團練章程十卷告示十張顯歸告父鑑卽邀集西鄉附近十五院紳首稟請知縣龔出示團練推長一院監生董熺國爲首鑑任帶勇紮西河防守漳湖一帶漳其所居院名也出家財備器械貲糧併力拒逆殲逆目李八及羽黨百餘既而逆別股麕至刼鑑脅以威不屈被害鑑子庠生道登道顯道學痛父之歿墨經率勇攻逆於許家場擒獲逆首

蓋天三王杜六綑送荆州大營正法事平奉　旨優卹鑑生平急公素爲鄉里所服其督修隄防事語詳續隄防志

陳福義陳炳義

武庠陳福義與其弟武童炳義俱以驍勇稱而炳義尤矜氣節長塲鎮之役兄弟殺逆最多五月初一日福義與逆戰力竭仆地炳義挈負於背手殺數逆衝圍出涉河値水暴漲並溺死

董華昌

董華昌善用礮熺國調於要隘堵截逆來路礮無空發五月初一日團勇與逆戰華昌縱礮忽裂致斃逆多名華昌亦死焉

杜宏林

長塲鎮之役鄉勇被害者多不能悉傳當戰敗後逆氛稍遠鄉民歸拾忠骨有仆於道左者面受數創腰帶髮逆頭數顆詢知爲杜宏林其人素以武勇著每出戰奮不顧身覩其死後之狀鏖戰之槪有可想焉而當時力戰而死者更有監生董學文張維榮武庠沈開甲儒童

張維貴旗首鄭明貴鄭明國鄭之揚鄭錦儒張國修鄭世懷鄭麒儒鄭麟儒鄭家祿謝代倫祝文壽傳其死皆甚烈惜無以得其詳

董玉魁

李家洲之戰武庠董玉魁率勇以輕舟數百艘亂流徑渡奮勇攻勦逆棄舟登陸魁追與戰直抵日暮約明晨徑擣逆營逆宵遁魁率眾乘輕舟追擊殺逆四百餘人逆大敗棄輜重而逃鄉勇大獲魁之力爲多焉

董其橐

事不難於圖始而難於善終死者已矣非有人爲善後之謀則忠魂莫慰五月朔監生董其棻隨熺國攻逆三子俱陣亡棻收其衆堅陣以待逆不敢逼全活甚多逆遁後棻率衆收拾遺骸其無主者建塔瘞之吏據實呈請通詳咨　部覆　恩旌卹有差知縣龔率闔邑人士致祭復覆准於長堤鎮建義勇祠以祀忠義之魂賴以表率則棻之爲也

陳士榮

逆竄荷花月隄延及雙家院義勇陳士榮隨本院團首防堵先後戳逆多名轉戰至胡家浧力竭投水死同被害三十餘人

李智元李姻鰲熊六章

李智元李姻鰲熊六章長溝院人咸豐五年隨江陵生員林天秩在荊州勦逆乘勝直退於沔陽州之裏湞口陣亡

唐毓清

唐毓清號守源庠生由本縣團練防堵荊州將軍保舉縣丞同治二年帶勇勦逆於安徽蚌埠陣亡撫軍唐題奏蒙　恩旌卹世襲雲騎尉　奏摺以守源稱

朱建東

朱建東百家臺世族也素爲一鄉望自咸豐甲寅捍禦髮逆隨堵隨勦鄉里賴以保全同治五年冬捻匪突至隣院避亂走百家臺者多倉猝不能辨別匪乘勢混入夜二鼓四面縱火大股驟至東督勇捍禦未成列逆於暗中刺之遂被害同死者八十八人

張禮榮

張禮榮文葱院人敦尚氣節稔匪之來率子武庠德元約全百家臺團勇防堵十二月初一日勦匪於朱家場二十五日勦匪於易家湖六年正月初八日勦匪於陸家庄迭勝之次日匪復至朱家場元隨父督勇迎戰匪伏中匪四面圍裹元帶勇衝圍出不見父復反身入圍中救父出匪別股又至鏖戰多時力竭與父同死匪感其義取竹器覆其屍陣亡五十一人

茹心純　巴開顯巴向信王學斌張學禮

稔匪之擾潛河北也其來剽疾而各路兵勇未集自同治五年冬月至六年正月縱橫往來莫之抵禦院民各

自圍守冀圖免難而當衝受害之區與賊力戰死事者更有泥伏院民茹心純戰死於彭家塲陣亡鄉勇八十三人計小院監生巴開顯文童巴尚信戰死於鑵頭尖陣亡鄉勇十二人太平院民王學斌戰死於九頭村陣亡鄉勇九人趙林院民張學禮奮身與匪鬥戳匪六人禮亦力竭死匪蹤飄忽無常亦無大戰所戳匪無成數可稽疑以傳疑未經稟報故均未詳請旌奬其忠貞要不可沒也

伍大椿

伍大椿官安徽千總咸豐十年髮逆竄盧州椿帶兵捍禦陣亡奉　旨旌卹　欽加五品銜見湖北節義錄

朱泗源　堂　欽恩

朱泗源福建侯補縣丞祖堂福建泉州府同知父欽恩福建仙遊縣丞源素尚氣節署福建寧化縣上泉縣丞江右髮逆竄入境源督勇捍禦戰死奉　旨旌卹子寶源世襲雲騎尉

胡起堂

胡起堂由鄉勇効力軍前勦囘匪於陝西抵甘肅寧州

累立戰功至叅將加總兵銜堂身材短小便捷善戰臨陣奮不顧身同治四年陣亡

陳偉才

陳偉才庠生捻匪竄河北才逃至河濱匪別股至招使從才堅拒不可逼立風霜中次晨匪再使人招之則倒地死矣同伴先渡者對河望之而泣

義行傳

見義必爲勇之事也乃或力不從心而勉強赴義其與慨然傾囊解橐者難易分矣顧出於誠心則同一義舉均足傳不朽正不讓封君李本洪諸人之專美於前也續義行傳

黄仁環

黄仁環家僅中貲喜施與貧人死無棺者代爲營厝明末避流寇亂遇賊及於路寇退家人反環已在室詫而詢之曰被及時懵然不知旋覺有人爲正其首而撫其

瘡左右掖使歸視其人皆昔所施棺者孫金鑲順治辛丑進士見秋燈叢話 補前志遺

王浩森

王浩森士人也康熙時館安陸府知府張公署歲暮歸里見年少夫婦泣於路甚慘詢知其夫爲債廹將鬻婦以償森聞之出修脯如數使償夫婦泣拜去張公後聞其事嘉之爲納粟仕至廣東潮州府同知有善政百姓愛戴謝任時遠送百里外長子時來山東陽穀縣知縣次子時昌江南丹陽縣知縣

張代巡

張代巡雍正乙卯武舉値歲歉其鄰居不舉火者百餘家巡罄倉儲分給之全活甚衆 見一統志

歐陽錫駿

歐陽錫駿字于階號襄亭性仁孝雍穆一堂乾隆辛酉拔貢授職直隸州州判乾隆　年捐黄中院河汊院田共二十五畝供大成殿燈油其錢糧仍歸歐陽完納呈請知縣　批准有案子沂乾隆庚辰亞元 沂別有傳

周之翰

周之翰乾隆二十一年團湖隄潰有樂姓宅當衝男女奔避不及登屋援樹呼號求救翰急雇舟拯溺活八十四人樂姓子孫至今頌德不衰

唐源淮 子正文附

唐源淮字南村嗜學耽吟詠廉介自持而居心仁惠乾隆丁未荆門鄭家港隄潰洑流墳墓淮率衆拾遺骸埋之是年大饑斗米千錢復施粥以食餓者子正文精歧黄治病不受謝嘉慶三年武舉朱誠勦白蓮教正文率衆協力與有功

彭元紹

彭元紹監生性慷慨重修文廟戟門邑人刋碑門左紀其事孫兆珂丁酉拔貢朝考二等由竹山麻城崇陽羅田教諭保陞江南儀徵縣知縣

張萬榮

張萬榮字厚東武庠援例授守備職性豪邁廣交遊雅歌投壺意豁如也嘉慶二十五年承父封公國翰志捐修聖廟東廡西廡

萬斯年

萬斯年號姑菴邑蛇珠院庠生嘉慶建元鄉舉孝廉方正性孝友事親不以婢僕給役五世同居無間言荊河西岸黎家月隄潰捐貲拯溺大江萬成隄决波及江潛監沔水倏忽丈餘民命寄洪濤中年捐貲雇船四面分救隨施衣食費二千餘金工詩著有漁樵吟詩稾

彭光廷

彭光廷號楓林庠生道光十六年創建試院於傳經書院之側詳建置志募捐經理不茹葷酒者三年知縣何渭珍玉成之囑其弟桂珍太史紀以碑邑人士立祠焉

曾如崙

曾如崙習刑名家言供吏職議刑必本忠厚嘉慶元年辦白蓮教匪案據江陵縣移稱研訊匪首供潛江長湖院夥黨名多至千以其入教姓名册爲証並詳上憲羽檄飛催查辦適所稱匪黨赴縣投首求伸崙爲具狀力保懇縣申稟及臬憲行札到潛飭就地正法崙又爲多方營緩別求生路不數日而撫憲准與自新之札至當堂結釋歡聲如雷歸家立崙主尸祝至今奉祀不絕

索壽林

索壽林名無可考壽林其字市商也挾貲甚微値歲歉出歷歲所獲利爲粥以賑餓者江南顧菸圃明經在邑幕謂賈人以濟人爲心且非素裕勉力爲善有足多者詩以美之

別有綸

別有綸字帝言附貢生修泮池未及竣工而卒綸妻李氏妾方氏苦節自矢承夫志捐費倩人督修卒告成功並修櫺星門及題名坊費千餘金知縣劉公澍製有碑記欲泐石因卸任未果稾載泮池碑記

張維忠

張維忠字琇林慷慨好義咸豐四年董熺國練勇捍禦髮逆忠與焉失利後被擄者窮無所措忠按口資給人感其惠

吳宗錀

吳宗錀號東園別號半癡孝子宏培子性仁厚好周濟寒畯四方遊士擅一長者踵其門皆厚待之以故座客常滿乾隆已酉庚戌歲連歉爲粥以賑善畫工吟詠著有東園吟草子述洵已亥舉人

文鳳鳴 文澳補附

文鳳鳴號梧亭貢生忠厚有長者風試院初成鳴捐淌湖院田一百五十一畝九分二釐以備歲修邑人呈請知縣何備案其祖監生文澳字瞻菉修浩口路高二尺餘長數百丈覆以石並重修浩口仙橋橋本姜姓所建事載舊志澳亦易以石眞以積善世其家者

張自修

張自修號上達沙窩院監生家不中貲業瘍醫不索謝遇貧不取藥値宅近騎馬隄隄邑東西五區三十八院保障也每水漲防險及秋冬歲修自修引爲已任並勸導各院以是爲衆所悅服沙窩固隄主院嘗涉訟修不欲各院藉公歛費自罄家貲變產以應卒獲直院衆謀還之辭曰吾賤技足以糊口今因公破產但得共保此隄可無憾矣隄關係重大見河防志

萬人傑

萬人傑號鶴厓城北貧士也事親以孝著遇人急難事尤體親心多方成全而後已嘗有鄰人王宗臣死不能殮萬代營葬具里黨亦樂助焉又有湖南寒儒甯鶴軒

來潛不能自給萬重其人爲之籌日用謀館穀成家室俾甯無失所憂後甯生子熙朝舉丙子孝廉爲楚北名士至今父老猶豔稱之晚年喜吟詠與鄉先輩詩酒往來著有亦學詩齋詩集邑庠逵泉萬英拔貢紹燕皆其後也

朱之龍

朱之龍字齊州木頭院人素行慷慨耳欠聰家雖不豐樂施與終身不履公廷道光已酉歲歉米貴如珠道路中餓莩枕藉龍目擊心傷舉家內所有之糧於鄉里則

周之於乞丐則粥之雖非豪富家開倉賑恤而龍之竭力周旋亦活人無算時人以織紡營生凡物皆可典質惟機總莫易奈荒歉日久有賣機遠逃者公恐機賣外鄉日後難置乃設法收典布機准後原價贖取不索利十日內積如山堆次年春逋者悉如其言公識悉不留人多德之呼爲龍爺爺子二次容光太學生孫綬清邑廩生履清邑庠生

董其珏

董其珏號在光長一院人精岐黃治病不受謝道光壬辰年大飢瘟疫盛行珏施藥餌活命甚多里黨德之

潘振魁

潘振魁邑庠生號象天家不中貲而天懷和樂輕財好施早失怙奉母承順養葬公獨任之有弟二人分析後產蕩盡公曲體母意仍同居一室彼此無異蓋孝友其天性也里有苦於窮而欲鬻婦者魁知之隱爲勸諭暗典衣助其貲本遂得以保全成家道光戊申深河潭潰漂流人口無算公設法買舟救之活人甚衆次年己酉大饑拋棄嬰兒滿路公將火神街小行臺屋三間捐貲修葺添補收育孩提並勸好善紳商雇奶養活迹其所

爲雖饒裕者尤不多得顧以寒素而慷慨若是斯眞愷惻爲懷者歟嘗聞魁祖庠生應奎者急公好義稟請汪督憲飭各鎮典每年十月減息至今人尤德之是利濟傳家其淵源固有自云

爲之贊曰景公懿行晰公大概和惠居心施予咸賴非爲名高不以貧怠今之表率古之遺愛

楊玉成

楊玉成字杏農邑庠生父賢國好施與道光壬辰癸巳荐饑夜往災民叢聚處計口給錢二三百數不等收育

遺孁年熟聽各父母領去隆冬輒施草衣草鞋卒之日鄉里流涕玉成承父志凡有利益地方救人急難者知無不爲咸豐甲寅潛城克復成督練勇隨大兵收復天門縣逾年逆復竄潛成禀請邑侯龔收川南潰勇過潛者給口食防守要害賊知有備退邑侯上其功同治丙寅冬捻匪擾漢北岸成獻策防河親督鄉勇晝夜梭巡漢南賴以保全荆州將軍奏保蒙　予國子監典簿銜兵難時嘗用連環保法脫被陷數人於死籌修　文廟

文昌宫毅然處始爲人所難爲書院復膏火母錢二百四十緡至今生息卒年六十子孫齡孫瀛邑廩生孫澤邑增生

呂昌鶴

呂昌鶴下耳院人邑庠玉萬玉崑之祖也嘉慶年間大飢時有鬻婦者鶴給錢米以保全之不下數處冬施綿衣濟寒尤於貧子弟助資入塾培植甚多子大麒承父志好施不倦

劉家相

劉家相太學生永豐院人慷慨好義尊師重道曲成寒士周濟窮民至今鄉里尤稱頌焉臨終時有借劵壹千餘紙憫其貧不能償者憑中保悉焚之施祖師殿香火田拾畝享壽八十五歲四世同堂

黄高懷

黄高懷太學生尊禮師儒恤成寒素遇歲歉出粟散濟鄉里俟年豐仍人隨意還之邑人修試院地促捐基地以助其成晚年築竹深留客處别墅於宅後子山矗學

青畫於其中蘭石尤精邑士萬斛香題曰過客倘能留座上高風追北海此君原不俗林間雅趣即東坡

緇黃

歐陽煌

歐陽煌號曙谷夙負雋才文章道德鄉里奉爲典型以選貢第一任羅田縣教諭崇禎甲申之變禮服哭於文廟掛冠而歸茹淡衣粗肅修淨業晚於宗風有契所作偈頌皆符上乘年四十一端坐合掌誦瞿曇而逝

論曰卓然大節實與魯昆玉盱眙知縣岣嶁先生雁行紀諸史冊夷齊均足千秋前志不載將無疑其未卽就死與竊謂出身事主但令不靦顏於新主之朝斯不貳

乃辟自昭臣節必盡責之以死則應天順人之秋將盡絕讀書種子彼恥食周粟登西山而采薇者又何以稱焉若復以逃禪少之一命偶膺旣非有尺寸之柄而又不忍旁觀坐視不得已逃諸虛無寂滅之鄉論其迹當原其心也弁諸方外非敢援儒入墨特以選佛場中得一忠臣淨域亦自增輝

衲衣和尚

衲衣僧號拂雲鄧姓邑北郭外人出家法雲社戒律精嚴能詩語多禪悟王夢樓太史遊潛時與訂方外交後主廣長講席遊海南不知所終

髻光和尚

僧聞一號遍參一號髻光修七尺美髯法雲社中高足也戒律精嚴宗風大振無意於文字禪而夙習未淨時亦以翰墨爲佛事故於詩尤清警工琴善畫蘭求之者日踵其門聆麈談輒思結方外交一時若制軍畢太守衍各達官皆快聆宗旨邀請卓錫與往還而潔清自處不染俗塵度臘七十二而圓寂

葉舟和尚

逃禪詩社有僧焉佚其名亦不知其去來以葉舟稱其所署款於書畫者也幼不知書出語有禪悟受業邑士甯雙梧之門爲詩弟子所學有進與邑人蔡霽園鄧遠山吳竹居李桃岸諸君子倡和結逃禪詩社拈花一笑頓悟前身未幾而逃於禪者冉冉自不二門出矣

潛江縣志續卷之十八

人物志寓賢傳

古聖賢足跡所經山川生色然必其地有可與處而後停長者之車潛邑自姚文恪公惠然戾止築室讀書至今白鶴樓巍然獨存騷人逸士過此盤桓不忍去前志所載尚已而自康熙時迄今流連於風俗之淳厚更有與前賢相輝映者續寓賢傳

孫蔚枝

孫蔚枝字豹人陝西三原布衣徧遊海內作十五國詩

志將有事於楚風至潛知縣王黃湄其舊交也築館舍之顏曰焦穫寓樓日向潛人士採風問俗形諸吟咏其憫難憑弔諸什載舊邑志言之不足又長言之洵詩史也後應鴻博試官內閣中書猶眷戀潛人語人曰他山之石可以攻玉余於潛詠焉

王文治

王文治號夢樓江南丹徒人由編修官侍講省親來潛主弟文明河簿署樂與邑人士唱和流連二載餘尤善法雲社僧拂雲與結方外交以故墨跡流傳法雲社爲多今兵燹頻仍後亦僅存矣題河簿楹聯曰無負有司稱守土此間先務愼防川仁人之言切中時勢後知縣楊愛之移置縣署

王國光

王國光號觀亭四川舉人以弟誤殺人代抵罪發配來潛授徒自給悉心訓課多所成就而性嚴峻與俗多忤後遇赦眷眷潛人遲之久始去

顧錦春

顧錦春號菘圃江南無錫明經從知縣許恂遊潛邑人

聘請主講傳經書院勤訓課爲生童講說亹亹終日不倦評閱課藝量才刪改點化自然入妙主持風雅與邑中宿儒樽酒論文無虛日外來遊客一言契合輒盤桓數月見人長形諸歌詠長言詠嘆不啻自其口出著有菰蘆吟二卷潛人士梓以行世

甯廷楫

甯廷楫號鶴軒湖南人工詩遊吳越秦蜀間路出潛境愛其俗厚遂留止焉訓課童子自給留意蒙養務端其基至其生徒將習八股應試則自言非其所長使別擇

師著有湖山一袖吟及湘碧齋詩稿共四卷子熙朝丙午舉人別有傳

羅步月

羅步月號雲門湖南澧陵縣人由歲貢就教諭銓選有期苦田宅爲江水漂流北遊都中命其子錦先入筆帖式已而以事至滇不遇轉之粵賣卜自給與邑人萬時杰過杰敬其學行邀同來潛館於家時年七十矣杰兄時醕悉其精青烏術請擇地葬其兄時喆流連二載與邑諸名士往還中成莫逆交乙卯春忽告歸言是冬將

死婉留之乃止至冬果卒葬於皇府灘萬氏祖塋側步月素淵博尤邃於易得宋儒精微之理口不言數以占數亦奇驗讀書有心得錄爲日記燬於萬氏別墅錦先以帖寫勞績授廣東肇慶府巡檢過潛始謁墓焉歷任肇慶府通判

隱逸傳

聖代無復隱者而堯舜在上下有巢由獨善兼善各行其是假肥遯以藏拙者無論也葭蒼露白中伊人宛在韞匱以待賈乎尚已至若一生抑塞息影山林著書自娛亦足千古續隱逸傳

劉逴俊

劉逴俊字瞅驪號掌園聞喜令珏次子也性肫摯沈酣經史朱可亭相國宰潛時縣試拔第一爲學使所抑遂棄帖括業受業朱悔人門下專肆力於詩古文辭厥後

協修邑志凡例稱其博訪旁搜功不可沒亦自成不朽矣既而遊吳越燕趙間詩思文瀾愈得江山之助所至野鶴閒雲隨意頤息時賢欲羅爲上客婉言謝之倦遊歸卜居南城外宅傍一畦灌園自給又號灌園老人可亭入相招以詩（詩與掌園和章十首皆載入朱劉二家詩選合刻）辭不赴著有聿修詩草掌園詩略其生日雜感詩七律三十首尤爲士林傳誦

段陟雲

天門丈人段陟雲號郇五性醕篤事母孝弟姊卒撫姪

及甥教養過所生髫年拾遺金訪還其人有貧而鬻婦者典衣資之竟得全舉秀才爲人所擠遂不復進取專力詩學偶一吟詠天然入古歌行尤跌宕離奇知縣王黃湄亟賞其屯營隄嘆徵君孫豹人採風至潛見所作贈以詩有樂府古詩何奇崛讀罷爲爾聲暗吞之句朱可亭相國宰潛時尤賞其沈災紀事詩謂哀情苦狀爲鄭俠流民圖所不及繪梓而廣其傳其爲名流推重如此荊門州牧萬蕭齋素善丈人移官海州約與同行遂歷海島由江南沂淮遊燕過趙感杜鵑聲而歸足跡半天下詩益奇傳其詩者亦日衆而窮且益甚卒葬邑北郭外知縣吳表其阡曰處士段天門墓著有段天門詩稿文集二卷梓行於世天門丈人避亂寓天門山之別號也

蔡明謙子汝霖附

蔡明謙字皆六號墨癡庠生世居縣河東去城里許宅後大葛藤樹一株故號葛藤村繞屋種桃故額其門曰桃花園裏人家性超邁工詩古文辭生平有山水癖知縣朱雅重之移官金陵延與偕行得遊覽東南諸名勝著有南遊草子汝霖號霽園性澹逸不求聞達博通經史以岐黃業濟世終日讀書葛藤樹下偶與友人唱和皆清削有致年逾八十步履康强耳聰目明溫五經必徧卒之日作歸真謠超脫離奇擲筆一笑而逝

朱撫子繼智附

朱撫字辰五號雲溪以兩冠童子軍入庠中年謝去巾衫日與同輩徜徉詩酒着屐尋芳隨處小憩興到分韻飛觥悲歌慷慨不復知有人間世性復輕財好施値水災出所有分給鄉鄰後家中落豪情不減著有秋林詩草子繼智字也園彬彬儒雅世其家學清癯似鶴亦工詩字畫尤超特遇人少許可晚貧甚淡泊自甘屋無炊煙撚髭高吟蕭然自得不作破硯依人計詩不肯存稾所傳斷句殘篇皆隨意題畫者

劉雲李

劉雲李布衣號應庚味道耽書持躬正直有古人風詩文本性情自然流露恬淡自處不韞櫝亦不求售居鄉恂恂至公門若將浼己鄉黨奉爲楷模

方技傳

一藝成名必於陰陽五行深究其本源以推及其緒餘無論占天相地醫卜諸技推本儒術卽作字作畫尤必澤以詩書故藝成而下小道可觀續方技傳

歐陽洛

歐陽洛號別野性慧敏嗜古好讀存心濟世尤精岐黃活人甚眾著有養生錄二卷弟沂乾隆庚辰科亞元見列傳

吳堂

吳堂號秦山精岐黃善畫工詩生平重然諾有漢上友人索畫蟹未及畫而友逝畫蟹一幅焚而酬之作焚蟹詩

袁濂桂　王廷柱　謝光宸

袁濂桂號菊圃王廷柱號石溪謝光宸號西塘監生三人皆以善書名並駕齊驅桂作字甚敬案頭置沙磚一方徑尺六寸筆管上加鉛彈每清晨懸腕摹古法帖百字用是風骨凝重大字尤佳柱則丰韻天然別具一種清秀之氣宸以搏擊自雄每作字振奮精神若將運以屈鐵之筆而出之以和平無復劍拔弩張之態是各有心得者

蔡汝壽

蔡汝壽號君卜世爲清門善畫尤工花卉點綴清新別具風韻四方求筆墨者接踵盈門而立品清高一藝自重非其人不爲舉筆子一樟別有傳

李芳榮

李芳榮號春圃幼以家貧失學稍長工翰墨善音律詩

亦有逸致尤工漢隸遨遊四方公卿爭延爲上賓求其書者唯恐不獲著有信善錄詩草

峞叟

峞叟佚其名邑南之茭灣院人性端方有不正不食之風精醫學治農人中暑之暈倒者灌以肉汁立愈有效之者不驗急詢於峞峞悉爲業貿者曰農人藜藿腸故以肉汁潤之肥甘常給者不宜也別施術治之亦愈因人施治不拘成法嗚呼得此意以治天下可也僅以醫名亦叟之不幸已

劉先甲

劉先甲字殿三邑庠生植品端廉喜周貧乏丙子鄉試房薦未售博覽羣書會通大義精岐黃尤精堪輿有求卜地者不之拒但諭以不如心地之說絕不染陰陽家斷驗陋習著有一鐔詩草

謝天翙謝天翔謝心治

謝天翙幼精奇門並習孫吳兵法嘉慶三年武舉朱誠練勇堵勦教匪推爲謀主翙定於某處堵匪某日褰水泛漲匪渡不利某日捍匪某處當有官兵夾攻無不驗

者而深沈不露事後仍不以爲功弟天翔武庠練勇助誠驍勇善戰勦匪尤爲出力亦能推測蓋以占驗世其家學者翔子心治監生積學不遇屢躓棘闈慷慨尙義尤尊崇師儒邑校官陳以事至其鄉館於心治家忽病心治爲延醫調治不愈竟卒其子隨侍在側遂殯之於書室一切含歛棺衾心治盡力措辦如禮亦精數學髮逆之亂督團練捍禦其言多中

王三錫

王三錫號柳堂庠生研求經術兼善岐黃業徧覽各家傳書會通大旨折衷以歸至是一望決人生死嘗訪友聞隱隱哭聲詢之則孩提病危苦無可救延入診曰是無難治給以方一藥而愈晚年有神醫之目家中蓋茅屋十餘間以處病者所診多奇效五世同堂年九十三卒著有脉訣指南醫學一隅傷寒夾註幼科發蒙婦科摘要辨症摘要待梓梓行辨症奇聞四卷

郭唐臣

郭唐臣字戴堯性隱逸有黃叔度風開別墅曰柏鄰栽花蒔竹日吟咏其中心地惻怛工醫術會大疫施藥濟人全活甚衆年九十六而終著有傷寒論翼待梓

女貞志

前明成化萬歷時修志者再傳女貞列數十人

國朝康熙中纂修亦祇增十數人何謹嚴如是也厥後有心者續數十人多未立傳亦先民蓋棺論定之意耳邇際兵燹之餘頻罹水災邑乘鮮有存者茲當設局續刊潛節幽貞尤宜詳慎百餘年來有聞諸　朝詔旌其門者有列狀於有司標榜以揚之者有鄉耆里族公論送付志局者夷考其行

均不容沒但其人亡斯纂登列傳其人存則另附一編備將來重修採訪之資勵叔季內則貞賢之範亦猶行古之道也夫

劉蔣氏

劉逌俊傳曰節婦蔣孺人遂寗令劉公莒元配也公中崇禎己卯南京舉人署蒲圻縣教諭陞四川遂寗縣知縣歸無厚產廉可知已娶孺人有壼德生三子長足國次遹國季卽孝烈孝烈名諒國字公明幼具至性與羣兒異父母愛之崇禎癸未流賊陷城孝烈隨母避寇湖濱遊騎哭至盡驅婦女去節婦不辱投湖死孝烈痛母殞命悲憤罵賊賊怒亂刄之罵愈厲至死方已孝烈生於天啟丙寅時年十八歲云

邑人萬芾曰闖逆蹂躪之時海內貪生喪節者多矣節婦孱女子孝烈稚書生耳母死節子死孝毫無逡巡而孝烈死更慘鬚眉丈夫視之真顙泚矣向者修輯邑乘何無人頌說俾得與歐陽玗貽諸公同編胥簡乎今南嶽劉君聞諸故老急屬余傳而載之家譜且名其子曰孝烈匪虛美也今之稱節孝者豈不駸

哉循名責實什九不副是母是子炳烺至行湮沒六十年而後得南嶽以傳族之賴有賢者豈淺尠哉

右傳劉掌園先生作於康熙癸未年觀其論深恨告我也後未獲編入前志今孺人族中遠孫明經高澧出家乘見示爰錄其全文弁諸篇首不復增損昭信也孝烈諒國別見孝友傳

歐陽姜氏

姜氏歐陽城繼室也先是城元配艾繼娶黃繼娶徐皆無出晚始納氏生子玉城年七十八卒子方九齡氏甫二十四家無儲積矢相舟志身先僕婦差免飢寒因祖遺竹木一行爲人挾奪搆訟經年始得判復歷盡艱苦

時有鄉達尊涂湘岩先生題扁額曰賢繼晝荻氏生於康熙九年壽至七十四而終

李葉氏

葉氏浩口李宗湯妻生子庭玉庭翠夫故氏年二十四上事翁姑下撫孤子家貧紡織供給未嘗告乏姑沒喪葬盡禮孫仁封亦以孝聞弱冠遊泮學使王賜以節孝流芳額守節五十四年卒

陳白氏

白氏前邑主簿白公湆怡曾孫女公陝西淸澗人宦於

潛江縣志　卷之十九　女貞志　三

潛遂寄籍焉故白氏爲潛人居上耳院氏適城中儒童陳廷符年二十二符死家貧無與立嗣氏煢煢無依乃僦屋母家左近茹辛食蘖以紡績度日兄嶙與秈性友愛資給之遂置薄田數畝立嗣子嘉惠以承夫祧學使沈給貞壽凝禧額守節五十二年卒葬上耳院咸豐間大水隄潰廬墓多被沖毀氏墓巍然人以爲節孝所感教職白玉紳省祖姑墓詩云母家介近鄰母墓離尺咫家落已無歸墓平猶有址我本骨肉親水洄旋往視何以慰貞魂臨風淚弗止野老扶杖來追話營葬始封推馬鬣崇卜兆牛眠美日昨隄北潰飛流疾於矢滄桑倏變遷災異不勝紀更慘冢纍纍大半隨逝水遺骸杳難尋號哭聲震耳母墓亦當衝勢危如卵纍科驚雷雨與怒濤競傍徙我聞此翁言我思此中理由來貞孝必終古長不死上可格穹蒼下堪光族里爰賦載家乘留待採風史

陳向氏

向氏磚湝院陳國璽妻年二十一夫故氏孝事翁姑守節訓子乾隆末年七十二卒學使沈以勵節維風額獎之

賀莊氏

莊氏儒童賀中華妻幼孝敏讀書能明大義父自珈邑庠生無子愛女甚及死遺產爲族衆所分而遣送銀券

潛江縣志　卷之十九　女貞志　四

八百兩與氏氏痛父無嗣泣不受中華有榨坊在浩口及病篤自浩口舁歸氏焚棄榨坊所遺質約二千餘串冀延夫壽卒不起時氏年二十八遺一子一女皆在襁褓族人利氏貲產多方欺壓氏誓以死守事翁姑撫子女曲盡孝慈非有事不踰戶限道光七年學使王給淸節揚徽額咸豐八年巡撫胡林翼題請建坊准入祀節烈祠給秋水凝神額

田李氏

李氏田藩烈妻藩烈曰臣之姪孫也曰臣妻雙氏以節

孝旌於乾隆十五年奉　旨建坊見前志李氏年二十二夫故氏苦守四十餘年至道光八年年七十卒學使王給節孝重輝額

彭章氏

章氏紅莊院彭必華妻年二十八夫故遺孤一家無常產苦作度日值歲歉乞食自給矢志益堅終撫子成立衣食粗足道光五年學使王旌以苦節可風額

李辜氏

辜氏沔陽庠生辜俊明之女儒童李詵棟妻年十九于

歸甫一月夫故立嗣子學焜撫教成立卒年八十有二學使王錫節孝可風額氏以持家節儉日夜勤紡績無事不履戶庭雖至親亦罕見終身不歸寧焜亦遵母訓奉事極謹稱舊家焉

雷陳氏

陳氏雷國瑞妻年二十七國瑞死氏上奉孀姑下撫幼子家貧以針黹紡績度日艱苦備嘗道光三年氏歿守節四十四年學使王錫清節揚徽額

劉管氏

管氏西街儒童劉衛運妻運故無子守節三十餘年於乾隆三十八年建坊從祀節烈祠嗣子岱復貢生歷任訓導嘉慶戊午年由江陵縣訓導襄辦白蓮教匪軍務保舉知縣

劉陳氏

陳氏紅花院儒童劉之撥妻年十九夫故無子守節三十餘年嘉慶三年奉　旨旌表事載湖廣通志嗣子用賓有傳

何田氏

田氏南關外何元培妻年二十八夫故無子煢煢孑立之死靡他撫嗣子復壽紡績度日足不踰閾不輕言笑

冰霜之氣家人懔之卒年六十三道光七年學使王旌以節孝可風額

彭歐陽氏

歐陽氏紅莊院庠生彭世齡妻庠生孝子彭榮之之母也秉性至孝于歸後值姑病謝粧飾侍湯藥二十餘日不稍離姑側年二十四夫故姑老子幼家無儲糧氏勤儉自持甘旨不缺於供而訓子使繼家聲入塾後束修必豐年九十無疾而終學使王旌其閭曰節孝流芳迄今曾孫多列膠庠元孫脩光緒己卯舉人庚辰進士

郭黃氏 子美彥附

郭昌裕江夏訓導㮚子妻黃氏裕故於外家氏方娠秘不以聞於外家葬之生子美彥逾月悉其事一痛而絕救甦病彌月始起家素貧舅姑皆衰老氏力任之事畜悉竭心力晝荻教子年九十二卒同治三年奉 旨建坊祀節烈祠彥生時氏夢神授以蓮卽以夢蓮字道光己酉拔貢任安陸縣教諭乞假歸養邑中公事悉經理重建文昌宮並朱衣殿孫承宗庠生

周關氏周吳氏

關氏監生周大宏妻年二十四寡姑劉病劇割股療之夫巽母弟監生大槐妻吳氏年二十一寡割股愈李姑病一門節孝學使給關壺孝可風額給吳芳存女史額

張萬氏

萬氏城中監生張萬錦妻年二十八夫故子世沅甫六歲氏事翁姑孝持家嚴婢僕出入言笑必謹而性仁厚飯乞丐恤貧窮伏臘恤給囚犯一切修橋築道捐輸不稀吝守節五十五年同治五年奉 旨建坊祀節烈祠子世沅承母教爲名諸生別有傳

易吳氏

吳氏新監院儒童易士信妻年十九夫故生子甫六月矢志守節孝事舅姑喪葬盡禮性慈仁喜周濟年七十卒道光丙戌學使王表其閭曰節貞孝至子行渭縣丞孫承彬承棶俱邑庠生

何李氏

李氏城內同仁街何復春妻歸何未久夫卒氏年十九無子以族姪嗣夫後家貧無恒產夫葬後益窘以鍼黹撫其嗣恒不給堂伯來鳳縣訓導李大訓時恤之而嗣

又夭族中無與嗣者寄養母家而卒氏性靜肅又慟夫無後在母家數十年無笑容不輕出房里中婦孺亦罕識其面苦節五十餘年母家堂姪歲貢生升墉呈請旌表奉 旨建坊從祀節烈祠

李章氏

章氏北郭外庠生李之英妻年二十四夫故無子殯斂後投繯死乾隆十三年奉 旨建義烈昭垂坊從祀節烈祠嗣子一和邑庠生

文莊氏 文栁氏

莊氏文林山妻乾隆十年林山卒氏年二十一遺腹子日庠撫教列成均日庠亦早卒妻柳氏厲志與姑苦守道光八年學使王給世節聯芳額

劉張氏

張氏西街劉術文妻文故氏守節三十年乾隆四十二年奉　旨建瑶池氷雪坊從祀節烈祠

王何氏

何氏七里院武生王宗洛妻生於乾隆丙子年二十二夫故無子矢志守節立嗣承祧學憲朱賜節孝流徽額

壽七十五卒

康沈氏

沈氏在城院儒童康珍偉妻年二十八夫故學憲初給臺築懷清額

楊彭氏

彭氏南湖院副貢生楊文鑑妻年二十四文鑑歿無子夫弟文鐸年尚稚氏督教頗嚴後中乾隆己卯科舉人學使初賜額曰松心荻教年八十八卒嗣子以灝卽文鐸長子也

楊袁氏

袁氏坨中院楊大龍妻年二十三夫故苦節五十年道光六年學使王旌以砥節延齡額子旭鴻邑庠生

楊袁氏

袁氏坨中院楊太科妻年二十二科故遺腹生子定祥氏矢志苦守年八十三學使涂學使王兩旌其門孫承清邑庠生別有傳

李魏氏

魏氏北郭外儒童李一灤妻年二十灤卒遺腹生子本

珩家計維艱紡績自給珩受讀家塾晚歸氏嚴課夜讀實書聲與紡聲相應子稍倦輒泣戒之後珩入郡庠氏六十一歲卒學使王旌其門

劉黃氏

黃氏永豐院劉先覺妻年二十夫故撫嗣子緒祖列成均卒年七十六守節五十六年學使沈給以玉潔氷堅額

郭張氏

張氏城中郭盛時妻學使胡旌以松筠勁節額

曾曹氏

曹氏城中曾南階妻年十九而寡守節六十五年卒學使王錫淸標女史額

曾王氏

王氏城中曾南邦妻年二十二南邦卒苦守五十四年學使王錫淸節揚徽額

金顔氏

顔氏下耳院儒童金必壽妻夫故氏年十九矢志靡他守節四十年卒學使方給以節孝可風額

潘楊氏

楊氏潘傳舜妻年十九夫卒父母勸令改適氏誓志不渝立嗣撫之翁年老多疾延數月未愈氏侍湯藥始終不懈道光癸巳舉家死於疫氏遂以居宅作家祠茹素誦經終其身享壽七十八學使王給節孝可風額

董嚴氏

嚴氏長一院儒士董維廉妻年十七于歸十日夫卒氏誓志不渝撫嗣子炳國成立壽七十四無疾而終學使楊給柏舟矢志額

關劉氏關許氏

劉氏永林院關如浙妻年二十如浙卒氏含辛茹苦撫子長仙成立娶媳許氏長仙苦讀早卒許上事孀姑下撫二子以孝慈聞鄉里姑媳先後守節並數十年學使朱奬以雙節聯輝額仙子卿才太學生次子相才廩貢生

陳劉氏

劉氏柴林灘陳萬英妻年三十夫死氏撫教二女一子維嚴子岱培孫其鑾皆列邑庠壽九十三卒守節六十三年學使孫旌以節慈令範額

李黄氏

黄氏夾洲院李英明妻明故氏苦節勤儉教子偶惰引刀斷織道光五年學憲李以節孝可風額旌之

楊李氏

李氏南湖院楊文灝妻年二十三夫卒遺腹子在樑氏勤紡績事姑孝教子以義方學使王奬以節孝可風額年五十一卒守節二十八年

王康氏

康氏梁泗院王秉倫妻守節二十七年學使賀給志凜冰霜額

陳朱氏

朱氏儒童陳毓桂妻苦節撫孤蒸之成立後入庠食餼年九十卒學使朱給含章可貞額

梅李氏

李氏儒童梅正榜妻二十八歲夫沒氏矢志苦守卒年八十四守節五十五年學使王獎以砥節延年額

朱何氏

何氏朱有德妻年二十一夫死守節三十四年卒學使李給彤管流芳額

王魯氏

魯氏義豐院儒士王與秀妻年十六于歸孝敬藹如族黨無間言相夫六年而寡撫子仁光入成均及仁光殀課二孫讀長家彥入邑庠次步瀛列成均學使涂旌以節昭孝著額

余劉氏

劉氏梁灘儒士余國用妻年二十九國用死痛不欲生因遺孤在抱強忍作未亡人卒以憂鬱成疾至咸豐二年身故同治八年學憲以操同柏鎢旌之

梁吳氏

吳氏梁灘儒童梁訓詁妻十五歲適梁次年夫故無子苦守三十六年學憲王旌以節孝可風額

樊王氏

王氏車墩院監生樊履中妻家小有性純孝敬事舅姑井臼必躬操一切供具不假婢僕手姑適思薺菜親往采掇之而洗於河失足墮水順流飄四里許忽遇風若或援之近岸攀樹根上得無恙家人奔救遇諸途見其衣背襟未溼菜藍仍携手中羣驚爲孝感年二十九夫故遺三子舅姑衰老奉事殯葬各極其道氏以壽終三子均已成立孫曾輩十九人督學馮旌以女宗懿範額

周孫氏

孫氏渏湖院周玉山妻守節五十四年學使孫旌以清操足式額

歐陽何氏歐陽劉氏

何氏永興鋪歐陽樹庸妻年二十一夫故撫子秉彝爲

娶媳劉氏纔抱孫而秉彝又卒劉氏年二十四奉孀姑冰霜共厲苦節之貞若有家傳婦姑皆以壽終道光丙戌督學王旌其閭曰兩世清操

范陳氏

陳氏紅庄院范上榮妻守節三十年學使王旌以節孝可風額

左李氏

李氏在城院監生左文璜妻學使王給以冰雪同清額

左吳氏

吳氏在城院儒童左之俊妻年二十夫故守節五十年學使王給以聿修婦職額

左丁氏

丁氏在城院監生左文瓚妻年二十七夫故撫子之秀成立守節五十餘年壽逾八旬學使王給以松心柏節額

萬劉氏

劉氏城中庠生萬廷璉妻璉以鄉試擬元見屏抑鬱以卒氏年二十一歲子時泰屢患痙症每發目輒上覷氏以驚憂致疾偏身發黃醫者以爲膽破家貧賴氏紡績度日及泰從塾師讀晚歸必詢其日課不使以疾廢讀守節五十年道光丙戌督學王以儒門砥節旌之

萬賈氏

賈氏北郭外萬正槐妻年二十四夫故無子鍼黹自給計守節三十八年學使王旌額嗣子承煊庠生

燕嚴氏

嚴氏城中燕大受妻年二十六夫故守節四十二年督學朱旌以質凝金石額

張鄒氏

鄒氏顔家院張作方妻方故氏年二十二守節撫子學使王旌以節孝可風額

郭張氏

張氏城中郭德壽妻知縣詹旌以志貞金石額

萬楊氏

楊氏 旌表節孝楊袁氏之女孫廩生萬時敘妻甘肅知縣駿之母陝西知縣夔之本生母也家世儒素夙嫻女則年十九歸於敘敘生有神童之目篤學翁雲槎公

貢成均罄貲入都家無宿糧敘以郡庠館百里外弟六人半未成立食指繁重姑魏氏善病氏主中饋以紡績佐家敘所得束脩一毫不自私且典釵釧以供旨甘年二十九敘卒氏痛不欲生以翁姑在堂忍死作未亡人時子駿甫入小學夔甫三歲氏備歷辛苦督使從諸叔讀戊午己未次第舉於鄉夔嗣叔庠生時彥嗣母李亦苦節戊午捷音至氏泣語李曰吾兩人不幸早寡茹蘗食辛甘之如飴所耿耿者良人有未竟之志今差可慰九泉矣夔授陝西淯化縣知縣　覃恩誥封宜人迎養

任所値生辰夔欲開壽讌氏止之但囑以約己愛民勿敗先人家風爲孝夔歷任有政聲遵慈訓也長子駿揀發甘肅途次援目眚告歸籍氏自陝歸考終於家壽七十有八生平事翁姑順以承歡貧無失禮率先諸娣訓督子婦和而有法四世同堂無閒言同治二年奉　旨旌表建坊入祀節烈祠

朱王氏朱周氏

王氏蝦子院朱建祥妻年二十四夫故苦節撫子娶媳周不數年子又歿周氏繼姑守志道光丙戌督學王旌以清節揚徽額周氏亦苦節三十四年

何柳氏

柳氏荊門州柳長榮女邑庠生何照芹妻也年二十三夫故氏矢志貞守咸豐十年　旌時氏年五十八守節三十五年卒

洪兩熊氏

熊氏南湖院儒童洪大舉妻大舉沒氏年十九遺孤德耀氏守節撫教學使楊錫松節常貞額德耀援例入國子監亦娶於熊未幾德耀沒其妻年二十六守志事姑

極得歡心撫子有容讀書以繼先業家貧艱苦備嘗學使王錫世節揚徽額

江彭氏

彭氏庠生彭華璋女鄉北院江道昭妻氏幼嫻女訓笑言不苟年二十六道昭死遺孤二俱幼復連遭水火家產蕩盡氏流離辛苦撫叔及二子均成立未幾叔及子相繼俱歿煢煢孑立乃依母家以居知縣劉旌以孤標挺秀苦節三十九年卒

劉李氏

李氏崔家院劉永盛妻道光二十二年永盛死氏年二十三舅姑老且病氏延醫調治晝夜不倦家貧以勤儉持之子高彬長爲擇師從學同治三年氏卒守節二十一年學政孫賜芳型足式額

張胡氏王張氏張貞女

邑西張述齋文學本制行端方婦女亦悉節義次子承甯妻王氏曾孫武進士代守妻孫氏俱以青年苦節奉　旨建坊近又有奉　旨建總坊者貞節一門姑嫂母女後先輝映鼎峙爲三又何其卓卓與王張氏張庭訓

女幼嫻女誡悉家傳閫門儀型適儒童王德位位卒氏年二十四生子光照氏守節孝事孀姑持女紅以供事畜光照入邑庠氏弟維綱娶荆門州胡氏庭訓媳也與氏年相若性亦相近綱卒遺一子胡氏痛不欲生時張氏已寡勸以撫子承夫嗣不數月子殀殉夫之志愈堅哭靈百日卒自經死越十餘年而有其女吞金殉節事女乳名重姑女貞之木生亦有根方胡氏之殉節也女藐焉始孩撫於伯父母王張氏其姑母也亦時與聚處焉許字江陵儒童鄭本功功夭家人以女性烈秘未以聞而王張氏微言之女絶粒數日吞金死時年十九楚北名流多作詩文記其事本功同堂兄本玉官國子監助教亦述節畧於京都徵名公卿錫之銘誄誌傳彙聚成篇曰表貞集梓行咸豐八年與母胡氏姑王張氏同奉　旨建坊祀節烈祠

大學士長洲彭蘊章論曰余惟士未仕女未婚皆曰處處女未全乎其爲婦猶處士未全乎其爲臣也古有以處士而殉國難者夫處士於未仕而存君臣之義處女於未婚而繫夫婦之倫其求仁得仁豈有異哉貞女之母志在撫孤孤亡而以身殉節而烈矣女能志母之志效死以殉未婚之夫不又貞而烈歟是可傳矣

大學士常熟翁心存贊序　禮未嫁夫死女斬衰弔

既葬除服聖人制禮爲中人設也其或賢知之過而爲其所難未嘗非聖人所許也列女傳曰衛宣夫人出嫁於衛至城門而衛君死入持喪三年作詩曰我心匪石不可轉也我心匪席不可卷也劉向大儒其說詩必有所受之故以未嫁守節殉夫爲非古禮者亦爲中人言之也貞者正也全其爲女全其爲女之正也贊曰女也有夫言繫之纓女也無夫何敢獨生非惟無夫無父無母母殉於先女繼於後白日黯淡元雲溟溟女貞之木千載常青

漢陽張睦對詩曰黃鵠悲鳴銜地起有女吞聲淚不止此身雖則未分明此心已自靡他矢上無姑嫜下無子大節之全惟一死母昔殉夫爲婦時女今殉夫未嫁耳後先相望十餘年一門貞節成雙美君不見石可爛海可枯貞心千載不可渝名教立兮綱常扶以禮議之殊爲誣愧煞多少好丈夫吁嗟乎張重姑

牛陳氏

陳氏𢿱祖院儒士牛永書妻年二十八夫故苦節四十餘年學憲張以志凛冰霜獎之

劉鄭氏

鄭氏磚橋院庠生劉世華妻年二十八夫故遺二子長開科七歲次開福甫十月氏訓子有方長商賈次業儒皆以忠厚見稱鄉里年六十八終學憲王旌以節孝流芳額

彭鄧氏

鄧氏紅莊院儒童彭世鳳妻年二十六夫故氏茹苦教

子守節四十四年學使王旌以節孝流芳額

文劉氏

劉氏北郭外儒童文祖棠妻年二十歸棠未久而棠卒氏事舅姑孝夫弟祖成甫週歲氏善撫之成稍長而舅姑相繼卒後爲成娶媳婁氏冀生子承夫嗣未幾成又卒婁年二十四亦無子兩嫠相對血脈無一綫之延相持痛哭聞者墮淚後嗣子德超承兩禰劉八十四卒婁卒年五十七同治三年學使孫旌以蘭蕙齊芳額知縣劉亦旌其門

董李氏

李氏董萬昌妻年二十生子作康夫得疾氏割臂肉啖之病即愈未幾夫故撫子成立備嘗艱苦學使馮以松心竹節旌之

宋何氏

何氏宋明訓妻年二十九明訓死氏矢志不二咸豐十年　旌氏時年六十六守節三十七年歿後入節烈祠

李傅氏

傅氏南湖院李溢順妻年十九夫死遺孤忠仁甫六月

氏矢志無他歲歉氏勤紡績以佐翁姑甘旨姑多病侍湯藥罔懈知縣劉獎以清潔流芳額

楊劉氏

劉氏儒童楊傳炳妻年二十三傳炳沒遺孤二又遺腹三月生一子家徒四壁翁姑年老氏勤鍼黹佐甘旨撫諸子成立知縣劉錫貞能垂範額

解董氏

董氏儒童解士望妻士望屢試不利鬱鬱以死氏時年二十四事舅姑撫孤子孝慈兼盡守節五十九年卒知

縣史錫畫荻高風額

劉朱氏

朱氏監生劉大壯妻世居梁灘家頗裕而艱於嗣嘉慶二十五年立姪光貴道光三年生子兆元越三載大壯死氏奉繼姑撫二子歲壬寅姑患足疾卧床百餘日氏扶持醫調不辭勞不避穢姑歿葬無缺禮至二子成立析居產業維均毫無異視里黨賢之嗣光貴列成均兆元府院俱冠軍屢試優等補增貴子明鵬明彪元子雲湘相繼遊泮湘旋補增守節五十年來不獨孝慈兼盡

允喜放生樂施予壬辰戊申己酉等飢年親鄰則溫恤之災民則粥食之道途死者則捐田給薦葬之咸豐七年蝗蝻傷稼獨氏田無恙人謂積德所致同治八年學憲張以彤管流徽旌其閭壽逾八旬而卒

陶鍾氏

鍾氏儒童陶學詰妻年二十二夫沒遺孤廷槐纔數月氏奉事孀姑撫孤子以孝慈稱家雖少有氏勤儉自持不廢操作廷槐後亦歿氏復撫孫成立年八十卒知府龔奭以天佑孝慈額學使張復賜節孝兩全額

鄧蕭氏

蕭氏梅家嘴鄧宗元妻年二十九夫故氏奉姑以孝稱道光壬辰大疫姑獲疾口不能言氏先意承志無不曲當姑沒哀毀盡禮守節十二年卒學使孫錫冰雪清操額

李謝氏

謝氏龔渠院監生李忠貴妻以孝謹爲翁姑所篤愛家故貧氏勤於操作紡績或徹夜不眠年二十二夫沒遺孤與義甫二歲氏苦守教育成人既而翁姑相繼沒氏

竭力營葬如禮守節三十五年知縣劉給清操亮節額

李馬氏

馬氏紅莊院李克綱妻年二十六夫故遺孤明福甫二歲家貧歲歉翁姑相繼棄世氏艱貞不渝年七十八卒守節五十二年知縣劉錫節義兼全額

彭孫氏

孫氏紅莊院儒士彭家榮妻年二十八夫沒翁姑皆老遺孤數歲氏孝慈兼盡守節四十餘年知縣劉錫以勛徽冰壺額

朱吳氏

吳氏朱有獻妻學使朱獎以閨閣完人額

何張氏何黃氏

張氏中務院監生何相昇妻夫故氏守節撫子兆藜入邑庠娶媳黃氏歲貢黃叙倫女數年藜夭遺子四氏偕媳黃氏共厲清操張守節四十年卒黃守節五十三年卒同治五年奉　旨建坊從祀節烈祠

董解氏

解氏長一上院職員解以敬女儒童董其新妻年十九

而寡氏截髮誓志孝事舅姑復請族衆爲夫立嗣學使龍錫節孝可風額年七十六卒

陳解氏

解氏長三上院陳光朝妻光朝兄三人皆早死妯娌別嫁氏獨立志守節時舅姑年老子姪俱幼氏仰事俯畜克勤克儉家遂再造學使張錫清操厲俗額

黃闕氏

闕氏荷湖院儒童黃炳文妻炳文病亟氏醫藥百方祈禱願以身代卒不起氏時年二十四遺孤居寬元吉以養以教並列成均平居禮法自持外人罕見其面值歲荒歉厚施不吝守節六十二年卒知縣史錫松筠勁節額

潘蕭氏烈婦附

蕭氏潘應元妻年二十五夫卒事孀姑以孝稱撫一子一女皆成立學使朱給節孝可風額

張羅氏

羅氏古隄院張薇妻薇死無子甫六日氏自縊以殉道光八年學使王錫節烈凜然額

彭張氏

張氏蘆花院儒童彭正康妻年二十四夫故遺一子二女氏孝事翁姑翁姑沒喪葬盡禮訓子士松成立娶未幾士松殀復撫弱孫二人年八十二卒學使王錫柏節長春額

李余氏

余氏邑東拖船埠李陞妻年二十七夫故氏守節勵志數十年學師萬錫以松筠鶴算額

呂蕭氏

蕭氏下耳院儒童呂惟聰妻氏幼孤爲呂童媳年二十七夫歿氏甘貧守志事翁姑以孝聞翁屢屬從子生員玉萬玉昆爲氏請旌氏婉言辭撫教子女皆成立守節三十年卒知縣史錫冰雪清操額

郭鄒氏

鄒氏中嘴院郭編修妻年二十六夫故撫三子成立卒年六十守節三十四年學使王給淑德流芳額

張王氏

王氏張觀港張開榮妻年二十四夫故苦守至六十二

卒守節三十八年學使馮給清澈冰壺額

彭毛氏

毛氏儒士彭國璐妻年二十六夫故生遺腹子撫育成立年七十三卒守節四十七年知縣龔給松筠以貞額

易張氏

張氏文葱院易仁銓妻年二十一而寡無子堅貞自矢不苟言笑後立姪綿祖承祀學使杜給節孝流芳額

毛闕氏

闕氏仁和院毛椿妻椿沒時氏年十九無子矢志守貞

道光八年學政王以松心柏節獎之壽八十九而終

張鄒氏

鄒氏張邦興妻興卒氏年二十六事翁姑以孝聞治家極勤持躬嚴撫遺孤作松成立卒年七十四守節四十八年上憲錫霜筠遠蔭額

黃劉氏

劉氏庠生劉晃煌女荷湖院黃邦儀妻夫卒氏年二十五子居造年幼撫教以成平居笑言不苟性慈惠好施歲飢爲粥以賑鄉人人甚德之學使孫給名山貞淑額

孫兆棠邑庠生

樊周氏

周氏鄉林西院儒童樊純光妻年二十六夫死遺孤希典希則家亦貧依弟家紡績自贍艱苦備嘗晚年置屋數椽田二十餘畝而勤劬不輟守節三十八年卒知縣史給彤管揚徽額

李兩陳氏李洪氏

陳氏南湖院李炕妻炕仲弟燃妻亦陳氏季弟灼妻洪氏炕兄弟早死氏皆年二十餘以苦節相厲炕嗣子正

泰燦子正域灼子大魁各秉母教均得成立後正域子心銘爲邑中名宿大魁及子定邦均入邑庠學使　錫彤管聯芳額

劉何氏

何氏永豐院監生劉先政妻年二十四夫沒順事公姑言笑不苟撫子緒漢入成均卒年七十有九學使王旌以節孝可風額

蕭吳氏

吳氏郡庠生蕭家麟妻邑庠生蕭韶成之媳麟早卒氏

閉戶誓以死殉遇救乃免自是茹素禮佛外人罕見其面守節八年病卒學使洪錫清標女史額

毛陳氏

陳氏磚洲院儒童毛聖行妻沔州舉人陳艮輔胞妹州同夢熊子婦也年十九夫沒奉養公姑茹苦守貞夫家中落處之泊如不幸兩立嗣子皆妖氏以抑鬱成疾僅滿五旬而卒學師以冰雪清操獎之

關馬氏媳李氏

馬氏關克彰妻夫亡孝養公姑撫孤子錫元爲娶婦李氏生孫數月而錫元又歿李氏克承姑志亦誓死靡他兩世孀婦共延關氏一綫禋祀現弱孫成立兩節婦俱享壽考而終學使申詳得獎

周彭氏

彭氏周榮妻夫亡兄弟繼沒哀姑在堂時年二十三食貧苦守撫已子與嗣子皆成立壽登耄耋卒目及曾元學使王旌獎

朱陳氏

陳氏朱友逢妻學使獎以冰清玉潔額

朱涂氏

涂氏朱邦紳妻學使王獎以節孝流芳額

朱胡氏

胡氏朱萬珍妻學使吳獎以冰心柏節額

朱易氏

易氏朱建宣妻學使獎以碧澗寒泉額

朱涂氏

涂氏朱建金妻學使王獎以亮節貞風額

朱張氏

張氏朱大顯妻學使杜獎以節孝可風額

朱楊氏

楊氏庠生朱友銀妻學使獎以志凛冰霜額

胡李氏

李氏胡盛坤妻學師申詳得獎

趙朱氏

朱氏城中儒童趙文波妻夫故無子氏年二十九守節三十年嗣子楚珍邑庠生旌額節孝兼慈

莊朱氏

朱氏鄉西院莊汝爲妻乾隆時人守節五十餘年學使

王旌以節孝可風額年七十四卒

姚彭氏

彭氏中耳院姚一有妻生子盛傳週歲氏年二十夫故家貧氏節母潘氏謂女少而窮難守氏對以母可節兒獨不肖乎族有好義彭國棟分田以食之邀其子於家塾教之氏始無立錐後漸充裕皆國棟曲成棟子生員彭慶琳爲請旌知縣劉賜貞能厲俗額

康郭氏康宋氏

郭氏城內儒童康懋海妻庠生郭代振姑母也歸康後生二子一女年二十六海故氏撫子苦守以女紅爲業無事不外出卒年七十八其弟婦宋氏懋清妻庠生宋承湘姑母于歸未幾甫二十而寡生遺腹子昭琴撫之成立娶媳鄭氏生子大興大勳亦寡婆媳相依備歷艱辛卒能教子起家道光丁酉年經邑紳稟請學憲蒙題冰玉同清額

黄戴氏黄張氏

戴氏黄代奎妻張氏黄代紹妻城北人貢生黄叙倫嫂

前後于歸未久夫皆故學憲題一門雙節額

江黄氏

黄氏龔渠院江心傳妻年二十三夫故遺一女氏事翁姑以孝順稱撫嗣子昌順成立守節四十餘年知縣劉給孝義可風額

陳姚氏

姚氏陳仁榮妻年二十一仁榮卒氏艱貞不渝咸豐十年　旌時年五十一守節三十年

吳張氏

張氏吳超忠妻年二十一而寡撫子紹祖復殀立嗣繼祀守節五十六年學使王給清節揚徽額

莊張氏

張氏涪口莊啟松妻年二十一而寡子榮隆亦殀立夫從子爲嗣現年五十七守節三十六年知縣吳給冰雪爲心額

陳趙氏

趙氏礄淌院陳正星妻星故氏年僅二十三嗣胞姪大廷甫生孫而嗣子殀更撫孤孫家極貧遇極困氏節彌

堅現年七十九猶健知縣劉旌以松柏耐寒額

姚李氏

李氏邑庠生姚以經妾年二十一以經死氏屏鉛華毀服飾與嫡莊氏同居一室日以紡績爲事守節三十一年里人爲請奬於學

廖胡氏

胡氏長一院廖熙泰妻年二十一而寡遺孤在光甫三月舅姑年老家貧氏生事死葬皆盡禮現年六十五守節四十四年知縣史給節孝可風額

劉李氏

李氏城中儒童劉行俊妻俊早失怙有嫡母陳生母朱在堂以苦讀致疾卒時氏年未二十痛夫無一脈之留又無叔伯兄弟期於族中尋可嗣夫後者忍死以待事兩孀姑克盡孝思未幾兩姑相繼卒母家或諷使改志氏痛哭曰有子承宗祧久從夫地下矣稱未亡人待立夫後耳苦節四十年嗣遠族子山鳳氏以壽終

魏孫氏

孫氏坨中院儒童魏國祀妻年十七歸魏甫六月而夫

故氏苦節撫遺腹子玉魁淚盡目失明而復愈年九十二卒玉魁選竹山縣教諭別有傳

楊鄭氏

鄭氏張家院楊錦妻年二十八夫沒遺腹生子永京苦守撫養事公姑以孝聞卒於乾隆五十九年壽六十有四

劉康氏

康氏城內劉永魁妻生於乾隆年間二十七歲夫故守節至八十餘歲卒

陳劉氏

劉氏鄉東院儒生陳桂妻年二十八夫沒苦守學使孫奬以寒松獨秀額現年逾七十

錢張氏

張氏錢亨朝妻年二十六夫沒子利貴方數月氏矢志守節教諭楊旌以志凜冰霜額年逾七十精神猶健

鄭胡氏

胡氏鄭學德妻道光二十七年適鄭咸豐五年夫故無嗣氏事孀姑立姪子貧苦自甘孝慈兼盡現年五十二

知縣林給額奬勵

萬李氏

李氏庠生萬時彥妻時彥沒氏年二十九淸操自勵光緒元年旌時氏年六十二嗣子夔戊午舉人歷任陝西中部榆林扶風知縣

萬韓氏萬趙氏

韓氏趙氏俱解元萬時喆妾道光三十年時喆卒於廣東任韓年二十九趙年二十八扶柩歸葬俱誓死不渝光緒元年旌時韓守節二十九年趙守節二十九年趙生際循辛酉拔貢朝考小京官丁卯舉人現任戶部主事

胡彭氏

彭氏監生胡人鳳妻夫亡孝養公姑撫幼子成立守節巳三十五年學使王旌奬

易張氏

張氏候補縣丞易行洌妻京山候補縣丞張英女年二十四夫故氏矢志守節孝養公姑勤儉治家撫教三子長子承杰入邑庠次子承植從九三子承构監生現年

八十餘歲孫輩林立列膠庠者數人學使王奬之

羅聶氏

聶氏羅明彪妻京山儒士起紹女幼嫻姆訓于歸後事公姑以孝稱夫亡遺子道煌僅三月氏矢志守節喪葬盡哀盡禮教子義方家道賴氏復興現年五十七學師申詳得奬

李周氏

周氏李功茂妻茂沒時氏年二十五孝養兩代孀姑撫幼子成立守節四十三年學使王奬以額

歐陽傅氏

傅氏歐陽瑊庶室也生子馨甫三歲瑊任山西高寗令氏與嫡吳氏皆之官僅一載而瑊卒於署明年偕嫡挈子扶櫬歸葬扃戶教養馨暨嫡子疇俊皆成立後馨生子醕纔七月而馨沒氏又撫孫成立生曾孫氏與嫡孀居三十年和順無失二十五歲守節至六十三卒歐陽氏載諸家譜

楊顏氏

顏氏張家湖楊永華妻二十歲夫故子開秀甫二歲氏

事姑孝撫子成立嘉慶十年卒壽七十五

余劉氏

劉氏城內余宏剛妻性貞烈喜施未適剛公姑早逝年二十五夫故遺子女各一未幾子亦殀氏矢志守節因無嗣可繼禋祀撫孤女成立贅婿以立門戶道光己酉歲歉餓莩枕道氏捐貲收殮并施關廂門外田二畝餘以作義塚咸豐甲寅兵亂氏年已七十餘矣猶操守不肯外避被髮逆抄索家貲未獲以致箠楚再三遂得殘疾至丁巳年卒享年七十有九

蔣衛氏

衛氏葛柘院蔣德焜妻道光甲申夫故氏年二十七歲僅生一女立嗣承祧苦節四十一年卒

漆雕文氏

文氏羅揚院漆雕朝元妻二十八歲夫故撫子作舟列郡庠守節六十九年曾元林立同治元年卒享壽九十有七

彭邵氏

邵氏崔家院彭行鎬妻二十九歲夫故遺子宗明九歲

家貧苦守五十二載如一日卒年八十有一

郝丁氏

丁氏中耳院郝國泰妻生三子泰故氏年二十六公姑俱在家貧氏勤儉家道漸裕課子耕讀其長子鳴皋聲振黌序次三皆力穡稱素封焉年八十三卒

劉范氏

范氏城西儒童劉永烈妻永烈沒氏年二十九家貧無子所居茅屋數椽不蔽風雨氏勤鍼黹以自給艱苦備嘗知縣劉訪知貧苦狀歲周卹之年七十三病自知不

起潔身更衣含笑而逝

唐鄧氏

鄧氏唐一錝妻性沈靜不苟言笑事公姑以孝謹稱操督家政井井有法年二十六一錝沒氏清操彌厲教子源淮讀書寒暑無間卒成名儒年九十六卒守節七十年

李郝氏

郝氏龔渠院李孝倫妻年二十六夫故氏守志事公姑撫子年四十入卒子家修亦有孝行母疾時刲股肉進

母飲之獲痊逾數月疾復作乃卒

李唐氏

唐氏坨埠院李仁科妻夫故氏年十九事翁姑孝順待夫妹尤友愛遺孤先富纔八月撫教成立性端靜道路間從不左右顧守節四十年卒

李楊氏

楊氏坨埠院李仁元妻仁元沒氏年二十九遺孤先友方二歲夫弟亦八歲氏撫教未嘗歧視時僅田三畝屋一椽氏紡績一日兼如兩日雖寒暑無間家遂稍裕性嚴直與諸婦女同業必以婦道訓之享年八十六卒孫明哲邑庠生

胡許氏

許氏西庠胡緒鵬妻年十七歸胡二十三歲生子其文二十七歲夫故氏相舟自矢孝順翁姑撫子成立八十四歲卒守節五十七年

孫陳氏

陳氏荷湖院庠生陳代培長女庠生陳其鑾胞妹自幼許字孫耀晟孫年十一父母相繼逝族人欺凌外出數年

不歸母勸女改字女堅不承故折挫之使任婢僕役志終不易逾年晟歸無所爲家女適孫紡績度日不幸夫殀撫子繩祖善書能文孫象賢十六入庠氏猶及見之

張陳氏

陳氏張有信妻嘉慶乙亥年二十于歸二十五歲夫故紡績奉姑撫子女各一苦守五十餘年今孫曾林立皆其節孝所致

杜張氏

張氏杜方聲妻青年苦守撫孤成立年七十餘卒

關王氏

王氏永林院關堯國妻年二十適關月餘夫故氏哀慟幾絕遵翁姑命立夫兄乳子爲嗣撫之成立艱苦備嘗同治四年卒守節三十六年

劉余氏 孝婦附

余氏庠生劉柄妻性純孝嫻內則于歸後舅沒姑老目依庶姑氏唐奉嫡姑無失禮歲甲戌柄遠館姑病且劇信知柄未至氏醫治經旬疾轉篤因封膊煎湯飲之而愈又十餘年姑沒氏老女爲更衣見膊上痕詢之氏泣

曰此吾昔年傷心處也今欲再爲此不可得矣廻念曩昔情形不可復得語畢而悲五十帨辰子庠生永煊以其事聞於同人一時名流援爲祝嘏之詞學博王梅岩胡桂薌皆紀以詩氏幼識字通文義見之曰此不經事一念愚忱得邀天幸何可聞於士君子使襲藏之道光戊申次子倓選訓導隺然長孫廩生城始播傳其詩時武昌府知府聶陶齋耆宿俞子雲章錫之傳南漳教諭張角山比部王子壽率當世名流以詩美之 學博胡桂薌詩自昔靑藜照天祿竹牒流傳至今讀一門清氣茁蘭芽一莖秀出更芬馥早知積善有餘慶作合名媛始發祥爭道鸞伯偕德曜恰如雜佩衡雙璜女纔及笄男纔聘蹉跎適値慈幃病醫藥無功可奈何九折廻腸珠淚並果然誠孝克感神神來告語事以身封臂煎湯親手進重駐衰顏二十春萱堂愛日堪珍惜色笑親承安且適大婿能無內顧憂齊盬佐讀歷晨夕鹿車共挽慰生平南極輝聯寶婺明寡過信能追伯玉闈中況復著賢聲懸弧設帨添籌算五秩齊眉舉鴻案瓊枝玉樹繞階庭雪藕冰桃供樂術賓客相邀捧壽觴子孫逢吉身康健我續此篇當家乘引之勿替亦勿忘 監利王子壽孝婦頌云孝婦者潛江劉君梧柯之室余孺人也姑病甚醫者術窮孺人封臂肉投鼎中濡藥進之飲訖病立愈劉君後乃廉得其故孺人猶戒不言今年夏其次君隺然茂才過訪出孺人傳見示且徵題爲作頌一篇其詞曰有姑遘疾殆將不支婦也露禱涕泣承頤刲臂取肉投鼎卽糜和藥以進立甦阽危闔不自言以手加額夫子廉問乃得其迹諦視血痕羅襦盡赤仍戒勿宣默如平昔嗟呼至孝每忘其愚頂踵可捐遑䘏肌膚精誠上感神明下扶綠性所發與天爲徒天之祐之姑也壽考身亦

逢吉克昌厥後蔚起機雲荆璆並剖亭亭孫枝亦褰類茆驂鸞渺矣播美靑珉我爲作頌用奬彝倫誰司煒管曷告楓宸表閭節孝以勵千春 邑人萬時乂傳劉余孺人邑茂才梧柯先生名柄之配也孺人沔州名家女歸於劉舅已辭世事姑以孝稱適姑寢疾久且益劇孺人衷迫無術夜禱於竈神封其左臂煒湯進而姑尋愈又獲壽康二十年嗚乎孝矣夫孺人者一婦女耳非日欽賢人君子之訓也非深究古先聖王之教也心廹於姑之病遂割其身不顧豈知是之爲孝而故出於此哉使其具鬚眉而爲丈夫率是性而品節之其入於聖賢不難矣然已不可及矣梧柯先生乂父執也又乂兄時齋之妻父也初孺人過乂家乂先母詢其事且視其臂之痕時乂幼侍側親見其痕如掌大因得悉其顚末而爲之傳贊曰封臂療疾疾其或瘥維不封臂奈姑疾何封臂進之姑疾以起蒼蒼者天默鑒茲理匪姑是福匪婦是德牖茲下民孝思維則扶與名教乃積宏多婦慶姑愈莫知其他

陳魏氏

魏氏漁洋鎮陳家泰妻年二十三夫亡無子女家赤貧氏苦守三十餘年立嗣繼祀光緒元年沒

鄒彭氏

彭氏儒童鄒文泰妻年二十五文泰故氏誓志堅守年六十六卒守節四十一年

張趙氏

趙氏儒童趙文煥女適監生張萬元爲繼室年二十八夫故氏貞守不渝道光二十五年卒守節三十年

張朱氏

朱氏張錦儒妻也年十八夫故無出姑年七十餘値歲荒氏竭力孝養姑卒喪葬無失禮夫兄繡儒遺孤學灝學清皆賴氏撫教以成後立學清爲嗣年六十八卒守節五十年

董雷氏

雷氏長四院董維賢妻乾隆二十六年賢故氏年二十七遺子欽國九歲氏有足疾辛苦備嘗守至七十餘壽終曾孫發昌列庠子孫蕃衍咸稱苦節之報云

伍邵氏

邵氏長三院伍大魁妻年二十夫故無出夫弟甫四歲氏撫養教誨爲娶婦董氏生姪瑞珍未幾董氏又亡氏復撫瑞珍成立爲邑諸生生平足不踰閫年八十八卒

鄭何氏

何氏儒童鄭學漳妻年二十八夫故守節五十年卒

李彭氏

彭氏鄉北院李大成妻年二十七夫故事姑以孝聞年七十九卒守節五十二年

文李氏文姚氏

李氏鄉西院庠生文晟妻年三十晟沒晟妾姚氏時年二十晟有老母年八十遺一女甫三月姚所出也李慮姚年少試勸改適姚涕泣願隨嫡貞守李故善病姚扶持不離側道光三年李卒年七十一越數年姚亦卒年六十八

鄭楊氏

楊氏張家湖鄭濰妻生員鄭廷泰母也二十九歲夫故廷泰甫四歲氏苦守教子入泮壽七十二卒

李呂氏

呂氏社林院儒士李信邦妻年二十四夫故無子立嗣承祧時家貧親老氏操作逾常無何歲飢公姑相繼逝姑姊妹勸其他適氏竭力營葬矢志彌堅壽六十餘而卒

蔣關氏

關氏儒士蔣金明妻年二十五夫沒遺腹生子聲越氏矢志撫守俾得成立孝事翁姑人無間言壽六十有二卒

王余氏

余氏馬湖院儒童王光廷妻年二十八夫故氏柏舟自矢事翁姑以孝聞撫二子道現文現成立守節五十七年始終如一孫際芳入府庠

王袁氏

袁氏馬湖院王光秀妻年二十六夫沒子女俱無貞操自矢不苟言笑年七十二卒

劉崔氏

崔氏柴林灘監生劉冕萬妻萬沒氏年十九遺子培矢志撫守以養以教後培入邑庠人以為節孝之報

吳鄒氏

鄒氏上江院吳懋節妻二十五歲夫故矢志苦守紡績度日年七十一歲卒

劉郭氏

郭氏劉永榜妻二十二歲夫故苦守三十餘年卒五十六歲

唐胡氏

胡氏下耳院唐安邦妻年十九夫沒無子族人欲奪其志氏以死自誓日以藉水洗面毀容嗣猶子開科撫育成立入邑庠年逾五十而卒

吳翁氏

翁氏崔家院吳士科妻二十六歲夫故立志苦守同治七年卒守節二十六年

張李氏

李氏淌湖院張有燦妻年二十四夫故僅遺一女矢志柏舟奉養翁姑苦節四十三年卒

高鄭氏

鄭氏城內高士魁妻年二十七夫故家貧遺一子撫之成立爲娶媳金氏未幾子亦殀只遺孫女送養婿家金依以爲生氏在家惟勤紡績度日或有饋之食者忍辭不受其苦節如此卒年八十有二

李王氏

王氏下耳院李承泰妻年十九泰亡越七月生遺腹子先福苦節自守壽六十五卒

劉鄒氏

鄒氏下耳院劉永南妻年二十一夫亡遺子二長高忠

次高德家貧守節八十一終

許陳氏

陳氏團湖院許學寬妻年二十一夫故氏苦志撫孤勤儉自守年七十二卒

樂劉氏

劉氏團湖院樂聖瑚妻年二十四夫故撫子金宏成立年七十八無疾而逝

涂蔣氏

蔣氏黃景院涂德妻年二十二夫故無子翁姑衰老夫弟稚弱氏事翁姑撫夫弟成立生子嗣夫後年七十餘卒

歐陽劉氏

劉氏永興舖歐陽念茲妻事姑孝念茲卒氏年二十二有遺腹子一氏屢荻畫之教冀承夫志將冠而殀立姪以嗣氏守節三十一年卒

劉王氏

王氏劉玉國妻生子女各一氏年二十五玉國疾垂危氏曰設不諱妾不能相從地下當撫諸孤成立玉國頷

之而逝氏一痛幾絕後抱子哭於墓淚成血而墓裂三寸許力築不合經風雨亦圻裂如故見者異之有強以改節者氏引刀欲自裁勸止守節四十年卒子成立胡椿爲之傳贊曰冰霜其操松柏其心終始爲劉歷久彌貞

郭張氏

張氏楊林院郭愼修妻夫故無子夫妹利其嫁誣以穢行氏泣訴於竈神妹忽披髮號咷對眾自其誣氏遂以節終

歐陽朱氏

朱氏永興舖歐陽弦若妻善事舅姑能得其歡心年二十六夫卒無子氏守志內庭僅一老嫗應門紡績之暇持齋供佛不越閫外一步年五十五卒嗣子湘

凃王氏

王氏黃景院監生凃永妻年二十九夫故氏守節足不出戶以壽終

胡張氏

張氏梁泗院庠生胡慎修妻夫故氏守節訓子不以家

貧廢讀以壽終

何陳氏

陳氏栗林院何士昆妻昆故氏年二十九遺子祿忠守節訓子以壽終

劉李氏

李氏荷湖院劉晃堯妻夫故遺一子家亦貧氏躬操作以養翁姑氏與子終年莫得一飽守節三十八年卒

劉田氏

田氏荷湖院劉其壽妻年二十三夫故無子家亦貧氏紡績自給不渝其志年五十八卒嗣族中子

田許氏

許氏荷湖院田代金妻金窶人傭工養親年二十五故遺一子方週歲翁姑衰邁氏力作收遺秉滯穗爲事畜之貲隆冬不給抱子乞食歸而供翁姑已恒不飽而節彌堅孝彌摯翁姑卒竭力營葬子稍長教以力作積工値爲娶婦生孫漸置田宅以壽終

黃何氏黃羅氏黃許氏

返灣院黃學熙學浩同胞兄弟以成浩之子也熙妻何

氏年二十三夫故浩妻羅氏二十四夫故許氏羅子以成媳二十二夫故一門之內娣姒共懍冰霜而子媳亦奉其姑以守三節鼎峙家聲卓著矣

黃劉氏

劉氏木內院黃學仕妻年二十五夫亡姑老三子一女皆幼家貧氏忍死苦守携子女行乞留稍潔者歸以奉姑性貞靜不輕與男子言後三子皆爲娶媳均早逝媳均改適遺二孫氏復撫養年逾七十卒

何李氏

李氏鄉南院儒士何昌運妻年二十夫死祖姑及姑皆在堂遺一子培英甫三歲上事重慈皆得歡心及遭祖姑及姑喪盡哀盡禮爲子娶媳生孫多不育培英又死媳改適僅存一女氏復撫之守節三十六年卒

陳沈氏 節義附

沈氏永豐院陳光旭妻年二十夫故氏孝順翁姑教養嗣子笑言不苟內外肅然年七十卒守節五十年

別李氏別方氏

李氏茭灣院附貢生別有綸妻方氏其妾也綸以捐修泮池未竣卒無子時李年二十八方年二十四嫡庶相協承夫志卒修泮池成並修櫺星門題名坊所費甚鉅而家以貧持節愈堅李卒年七十方年九十二而卒立族子爲嗣

胡彭氏

彭氏胡爲珍妻年二十七而寡撫三子皆成立飲冰茹蘖艱苦備嘗年九十卒守節六十三年

劉董氏劉李氏

董氏荷湖院劉晃楨妻年二十三而寡子其高甫二歲氏清操自勵與同里孀婦結冰雪會有聲名偶玷者輒踽踽不敢入一時節操爲之彌振後其高娶媳李氏逾年其高沒無子立嗣繼祀李氏亦承姑志艱貞不渝氏八十餘卒李亦七十餘卒

陶彭氏

彭氏荷湖院陶書會妻年二十餘夫故家貧氏紡績或傭工以餬口撫教子女皆成立年七十四卒守節四十餘年

劉熊氏

熊氏儒士劉曰綸妻于歸年餘曰綸遠出久不歸氏煢煢孤守族人利其家貲與氏嫂多方蠱惑氏懼乃歸母家貞守不渝年六十卒

胡黃氏

黃氏下耳院胡紹銘妻夫故氏年二十四遺腹生子家無立錐而翁姑及夫兄弟食指繁多氏抱子爲人傭工以傭資贍其家道光辛丑歲大飢夫兄弟皆就食於外氏獨依翁姑不忍離及翁姑相繼逝復竭力營葬鄉里賢之年四十九卒

劉熊氏

熊氏下耳院劉永輝妻年二十三夫故翁姑在堂家貧翁病卧三年餘氏勤紡績或爲人傭工以供藥餌每傭皆在近村不敢遠離翁沒氏與姑相依如母女所生一子多病後完娶生二孫守節三十九年卒

李趙氏

趙氏李全準妻生二子夫故氏年二十七事翁撫子孝順無違値讌會翁與人言媳孝敬狀津津不倦治家勤儉後遂日裕守節二十七年卒

李黃氏

黃氏坨埠院邑庠李仁長母也氏年十九夫死生遺腹子仁長撫教成立爲名諸生道光八年卒年六十七守節四十八年

李唐氏

唐氏儒童李子文妻年二十六夫故苦節自持每遇歲歉飲冰茹蘗而矢志彌篤撫姪聲榮承祧年六十一卒守節三十五年

張楊氏

楊氏新豐院張玠光妻邑庠生元賢祖母也氏事姑極孝喜施與乾隆二十六年夫故撫子方謨成立年八十四卒守節五十八年

羅吳氏

吳氏蘆花院羅德明妻德明死氏年二十三無子翁姑衰病氏竭力奉事辛苦備嘗立姪子以全承夫祀年七十六卒守節五十三年

莊李氏

李氏浩口儒童莊自誥妻年二十九夫故姑老有痰疾氏殷勤扶持朝夕不倦年八十七卒守節五十八年

劉趙氏 烈婦附

趙氏毛家嶺劉忠周妻同治六年被捻匪擄脅以行望見路左一池佯言渴極欲飲匪爲所紿釋使掬水飲撲水死七日家人收其屍面色如生

郭李氏

李氏中嘴院郭高紳妻年二十五夫故家貧撫子成立年七十餘卒守節五十餘年

郭王氏

王氏中嘴院郭家貴妻年二十四夫故家貧苦守六十五歲卒守節四十一年

孫張氏

張氏坨中院儒童孫上達妻性貞靜上達卒氏年二十三家貧備嘗辛苦以姪道和爲夫嗣年六十餘終守節四十年

郭榮氏

榮氏中嘴院郭友安妻年二十三夫故撫一子苦守以禮法自持年六十餘終守節四十年

朱易氏

易氏蝦子院庠生朱邦進妻年九十同治六年遭捻匪之亂罵賊被賊用草束之焚死

朱曾氏

曾氏蝦子院貢生朱建丙妻同治六年春罵賊死之

伍邵氏

邵氏蚌湖鎮邵明祥女長三下院伍達林妻年二十八夫故家貧翁姑在堂三男一女皆幼氏勤紡績堅苦自守凡養葬嫁娶竭力支持時人皆敬憐之年五十九卒

易胡氏

胡氏文葱院易長春妻夫沒氏年二十三柏舟自矢翁姑在堂三子俱幼仰事俯畜以孝慈稱沒於光緒二年壽六十七歲

彭許氏

許氏返灣院儒童彭文翰妻年二十二翰沒無子守節事姑三十六歲卒

劉廖氏

廖氏儒童劉天位妻年二十夫故家貧以紡績奉翁姑撫子心科完娶科又殀撫孫順昭成立親族以勁節延齡額於門壽八十餘卒

雷裴氏

裴氏雷國敏妻乾隆甲申年歸雷已丑年夫故氏矢志不二事姑孝撫遺腹子承榮成立備嘗艱苦始終不渝嘉慶年間卒

鄧鄒氏

鄒氏馬湖院鄧順元妻于歸三年夫死遺腹生子官貴氏撫教成立克盡孝道鄒背生惡瘡醫久罔效割乳下

肉貼患處即愈氏守節五十餘年卒生此孝子亦足徵天之報節婦矣

顏李氏

李氏泥湟湖顏崇先妻歸顏七月夫故遺腹子慶國甫三歲氏夢夫屢囑殉節否則必殀子氏懼宗祀斬亡信其殀夢作絕命詩自經族長庠生顏碧山爲作傳紀其事未錄

嚴陳氏

陳氏嚴求忠妻年二十二忠死子永璜方五月公姑又後先繼亡氏治喪撫孤雖歷艱窘而百折不回享年七

十六而終

陳郭氏

郭氏諸通院陳潭祖妻十八歲歸陳事姑彭氏以孝稱夫亡氏年二十六撫遺孤成立教養兼盡家道以興年逾五十而卒

常孫氏

孫氏常之珩妻之珩故氏年二十八柏舟自凜梓里咸欽光緒四年卒守節五十六年

丁劉氏

劉氏社下院丁祖科妻年十八科殀無嗣有勸氏他適者氏曰女子從一而終再嫁之說吾恥之是時夫弟祖耀婚娶二載妻死貧不能續氏恐兩家俱絕賣己田爲夫弟續娶生子先邦先國數年耀亦殀氏撫二姪教養備至兩家禋祀得以不墜氏年七十有三無疾而終

徐姚氏

姚氏小白湖院徐永祿妻二十七歲夫故撫子昌瑞成立年五十九卒守節三十二年

李胡氏

胡氏城內李正琳妻年二十四夫故氏節撫二子長子

殀次子天華成立光緒二年氏卒

楊張氏

張氏蘇內院楊周德妻年十八夫故無子生一女矢志苦節六十六年卒

楊袁氏

袁氏蘇內院楊學富妻年十七歸楊閱六月夫故遺腹生子周德矢志苦守撫孤成立年六十三卒

湯劉氏

劉氏團湖院湯志明妻年二十五夫故苦節撫孤四十五年壽七十終

易陳氏張易氏

陳氏上耳代家院易大榮妻年二十六夫故翁姑在堂子德壽甫四月家貧氏委曲承順教子義方苦守三十餘年卒女適儒童張正立年二十五夫沒撫二子皆成立守節三十年

李陳氏

陳氏永豐院李衍恂妻年二十八夫故子僅一歲氏秉

性和順動靜不苟苦守撫子家榮後列成均卒年七十有一

戴彭氏

彭氏永豐院戴培敬妻年十七歸戴十九夫沒秉性幽閒敬事公姑立堂姪世茂甫二歲撫育成立卒年七十有一

鄭歐陽氏

歐陽氏張家湖生員鄭準妻二十四歲夫故遺二子宗訓宗烈氏守節撫子卒年八十

謝廖氏

廖氏獡猖院儒童謝輝先妻婚七月先遊學遠出經年不歸氏蓬首以待身欲化石而行人不歸如是者幾三十年乃嗣族中子年逾七十望眼已穿猶終日翹首冀與同穴竟以悲卒

郭何氏 孝婦附

何氏北關外郭自焜妻家貧自食其力舅沒姑且衰老嘗以驚恐致哽噎聞聲則皇皇失措氏年侍左右不稍離先意承志務得歡心一切不委諸兒女子家貧紡績

供甘旨每食必摩其胸膈再三始得稍啖一箸一日進晨餐哽滋甚氏哀之泣且下忽吐一物如痰之結者疾遂失姑年八十三卒氏哭之哀孺慕尪尪終身不易

劉郭氏

郭氏郭自焜長女本城滙水橋劉順傳妻生於嘉慶十六年道光九年歸劉年餘順傳遠出未歸氏孝事公姑遇姑有病一切扶持調濟不辭勞苦撫嗣子成立四世同堂守節五十年卒

黄王氏黄彭氏

王氏黃正豐妻年二十三夫故氏苦節撫子學裕娶媳
彭氏數年裕又故彭氏年二十六亦守節三十餘年卒

陳胡氏

胡氏陳在揚妻年二十五夫故苦心守節撫養子女竭
力奉姑學使張旌以志矢清嚴額卒年六十九

劉李氏

李氏劉共鼇妻十九歲夫故堅志守節立姪衣壽爲嗣
撫之成立學使王以節孝可風額旌之壽八十二卒

莊張氏

張氏鄉西院莊自寬妻年二十四夫故孝事翁姑撫二
子成立苦節五十年學使王旌以節孝可風額

倪李氏

李氏深灘倪心德妻于歸時心德年甫十五翁姑並沒
幼弟僅存家世單微介居大族强暴因氏豔欺德年穉
計肆侵淩虎視思逞氏憤極自沈於水時年十八道光
已亥五月事距結褵僅年也氏弟庠生兆蓉傳述請旌

李毛氏

毛氏儒生李忠善妻乾隆時人十八歲適李二十二歲
夫故無子氏矢志柏舟孝養孀姑立嗣繼祀撫之成立
初學使給以淑德垂訓額年五十九卒

艾王氏艾王氏艾闕氏

王氏永林院艾璜之妻十九歲夫故氏事翁孝順撫孤
子正朝成立娶媳王氏王氏亦二十一歲而寡撫孤子
培德娶媳闕氏不幸闕氏又二十四歲夫故氏矢志苦
守撫子之椿之相成立邑庠闕達才等僉三代苦節禀
請學政王旌以世節揚徽額

楊彭氏

彭氏楊大霖妻儒士作鰲女庠生光國之母生於嘉慶
戊寅夫故時子光國甫二齡氏即以柏舟自矢家極貧
門祚幾墜氏上奉高堂下撫幼嗣督耕勤織以禮葬親
苦守三十餘載有敬姜仲郢母之風焉

潘曾氏潘閔氏

曾氏西門武生潘振聲妻生子女各一年二十七而寡
立志苦守事翁姑撫子女壽五十卒夫弟婦閔氏儒士
潘義剛妻先是竈養潘門性和順善事翁姑一日家失
錢二串翁索急姑倉皇不能對竊錢者即夫三弟翁愛

子也氏認之出錢以償翁異之事白詢其故氏曰失錢事兒知之兒不言則姑受逼迫言之則恐傷翁愛子之心再三思維是以引咎又一日以烹飪園蔬失翁意怒責流血氏無怨色承順益謹現年八十戚族鄉黨共領閫範焉

姚董氏

董氏白伏院姚厚寬妻二十歲夫死撫子苦節終身享年七十終

李陳氏

陳氏漳湖院儒童李祖濤妻年十七于歸越八月夫夭翁姑又隨逝氏苦節自矢立姪子友彬爲嗣撫養成立年六十餘終守節五十年

蔣鄭氏

鄭氏蔣元德妻年二十九元德死氏撫子成立享壽八十餘守節數十年

鄒郭氏

郭氏江汊院鄒忠誠妻年二十二夫故撫二子成立壽七十二終苦節五十年

周闕氏

闕氏永寧院周士杰妻生於乾隆五十六年歸周後年二十六夫故氏無出立姪之山爲嗣氏苦母子孤孀每夜以刃自衛者一夕有盜撬門氏驚覺舉刀揮賊賊懼而退且視之斷賊一指遺血滿地鄉里咸歎服焉卒於咸豐七年守節四十一年

孫陳氏

陳氏楊林院孫慶昌妻守節三十五年

孫李氏

李氏長壋院孫達魁妻守節五十年

蕭何氏

何氏磚橋院蕭艮國妻青年夫故守節四十年

張聶氏

聶氏顏家院庠生張炳翰妻二十三歲夫故守節數十年

何蕭氏

蕭氏長亭院何廉璟妻二十二歲夫故守節數十年

董張氏

張氏長塆院董士書妻年二十三夫故遺一子翁姑猶在堂氏奉以撫孤翁姑沒子復殀孤苦孑立之死靡他立族中子爲嗣守節三十七年

曠郭氏

郭氏楊林院庠生曠達妻年十九夫故無子孝事翁姑葬祭以禮弟庠生郭人焜矜其節常敬禮之守節五十年

杜董氏

董氏長塆院庠生杜甲雄妻雄故氏勤苦自厲訓子京

元入邑庠

黃陳氏

陳氏庠生黃履泰妻年二十七夫故氏守節撫子正華後入邑庠

劉邱氏

邱氏荷湖院劉其緯妻歸劉八月夫故氏矢志守節孝事翁姑足不踰閫苦節三十年

蔣何氏

何氏返灣院蔣明妻年十九夫故遺子纔數月姑老且

袁氏殫心事畜撫子成立守節五十一年

郝丁氏

丁氏中耳院郝正明妻年二十三夫故無子家貧紡績度日不出戶庭隣嫗憫之代爲應門戶立夫兄子爲嗣守節二十九年

何劉氏

劉氏何象榮妻庠生何嶸母也榮沒時氏年二十夫弟象明尚幼嶸遺腹生氏以何氏兩世惟此二人勤紡績奉姑極承順撫小叔以恩及嶸長晝荻教之矢志柏舟

住居移數處隣里皆無閒言護城隄潰夫墓當流氏泣出血卒無害人以爲貞心所感學師獎以額

唐朱氏

朱氏唐明高妻十八歲夫故撫孤承三纔三月後入庠多貧母訓焉

闞張氏

張氏闞士望妻二十六歲夫故撫孤先科成立守節數十年

黃張氏

張氏黃正鏞妻年二十七而寡堅守至八十餘歲

黃柳氏

柳氏黃學訓妻年二十七而寡時翁老子幼復遭回祿生計遂絀氏勤苦不惰家計日裕守節數十年

黃張氏

張氏黃以榮妻年二十四夫故守節數十年

黃何氏

何氏黃以廸妻年二十夫故守節三十年

郭歐陽氏

歐陽氏儒士郭家彥妻即節孝婦何氏女也年二十二

而寡冰操凜然人以爲節孝亦有家傳守節三十年

孫何氏

何氏孫道國妻年二十五夫故冰霜自厲事孀姑撫子成立守節數十年

王朱氏

朱氏葛柘院武生王德勳妻天邑庠生朱伯暘女年二十餘夫故族中彊暴多方誘脅終不動姑老多病適氏亦病勉力扶持偶歸甯一二日輒憶姑哭泣不能留蓋節孝出自天性云

朱易氏

易氏候選縣丞易行渭女蝦子院朱作寬妻夫故氏年二十三翁姑年老遺孤甫三月家計維艱氏仰事俯畜以孝慈稱而勤苦倍常教子成立守節數十年

劉郭氏

郭氏太平院劉仁嵩妻夫故逾十日姑又棄世氏年二十五經營喪葬竭盡心力二子一女皆撫教成立守節三十六年

黃袁氏

袁氏道内院儒童黃文達妻夫故氏年二十七族黨屢欲奪其志氏誓死不從時孀姑在堂氏承順意旨務得歡心遺子治平甫二齡督教極嚴後列成均守節四十四年

朱何氏

何氏蝦子院儒童朱洪聲妻年二十三夫死無子姑年邁氏朝夕奉事撫嗣子樹型成立守節三十餘年

劉李氏

李氏劉士聰妻年二十五夫故事後姑孝養篤至同治

三年姑棄世氏年已六十子欲爲母舉節孝氏禁之曰姑新喪我未能於姑盡孝心奚忍己博重名遂不許

何楊氏何蔣氏何劉氏

楊氏何汝超妻夫故氏年二十四蔣氏超弟汝礪妻礪故氏年二十二皆乏嗣以夫弟廩生汝麒二子承祧又殀二氏以守節卒學使王奐以雙節競爽額姪孫照圖妻劉氏年二十三夫故氏堅志苦守言笑不苟鄉里重之是一門而三節者矣

郭劉氏

劉氏楊林院郭人墩妻夫故氏年二十守節五十餘年

趙陳氏

陳氏上江院監生趙朝元妻年二十四夫故茹素禮佛事姑撫子未幾子殀撫孫成立守節四十八年

張譚氏

譚氏河帮院張隆魁妻二十七歲夫故守節五十五年

李謝氏

謝氏鄉東院李順學妻年二十七夫故守節三十餘年

徐莊氏

莊氏徐永佳妻年二十四夫故子甫五歲柏舟矢志訓子成立守節數十年

陳劉氏

劉氏諸通院陳智祖妻性貞純歸陳五載夫故年二十三孝事舅姑養生送死撫孤成立稱完人焉

江胡氏

胡氏義豐院江友明妻年二十九夫沒撫子德元苦守善理家政凶年兵燹艱苦備嘗百折不移尤能孝養公姑閭里賢之守節三十餘年

楊周氏

周氏道外院楊國浩妻年二十夫故生子家模僅數月撫育教養屢經凶歲矢志不移守節四十餘年

劉蔡氏

蔡氏車墩院劉士塏妻二十二歲歸劉生子女各一越二年夫死矢志靡他紡績自給養老撫孤鄉里罕聞其聲守節四十八年

曹彭氏

彭氏栗林院曹祖祥妻年二十二夫故氏苦守事姑孝

撫子寛嚴有法守節數十年

王郭氏

郭氏儒士王龍麟妻年二十七夫故無子立姪金成爲嗣氏上事孀姑下撫嗣子守節數十年

熊田氏

田氏儒士熊亨揚妻年二十六夫故矢志苦守立姪成甫爲嗣事姑以孝聞守節數十年

李沈氏

沈氏黄漳院李明璉妻歸李時家貧越六年夫故氏苦

守撫孤俊雄成立生孫德傳子又夭媳亦勵冰霜人欽其徽音克嗣云

楊傅氏

傅氏沙長河楊曰崧妻年二十四夫亡立姪新耀爲嗣守節數十年

李阮氏

阮氏儒童李全可妻年二十五夫故家貧姑老紡績承歡立姪中文爲嗣中文亦以孝稱人以爲苦節之報守節三十四年

劉曹氏

曹氏崔家院劉其華妻年二十七夫故遺子宗林宗海撫養成立苦守三十二年

萬胡氏

胡氏張港儒士萬開雯妻訓導萬柏香之子婦也年二十六雯故氏奉事孀姑撫子成立苦守三十年子正暄克承祖志入邑庠

吳楊氏

楊氏磨盤院吳倫祥妻年二十而寡夫弟倫昌欲奪其

志氏矢志不二未幾倫昌夫婦相繼死遺子敬學甫二歲氏代爲撫養成立入成均是節而兼義矣

謝莫氏

莫氏儒童謝封溥妻封溥之父監生登元率勇逐賊死於沔陽郭家河封溥亦率勇死於麥芭嘴氏年二十八孀姑在堂子二女一兵燹後復遭水患氏仰事俯畜竭力營度現守節二十六年

董張氏

張氏董士鈿妻年二十四夫故矢志守節現年七十

周李氏
李氏長湖院周文彬妻年十四適周二十一歲生子將週夫故氏矢志冰霜誓以死守數月間翁姑繼亡氏盡變產以葬自此家貧難堪紡績度日撫孤成立近來年幾七十四世同堂

邱張氏
張氏儒童邱宏順妻年二十餘夫故氏矢志撫孤現年五十有餘毫無苟且鄉里咸稱其節烈焉

徐甘氏
甘氏白湖院徐昌義妻夫早亡青年苦守家貧爲人傭工歷久不渝現守數十餘年

邱李氏
李氏邱藻妻藻賈常外出姑周氏有宿疾難愈氏割臂肉和羹進之頓痊人謂孝心所感賈未歸苦守不渝

張王氏
王氏永豐院張國斌妻年二十五夫沒氏事翁姑竭力不懈撫孤子成立現年八十六

鄭王氏
王氏鄭世慶妻年二十世慶死貞操自勵教子成立現年七十餘

張易氏
易氏顔家院張作壽妻夫早逝無子家貧依母家二十餘年苦節自矢姑母憐之爲之立嗣現年五十四

張聶氏
聶氏顔家院庠生張良文妻文早死無子立嗣撫教成立現年五十三

張周氏
周氏顔家院張良忠妻年二十餘夫卒現年五十二

胡别氏
别氏庠生别棠女下耳院儒童胡紹英妻夫故氏年二十餘孀姑在堂氏晨昏事奉婉轉聽從姑甚憐愛妯娌侵欺順受無所忤後遂感服更相歡結靜居一室鄰近從不聞其笑語現年五十五子郁文稟生

孫全氏
全氏全德崑女張巖港孫衍惠妻夫死氏年二十九勵志貞守現年五十六

朱湯氏

湯氏儒童朱業義妻年二十四而寡翁年老家貧氏孝養無闕艱苦備嘗撫孤子良玉未幾殤氏悲哀愈甚於每月四日斷炊勺漿不入口現年六十七

劉李氏

李氏雙家院劉其松妻越二年生子明文以體弱勸夫納妾馬氏生子明常明禮李撫之如已出年二十九其松卒氏耕織苦守治家有法教諸子皆成名現年六十餘

張戴氏

戴氏新豐院張懋緒妻年二十一而寡家貧勤耕織自給撫子泰賢成立現年五十二

王李氏

李氏新豐院王申來妻夫故氏年二十七撫二子萬銹萬鈺並成立現年八十餘

劉鄭氏

鄭氏上耳院劉道貴妻年二十餘而寡家貧無子矢志不渝現年六十餘

郭王氏

王氏楊嘴王銀女幼而淑慎適同里郭桂昌桂昌早死遺二子家極貧翁姑年老氏矢志不渝仰事俯畜皆資紡績現年六十三

何廖氏

廖氏三台院儒童何文舉妻年二十七夫故三子相繼夭氏矢志苦守立姪以星爲嗣教誨成立生平寡言笑樂施濟親族中訓婦女多援以爲法現年八十六

吳張氏

張氏龔渠院吳士海妻年二十四夫故遺腹生子家赤貧撫孤苦守姑得噎疾月餘氏奉事維謹現年七十一

董張氏

張氏長一院董其瀛妻年二十六夫故家貧苦守撫子孝昌咸豐四年孝昌禦賊陣亡事見續兵防志復撫孫士林成立現年七十六

李田氏

田氏三台院庠生李肇隆妻年二十餘夫出亡苦節自守謀生嫁女艱苦備嘗立姪家元爲嗣現年六十餘鄉

鄰咸尊敬之

彭史氏

史氏栗林院彭賢佐妻年二十七而寡撫二子皆成立現年六十四

毛余氏

余氏太平院毛大瀛妻年二十四夫亡現年七十七

戴李氏

李氏楊林洲戴鳳文妻年二十六夫亡守節撫孤備歷艱苦現年七十九

謝廖氏

廖氏謝家壽妻十六歲適謝明年夫外出不歸謹守閨閫孝事翁姑咸豐四年翁與選勦賊陣亡姑陳氏賴氏保全無恙立嗣承宗現年五十九

王陳氏

陳氏官莊院王緒廷妻夫沒氏孝事病姑撫教幼子勤儉起家施濟不吝現年六十六

王陳氏

陳氏七里院儒童王大林妻年二十五夫故氏矢志苦守事姑極孝曾刲股療姑病現年五十七

董李氏

李氏長一院儒士董其連妻年二十夫故守志撫孤子二治家勤儉數遭凶年賴氏振興長子昌訓列成均諸孫林立多貲氏教現年七十二

蕭徐氏

徐氏長四院儒童蕭國光妻年二十夫故遺孤其華撫教成立現年八十餘

劉胡氏

胡氏竹根灘劉其榮妻年二十五夫沒長子衣綬四歲次子衣縉甫八月氏紡績度日歷盡艱辛撫子均成立現年七十

柴李氏

李氏淌湖院柴國榜妻年二十九夫故甫三月生遺腹子正典時翁姑在堂曲意承順夫姪正誼正業讀書遊泮皆氏曲成之子亦就婚孫枝蕃衍現年六十二

劉王氏

王氏永豐院劉緒謙妻年二十二夫故子甫一歲家貧

歲飢備歷艱苦撫孤成立現年七十

李劉氏

劉氏永豐院李玄毓妻年二十一夫故生子六月順事公姑言笑不苟撫孤成立現年五十九

劉余氏

余氏永豐院儒士劉緒鵠妻年二十五夫故子幼家貧艱苦備嘗撫孤成立現年六十六

熊周氏熊楊氏

周氏猧猖院熊輝德妻年二十七夫故撫子祖輝成立

娶媳楊氏未幾子亦故媳年二十九雙寡相依備歷艱苦撫孫忠顯成立周現年七十四楊現年五十九

楊孫氏

孫氏本城楊家泰妻二十九歲夫故生子仁德撫教成立艱辛備嘗現年七十二

吳楊氏

楊氏磚橋院吳貞賢妻夫故氏年二十八遺子先華甫三歲撫教成立年近七十猶紡績自勤焉

謝涂氏

涂氏黃漳院謝祖和妻祖和沒氏年二十五遺子盛連氏事翁姑撫孤子歷盡艱辛現年六十餘

謝夏氏

夏氏沙長河謝登第妻年二十四夫沒氏誓以死守立姪封漢爲嗣撫之成立現年逾六十

劉李氏

李氏城內候選訓導劉永彥第三子劉高漪妻年二十七而寡是時姑尙在堂子甫四歲家貧如洗度日維艱氏栢舟自誓仰事俯畜皆取給於十指現年五十五

陶孫氏

孫氏長三院儒士陶爲楨妻年十九生子國順甫七月夫故翁姑年逾七旬疊遭飢饉氏長夜紡績供孝養撫子國順成立現年七十有二

陳董氏

董氏長一院儒童陳高義妻二十二歲夫故無子撫嗣子禮循成立現年五十六

毛田氏

田氏毛盛超妻二十八歲夫沒家極貧惟以紡績傭工

養翁姑撫遺子茹苦守節迄今七十六歲
周彭氏
彭氏彭洲周琦妻二十八歲夫故遺一子尚幼氏孝事翁姑撫子成立子亦生孫現年近期頤精神矍鑠猶勤苦不倦云
黃邱氏
邱氏趙林院儒童黃漸榮妻年二十夫故遺一子五歲氏茹蘖飲冰不避艱苦現年六十
衞戴氏
戴氏衞安文妻二十歲夫故遺腹三月生一子矢志撫

孤成立現年七十六
易王氏
王氏易開華妻二十歲夫故欲以死殉親族力勸爲立姪德春繼祀撫嗣成立現年七十六
黃莊氏
莊氏鄉西院黃堯榜妻十八歲歸黃生五男一女二十九歲夫故守志孝養翁姑撫子女成立現年九十八
劉別氏
別氏廩生別智女西門候選訓導劉崔然妻崔然宦遊日多氏事養翁姑素有賢聲咸豐四年紅巾陷潛城氏苦崔然未歸抱嬰女扶七十衰翁劉柄避賊過三板橋翁失足滑跌氏驚號搶救不覺失手溺女蓋倉皇之間情廹於救翁竟忘手中尚有女也氏固孝婦余氏媳其淵源有自來矣
錢丁氏
丁氏黃中院錢純德妻年二十五夫故矢志守節現年六十八

錢曾氏
曾氏黃中院錢元純妻年二十五夫故矢志守節現年七十有一
陳彭氏
彭氏崔家院陳安訓妻年二十六夫故立志守節現今數十年
陳謝氏
謝氏江汊院陳華遠妻年二十夫故守節撫子正亨成立現年七十

燕甘氏

甘氏城中燕定科妻年二十九夫故遺子昌興昌顯家貧辛苦備嘗撫子成立家日充裕現年七十有四精神猶健

謝戴氏

戴氏黃漳院謝祖深妻二十四歲而寡守貞勵節六十一歲現年八十五

王何氏

何氏柴西院王毓德妻戊子生甲辰年歸王生一子必

榮甫百日毓德歿氏苦節孝奉翁姑撫子成立現守節三十餘年

羅劉氏

劉氏義豐院劉順揚妻道光戊子年適羅三年而夫卒時氏甫二十撫孤光玉水患頻連紡績營生族黨有憐而濟之者婉言力辭迄今五十三歲子能孝養孫皆就傳人以爲苦節之報

吳徐氏

徐氏毛中院徐國盛女夫故翁姑勸令改嫁自經死

張王氏

王氏道光七年夫故氏年二十六遺孤甫六月氏忍飢寒撫之成立現年六十五守節已三十七年

王熊氏

熊氏嘉慶六年夫亡氏年二十三無子立嗣子瑞容守節二十五年道光五年卒

袁何氏

何氏嘉慶五年夫沒氏年二十五矢志柏舟言笑不苟事翁姑尤以孝聞道光十五年卒守節三十五年學

使王旌

劉李氏

李氏劉士玉媳夫亡氏年十七遺腹子生孫五人爲完娶生重孫現五世同堂守節數十年

吳郭氏

郭氏歸吳數載夫失名氏相事無違奉翁姑能得歡心年二十六夫故現守節五十七年

龔朱氏

朱氏嘉慶十一年夫故氏年二十六奉翁姑撫遺孫

守節五十七年

張李氏

李氏張之珍妻年十九歸張歷五載而寡遺子年週歲氏矢志靡他孝奉高堂教育弱子守節三十載子復生孫翁姑終養學憲朱給苦節嗣徽額

鄒魏氏

魏氏下耳院鄒月華妻乾隆時人年二十夫故撫孤子鳳翔成立道光辛卯武舉例贈孺人李學使旌以冰清玉潔額年五十四歲卒

蔣胡氏

胡氏北郭外人許字圯埠院蔣玉瑄未及笄而蔣失明恐不願爲瞽人婦也欲悔盟問於女女曰人生有命結盟在前失明在後天所命也請安命遂適蔣瞽人性暴戾動輒詬詈氏安之終身無怨言生子一女三

蔣孝女

蔣孝女名世英性貞懿父運國母陳氏皆鍾毓之咸豐三年冬母遘疾女時年十二痛母瘖刲股肉和藥進母病頓愈同治六年父病危女復割臂救其父亦獲痊

李貞女

李貞女長亭院何大傳聘室傳卒女赴弔次拜姑修子婦職守貞四十年嗣子昌佑

劉貞女

劉貞女趙林院儒士劉邦練女同治六年春捻匪至赴水死

程貞女

程貞女許字西街儒童蔡明益姓氏見前志續編蔡就見聞詳其節行益卒女聞訃毀妝不食稟母請往婿家

一唁翁姑母偕往即喪次謁祖成服拜翁姑立嗣子女自此不踰蔡門獨居一房即房設靈座飲食必薦之幰若有見每哭奠後對座與語若有所見者家人初不之異既而家中瑣事一切婢僕勤惰兒女遊戲女所未見者無不知尤悉於嗣子塾中功課每日讀書寫字若親見者姑問之則稱伊父云然他人問之不答積誠所格達於幽明理或然與年三十六卒知縣給以冰雪遺徽額

吳貞女

吳貞女黃場農家女姊嫁近鄰女承母命探姊病途遇狂暴挑之喊救免辱歸而憤不欲生父訴於知縣裼女竟投河死定案咨　部部員奏請旌表奉　旨建坊祀節烈祠

熊貞女

熊貞女南湖院庠生熊登雲姊許字儒童朱學濂濂卒女哭赴喪衣守貞朱門終年樓居什用服物皆各具郎姊姒不與共紡績自度供役惟一老嫗家人罕見其面嗣子夭近族中無可立者憂宗祀不繼抑鬱而卒時年

六十殮時骨節柔軟面色如生咸豐十年請旌

謝貞女

謝貞女沔陽州貢生謝祖瀛女許字城中儒童李焜焜卒訃於謝女稟父歸李事翁姑代修子職除定省外不出房戶守貞三十餘年至咸罕聞其聲道光甲申歲大疫翁病在牀女每夜禱叩百頭翁病亦痊後立姪升墉爲嗣撫教成名以歲貢食餼候選訓導學使王給守貞全孝額道光二十年奉　旨旌表入祀節孝祠海内名人題詠極多有貞孝錄一卷梓行其父祖瀛寄女詩云迢迢百里信音疏七字編成當寄書好傍乾坤扶正氣休悲父母困窮居生前福澤兒難受死後聲名我不如吟罷鬼神垂手立滿天風雨一欷歔

李貞女

李貞女南湖院監生李正泰女幼有至性貞靜寡言許字吳氏子未婚婿殤父母微勸女改字女不可願終身侍晨昏自是屏居一室非有事不踰閾年七十九卒學使王錫貞孝可風額

黃貞女

黃貞女荷湖院黃安遠女許字儒童劉靈冕未卜吉靈

冕死女時年十六聞訃泣不欲生請往弔父母難之女誓以死殉乃得奔喪成服劉家徒壁立父母乃給女田四畝爲餬口計閉戶紡績舉止莊嚴年七十五卒家貧數日始成殮顏色如生知縣史錫泳雪清操額

李貞女

李貞女北郭外庠生李承鑑女許字庠生宋承湘之子遵植于歸有期植卒女請於母哭赴喪衣拜見翁姑修婦職曲盡孝思翁素處以禮姑多病病輒累日女侍湯藥不懈守貞三十餘年足不出戶鄰邑從未聞其聲郡

宿儒江夏教諭黃旌日節勁松筠同治八年督學張題請旌表嗣子祖齡監生二十五歲夭媳康氏侍姑守節雪白冰清叉將　綸音迭錫矣

吴貞女

吴貞女北郭外吴宗培女許字李賡堂之子于歸有期婿卒女隨母哭靈矢志守貞母挾之歸是晚自經邑人甯熙朝弔以詩云兒無夫家兮聘已下兒有夫家兮身未嫁身未嫁兮不得殉夫死兒知有心兮不知有禮兒隨母兮弔李家拜靈幃兮日西斜歸來飲泣兮恐母見一粟燈光兮三尺練兒不爲建坊兮高青雲兒不爲地下兮識夫君完此一死兮兒心不負只難忘兮兒寡母

劉貞女

劉貞女太平院劉正揚女同治五年正月隨兄妻趙氏避捻匪亂匪尾至同嫂投水死

才女附

王張氏

張氏明節烈婦郭張氏妹徵君承宇姊也幼性純孝嫻內則並工吟詠有作輒焚其稿不以示人謂非閨閣所宜適荆門王生相以禮相夫使不爲境累常有句云恨不鬚眉學聖賢年踰五十始以詩一帙寄弟承宇前志錄其憶母慰夫詩共六首足見一斑著有閨中雜詠二卷論詩七絕一首選於　國朝別裁集

朱劉氏

夙世因緣前身慧業固自荒渺難稽而世俗傳聞適符其人事後之附會天數之循環未可知也而詠絮之才畫荻之教卓有可紀劉氏幼名之琪號竟凡生而識字能記前生事八歲試筆詩曰記得當年月滿樓樓中經史伴春秋而今明月依然在不是當年舊案頭情詞隱約可想適庠生朱萬榕婚逾月而榕遠逝黃鶴一去雲海茫茫生子邦彥甚聰穎清癯似鶴氏自此以訓子爲事理解超妙彥承慈訓以能文稱值彥歲試氏先命研究管仲論及入試題爲管仲儉乎二節彥以此見拔於學使初頭園試畢學使出詠史詩四章索和彥以母氏舊作呈學使擊節嘆賞謂飄飄然有淩雲之氣道光十五年雲南楊竹塘宰潛下車詢彥搜求彥制藝稿並氏詩集蓋彥主講滇南時所得士久耳氏詩才也著有藜閣吟二卷雙清閣詩集二卷梓行朱劉合刻詩其一鸞也所作論文論制藝三類集叙識解尤超彥别有傳

論曰臣忠子孝無負君親常經自在宇宙婦人于夫何獨不然顧既喪所天已亦如萬象皆春獨立風霜雨雪之中而至性至情之發卒能各成其志得從夫于地下者其表揚宜矣至有家無寸土子更殀折甚或兩世迭悲寡鵠一庭同愴離鸞處萬不可爲之境居然使家道成子繼祀現歷六七十歲八九十歲不等猶稱未亡人而百折不回此等嫠婦應在可矜可卹之例茲欣逢盛舉而不邀曠典則婦女何所觀感彙存之總期足以風世耳

上諭嗣後遇有孀婦應行立繼之事除照例按昭穆倫次相當外應聽孀婦擇其可立之子立有合族甘結卽獨子亦准出繼庶窮嫠得以母子相安而立嗣亦不至以成立阻隔 乾隆四十年十一月廿六日頒行

潛江縣志續卷之二十

藝文志書目

自漢志藝文詳列古今書目後世因之茲沿其例所貴兼收博采不使前輩學術之大漸就湮没亦孝子賢孫所宜用心也

經部

二藪删繁定註 明何薦可著

三傳合鈔 明張承宇著

周易體象 國朝向大觀著

詩經古序解 國朝向大觀著

禮記續朱 國朝向大觀著

史部

二十一史醵 明張承宇著

太平畧十卷 明朱孔昭著

史論 國朝向大觀著

治平要錄史略遇鈔異鈔 國朝朱士尊著

子部

十藪筆籙 明歐陽柏著

逸叟寄言 明李之翔著

自在居偶筆一卷齋腐談閒中漫鈔稓軒漫書毘陵閒話昭州暇筆各若干卷 明歐陽東鳳著

素榮軒雜箸 明王啟遠著

婚儀一卷葬儀一卷 明朱之瑚著

家訓略言 明張連璧著

聖學正脈 明朱孔昭著

地理直指四卷 明彭鳳淮著

本草述二十四卷 明劉若金著

西村詩說 國朝向大觀著

地理蠡測一卷 國朝游宸著

傷寒夾注醫學一隅聞見錄 國朝王三錫著

日行錄二卷 國朝李大訓著

集部

日日草堂紀年藁 明喻曉著

南陂詩郇笺讀史樂府今是堂集 明莫若玉著

樹穀堂稿 明歐陽柏著

日乾飛霞閣社草素風居士集 明歐陽東鳳著

牆東樓集 明張承宇著

治懷草橘園晚歲詩棄草時錄 明王啟遠著

歷代詩文選秋辭集唐百首 明張承宇著

松篁軒詩草 明李庚著

敝居文選舜問堂稿春辭集唐 國朝歐陽[illegible]著

芟湄集 國朝劉肇國著

拙畝集 國朝劉昌吉著

含桃軒詩稿百城烟水集 國朝李覎著

落花長律三十首 國朝廖燧著

遵舫文集五卷楚詞解漢魏樂府題解 國朝向大觀著

緗柳堂詩集 國朝朱士尊著

端居草堂繡林齋詩 國朝謝封著

東浦詩鈔 國朝朱載震著

覺夢集十六卷 國朝吳宏培著

振藻軒文稿二卷詩一卷 國朝劉國賓著

柑堂詩草八卷碧湘齋文稿二卷 國朝甯熙朝著

庚辰遊草雙梧詩話 國朝甯熙朝著

蓀閣吟雙清閣詩鈔 國朝庠生朱萬格室劉之珙著

小石山房集 國朝謝家春著

來鳳遊草一卷 國朝李大訓著

貞孝詩錄一卷 爲謝貞女作 里人公輯

藝文志上 詩

文藝者士之末也此古人重本之論而亦有不盡然者文人墨士以尋章摘句爲學問以吟風弄月爲著作逞塊奇之詞侈靡麗之語雕蟲小技何關事實若夫老成之所傳述賢尹之所條陳垂之金石可以繼往載之編簡可以開來庶不令文獻殘逸碑紀沈沒其他一吟一咏無非感事興悼悲時憫俗之作所謂事以文傳文以人重是大有功于名教者也續藝文志

環翠亭 國初時在中州書院內邑人 郭世朝

空堦鋪翡翠四面鎖瓏玲陰護莓苔老雲含簡牘馨窗虛生淨白几靜落奇青時有飛禽語忘機細刷翎

椿桂堂 中州書院講堂 前 名

靈椿垂蔭幾千春丹桂騰芳老愈辛不愛蒼松參別種著書未了長龍鱗

感事 時國家多事 邑人 郭嵩

器聲繞郭澈雲霄軍令森嚴夜擊刁億萬生靈爭啟篇九重勅詔快趨朝抒忠諫草終遭蛾至性文章可格梟

留好家聲傳一例莫教尺布起歌謡

寄王卓求令先子隱士東岸遺稿 東岸先生名啟遠字公逸明諸生爲學淹博性高潔國改隱居潛東岸去城三里終身不入郎以爲號種橘蒔蔬詩酒自娛一日忽聞弟冽賦詩二句寸心對上帝辛苦亦平生擲筆即終

邑人　段天門

窮居思奇士半屬坎坷人雖爾令先子甘苦完天眞平生千餘篇涙涙泣鬼神世人多不與笥笈有餘塵我本青山老久與白雲親可以披斯集早晚寄松筠

西山從軍 十四章存者僅三首　前　名

康熙壬寅流賊餘孽小李兒據楚西山爲亂潛邑上受蹂躪民不堪命　王師征之陟雲以荒蕪之賊欲執運役因以紀事

二年秋九月賊出西山樊將軍一戰走失利悲中原前日府帖至四鎮合兩屯轉運必健卒嚴程無朝昏仰頭見妖星灼灼犯斗垣上天垂異象無乃民太煩夫去逐火伴愴然聲暗吞

晚投蕭村路行久不逢人蒼茫見燈火心怯疑鬼燐提徑越荒陌襦短霜裂皴柴門獨衰叟相見發悲呻自云有二男轉運南陽津去秋山賊出殺掠荆西闉死者盡運卒消息翻畏眞聞此轉忉怛泣下心酸辛

季冬北風嚴雨凍石路凸亂石披重嶺危徑行百折努栗嚮賊營戰不分主客礮聲鐵鶻叫一子百命絕顧我非死士安得不殞魄

沈災紀事 三十首存七　前　名

康熙甲申楚北諸郡霪雨降水互相侵稼於潛江更甚流殍載道死亡至空村舍幸　天子垂憐凋瘵賜民田租一載并除積歲逋賦發常平倉外多方軫恤嗚乎死歲而生亘古未有也

三載苦淫潦稼穡荒不治江漢挾雨高萬里浮天至東潰復西闕漂流至再四何饔與何飧典賣盡衣器今復

罹斯災水縮已秋季有力將何傭逃生向誰地斗米十歲兒肯易寧論直

晝飢已難忍夜寒更可禁雙雙小兒女叫飢傷我心丈夫遠求傭雨雪天沈陰豈無周親在自救且不任舍兒入市乞饔飧辭如瘖不惟無施與呵叱蒙惡音未歸直暮雨傾跌泥涔涔飢兒追母失黄昏無處尋

落魄故家子僑居涗賃傭私念舊門第後語戒兒童秀才書卷束荷鑊從主翁日午正力作炎蒸如治中喘息甘呵叱不敢曰非農晚歸藉塊息妻憐淚潸潸悲嘆以

慚謝流離累汝從

茅屋捲秋風穿洞苦寒雨三日無一食骨肉悲相聚媒人冒雨來袖金相謂語同餓死何益通權便生路婦聞賣女兒零涙應聲落相商入市糴飽飯與兒別孰知雛未鳴被中强逼挈可憐兒餓去阿母肝腸絶

北風起中夜寒雨凍成雪紛紛被災民飢敺鄉井別傳說山村稔遂將妻子挈傭作非其時乞丐聊成活一家犬吠聲十家門晝閉叩頭枉哀求誰與半黍啜牽挽逐出門傾跌衣褌裂長飢老病親卧路氣將絶

嚴冬米價騰流民多殍死老夫扶藜去遥怪人叢止向前見餓莩屍殭溝壑裹五日無人收惻隱心難已力貧無木施歸徹卧簟子呼童借鄰鍤掩掩荒原址悲哉復有聞那能盡如此

如絲八日命雨雪擁其門窮思歷親拔無一可我援飢軀往相告既見難一言有客自城來欣欣向主論今年秋徵緩明年賦全蠲更傳發倉廩賑恤在朝昏才聞便生氣泥首謝 皇恩

歸鶴洞 進士歐陽東鳳官太僕寺卿致政還里築別墅曰歸鶴洞乃同年董公其昌書今宛然可觀 邑人 歐陽沂

鱗鱗石馬草縱橫陵谷依然世已更老屋雲多埋夕照荒林風動亂秋聲兩言默石成奚猊高士默石子祭公文云敏而好學矜而不爭識者謂之實録千古涇陽識姓名國史與顧涇陽先生同傳歸鶴去今長不返洞中孤月爲誰明

憫旱 邑人 劉嵐

三農重西成苦遭連日旱入夏少甘霖秋至又及半赤日麗天行熇熇翔陽翰兼之風伯威呼號接晝旦遂使田野間坼裂龜文亂青青隴中禾槁如治爐鍛可憐枯

槹子辛苦頻揮汗引水轉瞬枯曾不浸脛骭我觀焦灼形長爲蒼生歎向夕望斜陽露坐窺河漢安得片雲來倏忽成瀰漫自使萬井均無復求浸灌

聞縣官議疏宮河喜而有作 邑人 李大訓 香圃

河心高院心低雖閉到垸洩無時上游之水漬下游下游腴壤成汚池荇帶藕絲非可織菱花菰米不療飢荆襄大營望南漕官河淤塞船難到折錢採買舊章違亦恐民心生驚嘆今年萬姓苦蟲荒聞疏荆河喜氣揚以工代賑可活命河通院通便國便民利無疆所望施功

深且廣草草結局經費枉願諸同事重任擔臣心盡處

聖恩覃 聖人無復宵旰憂東南

香雨樓 在邑之南城外爲郭氏別業遠近皆種梅邑侯王黃湄先生常遊宴於此

邑人 甯熙朝

梅花野外樓王宰日勾留妙有爲官法曾無廢事憂百年人不作一片地空遊嗚咽聽流水蕭蕭南浦秋

登景峯寺樓 此廟在張縠港

前名

長河帶繞景峯樓流盡春光送盡秋惟有利名貪未了風波不斷往來舟

大通橋夜坐

前名

荷葉荷花匝水濱石橋月劃一鈎銀不須更酌荷筩酒只嗅荷香已醉人

月宮橋

邑人 朱繼智

第一仙橋號月宮文瀾翻起化魚龍花間執斧攀丹桂可許攜樽仗短節

龍鳳橋

三年移住此橋頭淺水蘆邊且繫舟霞有竹栖煙有柳雲深添個酒家樓

滙水橋

暗水浮橋下有聲環溪一會水分明街衢四達呼清道金勒騰驤路蕩平

大通橋

荷蒲連城曲曲通鶴臺亭影畫圖中四時無限花經眼不是吹來一樣風

南津橋

磡磜何年石漸坳迎薰門外馬蕭蕭楊林築遠沙隄路一架飛虹第五橋

通政橋

西城橋石水依城通政潛陽舊有名留畀各尋深淺處素鷗驚起捕魚聲

紅雨亭懷古 在縣署花廳後

邑人 吳逃洵

碧雲軒敞鏡高懸有客相思忽邈然憶昔曾栽花滿縣於今空對月當筵亭留舊蹟飛紅雨院接書香種白蓮黃閣歸時眞大宰清風兩袖再朝天

西荆河隄潰登城誌感

前名

秋水長隄一線橫滔滔廣漢遍荒城淪胥萬竈沈煙火

蕩析千家震哭聲砥柱中流思逝者慈航普渡愧吾生
狂瀾既倒廻無力瓠子悲歌恨不平

西城內叢桂山房山石成疊花木爭妍其中有得樹軒樂萱亭雲在意俱遲書館高低掩映風景怡人時留客坐月分韻　前　名

一年幾回見圓月月圓幾回屬三秋秋月難逢有如此胡不招之座中遊君不見袁泛渚庾登樓古人已往月長留有箇小軒築傍舍暗中獨坐僻且幽月未來時我與我結契月旣來時我與月結儔況復有客攜月來相

訪遙聞主人此地得月不入門豁然驚一望清光早是滿座流譁言特攜佳客至主人已與客綢繆大笑且拉同一坐直覺四時清氣此夜浮欲晤對之在上頭

題黃郭孺人節壽　前　名

有佳士者號夢蓮鍾英曾得氣之先飲冰茹蘗母氏賢
植來蓮實堅復堅憶昔郭黃結良緣于歸未幾失所天
翁媍堂上正華巔戈乎宗嗣尙茫然所幸蓮根一綫延
蓮子心苦倩誰憐旣孝且節誓兩全獨貞霜操三十年
方今蓮華已鮮妍蓮筆涵濡藴遡綿子又生孫蒂接聯
香遠益清秀娟娟歲在丁酉大雪前競爲稱祝寫吟箋
從此芳型歷代傳奚止數計半度三萬有六千

謝貞女　前　名

潛水一何清沔水一何潔潛沔深且長人生何太決卓哉謝女賢降衷不可湼但受李家聘幽閨縭未結忽逢破鏡凶永作生死別李氏有翁姑暮年甘旨缺李氏更無嗣賴此闈中傑尤難在奉歡豈惟在此節樽酒貧良人肝腸寸寸裂登堂拜先靈二老泪成血趨厨備饔飧投簪不能咽入室對孤燈形影自相謁全貞頗有年風

規無殊轍生當凜素心死當塋同穴此中有夙緣此心堅如鐵如此復幾人千古仰芳烈

郭黃孺人節壽　李芳榮

李郭同舟證夙緣低徊往事倍生憐那堪寶樹秋先落
所賴孤松老更堅仁里並登貞孝錄及門早廢蓼莪篇
祇君晝荻承慈訓應爲吾孫一例傳

又　邑人　甯光坤

表率推巾幗彝倫重古今（旌額表率彝倫）善全兒女職大慰舅姑心年少眞能守家貧苦不禁月卿聊示奬坊建待

綸音將滅燈還續奇生兆夢蓮此心何太苦之子總稱賢又見孫枝秀都原母教先寒梅香不老霜雪耐多年

秋日訪莫氏花圃適愷遠以大集見示

前名

邑人豔說莫家樓園林花木自悠悠隨時風月共清遊不復知有人間秋兒時行樂苦不早花意摧殘林枯槁今我來遊恨已遲花圃零落悲秋草薰香摘豔主人翁胸中別具造化工筆花奪得圖花豔花時無如花興濃大集示我殷勤讀意蕊心花堆簇簇仙境難教俗眼窺

春風坐我青毡屋空中樓閣現虛無異卉奇花澤未敷松柏猶存古時貌芳園桃李春相娛淡菊心相摧寒梅品已殊清水芙渠麗雕飾化工真與四時俱總爲新詩工點染何妨三徑任荒蕪君不見少陵草堂今何處浣花花樣不如故淵明高宅竟無存風洊門前五柳樹桑田滄海恨漫漫幸有詩名未可干此集與之俱不朽敢作凡花小草看

潛陽感事十首 時粵匪攻破潛城

邑人　郭美彥

茫茫粵海起妖氛五載王師撻伐勤晝角催殘湘水曲亂帆飛墮楚江濆晴川複道成焦土鄂渚荒煙隔斷雲浩漠平沙人迹遠不堪卒讀戰場文

襄水無端漲碧流倏經舴艋過新溝蔡家橋外人催供仙女山前戶起愁卅里馬奔乾鎮驛五更蠶擁岳江舟風聲鶴唳猖狂甚旦暮驚心不自由

蜀江一騎惹風波竟夕功成克在和甫聽鋒摧湖震寺旋聞利失郭家河號亡未免滋虞恐項敗都疑唱楚歌滿地哀鴻傷倦羽征衫狼籍淚痕多

刼火無情起異方潛陽一炬比咸陽人民暴露餘殘喘瓦礫零星賸壞墻頃刻烽煙歸造化幾家樓閣換滄桑

紛紛兵勇終何用留與當前作散場

傷心最是馬昌湖一葉舟輕萬口呼出險有人驚慄慄求生無計泣呱呱蓬蒿繭足兄攜弟襆被橫肩婦喚姑到此相逢成陌路更從何處覓卭須

頭巾尺幅裹猩紅羣醜跳梁吾道窮自比淮陰來胯下誰呼壯士出蘆中登樓客每懷王粲失馬人還賀塞翁身似落花無意緒幾番飄泊任東風

一枝旗到便稱營白晝公然魑魅行黃絹纏頭長髮繞

猾衣新試短裝輕驅來虎偎能為役沐借猴冠總不情
比戶可憐人去盡猶傳燈火夜支更
談眞說假各爭雄狡獪多端伎倆同猌礙方迷籠市月
狂艘難挽蚌湖風難遭士女三千殉財掠人家十九空
最苦赤貧無住處又驚搜索到兒童
祠宇千秋立化煙竟難風雨蔽諸天佛原無相神如在
人每稱妖命早懸北望恩光辰告遠西來香篆午陰圓
文明重地同歸盡歷刼剛逢五百年
忽從天降亞夫營敬獻壺漿感泣迎路指福星歌再造

人歸新月共初生喜聽烏雀庭前噪怕覩蠨蛸戶外盈
此去靈臺欣偃伯埽清寰宇樂昇平

庚午夏深河潭隄潰水上作歌　邑人　杜洁澐

我生百罹又逢此桑田變海一彈指擬是龍伯國人釣
鼇歸坤軸就翻失綱紀青青禾黍一泯傾大舟小艇場
圃行居民結巢學飛鳥一息命與蛟龍爭是時怪風連
日作撼折廬舍如摧籜仰視天高赤日蒸芟芟忍縱陽
侯虐隣國為壑能小補（時有築私隄各保一院者）轉訏白圭愈神禹
沱潛既導猶為災或者決漢功遜汝我坐高閣安途窮
拯溺寡術心忡忡防河固屬人謀拙造物仁愛似亦無
全功君不見名山三百支三千數多能蔽大小川彼餘
土石既無用此盡汗下難為田何不混沌初開洪鑪一
概鑄平地以嬴補絀交相濟灌溉但留井中泉膏腴萬
里民生利水患永絕無懷襄補苴奚勞禹皇皇胡為罔
極鴻恩不出此遂令陽侯藉隙得逞狂噫嘻陽侯爾何
毒充耳不恤萬人哭爾功能阻催租吏爾罪滔天不勝
錄我為臨風唱𢌞波送爾連夜歸江河來既無端去必
速及時猶堪植晚禾植晚禾民力竭一粒嘉種一粒血

決口難塞將奈何天意蒼茫不可測

清溪山色　邑人　郭兆梅

竟日尋芳路幾經祗無山聳入蒼冥惟憐鴨浪三篙碧
恍接螺峰一髻青象外鶯花明隔嶺意中嵐翠俯臨坰
嵯峨五嶽含方寸吟出新詩補畫屏

將之鄂垣留別潛江諸同人　宜昌　樊增祥

落拓青衫曼倩飢鄂中煙樹久相思重遊白雪陽春地
又過金風玉露時駑馬竭來甘伏櫪鷦鷯棲定未移枝
旅人心事如秋柳一味天涯愴別離

秋風笠屐訪烟蘿把背青山足嘯歌洛社衣冠前輩老蘭臺詞賦替人多清談時復同樽酒高望原非仗甲科莫向黃公壚畔去白楊秋冢遶山河

膠漆何如翰墨親閒庭秋雨話蕭晨無多聞見難爲友銳意功名大有人常恐王楊爭位置每從嵇呂挹丰神談經欲避名山席眼底英才盡鳳麟

欲唱驪駒强自寬凄凉馮鋏忍三彈途窮祇覺求人苦客久都忘行路難短笛吟秋楓葉下大江浮月鶴聲寒文通有恨憑誰遣索取新詩別後看

築隄吟（吳家宅旁隄連淹十載合江潛監沔四州縣築之）

邑人　黃玉輝

潛陽澤國民時苦水患酷河伯鼓洪濤年年肆慘毒非無隄防堅奔流勢難束萬家魚腹中赤子波間逐幸有賢宰官憫此生命促大力挽狂瀾重把禹功續役夫招萬人金錢加實錄塞其要害衝一一勤修築但願人力齊不辭親身督此事爲民生此念天心屬大功轉眼間定唱安瀾曲

馬昌湖打魚歌

前名

馬昌湖馬昌湖矮屋郎當西城隅朝打魚暮打魚朝朝暮暮水風驅兒女全家生計俱水作良田當膏腴春水鱖秋風鱸夏鯉冬鯽任取諸其中多少老漁父小漁舟往來大佛寺前三板橋頭拍手呼賣魚得錢美酒沽醉倒水雲深處一枕酣眠百事無我嘗湖上趨聽到打魚曲子一聲一聲類吹竽有時晚唱急歸船收繫楊柳株有時朝謳起曉煙未散天模糊四時風景共相娛一一長歌更短吁倘能學得丹青手寫出煙波釣客圖

弔唐廷鑑

邑人　董化南

三鳳和聲萃一堂燕山老桂姓名香殉仇大節人千古報國雄心淚數行春樹鵑啼雲黯慘秋江鶴淚月昏黃通家詩社尋盟處叨竊珠璣照末光

光緒戊寅自夏徂秋襄汎異漲潛江南北兩岸叠陷層隄浩瀚靡涯慘怛莫狀迄庚辰春凡隄之潰決者修復卑隘者加培今昔殊觀詩以紀事

江夏 馬壽萱 潤琴

横流捲地迅如雷誰挽狂瀾弭此災極目風濤張澒洞驚心禾黍鞠蒿萊防川漫恃金湯固射浪曾無鉄弩摧安得孝侯三尺劍滄波深處斬蛟回

萬人如海杵聲高版築經營不憚勞投檄有靈驅鱷患爲祖一例拯鴻嗸招徠聊代金錢賑保障眞成鉄鑄牢

自是使君能造福好將仁愛化淩嚻

藝文志下 文

楚潛江王觀餘先生下學淺言原敘

高安 朱軾

孔孟論學一則比於爲山一則辟之鑿井進固有一段精神持久及泉亦須是一片心源活潑兩者有一於玆吾知其於學無已也昔予宰潛邑時每月旦必偕諸生會課觀其制藝所以遵功令也而襟期遠大胸懷浩落足以仔肩聖學者則又士林中翹楚未嘗不暗中摩索而難其人也爾時於童子場中得王子名晟試卷雄偉

超超拔俗及相識既久見其體貌木訥厚重私擬其爲有道之器予任四載而王子入膠庠補廩餼吾知其文章日進矣康熙癸巳王子舉於鄉名日益重然每楚中人來詢及王子近狀皆嘉其德性服其孝友乃不徒以文名見稱吾亦不知其學之所至也雍正元年

皇上恩詔內有採訪孝廉方正一條潛邑士民千百爲羣爭以其行上之司牧王子固辭不敢承當即時起文赴都會試以避其事及會闈畢乃得晤見觀其容色冲然胸次浩然若不以得失介懷而能不厭乎貧賤者吾亦不

知其學之所至也又久之出其所著下學淺言乃其窮年塾課隨時體驗偶有心得輒筆記以成幅積歲月而成書其間甘苦親嘗意味酣適亦如遊子長途關山歧路仄徑邃谷中有不得已而欲鳴者見境既徹吐詞亦快故理不求亮而自亮語不求工而自工是則淺之爲言者露文白義顯以出之至理近在耳目靈臺皎如日星豈但不爲艱深斷不使有絲毫疑義然後嘆二十餘年相識不爲不久體貌之木訥厚重吾知之制藝之雄偉超拔吾知之而所以感人心服鄉黨者深潛畜德吾

不知其學之所至也雖然爲山之精神吾知其久掘井之心源吾知其活昔時疑爲有道之器者今乃一一見之於書則其數十年體認之功何可沒耶歐陽公有言學人甘於所悅溺於所止甚者至棄百事不關於心曰吾識於文而已今王子之書原本胡安定經義治事二條而類推之使人知吾道有用聖賢精蘊淺中寓深故其書不侈繁多不尚浮藻不涉杜撰而言言當理足爲修身治心之指南五經四字之先路海內德造諸英讀其書想見其爲人自知其於學無已也吾究烏知其學之所至焉

史公書院記

邑人　吳仲英

邑侯史公書院紀畧聞之官曰守土守土者何謂其不懈於位而於地方之因革損益無不順其勢而利導之故頌神君者曰福星聚也既頌之曰福星矣而於其陞遷之時或攀留之感泣之至其繫戀不已者更奉之祿位以俎豆之凡以志不朽云耳既奉之祿矣自應高其閈閎廓其土宇題其名曰此某公去思某公甘棠遺愛也獨於我賢侯史公委繁之曰邑之人特立書院以銜

公之祿位於其中則其所以戴公者豈一朝夕之事哉夫潛之以書院名者亦不一矣何爲而必冠之以史公乎傳經堂畔荒茂草矣太傅鶴臺付坵墟矣今日以公之實心行實事繼郈陽高安公而并美之斯固潛邑士人之幸而亦公之所望也夫公蒞潛數月勤於政治案牘幾爲一空每升堂則遠近齊集咸欽折獄之明民間曖昧情事或一時附會其說公雖隱燭其奸而懲以夏楚惕以明威決不忍使其情形表暴公堂之上愚昧所至初未諭其意也迨曉諭諄諄教以兄友弟恭之節卒

乃服公之德謂吾儕小人不足以履君子之庭遂爲式好如初再潛邑官兵凱還刻無寧晷一切人夫支給公捐俸代償閭里共慶安堵至撥赴臺站胥吏皆論功行賞有差他如仁聲善政載在口碑一時銓次之餘恐簡脫失倫致多罣漏僅隨其見聞所及記諸嚆矢俟將來一採聽焉公名湛字德凝別號澹園浙江餘姚人果葉簪纓先是尊大人以明進士歷遷山東濟寧州牧政行班班難更僕數偶因旁累被議濟之民負米擔薪紛沓應供莫知其姓名投之而去此亦足以徵民之激戴矣

公家學淵源由明經授山西猗氏令調補榆次卓有賢聲政載兩邑碑記今年自嘉魚轉遷潛江甫下車即屆童子試其所甄拔第一人果單寒士以此見公作人之化而其賞識爲不誣云比及七月大旱公糾率寅僚祈求雨澤三日霖雨如注皆其至誠感神之明驗也茲大憲檄委調繁鍾祥潛人士如赤子之不忍離慈父母也既晉之袞衣一華蓋一已爰於北關外三元閣右庀材鳩工就廡額其名曰史公書院於以妥其禄位焉事竣將必愼擇師儒集俊秀而選造之復籌所爲膏火之資者以慰邑人未竟之緒從此河陽花發丹詔頻頒雖異日公登臺閣而其拳拳造士之心知必挾潛陽鐘鼓以俱靈也因爲之記治年家弟吳仲英

乾隆四十一年歲在丙申孟秋月穀旦

騎馬隄撿月碑記　許　恂

潛當漢之下流水勢衝突爲患最鉅舊築騎馬隄遏其流使迂折入潛誠斯邦之保障也歲丁巳予初涖潛知此隄爲最要爰詣其所閲之是時秋水沸騰外河水勢高出縣河之田廬不啻一丈許而隄欲傾圮之處最多

勢且不支予曰噫是隄不固則人其魚奈何耆老進曰曩者有事於隄河東南五區通力合作前主曹杜二公重修有碑記載在邑乘紀憲政德頌黃漢等區借隔河不協之說越控大憲飭准免協而院灣區鄭學濂等又以隔區退諉隄工久曠是以至此余返署亟檢讀邑誌碑文而惻然憫也淮南子有言同舟涉海中流遇風救患若一其憂同也今五區之民與同舟無異而乃妄控妄諉欲狥一己之私棄萬人之命非特棄萬人之命而已亦自棄其身家而不顧也何其愚之甚也余有民社

責不忍坐視亟欲舉辦適同區之士王士卓陳代培呈懇照舊協修爰據情申詳復五區郡憲以近案飭免故不許余再三固請而坨埠區紳士鄭奎別汝昆蔣玉殞楊正泰鄒承勲等亦詣藩轅呈狀乃蒙委荆門張刺史琴詣勘形勢會五區士庶指要開說始願合作張公與余酌分區大小定歲修制以坨埠區承修二年黃漢院灣仁和道仁四區承修二年若挽月搶險仍屬五區公辦勿執歲修爲辭永定章程大憲批准乃於戊午正月丁卯興工少尹單君維心栖宿工所督理余亦不時勞

勸之越三月辛巳工竣計長七百餘弓廣濶三丈轉懷安之私爲大同奠纍卵之危爲磐石余與單君期晝綏民願自今邑人勿更執隔河隔區之說共廑思患預防之心也是爲記

與李純菴書　　甯熙朝

玩物者喪志輕時者曠事疎謀者敗緒三者一致之理也益之上九曰立心無恒凶損之六四曰損其疾使遄有喜蓋無益則有損有損則無益損與益在自立不自立而已夫人之立身亦不同矣爲上智思達天爲中材思法聖爲下愚思啟蒙果其慕德之篤不敢紛敬業之專不敢適守成之固不敢壞豈猶有喪乃志曠乃事敗乃緒者哉然天下之人亦知物不可玩也玩於小物時不可輕也輕於片時謀不可疎也疎於細謀不知病根已伏後且百出莫遏不至喪志曠事敗緒不止是以君子謹小慎微焉且射御末藝也猶可執以成名事之至無益而有損者則莫如博奕矣昔劉毅家無擔石之儲而樗蒲一擲百萬謝安淝水之報而楸枰坐鎮有餘此其人皆有非常之才能樹非常之功後人不求其博奕

之意而第襲其迹是猶畫虎而類狗雖有英敏之材質亦終身惛惛在夢寐中爲可惜也余聞足下近爲好博者是士行之所怒也願爲足下戒之足下常笑余爲好奕者是宏嗣之所惡也足下亦爲余戒之自茲已往兩人庶幾有益無損矣若夫孔子曰不有博奕者乎余與足下敢曰爲之猶賢乎已哉伏俟裁答

侯生論（是時國家有辨別人品之議故借侯生以立論耳）　　甯熙朝

才者德之用也無德而才於何生古之賢而在位者德性涵濡見於功業發爲文章炳然煥然不復以德名之

故名之曰才至無位之士功業無可表見所重者則有品有節節爲尤重品節者士之德也發爲文章士之才也能如是爲才子有言陳定生吳次尾侯朝宗三人皆才子者謂朝宗更爲傑出明季古文衰敝得伊出而振起之俾天下知有韓歐之學詩歌邁往矯舉有奇氣未將刻集集中未脫藁者一夕補綴而成今觀其壯悔四憶堂著作定生次尾或未逮焉余曰侯生非才子也生以世家子負姿英敏早居京師君子小人門戶之辨甚悉倘俠輕財結交皆知名士于定生次尾最篤其品似

足多者然好大言喜事睥睨一切猛戾桀驁莫可制其父督師援汴時語父願破文法以賜劍首誅甲科令守立威習帥師噪卽斬以徇軍父大怒叱其多言跋扈趣遣速歸此豈老成當事不僨者及寓居秦淮携槖數千金召故人名伎縱飲音樂盤饌之費日夜不貲膳夫稍忤意立撾殺投水中見者皆咋舌不敢問甚矣其張也且薄皖人爲人謭而遠之是矣不應復促召伊伶召伊伶矣不應復廣坐戟手痛罵身世無故自求釁隙卒致渡江亡命所依非人又嘗以一女故觸侮當事險蹈危機其品如是可謂才乎如謂南都擁立皖人枋用定生次尾亦遭報復未可以是專咎侯生不知君子觀人必合其始終定之不但定生次尾召禍之由稍異卽後之歸根復命亦判若天淵一則歸老陽羨以處士終其身皭然泥而不滓矣一則甘爲殷頑發旅江濆斷頸絕脰以死死之日義士哀之彼侯生者當此時猶不自檢束豪橫之狀幾爲豫撫所案治後復以青衿應試中康熙中副車旣進不能退復不安遂抱抑鬱以終視二子之節何如可謂才乎夫鼎革之際志士仁人之心所由見

也我朝取天下於盜賊之手雷厲風行歸命者庸違命者誅天造草昧非權宜智勇不能濟日久論定是非明白昔所謂俊傑識時務者今槪傳入二臣矣昔所謂負固梗化而其實心爲明祉悉與褎嘉如次尾者且得立傳易名焉嗚呼何其榮也侯生不能自晦豈以其文之瑰奇騰踔無所發洩故借一試以顯其光氣與是乃言也非才也孔子曰不以言舉人不以人廢言言之無關輕重如此他日與方客之書欲其偕服相過評玩所藏陶元亮入宋以後詩直强顏耳不惟沒無以見次尾且

生無以對定生客之侯生侯生其誰欺乎昔高陽氏才子八人齊聖廣淵明允篤誠高辛氏才子八人忠肅共懿宣慈惠和非近世專以文章爲才者吾不謂侯生不才直以品與節之不如定生次尾者辨其非才若定生次尾者眞才子也

旱魃解 時潛江大旱年餘有假旱魃以求雨者會逢得雨舉世慶之故有是解

甯熙朝

旱天意也魃旱神也天欲災其地魃順天令而已人欲回天方改過遷善不暇故子産不禳災識者謂得大體

焉烏有斬神爲戲以重天怒者回天意哉乾隆乙巳四五六月大旱湖北省晝夜無故火潛城内外尤甚居人盡遷器物於外候火起如是者數十日會大吏密檄下令斬旱魃神其法以猪脬盛血作頭墨塗眉目結草爲身鳴金擁械官吏押赴教場如出人肰潛邑倣行之是日卽雨夫旱魃爲虐載咏雅章豈天厭其德使附其神於草木假手於人以除害與抑是日應雨斬之適逢其會與明理者自辨之

崇義祠記

邑人　劉廷鎰

崇義祠者邑侯　許公之生祠也初黃湄王公在治創傳經書院歲久廢圮杜公汝愚稍振之繼是鮮有過而問者歷四十餘年屋且傾毁歲丁巳許公至覩焉慨文教之失墜也命鬻修已未秋克成明年庚申延師課諸生凡夫具修贄給餼廩備焚膏設奬賚悉出俸錢辛酉復如之糜金千數百許在恒情定有計惜之思而公獨進訊報時拳然蓋公之樂育英材其成性然也旣而諸致之惟恐不贍値考試必復徧遺行資試已則期其上士羣言曰人家父兄厚愛子弟每督恤備至今公於我乃爾衡之義方之教其何殊與若不誌德我則奚安乃

私爲公立生祠而顔之曰崇義詮嘗因以語人昔漢時文翁治蜀以明經飭行廣勵縣士蜀人感之爲立生祠覩公之事乃適與相類俗稱古今人不相及吾不信也公名栒號謹庵福建閩縣籍江蘇無錫人也居職廉而直不苟取不妄刑遇有築隄捍水之事請帑不足則傾俸濟之務保民邈此不悉誌始祠之未立也先奉王公之位於院後藏書樓公固拒曰吾不堪也因遷王公之位更與杜公及從配諸君之位以列焉從公讓也爰繫

之頌曰
獨高陽公秉德如春來侯我潛洵惠且仁庶政既飭里澗既息乃修講廬士學惟植啟之迪之公用汲之程之式之公用翊之胡以輸贊公用鑽之胡以繼晷公爲備之昔時書堂惟草惟煙今時書堂以誦以絃談經鏗鏗問字便便匪公來思文教何宣祝公榮遷遷無遐適公如遐適誰繼斯澤

問鶴堂跋即白鶴書院　邑人 萬 芾

鶴兮何爲來吾不得而知之也鶴兮何以去吾亦不得

而知之也然昔姚文恪公僑寓斯土白鶴來巢一時感召良亦有因邇來數百年矣士氣振興輒思繼起去焉復返鶴豈獨無意乎今邑人士慨然復古於舊白鶴亭畔築室三楹顏曰問鶴搔首之餘有懷莫已想情殷欲答者亦當自雲間鼓翼來也

重修城隍廟及問鶴堂記　邑人 熊兆蘭

城隍爲一邑福神自甲寅兵燹廟燬而靈無依丁巳冬邑人張起榮等與先君子曉亭公諱春和糾首重建規模粗具舊制尚未復也戊辰夏邑侯向公時鳴捐俸倡修命蘭等董其事計兩廊座樓及捲棚數處廟貌爲之一新因念廟西姚文恪公白鶴樓榱崩棟折勢幾難支且有以昔賢勝蹟改爲軒轅宮者望古低徊臨風增嘆久之爰集同人募貲重葺並添建三楹於樓前以大其觀非敢矜爲復古亦羊存禮存之意耳堂成適當盛暑池中蓮花掩映紅白爭妍漁艇菱歌日涉成趣邑縉紳先生遊憩其中顏其堂曰問鶴文恪有靈安知不如令威化鶴歸來重慨城郭人民而喜斯樓之不朽也哉是爲記

過白鶴亭舊址記　邑人 宋承湘

余嘗慨鶴去亭空思復之而無自年代遙遠流澤久湮迄於今特遊觀地耳然創建白鶴書院朔望日會課其間人文蔚起稱極盛焉康熙辛亥歲郃陽王公視潛篆城之南建傳經書院亦無非栽培士類作育人材至意但南書院規模宏敞以致膏火田畝悉歸焉從而過者悵此地鶴唳云遙書聲頓息久之榱崩棟折惟廊舍數椽高安公諱諱課士之微意亦於是泯焉以後近都人士於舊藏書樓下築室三楹說者以爲遊覽之地差堪

休息噬夫文恪豈異人耶有真讀書者出能自樹立物類自相感召昔年白鶴安知不復巢於斯土是所望於後之培養者焉

潛江惜字牛痘義材三局記

邑令陽湖史致謨 榦輔

童時就傅受四子書嘗嘆鄭卿公孫僑之賢而子輿氏猶指乘輿濟人一事謂其惠而不知爲政初疑春秋責備或鄰於苛繼而思之君子務其大者遠者相業之隆在彼不在此及讀承祚蜀書昭烈帝有云無以善小而不爲無以惡小而爲之則又爽然自失矣我輩粗識之無便知惜字見有墮藩溷覆甕瓿者必拾而火諸於心始快雖曰其細已甚然亦尊儒重道之一端曷敢忽也光緒戊寅夏攝潛江篆下車之初設字爐於街巷民皆

知敬邑尤好善樂施勇於爲義凡事關利濟咸爭趨之惟向缺種牛痘之舉嬰兒引染天花稍疏防護立見其險危童穉何辜因茲夭札不禁惻然久之迫揭來隄干經行曠野見一抔崩陷擲骨榛蕪揆厥所由窮民偶遇喪亡力不能營楄柎每有藁葬從事日久暴露過者傷焉於是捐籌巨款得錢五百緡交邑紳潘廣文夔梅少尹秀峯昆季董其役經營居積持久不衰歲取子金爲惜字牛痘義材三局費潘氏素好施與廉幹有聲必能利物利人不辜所畀後有慕義君子慷慨助捐更望推

而行之雖然煦嘆私恩無關大體要亦行其心之所安而徼福獲報之說不與焉義材局潘夢梅經理牛痘惜字潘秀峯經理

出妻說

楊孫齡

禮婦人有七出之義易曰從一而終二說勿乃相剌謬乎噫古之人所以男克正其家女克恒其德者深有取於二者之交相爲制也蓋七出之條旣嚴其於婦也擇之必先而教之有素古者女子二十而嫁自納采至親迎相間不過數月詩所稱迨冰未泮是也德言容工訪之已悉不可知者惟無子其餘所出之六事有一於此

則不與論婚矣彼女家亦恐終身廢棄父母必嚴爲教導女亦深自檢束以期當於迨吉之求焉又古者學校之政修修齊之事舉男子旣娶之後本身作則以率其婦不以燕昵啟其狎侮不以情欲惰其儀容爲婦者得所觀型安其柔順以事夫子未有夫綱旣立而婦道仍乖者冀野操耨之夫與其妻相敬如賓廡下任舂之人能令婦舉案致敬其明徵矣如此雖有七出之明文又何至中道相棄吟白頭怨覆水致婦人失從一之節哉古傳孔氏三世出妻皆屬檀弓之傳疑後儒之誤解其曰伯魚期而猶哭註解爲出母不知禮父在爲母服期若出母則無服矣何得指爲出母其曰子之先君子喪出母註指伯魚駁之者謂指孔子之於施氏爲得之何至聖如孔子有出妻之事哉若曾子則因蒸梨出妻矣然曾子終身不娶不得爲縱情便已者借口詩三百篇氓之詩淫婦見棄以亂始以怨終合不以正無足怪者谷風之詩得新忘故味其詞正犯先貧後富不出之戒此眞里巷薄倖之尤夫子存其詩以示懲何出妻之見許乎今之世事不師古締姻襁褓無所謂擇矣女不

事詩書無保傅之教誨迨至于歸夫又義方乏訓驕淫成習閨門之內言動起居無以爲刑于之本獨苛責於婦稍有不謹藉口禮文肆行退黜是何異於不教而誅乎且世之欲出妻者不必果犯七出也或因女家寒微而貪結高門或因女貌醜陋而妄希美麗於是拈七出中之一二事指爲女罪其無所歸不計也其先貧賤後富貴不計也其與共三年喪不計也所指之事無他不順也無子也淫也嗟乎君子以孝責人責凡民與責士大夫異責婦女與男子又異試問編氓之家其女子之

嫻於禮教者有幾乎其男子能舉內則女誡諸書爲婦人誦說者又幾乎果其忤逆不可教訓出之彼無憾也設爲舅姑者姑息其子意存袒護非固爲非是亦爲非詬詈之無以爲地鞭撻之幾不欲生此而責以不順婦心甘乎無子者不必終無子也昔梁鱣無子欲出妻商瞿止之曰吾年三十八無子母欲爲吾更娶夫子使瞿之齊母請留子曰無憂瞿年逾五十當有五丈夫子今果然是必子宜晚得子不必皆妻之過從之果生子今以數年婚媾欲因無子而出妻不已驟乎若淫亂之事

尤係名節所關不可因賤惡而起猜疑不可因搆陷而成誣問律載執奸必本夫於奸所登時捉獲何其慎也仕宦之家深宮固門閽寺守之男不入女不出辨內外之嫌疑嚴矣至於氓庶之家男耕女饁任廚爨供薪水操井臼爲之舅姑與爲其夫者方且役之使之奔之走之有不力從而怒之日夜與傭奴雇丁共操作咸里之往來不避叔嫂之通問無嫌苟非瘖瘂言笑不能免也苟非殘廢授受不能禁也求形迹於疑似之間信離間於讒謗之口據此而欲出婦烏乎可其厭女家寒微

者爲最無識宋儒有言嫁女必求勝吾家者娶媳須求不如吾家者恐其驕傲難制也晉董叔娶於范氏欲求援繫卒受紡於庭槐之辱非其鑒歟至因醜陋而出妻其心尤不可問不犯人誅必干鬼責貌寢之父母婚訂自髫年不得美妻亦命之前定也黃帝之妃嫫母齊宣王之后無鹽諸葛武侯但求醜婦孟光醜而梁鴻娶之曾何醜之足嫌尤物足以移人德不勝則有禍后夔之所以不祀也小醜備物密共公之所以見滅也甚美必有甚惡羊舌氏之所以覆宗也又何羨乎美美色如美

服美味未有福薄之人而能享用羅綺珍羞者未有微賤之子而能消受佳冶窈窕者妄求美妻何其不自量也況田家婦女務勞習勤炊煙爨火受其薰蒸烈日冷風任其暴露雖美終歸於不美乎抑又思之欲出妻再娶者家中必薄有蓄積所謂田舍翁多收數斛麥尙思易妻者也其祖父終身勤苦敝衣粗食致此贏餘宗族涎之鄰里忌之豪猾覬之從而挑唆焉慫慂焉袒而左右焉幸其與女家搆訟不解已於中取利焉及至公庭對質醜妻不可出而醜名遠播嗚乎悔之晚矣吾故窮

其流弊信古人有七出之條能擇能教決少出妻之事今人不擇不教肆情縱欲附會七出之條以出妻不必其妻之果可出爲著其說如此史公取錄

坿錄知縣史致謨有裨時事稿三道

一 照得錢糧正供例應自封投櫃依限全完乃因完納不前遂有書差裁墊弊政若輩掣劵到手無不留難需索稍不遂慾輒以抗糧具禀地方官有催科之責不能曲爲爾寛爾等亦敢怒不敢言只奸聽其播弄愚民受害實深殊堪痛憫本縣念切

民艱力除裁墊切勿再信人言茲以開徵四十日爲限各將應完銀米攜帶足大錢赴櫃完納當領墨收次日換取印劵倘有措阻許在署前鳴鑼喊禀立予重責立枷今後便可免累爾等若再觀望不完則是毫無天良本縣惟有按戶挐究除開徵後密派親信赴櫃稽查外合先示諭其各凛遵毋違特示

二 爲孀婦守貞註册備案事查邑志女貞類之失志冰霜者更僕難數而近來搶嫁誘拐之案層見疊出揆厥所由或利其田產或艷其少艾禍起同堂勾匪搶拐是爲強暴所污不能節守之苦衷亟應設法保護本縣忝爲民牧何忍膜視茲特另立册檔凡守節者務即報局註明田產親族有無子女一俟年歲合例即爲請 旌如有逼搶嫁賣不難立時挐究經此勸懲俾不貞之婦知所觀感守節孀居賴以保全冀有裨於風化爾除發册檔交書院值年首士隨時照填外須至册者

三 爲議舉鄉約以勵民風事照得激濁揚清必需

化導移風易俗尤賴觀摩況復僻在水鄉訟獄龐襍使無嘉言懿行以爲師資勢必作奸犯科日趨於僞亟宜選舉鄉約以挽澆風合行出示曉諭爲此示仰四鄉紳保人等知悉爾等各院之中如有年高望重品學兼優者無論有無科名曾否入仕公同擇尤舉報來縣驗充不准書役絲毫需索本縣隆以優禮送給新刻

聖諭廣訓集證書每月朔望在鄉宣講以啟愚蒙過有不法游民及窩匪娼賭情事准其秉公訓斥重則送

叅究懲民間口舌細故剴切排解本縣爲安閭閻

而厚民德起見該紳保等趕緊認眞舉辦務選儀

型足式名實相孚如院中實無可舉之人准於鄰

近二三院合舉一人亦無不可但不得濫舉充數

致違本縣力挽澆風之本意其各凛遵毋違特示

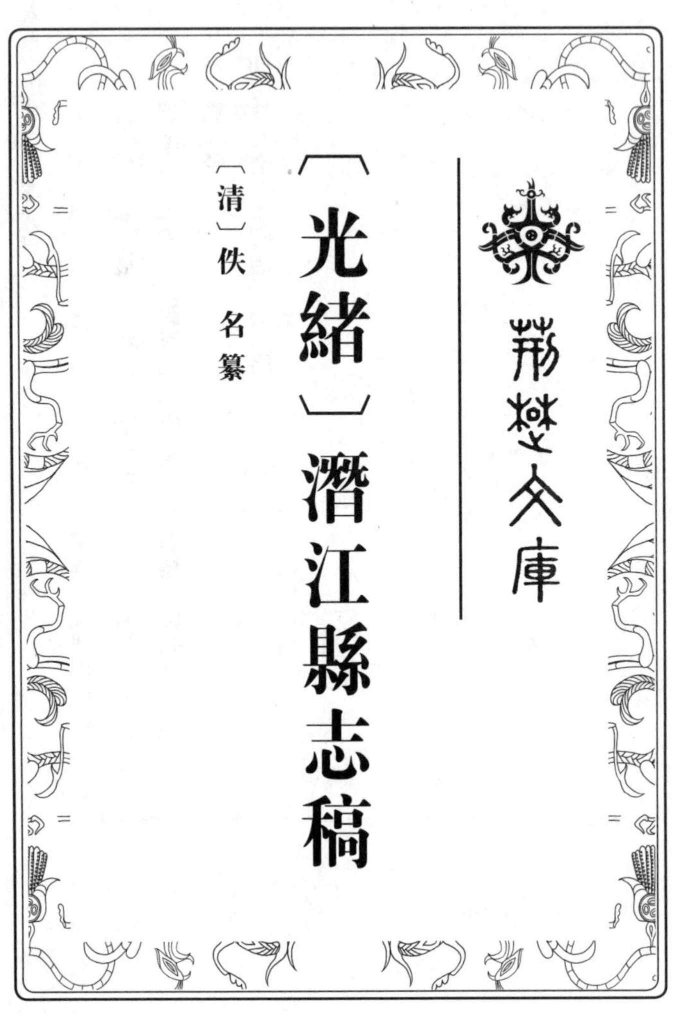

荊楚文庫

〔光緒〕潛江縣志稿

〔清〕佚名纂

《荊楚文庫·方志編》編纂組

組　　長：賀定安　陽海清（執行）

副 組 長：劉傑民（執行）　王　濤　謝春枝　范志毅（執行）

參編人員（按姓氏筆畫排名）：

王　濤　李云超　宋澤宇　范志毅　馬盛南　陳建勛

梅　琳　張　晨　張雅俐　陽海清　彭余焕　彭筱灇

賀定安　楊愛華　劉傑民　潘　玲　謝春枝　嚴繼東

編　　審：周　榮

顧　　問：沈乃文　李國慶　吴　格

前言

《〔光緒〕潛江縣志稿》不分卷，清佚名纂。

是志爲抄本，無纂人、年份，無序跋、目次，無正式版式，裝訂失序，詳略參差。「學堂」記事至光緒三十二年（一九〇六），疑爲未成志稿。

此志稿分爲建置、政績録、兵事録、耆舊録、名宦祠、鄉賢祠、忠孝祠、節烈祠、人類、户口、氏族、宗教、實業、地理、古績、祠廟、坊表、橋梁、市鎮、學堂、山、水、道路、物産、商務，共二十五目，約三萬五千字。其中一半以上篇幅載鄉賢耆舊傳記，達百二十人；次爲外籍官吏小傳，所傳之人事，皆取自康熙、光緒兩志。

本志稿人類、宗教、實業等内容反映了時代特點，但極爲簡略。如「宗教」一目僅四行，反映了天主教在潛江的狀況：「潛邑北鄉中嘴垸郭家新場有天主教堂一所，主教係洋人涂廣仁。爲安陸四屬總堂。潛民入其教者男女共一千三百四十人。岳口有福音教堂，潛民入其教者有三百六十人。」

二〇〇一年江蘇古籍出版社《中國地方志集成》影印是志。《中國地方志聯合目録》載該志。湖北省圖書館、南京大學圖書館藏有抄本。湖北省圖書館藏抄本所用稿紙無板框魚尾，半葉九行，行二十四字，全本字體同一，爲一人抄録完成。此次據湖北省館藏本影印。（楊愛華）

目録

潜江钞志

建置

潛江縣宋乾德三年置

未置本境以前

潛於禹貢爲荆州之域虞夏時貢道浮于江沱潛漢是也

秦昭襄王時白起伐楚拔郢置南郡荆古郢都潛江古南郡地

漢武帝置荆州刺史南郡隸焉潛江江陵地屬南郡

唐大中間置征科巡院於白洑屬荆南節度使白洑在今縣西四十里

五代改爲安遠鎮

既置本境以後

宋乾德三年改安遠鎮爲潛江縣
元初改江陵府爲中興路領潛江縣
明吳元年旣克僞陳改中興路爲荆州府領縣九潛江其一世
宗入繼以安陸爲世廟舊邸陞爲承天府割潛江縣隸焉增爲
湯沐邑
本朝順治二年改承天府爲安陸府潛江仍隸焉

政績録

知縣

元

阮伯顔延祐間爲潛江令爲政有方立學造士學自至元後隨縣遷徙已傾圮伯顔能復建之

鄭文暹至正間知縣事公正廉明能導揚風化撫字黎元獄無留滯民立碑頌之

明

史純一洪武初任舊志稱其有幹才兵燹之後官署學校壇壝

祠廟皆所創建草昧更革時而能如此可以知其概矣祀名宦

史華渭南人監生弘治間任課農桑理學校尤敬神恤民誠意篤志一時訟簡盜息號稱治邑致仕去士民追思不置祀名宦

敖鉞字秉之高安人嘉靖初以舉人除果敢任事大水為災鉞疏請得免民租之半又疏開新河以殺邑治之水號曰恩江邑有強横者力為芟夷民甚德之祀名宦

周延字南喬吉水人進士嘉靖三年知縣事守嚴而吏畏會大水賦逋持疏於朝得賜蠲免未幾以才調繁民遮留不得立祠祀之

蕭廷達潮陽舉人嘉靖六年知縣事平易近民政尚寬簡築石磯以固縣治置學田以厚儒生教民禮讓囂華寖衰俗爲之變

朱熙洽字鴻甫崑山人進士萬歷三年除清惠彊直求民之瘼雖禍患無所怵而能大𣪠革以必伸其志潛固漢委大患莫如水水數變而賦亦畸輕畸重公毅然以清田請於上豪猾數撓之法卒行無敢尺寸隱者其賦役率取高下均爲一則雖滄桑屢變而裒益相權自然平準潛舊無城公始創泯諸勞怨浹歲而功成二者皆非常之原潛百世利也累遷貴州按察司副使祀名宦

潘之祥字伯和婺源人進士萬歷時除時税璫煽焰邑里騷然之祥括贖應之暴益甚民將不堪之祥縛不逞數人投之陽侯之波羣兇斂跡蒞任四年均徭役理學校修邑乘建浮梁掩遺骼有保釐之實無紛更之擾循聲著聞以徵召去越數年後令安尚禮紀其績而勒諸石

王念祖字孝先武進人萬歷時第進士同年咸有清華之想念祖曰予志在令余尚無子為官可以種德有如令者哉一意為民冥必報焉令潛後果生子潛大患在水地又多盜念祖嚴毅明辨凡有利於民者必竭力以圖至侮豪紳意開古河擒巨盜

皆有造於潛者而卒以受過民咸以為冤張承宇贈行詩有躬還吳下名還楚罪在官中功在民之句可以知循吏之概矣

徐熙字文穆南昌舉人治潛五年清慎有為難者易劇者簡般阜之風實熙為政基之擢北京監察御史祀名宦

羅萬象字伋庵南昌舉人崇禎十年除下車試士所拔盡名宿涖政之暇即葛巾野服分韻賦詩藹然師弟一堂會年饑民聚衆攘奪幾釀大亂萬象取巨魁二人立斬之大亂以定建北關以固城圍創教場以習騎射徵糧之法立連環票三紙一存圖一應比一存執杜奸里包噬之弊至今遵行焉擢南京户科給

事中

國朝

韓國璽字晴嵐荏平人順治三年以舉人除當定鼎之初驚鴻甫集大師疊至軍之所需難以億計璽身當荼苦必不以無名之費取諸民故三年之内潛人不知有兵冲澹植躬簡易為政雖屢遭上官挫辱不變去之日行李半肩而已觀者感泣康熙時邑士民請祀名宦

葉學元字元長順昌人貢士康熙六年除是時民朘之後動輒肘見且胥吏因緣為奸凡田賦版籍悉付兵燹徵輸茫無可考

學元一意休息持己廉慎甫數月有以非道干者拒稍峻遂啣之竟以誣去民攀轅不能留然枉直已讞感德終未可泯也

王又旦字幼華郃陽人進士康熙七年以推官改任潛江性廉謹善治威儀為政綜密不苟慈惠而善斷其所施行必期永利先是潛有甲首之禍逋逃幾盡歲復倍征以償逃旦曰踵而行之弊將安極始至下令盡蠲積逋請清田先期為文告於城隍規畝均賦期月內歸者接踵墾田二十餘萬畝築長隄杜漢水决嚙衝寒冒暑必躬歷督治雖案牘倥偬吟詠不廢尤工書暇則延士大夫置酒聯吟恥同俗吏建傳經書院説詩臺操縵軒

興起逢掖以禮讓居六年擢吏科給事中遷户科都給事旦既為言官卽疏湖北隄工協濟之害其盡心所職雖去猶不忘潛民也

劉焕字文山陝西清澗貢監涖潛任興學校葺黌序尤加意隄防每馳單車越陌度阡與田夫野老相度地勢悉心經理地方賴以無患邑志舊纂於朱明經士尊未竣篇帙漫漶公設局聘其長子載震續修時屏騶從徒步至局討論折衷使一邑典章爕然大備迄今得所考證侯之功為多

朱軾號可亭江西高安縣進士由南書房行走出宰潛為政提

大綱振興文教邑白鶴亭元姚文恪公燧讀書處也公就其地建白鶴書院捐廉爲膏火費朔望課士以有用之學一時風化大振築紅雨亭於署中延賓開樽紀以韻言梓行紅雨亭詩集皆寓培養風俗至意善處士段陟雲劉違俊以文行相砥礪睿皇御極行取入都累遷至文華殿大學士經綸世業宣付國史館有傳不贅居相位時寓書於潛賦詩招隱極淄衣好賢之誠其相度可想見矣卒謚文端潛人立主祀於白鶴樓

杜汝愚號勉堂山西平陸縣舉人宰潛留心民瘼騎馬隄决慨然賑恤董三十八垸民夫修築朝夕驗功版築堅實屹如山立

猶至今賴之又瀕襄河有仙人隄潛民獨修維艱公稟上憲准
札荆門沔陽江陵監利與潛江五邑合修著爲定章
陳煥世字唐園福建惠安縣進士性坦率不設城府宰潛時公
餘之暇信步里塾聽講門外一言有契入與揖反覆暢論兼爲
生徒評閲課藝諄諄啟迪勖以敦尚實行邑有宿儒爲所重每
書院課士必示以某先生人品端方宜奉爲榘範其所稱某先
生即副貢生萬錕也公工詩善書恭録
聖經勅於明堂至今猶存著有唐園詩文集梓行
史湛號澹園浙江餘姚貢生由山西知縣卓異改發湖北署潛

多惠政七月調鍾祥去之日士民餞送北郭人奉一錢不見選卽以其錢築史公書院奉公祿位牌於中鍾祥志稱其蒞事勤敏斷獄公平民無冤抑

許恂號謹菴福建閩縣人蒞潛時聘江南名宿顧菘圃主講傳經書院捐廉獎賞生童歲約三四百金去之日邑人建崇義祠立主以祀祿位郃陽王公爲之配邑人劉廷銓記其事泐碑稱其居官廉而直不苟取不妄刑有築隄捍水之事請帑不給即捐俸助之非諛詞也

鄭偉號琴鶴蒞潛以仁慈爲政素節儉蕭然若老衲值襄水陡

漲騎馬隄危不及乘輿馳馬出督夫搶築卒無患去潛日士民跪送道左有泣下者後竟逃於禪

陳天澤字士亮福建閩縣進士道光九年涖潛任居心忠恕而發奸摘伏人不能欺奬拔士林多所成就後陞鄖陽府知府祀鄖陽名宦祠

耿醖玉號輝山山東郯縣舉人宰潛時專意撫字公暇仍手不釋卷恥攀援上官過境供具粗糲曰瘠民以媚上吾不忍為也上官廉其清潔亦不之較

何渭珍號璜溪雲南師宗縣人宰潛嚴繩隸役訐冤者當堂立

判道光十七年邑人創建試院籌畫經費極力玉成士子賴之

龔煥枝字幹亭江西南昌縣進士道光二十一年宰潛性寬厚不尚苛察咸豐間粵逆再陷省垣土匪蠭起公捐廉募勇多方捍禦荆州將軍官調兵由潛進勦公與紳士協謀籌餉接濟大營為督撫憲所器異坐陞安陸府知府去任時以所置公館一所歸傳經書院為賓興膏火費勒有碑

林之華字棣園福建閩縣舉人蒞潛當兵燹後每畝徵賦減餘耗錢二十謁　聖廟見大成殿燬　先師木主設供明倫堂為之愴然倡議重修遺紳首董其事越數年始竣而公陞任荆門

直隸州矣

王方田字子埜河南扶溝縣進士光緒元年任是時永豐垸中鄉返木頭院灣獨院下耳七區籌集吳家改口建磯畝費萬餘串後因吳口隄潰此項暫存局中除城隄志局借用並經理首士歷年薪水火食動用外僅存錢四千二百餘串吳口隄潰磯無從建錢無所用經歲貢楊孫瀛稟請各上憲定案貼典生息作為闔邑每屆縣府院試卷價之用尚有餘息二三百串不等於科場時分送卷價仍歸七區紳首輪流充辦以後生童均沾利益矣

劉壽椿字葆初湖南龍陽人宰潛清理積案減除浮耗胥吏不敢欺一時口碑載道尤培植人材初蒞潛書院課士優給獎賞最拔識者優廩生許大杰廩生吴文麒貢生劉鳴盛廣文楊孫齡每逢三八爲之評閲課藝邑宿儒黄玉輝呈詩云栽得滿城桃李樹及門先有受知人蓋公所取士半出輝門下也因此向學者衆縣試滿三千人後復蒞潛任百姓頂香跪迎絡繹至十餘里而清廉仁慈較前尤加民至今思之不能忘

包鵬飛號雲甫江西進士警敏有幹才蒞潛任匪黨斂迹邑傳經書院每月兩課專取制藝公添設小課兼取策論經義詩賦

文風爲之丕變終年奬賞以千金計卒於任接篆者爲謝元祖號采封江西舉人課士悉遵包縣程式而判斷明允百姓敬服如神甫一載以丁憂去任

劉震嶽號子麓雲南鎮南舉人光緒二十三年任潛時捐銀二百兩買經世有用之書置書院以惠士林又捐錢一千五百串存典生息助書院肄業生膏火之資

縣丞

明

李鏞太平人正統間以監生任潛丞奉公約已雅意文事修理學校築花封隄以禦水蓋能吏也

國朝

汪世樛浙江人大學士汪汝洋孫博學能文尤工詩由吏員授潛主簿咸豐時髮逆陷潛獨居署中被執至逆巢問之不言與食不食鄉民知為公羣叩賊請曰此好官也仍送還署肅清後陞沔陽州州判

典史

明

詹希聖崇禎時任謹敏有畧邑有盜魁黨甚熾出没三澨間商旅幾絶希聖乃同健丁數人行乞左右伺其便擁盾突入遂就擒民賴以靖

教諭訓導

明

崔崟江西豐城舉人弘治時任教諭纂修縣志潛新遷後始有志焉

劉佐四川巴縣舉人弘治時教諭以尚書日授生徒而書乃有傳

趙澤四川瀘州貢生嘉靖時教諭接諸生必多設問端反覆窮理論難移日以老乞歸邑大大夫致把袂不忍别至今稱清溪先生

駱驎蘄水舉人教諭與人以誠循循善誘士之貧者周之曲意成就不責其報陞富川令去後之憶成人之美者猶稱駱先生不置

劉在和字發之永州舉人例授縣令和喟然曰欲正人心當先端士習請改廣文除潛江教諭課士尚實行厭浮薄不責脡脯盛德克勤樂易有融以疾卒貧不能治任劉侯煥賻之始得扶櫬歸嗚呼廉以處己和以與人如先生者可以爲師矣

胡敏字桂鄉蘄水舉人以大挑一等改授潛教諭性和厚喜援引後進不苟言笑有時縱談古今滔滔不絕具見根柢諸生行

或不檢反覆開示務使自新不輕屏黜作楹聯曰惟有此官能惜福更無别業勝爲儒文廟大成門壞與西齋王梅岩代主傳經書院講席出其束脩修葺之不居功在任十年以病告歸行李蕭然城鄉士紳送者祖帳至數十里王兆椿字梅岩孝感舉人任邑訓導工詩文士子多受業門下以修文廟功陞黄州府教授

城守

國朝

羅金魁穀城人有勇力趫捷善超躍以行伍積勞為潛江汎城守性坦率與軍民安於渾噩而馭卒森嚴毫無滋擾小醜斂跡道光中年歲大祲所得餉不足自給甚至斷炊不言貧官小而介又如此

田達三江夏人咸豐初調潛江汎城守髮逆陷省城之次年二月朔四川潰勇三百餘人勾連土匪至潛城冒稱過路兵勇踞關帝廟達三以情形可疑密防之初三日晚匪首遣人沿城縱

火達三擒之以稟知縣龔龔飭督兵民鄉勇就廟圍勦匪困急
架大礮計圖豕突達三奮勇直前踢翻礮位手斫十餘人匪潰
圍東走達三率兵勇追勦之

兵事錄

營制迭更悉載舊志後定制城守撥荊門營把總一員張巖港汛外一員兵額六十九名塘汛如舊

嘉慶元年白蓮教匪滋事延及潛西南長湖垸庠生吴樹炳稟縣練勇協助官兵堵勦匪平知縣上其功議敘六品銜授直隸武清典史

嘉慶三年白蓮教匪竄入潛境武舉朱誠約謝天翔天翶陳其綸唐正文汪孝全黄樹昭李忠堂董勃萬等督勇堵勦敗之知縣許徇詳請獎敘有差

咸豐四年二月初一日四川潰勇至潛踞關帝廟謀作亂初四日二更匪黨沿城縱火城守田達三職員關長福稟縣率兵勇圍於廟匪發礮傷福右臂礮子洞出擊斃福身後一人乘勢突圍東走達三率衆追勦手刃數十人餘衆潰散

三月髮逆陷沔陽裹脅土匪上竄縱火焚劉家場知縣龔煥枝募勇防堵發内署大小礮十數尊分佈要隘遣勇勦逆於劉家場逆宵遁

潛城久傾圮四月初一日據探稱逆復蝟集劉家場時安陸府城已陷遣高家場巡檢葛寶森赴荊州將軍轅求援初二日夜

逆突至縱火譟攻遂被陷荆州將軍官　奏調松潘鎮雙總兵率所部入潛境會官紳進勦五月二十三日潛城克復

初咸豐二年冬髮逆陷省城分股上竄土匪四起漳湖垸庠生唐廷鑑家被刼遣次子庠生道顯赴控道轅適雲貴制軍羅繞典駐節襄陽查辦土匪諭道顯練勇防堵道顯奉命歸鑑即同長埫鎮十五垸紳首團練鄉勇共推董熺國爲首熺國挑選壯丁招募健勇具辦火藥器械旗有長團有首凡大團六誓以戰守分任號令必行賞罰有章熺國駐中策應聞警互爲聲援威勢大振四月初二日潛城陷熺國行將入救忽逆分水陸上竄

至蚌湖熺國定計分調各團於初十日擊逆於蚌湖殲六十餘人擊逆於多寶灣殲九十餘人而逆衆轉增水陸各數萬進犯長堽鎮熺國分勇擊逆於李家洲鏖戰至日暮各收退更約次晨由卸甲埠直搗逆營逆夜遁遺團首董化南王魁等率鄉勇輕舟追之敗諸河殲四百餘人燬逆船三十有三獲米船二十五米四百餘石糖百餘桶硝一百二十六包騾馬共二十四匹槍刀器械號衣無算逆復招集餘黨嘯聚乾河相持二十餘日逆勢窮促全股挑戰熺國分遣水陸會勦又大克之會逆別股蠭集四面縱火勇見熺國無退志猶復奮力殲逆首三十餘忽

大礮震裂水漲風作逆連檣而進團勇見衆寡不敵遂潰熺國恥為逆虜率其子彦投河死弟燃國亦力戰死是役也戰死者千餘自刎者數千投河死者數百婦女盡節者千餘老弱遇害者數百合計三千七百餘人事平　上聞嘗　恩優卹各團首賜祭葬銀暨廕贈有差其有死難人民俱准從祀省垣昭忠祠並賜銀准於本地建義勇祠姓名載入湖北節義錄知縣龔設壇致祭邑人亦公祭焉

潛江克復之後邑紳劉永彦張炳郭美彦等二十餘人合城鄉舉行團練併力防堵賊不敢復窺潛境時漢江迤近州縣多被

陷七月雙鎮率兵進勦天門逆黨庠生萬時純劉寉然楊玉成范明紱張開晉李升墉職員劉開益謝祖潤等率練勇千餘人爲鄉導庠生郭代振潘希賢載糧以從兵勇至漁薪河逆艘數十自上游哭至兵勇截擊敗之進至江家橋與逆隔河相持明日奮勇濟河連戰皆捷遂復天門縣城慮逆回竄留潛勇防守二十餘日俟天門團練辦齊潛勇凱旋雙鎮自率所部沿漢江進勦是役也潛勇陣亡三人費餉二千餘金皆由潛紳民捐助不取償於天門天民感其義上知縣龔父母孔邇匾額未幾沔陽亦復

五年正月逆踞仙桃鎮潛江沔陽天門會議合勦知縣龔煥枝
檄城守田達三合邑紳楊玉成劉寉然張開晉范明紱萬時乂
潘希賢等率團練二千人住仙桃鎮北岸賊先踞南岸斷浮橋
相持天沔勇後期不會收勇退保漁泛洪三月荆州都統貴統
領駐防兵由漁泛洪濟漢擊逆諭田達三與邑紳率潛勇防河
達三請留輜重於河南岸不許遇逆於天門之岳口鼓勇直進
逆設伏待之全軍潰敗都統陣亡潛楊林垸團勇吳光德帥家
壽死之護送夫役被殺及溺死者六百餘人逆見南岸兵盛不
敢渡潛勇倖獲保全九月官軍失利於仙桃鎮逆由襄河南岸

上竄逼潛境居民震恐庠生楊玉成等稟請知縣龔招集潰散
兵勇防堵時值四川營官李光榮湖南營官李錦鑾李保邦等
帶勇過潛缺餉因發給口食同荊州都統魁玉翼長錫齡阿協
領伊西布之兵駐紮防堵以保荊沙賊知有備遁去兵勇追敗
之潛境肅清
六月湖廣總督官駐師潛江數月規復省垣潛民供給餉糈經
藩司申詳督撫給有樂襄義舉匾額
八年二月邑西南湖土匪夏五夏六聚亂知縣熊登瀛捕獲夏
五繫獄其黨率匪夥入城燒燬大堂科房民居劫夏五去知縣

熊遣團首彭光彪及練勇易有案周文奇等招募鄉勇於刼獄之第三日直擣匪巢殲之

同治五年冬十一月捻匪分股犯潛境一由德安一自河南徧延潛河北岸緣路縱火民情倉皇知縣向時鳴集紳首楊玉成等會議募勇沿河防禦並檄各垸團首許大杰蕭光宇彭慶琳謝祖潤關俊才孫道瀛陳道揚等督帶團勇輪班巡防河干上下百餘里密排如柵旋通禀荆州將軍巴發兵進勦蒙撥馬步兵二千援潛潛勇防河者聲威大振沿河耀兵匪遥望南岸軍勢不敢渡擁衆回竄爵帥鮑率大軍蹴之於京山永樂河殲焉

是月二十一日捻匪自德安一晝夜竄擁至潛河北境冀渡河以竄荊州河南岸防堵甚嚴無從偷渡遂蔓延於河北二十八垸時北岸民團為匪所乘皆不勝死於鋒鏑所在多有然匪之不敢渡河而南亦未嘗不因河北鄉團有以牽制之也

六年冬捻匪復竄河北岸中嘴團勇郭人敷郭書聲郭家官李曰忠等率鄉勇迎截力不能支遂戰死

七年捻匪復竄縣河北境更圖渡河知縣向時鳴會團首於十二月督勇防堵募敢死士率勇隨官兵紮河干適鄢家集一帶有匪數十人乘馬至河岸挑戰隊長周國熙李先清錢光華等

帶勇渡河敗之殲匪多名奪獲號褂刀錨等件匪退知縣向詳
請獎勵有差

耆舊録

初灝進忠子家貧事母能以色養宣德中以賢良方正舉授清河縣主簿冰蘗之操初終不渝時人謂之孤松傲雪

珍灝子博學强記成化癸卯以尚書領解養母以孝聞時有不愧孝廉之譽以子杲進士贈監察御史

郭嵩字叔中嘉靖癸丑進士授杭州府推官適倭亂境總督胡宗憲擇嵩督餉進軍海甯倭遁去再逼杭城守者戒扃鑰勿入郭外民嵩曰郭内外皆吾民奈何棄之以供屠戮悉開納全活數萬倭退擢兵科給事中奏議多譏切時政分宜相憚其戇以

風霾更置言官謫華亭丞遷安慶府推官擅政者猶恐其大用仍擠之為藩相以歸嵩性孝友兄鄧州守岱病劇梟集於庭嵩為文禳梟願以身代翼日梟斃而岱亦痊至性格妖如是卒年四十五人謂嵩有隱德年位俱弗稱也子之祜

之祜字篤卿萬歷癸卯舉人歷任甘肅鞏昌知府祜為人敦倫睦族好善樂施居官有聲至今鞏人猶重修其祠以祀子二鎡銕俱貢士

初言字幼嘉嘉靖戊午舉人父芳性最嚴言左右就養悉得其歡心父卒京邸訃聞言徒跣就道扶櫬歸廬墓三載繼母王氏

疾躬侍湯藥寢食俱廢與異母弟同居絕無私營經淮上見水濱女屍詢之居人謂母利客金强女女不從而死言曰有是哉其天地之正氣乎市棺埋葬而去未仕卒門人私謚爲文孝先生云

柴浩年十五父仕英病篤浩籲天割左股肉和粥以進父病即愈

廖安定性至孝母李氏年老卧病安定沐浴焚香割左股母食之病瘥

何翰字扶搖御史薦可季子事親以孝稱萬歷乙卯秋闈甫畢

即卧病武昌寓中榜發翰領鄉薦二十九名是時薦可尚任常州司理適有人自常州來浪傳常署有凶問翰知母陳夙疾未瘳疑母不禄大痛病劇旋卒是夕魂遊常署母忽呼翰至欵語移時聞者以為讝或以為囈母曰兒實在側奉我湯藥爾輩何詫耶後訃至時日頗符一時驚傳怪事翰妻方氏聞翰卒亦哀毁數日而死學使周公爌具題奉

旨旌表孝烈

龔本源母楊氏年八十病劇思食鴨醫云脾病不可食源號泣叩天割左臂和糜以進母食就寢覺曰我頃夢高冠袍笏大人

侍從森列謂爾子孝心延爾齡三載後母病不能起醫曰病人糞苦者生甘者死源乃取糞嘗之甘悲痛幾絶母卒年八十三初源父死且葬源嚙指血作饌以奠廬墓三年妻向氏死源甫三十餘終身不娶崇禎閭里人以孝義聞邑侯羅公萬象旌其門孫宏毅順治丁酉舉人由學正擢婺源知縣

高如岐字文卿文學高魁之子也讀書尚操履而尤篤於友愛岐出嗣於高科科產頗腴悉均之諸弟且取諸弟之瘠者自予安貧力學以所獲脩脯供甘旨學使瞿公有孝不遺親產能均弟之褒邑侯王公念祖呼先生而不名蓋重之也孫明順治戊

子拔貢任中牟知縣

郭鑛邑庠生郭之輅第四子癸未二月闖賊破潛之輅誡諸子領家屬宜分途避倘有變勿俱陷虎口長子鋼隨父之輅母趙氏往賊獲輅將刃之鋼以身蔽且求代不得遂遇害同執者逃以聞於鑛鑛即訣妻子往覓父骨上下百里内凡枕骸浮屍無不抱認終不獲絶粒七日自沈水死其兄鉀錘亦被執均駡賊死一家蒙難惟鑛爲從容就義尤難矣哉

朱士宏字恢若邑庠生桂林太守之玉長子性謙謹秉禮教門以内肅如也事繼母初夫人如所生友愛幼弟父年八十士宏

齒亦逾艾承歡養志細大無間父玉寢疾士宏躬侍牀茵彌月父病革士宏號泣嘔血一慟而絶里人上其事邑侯葉公臣遇轉聞於　憲司表其門曰孝思永錫

周淑元字皆純邑廩生父光祚邑耆儒里中以端人推之淑元恂謹有家學祖母楊年六十九患目而矇淑元兒時泣禱於神願減算以復祖母明楊一夕感夢有告以汝孫童稚至孝還汝一目增壽五年之語寤而矇果開父光祚嘗遊秦中淑元侍母朱氏朱為隱士默石子之孫女性恭順頗識文義課以誦習母病癱淑元日夕哀號鄰叟張憐而重其行以女妻之長學為文

思容辭贍以童子試見知於邑侯邵陽王公學使宜興蔣公首拔食餼爲名諸生並力行善事撫趙氏女甥哺亡弟孤兒幼女無異己出解橐金助貧旅歸裝皆爲人所難爲者母朱無疾欠伸而逝淑元痛哭傾倒嘔血數升微言母苦苦遂卒古云死孝可勿媿已里人列狀請旌

歐陽枏號竹軒事親孝一日羣盜入其室獲其父將梃之枏請以身代盜怒斷其指父賴以免後官江西德興主簿奉上憲諭捕獲巨盜獎金三百卻之以助賑民義之爲立卻金亭既而告終養歸不復仕

歐陽錫疇號邂軒副榜性孝友父瑊任高密知縣卒任所疇扶櫬歸葬侍母不離左右孺慕依依撫其弟與姪教養備至設教鄉里著有銷夏偶筆一卷

吳宏培號渭村名宿吳榜子也嫡母氏姚生兄宏墳培出於庶氏李早孤兄奉嫡母遷居張港以城中薄產遺培傭書養母暇輒流覽詩古文詞母患風痺日增劇嘗糞以卜休咎而母尋愈母持家勤篝燈夜織培勸止弗聽培擇世俗感應事燈下演說以慰母勞機聲軋軋雜以笑語達戶外知縣張夜半過其廬聞而異之廉得其實延入署掌書記又查其嫻掌故悉吏治薦之

知漢陽府事秦公幕佐修金沙洲石磯當道奬其勤能聲價日增而家計小裕無何兄病故舊產蕩盡僅遺老母孤兒貧無依培亟往迎母母至城中不欲同處僦屋而居培再三往求長跪至三日母感其孝允焉培又分其產給諸姪俾各得其所築一亭顏曰樂羲朝夕奉二母頤養其閒府尹杜公表其門曰萱闈聚順紀實也二母相繼沒均廬墓三年生平為善必果雍正時騎馬隄潰培出貲拯救漂溺全活甚衆乾隆時江水決萬成隄培自湖南撫幕歸出脩金沿途拾瘞暴骨囊為之罄荊州府尹杜以勘災至聞其事合官紳商民籌欵曲成其事土人立高義

碑以誌之年八十七卒著有省身錄未梓梓行覺夢集十卷即演說母前之語畧加潤色而成者也子宗鑰亦以孝稱舉人述洵其孫也曾孫文鳳郡庠生文豹邑庠生文麒優廩生均書香繼起黌序有聲時光緒乙酉年中丞胡聘之主事萬際軒奏請題奬　欽賜純孝堪欽奉　旨建坊崇祀忠孝祠

文曰明字若思荊州衛籍監生有至性父早歿祖父病痢曰明親侍湯藥衣不解帶雖穢污不避及母歿廬墓三年衛主嘉之旌以純孝天成額

彰榮之字存仁邑庠生七歲喪父哀毀如成人既葬朝夕詣諸墓苫塊間血淚斑斑然恐母知母每哭則破涕母前作嬰兒戲以紓其悲既而出就外傅晨興問母安母色和始之館晚歸一

燈熒熒母績子讀夜深作倦狀請母寢而攻苦達旦入庠後三戰棘闈不獲雋慨然曰違膝下色養以博功名何忍屢勞倚閭之望遂絶意進取授讀鄉里藉束脩以供甘旨子婦仍啖粗糲母病家人聞梟鳴以為不祥榮之竭誠叩禱而母病愈母年九十三卒榮之年六十七矣哀痛如孺子泣年七十八卒遺命葬父母墓側子國旭庠生曾孫脩庚辰進士

魏玉魁字雲階歲貢生父歿三月而生母孫孺人時年十七釐力撫字就外傅時黠者誘出鬻之偏尋無迹如是三年餘孺人日夜號泣失明後魁逃歸哭禱於神跪舐目翳數日頓豁然朗

援例入太學深自悔曰不博青紫事顯揚無以對高堂苦節閑户讀書院試獲雋忌者以違例訴學使黜其名准繳照應試是冬冠童子軍再入庠旋食餼愈益攻苦而屢躓棘闈遂不復進取一意侍養及貢成均選竹山縣教諭以終養辭不赴後值孺人九秩悦辰魁亦七旬餘呈請旌表額曰萱堂衍慶魁率男暨孫曾二十九人五世一堂舞斑衣捧觴上壽母節子孝年逾古稀猶獲依膝下以伸孺慕斯則天之厚報節母而魁之孝亦足法焉

謝光廷性孝友産不中貲三弟皆幼稚廷獨任家計力耕供甘

旨以次遣弟等就傅束脩筆墨之資廷供應不缺晚年友愛彌篤每出門兄先弟後斑白偕行孫三璵貢士琨歲貢生琳光緒己卯副車甲午北闈舉人現任蘄州學正食報尚未艾云

黄道亨號楓亭廩生昆弟六人以文行互相砥礪列膠庠者五性孝友承歡高堂壎篪迭奏每佳晨相率捧觴以博老人歡家口日衆婦輩欲析爨亨勸止素行端方羣季中尤爲特出而經學深粹不專攻制藝著有禮記約解易經約解各一卷

李光海業屠性粗豪喜鬬然有至性少失怙母老且盲偶與人忤聞母聲即止同治四年冬鄰不戒於火延燒海屋聞母在室

倉猝被濕綿入救同死於火及撤火場其屍負母而殭蓋既負於背而為火衝仆者知縣劉公刊碑記之子以救母而死豈天道固不可知耶

何禄珩三齡失恃繼母撫如己出不十年間母生禄琇禄瓚而父亡家亦落時珩甫十三歲佐母耕織並經營生理家稍起奉母極孝順待兩弟友愛異常歲甲寅紅巾擾亂率弟負母潛逃歷盡艱辛幸免於難後兄弟分析多以腴産歸兩弟族人異之珩云弟等幼無他藝俾之無衣食累即可安母心我能貿堪自給族黨稱孝友焉子兆齡邑廪生

李本洪天性敦樸以力穡起家弘治間檄監繕學宮估約而費鉅洪斥緜助官無悋容搆椿楸大木為東西二梁有嘲之者洪曰馬知吾子孫之不見庇於先聖也正德初郡大饑部使畢公議賑洪捐助倍人劄授七品散秩洪家殖而喜施賑䘏給困活人甚夥邑人無大小皆呼之為恩爹子鑾貢士孫崇信舉人曾孫鳴鄉魁元孫之皞會魁貺世兄皆以禮記魁鄉科名累葉信厚德之徵云

劉湑號恭湖通政道隆之父舉人道盛之本生父也自少敦實行重義輕財鄉里號為善人年二十值五顯廟街失火湑往觀

有范姓者持一笥授其室女令守視其女搶攘中誤認淯為其姨夫也呼而授之火熄其人舉家方團泣淯往詰之曰若笥中物數能舉之以為左驗乎言之果如數即悉以授之又嘗在灘子巷拾得包裹一束内料價解銀批廻一張銀三兩五錢淯見之愕然曰銀固無多而批文干係錢糧非此註銷即傾家亡命係之矣坐而待之至日中其人果倉皇跡至淯詢其實以畀之其人喜獲批而不受銀淯不顧而去又一日因借市人銀四兩倍息送還行至石坊下遇至親某甲子醉卧石上淯舉手拍之醒使歸卧因袖中物觸動其人反誣淯曰本縣今日審户不往

終身不向人言其事君何以知之

觀耶清不虞其詐即隨之往遂被自衆中盜剪以去清終身不向人言其事其忠厚待人類如此生平憫窮周急尤難縷述至今傳十三世科名不絕皆其厚德所致云

朱希顔字少南天啟間歲大饑希顔首倡捐賑邑侯蓬萊陳公旌其門曰尚義濟民崇禎時歲又饑邑侯南昌羅公勸賑希顔捐倍於衆羅公題名行冠邑額以褎之子登鳳好施予有父風孫國柱太學生

郭鋕字元銘慶遠太守之幹子以恩貢任兖州通判致仕崇禎癸酉歲大祲饑殣徧野鋕首出粟賑貸相率者衆邑有起色尤

好恢廓，祠廟修治，橋彴施，堅槥給人，以粒溫人，以纊貧者德之

朱紱，邑庠，字方來，氣宇恢直，有大興除，雖忤有司，禍身破產，弗恤也。河北楊林外九垸土田窪下，差猺繁重，連苦巨浸，人民死徙。紱披陳災荒疾苦，請定折畝減租之案，至今德之。族中困於里排，有兄弟鬻身者，紱捐銀八十兩贖還。有子姓轉徙他方流離失所者，紱曲爲招至，以近村田廬處之。晚喜以孝友忠厚化人。子學素、學洛、學閩，俱歲貢生。孫有芋，太學生。

王浩森，士人也。康熙時館安陸府知府張公署，歲暮歸，見年少夫婦泣於路甚慘，詢知其夫爲債迫，將鬻婦以償，森即出修脯

如數使償債夫婦泣拜去張公後聞其事嘉之為納粟仕至廣東潮州府同知有善政謝任時百姓遠送百里外長子時來山東陽穀縣知縣次子時昌江西丹陽縣知縣

張代巡雍正武舉值歲歉其鄰居不舉火者百餘家巡盤倉儲分給之全活甚衆見一總志

歐陽錫駿號襄亭乾隆拔貢性仁孝仗義輕財曾捐田二十五畝供大成殿燈油其錢糧仍歸歐陽完納呈請知縣批准有案子沂乾隆庚辰亞元

周之翰圍湖隄潰有樂姓屋當衝男女奔避不及登屋援樹呼

號求救翰急雇舟拯之活八十四人樂姓子孫至今頌德不衰

唐源淮字南村性耽吟詠而居心仁惠乾隆丁未荆門鄭家港隄潰流流墳墓淮率衆拾遺骸埋之是年大饑斗米千錢復施粥以救餓者子正文精岐黄治病不受謝嘉慶三年武舉朱誠勦白蓮教正文率衆協力有功

萬斯年號姑菴庠生嘉慶建元鄉舉孝廉方正性孝友事親不以婢僕給役五世同居無閒言荆河黎家月隄潰捐貲拯溺大江萬成隄决波及潛監水倏忽丈餘民命寄洪濤中捐貲雇船四面分救隨施衣食費二千餘金工詩著有漁樵吟詩稾

索大椿字壽林貲本甚微值歲歉出歷歲所獲利為粥以賑饑者江南顧菘圃明經在邑幕謂椿非素裕而能以濟人為心有足多者詩以美之

吴宗鑰號東園孝子宏培子性仁厚好周給寒畯四方之遊士擅一長者踵其門皆厚待之乾隆歲連歉為粥以賑善畫工詩著有東園吟草子述洵己亥舉人

張自修沙窩監生業瘍醫不索謝遇貧並不取藥值宅近騎馬隄為邑東南五區三十八垸保障而於縣城關係尤重每水漲防檢及秋冬歲修自修引為己任並勸導各垸以是為衆所悦

服沙窩固隄主垸嘗涉訟修不欲各垸藉公斂費自罄家貲變産以應卒獲直垸衆謀還之辭曰吾賤技足以餬口今因公破産但得共保此隄雖貧無憾其急公好義類如此

萬人傑號鶴厓家貧事親以孝聞遇人急難事尤體親心多方成全鄰人王宗臣死不能殮萬代營葬具湖南寒儒甯鶴軒來潛不能自給萬重其人爲之謀館穀成家室俾無失所後甯生子熙朝舉丙子孝廉爲楚名士皆萬所曲成晚年喜吟詠日與鄉先輩詩酒往來以自娱邑庠達泉萬英拔貢紹燕皆其後也

朱之龍字齊州耳欠聰素行慷慨樂施予道光歲歉米貴如珠

餓莩枕藉龍散儲賑恤活人無算潛邑以織紡爲大宗奈荒歉日久有賣機遠逃者龍乃設法收典布機准後原價贖取十日内堆積如山次年逋者悉如其言龍纖悉不留人多德之呼爲龔爺爺子三次容光太學生孫綬清歲貢履清庠生

潘振魁邑庠生家不中貲而天懷和樂輕財好施早失怙奉母承順養葬皆獨任之弟二人分析後産蕩盡魁曲體母意仍同居一室里有鬻婦者魁知之暗典衣助其貲本遂得保全道光戊申深河潭潰漂流人口無算魁設法買舟救之活人甚衆次年己酉大飢拋棄嬰兒滿路魁將火神街臺屋三間捐貲修葺

收育孩提並勸好善紳商雇奶養活迹其所為雖饒裕者亦不多得嘗聞魁祖庠生應奎者急公好義稟請汪督憲飭各鎮典每年十月減息至今賴之是可謂利濟傳家者矣

楊玉成字杏農邑庠生父賢國好施與道光壬辰癸巳荐饑夜往災民叢聚處計口給錢收育遺嬰年熟聽其父母領去隆冬輒施草衣草鞋卒之日鄉里流涕玉成承其志凡有利益地方救人急難者知無不為咸豐甲寅潛城克復咸同衆紳督練勇隨大兵進勦事載兵事錄荆州將軍奏保蒙予國子監典簿銜兵燹克復後創連環保法脱遠方陷賊人於死者甚衆籌修

文廟文昌宮毅然慮始為人所難為書院復膏火母錢二百四十緡至今生息卒年六十子孫齡以恩貢署嘉魚訓導孫炳保舉六品頂戴孫瀛歲貢孫澤廪生孫楊翰庠生

劉家相太學生慷慨好義曲成寒畯周濟窮民至今鄉里尤稱頌之臨終時有借券一千餘紙其貧不能償者憑中保悉焚之施祖師殿香火田十畝享年八十五歲四世同堂

劉高紳字黼廷貢生祖之楷乾隆拔貢父永旭邑庠生自始祖必達遷潛至紳十六代紳性嚴謹家範整肅有萬石君之風生平慷慨好義弟高紱早逝遺孤二紳教養無異已出後姪克明

由廪貢考授實録館謄録克智指分陝西縣丞皆紳曲成之所置田宅二姪與子均凡家族婚娶喪葬事量力資助本氏宗祠燬於兵燹捐貲重建潛邑向無試院自彭公光廷於傳經書院内創修七八百號座迨丙寅年劉公壽椿宰潛縣試人衆紳倡募添修西首號舍二千五六百座廣厦大庇考童歡顔每逢大比捐送闈邑賓興其急公好義類如此年七十七卒

劉應同字襟河萬歷癸未進士官刑部郎疏請開豁疑滯重辟百有六人有手著昭獄録遷漢中太守值大荒捐俸賑饑不能給妻戴銷簪珥以繼之民歡呼載道所涖監司勉修故事饑民

大諱監司忌之欲搆陷同後知其廉乃釋及守保寧時郡有張桓侯廟歲娶婦巫以夜分納幣女家晨啟門視之則黃白紙櫝里人大醵錢買女合鼓吹笙帛納廟越三日出其骨里人不應則多水火疾疫橫死者至期太守主之設太守不欲舉行則殃先太守同至先期作表告桓侯臨事則火焚其廟藁懸其首一郡震懾妖是以平郡人戴德立祠以祀節錄表文有生為兄弟殺妻子曾甘心於婦人死留香火祠春秋肯失躬於淫祀又夜午驛亭孤燭淚千秋誰共桃園東西臺畔雨喬思百代徒傷銅雀無故匿民間子女入官為奴公請自讀漢律即今斬大王身

首火焚其廟臣將謹按天誅之句

李之翺字克升萬歷初歲貢任永定衛訓導捐俸修學以教多士永定之知有學自翺始及去弟子慕之於其坐樹下立石曰甘棠所著有逸叟寄言

朱之瑚號瑤碧宗望子博學敏才生平以聖賢自律以歲貢廷試第一授公安訓導視躬範士咸式以為人師再補南康訓導俗有男女踰三十未婚嫁者一家有纍纍數棺累代不營葬者瑚至進諸生耆老切責誨諭其或家貧無力則設彼此資給通融之法著婚儀葬儀二卷婚葬以時直指嘉其事膺薦當遷力

辭歸里白首進修不懈尤善臨池子士達進士

朱士尊字偉臣一字石户同里進士莫與先為之傳曰朱君少負異秉於書無所不讀好沈湛之思君大父比部渭瞻公建擁萬閣貯經史百家以授君父止園先生止園隱君子購藏益富君因得恣其涉獵年逾弱冠遭亂知事不可為遂吐棄帖括其學惟以明體達用務凡經世大典如杜鄭馬邱諸家所未備者蔑不溯端竟委一一可見諸施行順治初學使天錫王公崇尚實學徵耆舊通儒講藝江北書院君為所羅旋辭去幽屏著述甲子選拔入成均一鼓篋遂歸會兵役繁興甲里重困君倣鄰

邑公當法力請於邑侯除當年名色為權宜補救之計甫行流亡漸復閱數年而永革里排之令下顧其解倒懸緩須臾以觀厥成君先開之功父老猶誦述之年七十八卒所著有治平要畧書法尤為時所重

張連璧字仲維庠生孝友天成親喪未葬適水漲以身衛棺月餘泣血不輟有弟浪蕩成性祖業罄空璧以己私分之屢空屢分全手足情好生平膽識卓越不信醫藥不迎佛道喜施予儉歲捐穀賑饑活人無算邑令題其門曰枌榆仰澤康熙時荆潛之間有大盗猖獗一夕至璧門璧與之敵連傷渠數人餘黨竄

迹潛有長泊隄為西厓數十垸總會壁激於義率邑紳呈請窰到淺水至今人享耕作之利著有家訓格言卒年九十三子孫科第綿延勿替

涂銓蕙祚子居鄉以孝友稱仕優而學著作甚富唐昌草穀城堂詩文集其一斑也

歐陽洛號別野性慧敏精岐黄活人甚衆著有養生錄二卷

王三錫號椰堂庠生湛深經術兼善岐黄業一望決人生死嘗訪友聞隱隱哭聲詢之則孩提病危苦無可救入診曰是無難治給以方一藥而愈晚年有神醫之目宅旁蓋茅屋十餘間以

處病者所診多奇效五世同堂年九十三卒著有脉訣指南傷寒夾註等書人多寶之

郭唐臣字戴堯性淡逸有黄叔度風開别墅曰柏鄰栽花蒔竹日吟詠其間心地惻怛工醫術會大疫施藥濟人全活甚衆年九十六而終著有傷寒論翼

李前勳號恆堂康熙進士任廣東博羅縣知縣潔清自矢朱文端相國湯文正尚書薦授江南海防同知督運南糧稱　旨授清河縣知縣充丙午江南鄉試同考官得人稱盛復徵督運因同事掛吏議旋昭雪蒙開復以母老乞歸朝夕承歡雖黄金横

帶莫與易也與邑後學接講論不倦謂文章根柢宜從倫常至性探出蓋以風化爲己任者母卒哀毁而逝遺訓子孫諄諄於守先訓培祖德六字著有嘉務堂文稿梓行

朱載震字悔人選貢士尊子幼承家學博極羣書侍父纂修邑志受知王黃湄邑侯由選貢考取正黃旗教習受業於王阮亭司寇門尋以歸省續修邑志閤邑典章作述相承士論榮之既而五次入都韓慕廬宗伯朱竹垞檢討諸名士器之與聯講席繼以倡和文章德行日粹而詩亦彌工一統志文苑傳稱潛劉肇國莫大岸後無過載震者著有京華集東浦詩抄梓行其帶

經草堂花木六詠選於别裁集王阮亭敘其詩謂澤潞紀行諸篇力追古作江漢之間其人卒有屈宋遺風朱君其騷人之苗裔耶推許如此而篤於師弟之誼王黄湄卒搜其詩文集梓以行敘文載湖北藝文志後官四川石泉縣知縣川督聘請纂修

四川通志

歐陽沂號二瞻字魯川拔貢錫駿子乾隆庚辰亞元性嚴重動必以禮作自强錄以厲志嘗語其兩弟曰讀書必先立德立德莫如忠孝工文詞弋科第其末也語其徒曰學以治心爲先着有課程錄事父貧能養志生平著作甚富皆以思親爲義在京

邸作肇春集意在春榜獲雋克遂顯揚之願終以不遇卒於京
邸
王㝡字觀錄康熙癸己舉人性至誠閉户讀書不輕與流俗交
朱文端公宰潛時縣試拔前茅招入署與講學後會試北上謁
朱文端公出所著下學淺言六卷相質正文端深嘉之稱爲後
學津梁爲之敘而待梓後益致力於學任黄陂縣教諭訓諸生
以敦本崇實爲主
黄永綸號理齋優貢任江西寧都州知州署吉安府知府著有
分類詩腋行世

黄履素號約齋乾隆丙午舉人由大挑選隨州學正振興文教乞假歸邑人士留設皋比多所造就復選漢川教諭辭不就著有理法雙清文集

劉國賓字用光歲貢宿學耆德庭前問業者履恆滿邑侯陳唐園聘請主講白鶴書院振興士氣極力培植立造士規條嘉慶壬戌　恩賜同進士出身授職檢討著有振藻軒文稿蔣丹林太史為之叙

甯熙朝號雙梧一號柑堂詩人廷楫子自幼嶔嵜磊落意氣自豪詩獨樹一幟為騷壇所推嘉慶丙子經魁應禮部試日與輦

下名公卿遊復得幽燕豪士氣既而遊蜀遊吳越縱覽名山大川開拓心胸所學愈進而詩愈豪大挑以教諭用未赴任而卒絕筆有我輩要須無死法九州雖大幾雄才之句著有蜀遊草元明綱鑑總論梓行

方世樑號退菴職監生制藝專講求理脉脱盡時下蹊徑而氣息深厚神與古會道光辛卯甲午科鄉試兩次擬元未售文名大噪大憲爭聘為子弟師門下士造就有成者衆著有得心堂文集四卷梓行

吳述洵號竹居道光己亥舉人孝子宏培之孫處士宗鑰子也

幼不羈有父執戒之遂奮志攻苦鉤新摘異求有心得制藝不喜方樸山謂一挑半剔實欠大方可以想其文品詩格近昌黎間有禪悟書法揮灑自如別成一格舊讀書得樹軒從遊者衆復於軒後購屋數間據城基疊石為山有桂數株顏曰叢桂山房花時躋石山嘯詠其間與城外菱歌漁歌互答心境俱清嘗勗門人曰我輩不能造到聖賢地步必須向此途進方不失讀書人面目素染血症應春官試病劇歸中途次古廟流連光景如所已經賦詩寄慨經宿而卒或疑為有夙因云著有叢桂山房文集且園雜著待梓

郭懋德號東野世為潛望族性坦易而嗜學號曰東野自箴也以縣府試兩選入庠筆情豪放能自抒其所見兩次擬中不售學益不倦博覽旁參尤深經學發於吟詠音雅志和歲科試屢次前茅卒未食餼其數奇如此著有漢儒春秋斷獄考一卷

劉永煊號詩桴孝婦劉余氏子母病甚痰裹喉間藥無功煊以口吸之出病亦愈年十六冠縣軍補弟子員所為制藝試帖及詩古文辭率窺古人堂奧尤究心經學研索而衷於一是手抄講義數十部徧加評論皆貫串大義晰其精微而卒困於名場著有過庭手編郢門雜詠

黄玉輝號韞山邑增生性肫摯篤孝友其立教以敦本為務文章詩賦皆自抒其心得故門下多所成就而貢成均登賢書者踵起生平尤廉介自持有澹臺子羽風邑侯劉公祿初目為有道君子倍敬重之然數奇屢薦不第長子孫霆以府試冠軍入邑庠未四十卒次子孫震勤誦讀早殀諸孫復不育杖鄉以後日與生徒講説以終餘年旁觀者爭欲掩首問天年八十五卒立族姪孫炳之次子黄翊為承重孫成服著作甚夥惜稿多佚失存者雙井堂文集梅花館詩集數卷待梓

萬芾號九華歲貢生咸豐 制科鄉舉孝廉方正以子際軒官

階　誥封朝議大夫秋闈十餘次語必驚人經策博雅貫通讀者每擬掄元無奈屢試輒蹶設帳授徒門下遊膠庠者百餘人性尤孝友終歲館穀悉供甘旨佐家需食指數十口胥是賴焉姪駿際韶際循早失怙教育不啻己子卒飛騰特達連掇巍科至於地方公事如修　聖宫修邑志加廣學額諸大端卒皆親詣四鄉籌費不辭勞苦公於制藝詩賦書法無不工著作尤富如禹貢圖辨四卷春秋地理今釋十二卷經字異同摘異四卷存誠齋見聞錄二卷皆足嘉惠後學

萬時又號稺雲恩貢生候選教諭　貤封中憲大夫兄時喆仕

粵東邀同往每探以疑難輒先事預决因器其才欲分廉爲捐知縣乂弗願嗣後姪夔以教習分陝西知縣請偕入陝夔署中部縣安集流亡振興學校開除徭役悉資籌畫旋因兄時繩訃至歸里授徒持教以求放心爲先尤精醫學堪輿學戊子歲秋疫盛行遠近診視全活甚衆湖南羅雲門明經堪輿高士也邀同來潛相與詳究地理尋點龍穴眼界益高至於事之有益地方如修理　聖宮籌添膏火建到疏溝撥款助賑諸事皆不恤勞怨力行之甲寅兵燹督團堵勦規畫有條晚究心經學著有小學韻語讀春秋三傳卮言批評地理醫學等書書法精漢隸

享年七十有二卒

楊澐號師竹同治丁卯科副舉人候選復設教諭内行純篤孝友天成親喪初葬適水漲慮墳圮親身防護月餘泣血不輟有弟數人祖業罄空以己私分之門徒數百成名者衆著有家誡格言最足曉世年七十四卒

劉爾宇字承甫負氣倜儻豐於貲好行其德為黎州目未幾棄官歸築室荷湖以經藝課子邑侯朱熙洽欲覈畝設堞為潛興百世之利苦豪右掣肘責成分瘁甚難其任廉諸衆所推服惟宇遂函采造請宇為大公正宇矢心竭力當時豪黠之欲避役

者飛詭者苞苴絡繹於庭守但笑謝之不復問亦不以相忤卒之均賦築城兩政畢舉潛人德朱公不忘而不知守公正襄事之勞故特表而出之

莫汝嘉字從吾隆慶副榜精敏好學重然諾輕施予拯鄉井之危賙濟族姻無倦色檢身直方訓子弟以禮讓為一時儒行之宗季子若玉字伯石號耸峯生而落落不偶受知於邑令陳侯夢琬未幾擾攘屋社遂棄帖括僦數椽東郊怡情詩酒樂施好善無異若翁晚追憶陳侯知遇特建祠祀玉髦益嗜學暇則與兄子與先論古得失訂先正制藝以授仲孫之翰與先嘉之孫

玉兄若智子字大岸順治拔貢辛卯以尚書魁順天授雲夢教諭登戊戌進士令高邑踰年引疾先總非贍盛名沈酣六籍百氏之書所謂詩歌古文詞必己出奧博之聲誦服徧海内歸田奉母曲盡孝養蕭然環堵自號顧泂老人年八十作蠅頭細楷手一卷不輟著有南陂詩鈔笈讀史樂府今是堂集之翰字紫來號嵩皋玉孫康熙庚戌進士授上高知縣以卓異擢泗州知府歷刑部員外禮部郎中膺才能選遷貴西兵巡僉事翰登第之日玉猶得目擊積累之報尤稱罕覯云

歐陽熸字誠夫德慶守東白長子萬歷時中鄉試赴天官試第

一除乾州知州乾衛齊而囂訟熸至攜長孫瑊誓於衆曰有不潔已自愛以一事累乾民者殃及此孫凡利乾民不憚心力九膺薦剡擢南刑部郎中上有盤錯益利雷電合章之褒遷廉州太守以平海功簡兵備副使移鎮姚安以防土司之變涖政期月屢疏稱疾上猶曰某善自攝將需後用異數也闖賊入郢焚陵廟熸憤甚命酒賦詩有澄清若是為期杳蒲質何須更假年之句擲筆而逝

李庚字君義號筠城參政之皞子歲貢士授蘄水訓導會賊犯蘄庚設伏浠水上賊宵遁蘄人上其事於撫軍直指庚曰吹劍

者一吷耳豈以是希進哉遂拂衣去蘄人官撫極有迓庚出山詩曰不沂流光便擊空烏紗時在釣船中東方大隱堪游戲何必冥飛天外鴻又曰韎韐曾將儒服删么魔泣遁笑談間而今玉匣藏霜仞忍聽頭顱積滿山之句庚歸田後即無意人間事潛心苾芻蕭然一老頭陀著有松篁館詩草待梓

劉信國字公允國史院掌院肇國弟歲貢士授臨桂知縣信國書法秀整工繪事少依庶母鄢及郭卒信請於上引繼母例得終三年喪昔宋皇祐間祝紳鞠於兄嫂嘗為嫂持服又請解官持兄喪羣臣以為言仁宗曰世有匿親喪而干進者紳雖所服

非禮然亦不忘鞠育可勸也信國此舉近之

劉昌吉字季長漢中守應同子崇禎己卯科與仲子璔姪璹同登楚榜楚悼烈王公讌訊及陰德昌請給楮墨即席賦獻七律四首王益奇之賚予尤厚昌幼失怙爲清白吏子家無嬴貲侍母張恭人食貧自力有詩云一匾子與母一燈讀與織反覆吟之泣下沾襟張卒昌哀毀骨立茹素三年嘗於鄂省買篋賈人誤投一篋内有百金昌還之其不苟於利類如此順治壬辰授黄陂教諭有高生某被誣坐以逆議發兵勦昌毅然以百口保之密諭高生自縛來見事得白尋請老歸年七十卒

劉廣國字賓生通政道隆孫順治己丑進士授高平知縣歷遷漢羌兵備僉事裁缺歸里潛之大患在隄防數苦鄰邑扳協潛之儘甚矣歲戊申荆州有石頭嘴江隄之築扳協於潛計工當費巨萬潛人大恐廣國率紳士父老同王侯又旦赴荆集議力持不可備陳地勢高下水性逆順江漢利害不相及之故反覆累日卒定荆安兩不相協之案樹德於鄉廣國能繩其祖武焉卒年四十九

向大觀字望湄順治乙未會試副榜除桂陽教諭舉止莊雅議論崇閎禔躬範士一以古賢爲則葺修濂溪書院館貧而力學

者於廡洞庭以南嚮風者不遠數百里執經來學戊戌成進士授廣西懷遠知縣懷遠與猺獞相錯地險而俗陋從前爲猺獞病者盡爲革除與民更始科必按畝丁必隨糧勸民耕桑教之植桐蓄魚獲自然之利村爲置社社立官廳旁建塾遣社師分峒設教取豳風七月流火詩演爲俗話名曰懷豳歲仲春按行峒野命社師升席講説童子歌詩耆老擊鼓爲野農行酒侑勸禁蘆笙互答以别男女之嫌嚴柢償法以儆同類殘殺移建學宮於邑中朔望集民耆苗長率各峒師生於明倫堂教以跪拜閲其優劣行賞變猺苗獷悍鄙野於聲明文物之中大觀以經

術爲吏治之效也丙午分校粤闈峒苗擁幺僧顛巫惑衆犯順大觀請兵申討徵觀隨營監紀督運糧草勦撫並用猺苗以平遂乞歸苗民挽衣泣送者數千人復立祠生祀之歸築萍野莊移居卒之日手一卷立水亭倚檻吟曰水上魚鷗稱社侶山中木石認居人吟罷隱几而逝

彭竣齡字又房爲人孝友篤誠遇事剛直能任順治己亥進士初授龍川知縣剔弊除陋請復食潮鹽以息商害重建學宫月率諸生童子課藝文教漸興康熙乙卯閩報叛大兵出征龍川爲水陸必經夫船供應甚苦峻齡單騎護送往返上下稱便大

炮度嶺索民過山錢泣訴不允峻齡忿激投河衆援出之始免時鄰寇蠭起峻齡捐募壯士二百人訓練授以方畧賊至設伏斷歸路擒斬殆盡龍川以其功德建書院生事之每逢生辰咸來稱祝以志不忘海逆陷潮惠文武官吏率棄城迎降犯龍川峻齡禦戰不利遂抱印赴贛州軍前乞師恢復事聞補授博平知縣尋致仕歸里捐金置產均分其弟姪置墓田訂宗譜邑數百年大害無如里排峻齡力請於上勒石永革歷今遵守而利賴之年七十二卒

鄭先民字質生號青門順治進士出知山東館陶縣事以實心

行實政循聲上達擢授行人司乞假歸陶人感戴編陶山遺愛十二條泐諸石為立生祠家居敦孝友以忠厚勵俗卒年九十有二

劉效曾字爾思隱逸泌如子年十三補弟子員康熙初以明經除咸寧縣教諭訓士有方去之日咸人刻甘棠碑以誌不忘轉穀城縣教諭倡修學宮以卓異推薦擢江南懷寧縣知縣與民誓曰不狥情不沽名不愛錢不惜官一時豪猾斂迹陞任代州直隸州守正不阿懷人亦樹去思碑歲大旱蝗不入境有富豪倚勢斃人律當抵賄權貴關説不為動竟置之法以是忤權貴

喉當道誣列十款奏請參處卒蒙昭雪年七十二終於仕

蕭震性純孝值縣試在釋服之先一日不與頭場知縣康其實以補考冠縣軍康熙丙戌進士後任福建鳳山知縣

萬錕字劍光月峰其别號也家世業儒補上舍生嘉慶建元鄉舉孝廉方正丁卯科　恩賜副榜性友愛家買房一所屢易主多不祥恐禍及兄弟自請居之未久墻圮得術人所爲厭勝土偶去之遂安葬母於天門龍尾山柩止中道忽見二白兔突出柩前及窆所而没咸驚爲孝所感授徒里中曲成寒畯富貴子弟亦必使知艱苦謂子弟成敗關乎蒙養不徒課文藝獵科名

也邑宰陳公唐園公餘輒步至塾中談德行道藝外無一語旁及久之歎曰此今之澹臺子羽也寡交遊終日端坐如塑里中少年必正衣冠而後過其門晚年督修文廟自備餱糧鄉人感其誠費大集工遂竣年八十二端坐而逝

廷琇號雲槎由恩貢就直隸州州判職以次子時喆官知縣勑封文林郎家貧授讀世其家以忠信篤敬為教訓童蒙首懲僞妄晚年食指日繁貧益甚子孫受經不營他業道光時歲大饑率家人分所食以待餓者適遊客欵門與論文有合解衣衣之學師傅星帆卒厚其賻學中人繼之得歸葬素善布衣袁菊

圍雪夜過訪悉其未舉火饋以糧袁不謝由是愈重袁年逾六十祭祀躬親墓省步行必徧每元旦率家人講孝經暨格言舉述先世德歷舉其立心制行爲里黨敬式之由年七十張南山太守鳳仕楚耳其行贈以聯云居鄉稱善人惟德致福教子作循吏以政承徽卒年七十一子七時敘時喆時繩最著時敘號珏田郡廩生生而穎悟甫能言即識字十歲熟十三經通曉大義弱冠有聲庠序科歲試四冠其曹困於棘闈三薦不售尤以詩古知名嗜琴兼通釋典於天文地理卜筮書算皆能悉其蘊奥尤精於醫壬辰端午自館中歸值大疫診視無間晝夜全活

甚衆平居戀戀庭幃每歸省不忍一息離於諸弟屢力誘掖萬氏子弟無常師兄弟叔姪相授受自敘始也與人交和氣藹然尤能急人之急喜揚人善然有過必規徵逐嬉遊之場獨持正論所作稿多散佚近存芸香閣制藝二卷

時喆號櫛香舞勺時應傳經書院課山長劉雨村太史賞其文有元度道光乙酉鄉舉果第一應禮部試四爲房薦不售由大挑出宰廣東初任連平州以勤廉善結積案得民心州紳顏魯愚總制雲貴述其治行爲僚屬勸歷任德慶州徐聞龍川知縣所在有德政碑有循吏傳有虎渡河記有自作勸民歌初邑先

達彭公峻齡宰龍川有惠政龍人建祠繪像祀之後並繪喆像於旁為政不競名不喜功廉而能平臨民每在辰刻間人問之曰夜氣猶存也勤於課士襄校秋闈二次所得士五成進士二入詞館陝撫馮譽驥其門下士也性孝友家居依依膝下嘗謂人生天倫之樂不可多得顧以為貧而仕宦三千里外迎養不獲每函囑諸弟善為奉侍語極懇至後丁艱回籍日惟課弟姪讀書每訓以文章必根至性精説文工漢隸訂六經音訓釐正字體著有梅花館古體雜集制藝各數卷卒於樂昌任所柩歸行李蕭然所存宦囊各州縣德政碑額感恩衣蓋而已

時繩號謹堂邑庠生兄敘卒兄喆赴禮闈試未歸諸弟尚幼堂上二人衰老食指增繁獨力持家政諸弟姪有成繩之力也髮逆擾後家中服物多喪有匪被緝到官供稱搶劫萬姓衣物列報寄贓四十餘家縣主龔據供差追繩聞之急詣署固請銷案龔以是重之漁泛洪之役桂都統陣亡潛勇隨潰繩在團練局聞之隻身招勇於鄉一日往返步行百餘里鄉勇以集聲威復振逆夜遁羅雲門明經楚南宿儒精青烏術館於家而卒葬之如禮初艱於嗣逾年舉一子際輶人皆信爲積善之慶持家嚴正五世同居無閒言卒年六十九

劉永彦字梅羹歲貢生幼嗜學家有　賜書得縱觀内府之藏遊學江漢閒介介自處無所遇素性孝友嗣父之杞嚴毅彦广右就養能得歡心喪葬盡哀盡禮僉曰嗣子可以為法

默石子明永嘉侯朱亮祖八世孫名孔昭字晦之其先自鍾陵徙潛少孤嗜學棄制舉業湛思經史天官輿地及服食導引之書罔不搜討論列而於孫吳尤精焉事母孝力田供甘旨既終養遨遊四方與顧吏部涇陽高總憲景逸為道學友著聖學正脉二卷播酋反大司馬魏養蒙出師禮聘至幕府出奇制勝功上欽賜參謀昭笑曰吾讀書識將畧行天下諳形勝貯胸中無

益用勔廓清耳豈為是區區者哉嘗三出山海關著太平畧十卷間語同里黄鳳文曰吾嘗登山海關望東方有真人氣三十年後當出吾去遠矣其前知有如此者邑侯陳公夢琥甫下車就諮利病昭條議數千言性少諧雖學道豪氣時時溢出如俗客不來無所憾主人對此長浩然獨立一世外所思千古前皆其自道語晚悟危言之難自箴曰吾今而後其默如石矣遂號默石子二子為稱七十壽觴適高景逸訃自昆陵至即辭賓撤筵檢笥中素往還手書詩扇陳於堂拜奠哭罷買舟東下留之不可得後四年二子孟麟仲麟走吳越徧求莫知所之歸經采石於

逆旅壁間得默石子别友詩有白雲五嶽之句崇禎末有人邂逅匡廬之麓數語辭别又方士相傳遇默石子於洞庭山寺云

塞翁系出安成劉氏祖垓進士歷任提學僉事以理學名明經南金僉事之子司寇若金之姪性狷介不伍於俗時人有於陵仲子之目翁少即厭棄紈繻知世將變學制藝不成遂有稼圃終焉之意崇禎癸未司寇奉特召督撫閩廣遣人迎翁攜家同處以恩蔭相屬翁拂然曰習見臺閣故事雖有黄瓚李因自甘淡泊守節豈少季札子臧獨奈何受任子封乎因自號曰塞翁喜與人飲興至輒吟詩尤工寫生其所作竹樹花鳥得者爭以

為寶四方賢公卿造廬就見者無虛日翁唯引分自謝以是逃名而名愈盛年七十一卒翁名泌如宁鄞侯子效曾懷寗知縣介特有為能不媿其家學云

天門丈人段陟雲號郇五性純篤事母孝弟姊卒撫姪及甥教養過所生髫年拾遺金訪還其人有貧而鬻婦者典衣資之竟得全舉秀才為人所擠遂不復進取專力詩學偶一吟詠天然入古歌行尤跌宕離奇徵君孫豹人採風至潛見所作贈以詩有樂府古詩何奇崛請罷為爾聲暗吞之句朱可亭相國宰潛時尤賞其沈災紀事詩謂哀情苦狀為鄭俠流民圖所不及其

為名流推重如此荆門州牧萬蕭裔素善丈人移官海州約與同行遂歷海島由江南沂淮遊燕過趙足跡半天下倦而歸詩益奇而窮且益甚卒葬邑北郭外知縣吳表其阡曰處士段天門墓天門丈人避亂寓天門山之别號也

宗隆吳元年任大梁指揮僉事從明高皇帝屢戰有功擢福建都指揮僉事洪武八年没於海賜祭葬無子以弟威襲長淮指揮僉事洪武十四年征雲南陣亡賜祭葬

歐陽燧字見日號岣嶁舉人東昇子少負異才博通經史以歲貢士授黄州訓導遷盱眙知縣廉明有為神奸江胥唆以暮金

燧卻之密以聞之直指置胥於法遠近懽呼八角山羣盜負嵎屢拒官兵燧計獲巨魁諭以法令且給與俸錢令買耕具歸農羣盜感泣立散以病乞歸盱眙人鑄像立祠以祀之及闖賊破荊郢分兵擊潛衆潰走賊追至沱川埠燧被執不屈遂遇害妻廖氏亦赴水死乾隆時賜謚恩愍事載一統志

朱士完字符禹柏臺人夙有文譽崇禎丙子中式揭榜之頃士完夢有皁旗自西北飛來立於墓門白書亂世忠臣四字時方清晏秘不敢傳及闖賊破郢長驅至潛士完爲寇所獲不屈遂自縊閱數月妻拾得骸骨葬之乾隆時予賜忠義祠

楊自騰字孟昇以儒生工騎射崇禎癸未春闖賊據郢賊将陳良保同僞令趙國珍率兵守潛所過屠掠自騰率鄉勇迎戰於京山喬旺口凡三晝夜深入無援猶手刃數十賊被執奮罵賊裂其口残其體以死時子奐甫生一月後補荆門州弟子員妻張徐俱苦節終身

游鵝邑南鄉民崇禎末闖獻充斥将軍左良玉奉命討賊不勝反縱兵殺掠至潛郊鵝與其子文琪被執鵝抗言曰将軍簪纓世胄朝廷倚為長城不戮力勤王殄滅逆賊乃長寇流毒残及赤子将軍何面目見先帝良玉怒縛鵝文琪並其幼子若孫殺

之嗚呼若鳺父子可謂慷慨赴義者矣

涂起鵬字當世歲貢授廣西平樂知縣撫字殘黎遠邇咸歸新定之邑漸至殷庶以上考列薦剡順治十年賊犯平樂孤城堅守援師不至遂陷鵬被擒不屈與副使周永緒知府尹明廷同日遇害事聞　敕贈鵬廣西按察使司僉事予祭一壇給與造葬銀子勗難廕生例得為令痛父死事遂無意於仕幽貞處困以歿嘉慶六年補給恩騎尉世襲罔替見一統志

柴孕參前明庠生崇禎癸未參募鄉勇拒賊為賊所擄執之使降參曰為首起義者我也何肯靦顏從賊遂被害妻劉氏亦同

時死節

劉諒國四川遂寧知縣劉萬季子幼具至性崇禎癸未流賊陷潛城諒國時年十八侍母蔣氏避寇湖濱游騎突至母蔣氏投湖死諒國痛母死於非命亦罵賊死邑人士私謚曰孝烈

田復初庠生生平重氣節咸豐四年髮逆陷潛城初年七十餘恨書生無力殺賊旦夕憤哭餓數日自經死

戴自培號楚香邑廩生同董熺國督勇勦逆面帶數創劈去左耳五月初一死難奉 旨優卹監利王子壽比部弔以詩備載邑志

伍大椿官安徽千總咸豐十年髮逆竄盧州椿帶兵捍禦陣亡奉 旨旌卹 欽加五品銜

朱泗源福建候補縣丞素尚氣節署上泉縣丞咸豐時江右髮逆竄入境源督勇捍禦戰死奉 旨旌卹子寶源世襲雲騎尉

胡起堂由鄉勇効力軍前勦回匪於陝西累立戰功擢參將加總兵堂身材短小便捷善戰同治四年奮勇陣亡

唐毓清號守源庠生由本縣團練防堵荆州將軍保舉縣丞同治二年帶勇勦逆於安徽蚪埠陣亡撫軍唐題奏蒙 恩旌卹世襲雲騎尉

朱建東居柏家臺世為潛邑望族咸豐甲寅捍禦髮逆隨堵隨勦鄉里賴以保全同治五年冬捻匪突至鄭垸被亂走柏家臺者多倉猝不能辨別匪乘勢混入四面縱火大股麕至東督勇捍禦未成列逆於暗中刺之遂被害同死者八十八人

張禮榮素敦氣節捻匪來率子武庠德元約柏家臺團勇防堵勦匪於朱家場易家湖陸家庄迭勝之次日匪復至朱家場元隨父督勇迎戰墮伏中匪四面圍裹元帶勇衝圍出不見父復反身入圍救父出匪別股大至鏖戰多時力竭與父同死匪感其義取竹器覆其屍陣亡五十一人

陳偉才庠生捻匪竄河北才逃至河濵匪别股至招使從才堅拒不為動壁立風霜中次晨匪再使人招之則倒地死矣其守義如此

名宦祠

明

史純一　知縣洪武元年任

敖鉞　知縣高安舉人嘉慶元年任

任良幹　教諭桂林舉人嘉慶九年任

朱熙洽　知縣崑山人

史華　知縣渭南監生弘治十四年任

周延　知縣吉水進士嘉慶三年任

周洪範　知縣漢川進士嘉慶九年任

徐熙　知縣南昌舉人天啟元年任

國朝

韓國璽　知縣茌平舉人順治三年任

蔣永修　督學副使江西宜興人進士康熙時督學全楚公明惇大文教聿興

楊素蘊 湖北巡撫，陝西宜君人，進士，康熙二十六年調湖北。時值旱荒，公疏請緩征發賑，楚北諸郡咸尸祝之。

吳琠 原任湖廣總督

楊宗仁 原任湖廣總督

張道祥 原任湖北按察使

劉道麒 原任湖北巡撫

郭世隆 原任湖廣總督

葉映榴 原任湖北督糧道

張朝珍 原任湖北巡撫

額倫 原任湖廣總督

吳毓珍 原任湖北巡撫

張顯謨 原任湖北荊南道

陳銑 原任湖北巡撫

鄉賢祠

宋

畢　漸 紹聖狀元膳部員外郎 知荆南府事

明

李宗信 貢士交阯按察使 前御史

袁允行 舉人鉛山知縣

初　杲 進士雲南參政 前御史

劉　勳 舉人工部員外郎 河南鹽運使

胡　鑰 進士廣東參議 前御史

張師戴進士巡撫浙江都御史
歐陽柏進士雲南副使前吏部刑給事
劉垓進士雲南督學僉事
袁國臣進士山東參政吏禮刑科給事
郭之藩貢士永安知縣
郭之幹舉人慶遠知府
朱宗望貢士江安知縣以播功晉四品封刑部員外郎
歐陽東白舉人德慶知州贈刑部郎中
吴從誠舉人雲南參政

歐陽東鳳 進士太僕寺少卿

何薦可 進士廣東道監察御史

劉道隆 進士通政司右通政前吏兵刑科給事

劉若金 進士刑部尚書閩廣軍門

柴　恪 進士兵部職方司主事贈尚寶寺丞

國朝

劉肇國 進士翰林院教習庶吉士掌院學士

畢漸宋紹聖初狀元元祐廷試李清臣發策主復熙豐法及進士對策考官是元祐者最等禮部侍郎楊畏覆試悉下之拔畢漸第一遂以是年為紹聖元年宋時潛屬荆湖北路漸知荆南府事時人以其典鄉郡榮之卒於官墓在江陵惟狀元坊畢家樓在縣治儒學東南今只存其名康熙時王侯又旦令潛恐前賢淹没於編審時易坊廂里為畢公里使後人口之不忘其即鄭公鄉蘇公隄之義歟

李宗信洪武時貢士授監察御史多所建白出知保寧府清賦均役驗丁覈實民甚賴之會銓司大計上出特旨曰朕知李宗

信廉能不在考列永樂間擢交阯按察使交阯初附宗信以忠義激勸吏民畏服以老乞歸賜鈔仍予半俸優養卒祀鄉賢

袁允行字克修正統丁卯舉人任山知縣吏習民安九載乞歸舟過鄱陽運大石以壓風濤榷關者與允行有隙見其載重使人啟視惟大石數片而已無他物也沒祀鄉賢子珣成化丙午舉於鄉為臨桂令以清白承家聲世宰沃邑所居僅誅茅蔽風雨孫紀歲貢士曾孫國臣進士

初杲字啟昭正德辛巳進士授四川道監察御史世宗繼統會議大禮引經抗疏同百官伏哭文華門上震怒廷杖幾斃手疏

劾席書不當驟轉禮部尚書憸邪側目巡視山西河東鹽法濬渠築堰鹺政大舉商民便之立祠以祀轉河南僉事分巡睢陳擒滅流賊遷雲南副使撫綏懷寧民夷戴德轉雲南參政乞休歸田課農訓子擇邑中有才子弟延塾教之多所成就卒祀鄉賢祠

劉勳字建白號北華少負異才內行純備世廟中士大夫崇尚正學海內稱同志者必曰北華先生嘉靖戊子以春秋舉於鄉己丑捷南宮授裕州學正分校四川山西鄉試歷遷刑部主事以親老疏乞終養服除補工部員外郎司節慎庫督修琉璃河

橋出納巨萬無所染遷河東運司鄒商人賂三歷財賄之地並以清端聞飯糲衣垢耄修不倦可謂不負所學矣晚歸安成講學復真書院卒祀名宦鄉賢子垓進士仕至提學僉事埏太學生孫若金進士任至刑部尚書俱以風節著

胡鑰字衛卿嘉靖癸丑進士授行人擢監察御史督河東鹺政奏復南陽為行鹽地風裁赫然以繼母老乞終養居鄉凜凜持清議人有善輒稱不去口士流有隱行必曰胡公豈知耶其敬憚若此祀鄉賢

張師載字巨坤一字少渠嘉靖丁未進士以宰邑異等擢南吏

科給事中時嚴嵩持國柄師載抗疏劾其姻戚居津要者嵩銜之出爲萊州守密囑私人吹求瑕疵不可得嵩罷相聲譽隆起遷淮南兵備副使超拜都御史巡撫真定陝西轉撫浙江以病乞休賜建寳翰樓年六十終諭祭葬祀鄉賢子志學補太學生光禄寺監事孫邦彦太學生負性不羈破産以資豪舉常寄興山水蟲魚片紙流傳人咸重之

歐陽柏字惟承號茂野嘉靖戊辰進士初授義烏令時徵兵備倭柏親勾稽閲有良家子領麾幢爲鄉曲害並倫魁十三人跳之尺籍伍符者悉論如法義烏德之祀名宦柏自令拜給事中

封事斟酌民情國體非計久遠不發策如調浙江禁私闌論漕運團營便宜遵用不替以忤江陵意出參閩藩未幾奉表入都江陵所暱庭實纍纍柏發幣獨薄因投諸滇未二年罷閩報即襆被出同官不及餞已歸口不言時事身明農子孫受經所著有樹穀堂稿十藪筆錄卒祀鄉賢祠

劉垓字達可運同勳子隆慶辛未進士督學雲南精鑒拔滇士被其風教文運為之一變致仕歸益以明道為己任建同仁書院講學以掖後進置學田設義倉義冢樂善不倦卒祀名宦鄉賢祠

袁國臣字惟鄰隆慶辛未進士擢吏科給事中奉使楚藩餽金弗受楚王高其介贈額曰君正清風建郤金亭於大別山歷禮刑給事中疏劾江陵出為徽寧兵備僉事勦巨寇蒙褒蹏之賜歷轉山東參政致仕歸題隨處體認天理六字草書勒石於學宮卒祀鄉賢

郭之藩字价卿推官岩子隆慶選貢士任武進水利武進志載藩修圩若干丈熟本邑田三萬畝並熟無錫田六萬畝迄今言縣佐之賢者必首之藩遷分水縣令調知永安卒於官祀名宦崇禎時無錫高世泰督楚學政念藩築濬之功徵其實行祀鄉

賢祠

郭之幹字宗卿岩次子萬歷癸酉舉人文行重於時初任盧氏多惠政祀名宦擢刑部郎出守慶遠府入覲請告居鄉急賑貸設立義學義田卒祀鄉賢子鋕恩貢生兗州通判

柴恪字子舒號慎庵浩四世孫十歲能屬文十一而孤積學累行以選貢中萬歷己丑進士除無錫令錫大猺獨長賦素封之家賄吏免役中人破家者十室而九恪首釐剔其困歲大旱恪禱羣望雨隨澍秋大風偃禾恪禳之風反禾盡起吳人奇其事五載奏最遷兵部職方主事入省甫十日上以封倭使辱命罪宗

伯司馬諸郎恪與馬歸而楗關謝客灌園自適天啟嗣服議贈恤註誤諸臣子一真時為隨州訓導疏其事遣弟一德詣闕陳情報可贈恪璽丞祀於鄉賢祠

朱宗望字遇甫號渭瞻弱冠食廩應選貢肄業南雍還里歲大祲父侃没甫殮巨濤撼屋棺幾敧望奮踴水中抱棺號泣波臣退舍得牽挽就葬廬墓側手植白楊與身等草没其項不忍去授四川江安知縣會播酋楊應龍反距江安僅數舍公知應龍兵驕無制乃密調鄉勇設伏城南谷俟酋薄城伏起夾擊酋大北堅守江安以待劉綎吳廣兩總戎兵至公輦餉給軍元逆成

掄督撫上莫府功擬公晉四品服錫以銀觥鐫太平宴鼎銘以疾乞休卒祀江安名宦祀鄉賢

歐陽東白字純之號參宇萬歷戊子舉人授清河諭補江夏諭丞大講論雖劇不輟一時名賢如賀公逢聖熊公廷弼皆出其門熊公少任氣白嘗箴之曰子爲諸生不可使人不知有子子服官不可使人知有子其知人善教如此遷宜山令宜山於粤最僻蠻煙毒霧之區白下車焚告不以操切從事不誤甕一命於杖下樹麥增饟士民歌頌官評有民戴若天政廉若洗贈聯有四年清白有天知之句時從弟東鳳爲平樂太守粤人稱爲大

小歐陽焉遷守德慶州治狀無殊宜山引疾乞休囊中無鬱林片石卒祀鄉賢太僕公東鳳爲之傳曰出則爲明師爲良吏居則爲端人爲長者葢實錄也

吴從誠字虚丹號彤衷萬歷戊子舉人授陜州學正甲午應四川分較聘兼兩房同考得士十有七人以卓異擢處州太守處民譁於訛幾禍地方誠曉倡亂者以禮法不逞旋戢歷官俱有異績著聞後遷雲南參政解組歸杜門泊如食甘粗糲衣謝華鮮有識其矯者誠潸然曰吾少也貧吾母無身世一日之懽而伐之年吾服食何忍過腆誠守潯州時父卒於家誠蓬跣奔喪

廬墓三年作石人像已署名鐫其背曰千秋遺恨長跽墓林致有紫荆冬華之瑞時賢作瑞荆篇以美之又自治棺從薄製銘於旁曰下而螻蟻上而烏鳶原以蔽體豈以飾觀書其背曰雲南大參吳彤衷之柩卒祀鄉賢仲子衮舉人孫善滙歲貢士

歐陽東鳳字千仞號宜諸十四而孤母許卧病籲天祈以身代居母喪服未闋三日不與縣試後以補童子遺郡伯學使俱拔第一即以是年舉孝廉己丑成進士授興化令賑浸窮鄉一舠渡潮風濤卒起民望而哭者聲震天鳳怡然不動於色與民逋賦獲辜鳳疏減浮糧蠲積逋擢刑部郎疏斥貪蕩出守平樂勸

猺獞子弟就學化以禮讓會瑺忩行粵西郡邑股栗鳳力折其鋒瑺為易鄉調常州守撰毘陵人物志四庫全書稱其取常州先哲六十九人採史傳郡志人各為傳附以頌贊例頗謹造高士王時英之廬車載還郡折節詢訪侈靡之俗一勵旋備兵潁上勤簡練禁包折清驛遞墨吏望風解綬幡戟所至風霜肅然自潁歸田以公廉卓異特起南太僕寺少卿三疏乞休事迹附見明史顧憲成傳杜門著述千旄所至輒引避之惟事有關邑利害者則不憚力爭請改折兑糧以甦里困積僧田守張良臣計改朱侯熙洽清丈額弓以贏田為奇貨鳳條陳置於法與王

孝先明府書載藝文志民害除匪類革潛俗從墓祭鳳謂委禮於草莽非古也建祠於先世墓左置祭田訂祭約搆齋聚羣從子弟之秀者課藝其中其不習舉子業者誨以曲禮孝經鳳仕不廢學讀書無間寒暑著作甚富卒年四十九訃聞毘陵五邑士民請祀名宦邑人請祀鄉賢邑人朱士尊曰公遺命勿溷我以鄉賢事豈公尚有歉於衷歟夫崇德報功本由民彝詎私其人哉況公之生平世有定論乃棺甫蓋而鄉人無大小翕然謂當祀是亦可以概公矣公清望在朝慈惠在野算僅服官數同伯道造物者尚可問耶又何怪乎膺祿高位刻薄永年者之援

以自解也

何薦可字替否萬歷時進士初授常州推官按獄必焚香露禱然後具狀置於理者自以爲不寃以治行異等行取户部主事擢南廣西道御史疏邊疆戰守無長策經撫異同生嫌備陳失援致衄旁掣紛呶之情痛切千餘言又以留都根本之地久缺司馬宜練本兵急議督練專官劾首揆溫體仁因循誤國降秩旋復乃引病去著有二戴删繁訂註行世卒祀鄉賢子翰舉人事載孝子傳

劉道隆字麟原號啟南萬歷時進士授江都知縣下車即杖殺

侵帑吏諸蠹不敢因緣爲奸昭雪滯獄十餘人鑿陂障以捄潦
困開商籍試士之例歙縣當國所親多僑居揚界肆行莫問隆
以匿盜贓撲其姪擾驛遞奪其壻中書某鄆符時相御之幾不
免作令五載約己愛民風裁自砥會徵郡縣循吏入充風憲擢
隆兵科給事處言路四閱月疏凡十數上强項壁立以爭引嫌
家食七年補兵科復去位神宗中葉以來朝宁閒局凡屢變門
户紛紜水火工科給事孫善繼拜疏以去道隆繼之先後去者
多人吏科糾擅去諸臣善繼削籍道隆等各降秩泰昌改元凡
老成人悉起田閒除隆光祿少卿遷通政參議疏救熊廷弼謂

司馬左袒撫臣王化貞妄引不根語欲坐經畧逆謀與兵部駁擊不報遂引疾去位隆居鄉嚴氣正性邑中興除大故如條議濬河築隄事宜一邑永賴於立朝去就間尤有古大臣風卒祀鄉賢子蓀恩貢通判孫廣國進士

劉若金字用汝號雲密性剛介嚴整為文以清真深健為矩彀名其制藝曰渴日草天啟進士授古田知縣海壖瘠邑羣盜聚叢篁灌莽中梗驛刼旅若金至蘇郵弭盜臺使交薦調補浦城令古田攀留不得與浦城爭訴於建寧太守守曰朝命也應與浦城閩人傳為美談浦苦旱若金甫視事即廉得巨蠹榜殺之

應時澍雨以平斗斛賊功擢南吏部主事轉郎中出為淮海兵備僉事淮右為濠泗門户流寇方熾餉缺卒驕脱巾兆變若金剔釐訓練清冒領擢將才羅舉於伍授以方畧賊相戒不敢犯境淮多勢豪大猾叢奸害政若金摘發鋤擊逾年而淮大治河功因循成習若金搜求水道悉心疏築所開淤河與劉兵憲隄今猶稱之奏績晉一級賜白銀文綺益為當事者所忌投劾還里已而上知其忠幹優詔起副都御史督撫閩廣中原賊熖甚張若金保海上歷遷刑部尚書賜贊襄補衮銀印致仕歸杜門謝客自號蠡園逸叟若金草書最佳不輕為人作故流傳者少

善攝養精研軒岐之書耄耋精神不衰著本草二十四卷行世卒祀鄉賢子洸舉人沅陵教諭湜太學生候補知縣

劉肇國字敏功十歲而孤其舅氏歐陽公燧授之學燧博聞强記忠節君子也肇國親承其教文章行誼爲有本云肇國性樸茂襟度閒雅家固貧食客常滿座上有置驛投轄遺風崇禎進士

本朝授宏文院檢討丙戌典武會試得提督梁公化鳳勳業尤著遷國子監司業首拔熊公伯龍海内文章風氣一軌於正生母李太淑人卒肇國飯素茹淡三年塑母像於佛前誠孝所感

嘗有異徵扶櫬歸旋請告致仕其述懷詩曰聖恩放作山林客
世業留爲田舍翁卒祀鄉賢子俛甫四歲王夫人柏舟自誓茹
荼哺孤教俛克紹前緒

忠孝祠

佘　隆明福建都指揮僉事

游　鵜明鄉民

歐陽燧明盱眙知縣乾隆四十一年賜謚忠愍

佘　威明長淮指揮僉事

朱士完明舉人乾隆四十一年予祀忠義祠

涂起鵬原任平樂知縣　本朝敕贈按察司僉事補給恩騎尉世襲罔替

以上俱忠

初　言明舉人

郭　鑛明儒士

柴浩 明中港鄉民

廖定安 明太平鄉民

何瓚 明長樂鄉民

何翰 明舉人

高如岐 明儒士

朱士弘 明庠生

以上俱孝

謝復清 明廪生

周淑元 明廪生

張鈞 明方廂鄉人

龔本源 明人

邱甡 明儒士

吴宏培 清宿儒

節烈祠

邑庠生張昌琳妻曾氏
監生何相昇妻張氏
武英殿中書郭鏘妻蔣氏
廩生許廕知妻歐陽氏
監生張萬錦妻萬氏
儒士劉術文妻張氏
儒童王德位妻張氏
殉節女王氏

庠生張開祜妻郭氏
邑民梁宣文妻蔣氏
盱眙知縣歐陽燧妻廖氏
儒童郭昌裕妻黄氏
廩生萬時敘妻楊氏
儒士何復春妻李氏
儒童王維綱妻胡氏
儒童鄭本功妻王氏

朱　進妻高氏

邑增生謝　賢妻朱氏

文學朱士準妻歐陽氏

文學周廷柃妻彭氏

邑庠劉念國妻龔氏

邑廪庠劉　傪妻隗氏

生員黃開祜妻郭氏

儒童鄭再玉妻李氏

劉元瑄妻歐陽氏

李本溶妻柳氏

聞喜令劉　珏貳室葉氏

舉人峗元傑大母陳氏

文學劉　佽妻謝氏

邑庠生劉　玗妻謝

邑廪庠江自岷妻李氏

儒士何子章妻鄒氏

王天章女大姑自縊殉夫

太學生康邦珽妻陳氏

舉人張　玠妻李氏
歐陽城繼室姜氏
庠生鄭孝中妻袁氏
武進士張代守妻孫氏
儒童莫其潮妻劉氏
庠生李之英妻章氏
廪生張承寯妻王氏
儒童劉運衢妻管氏
監生張尚榮妻楊氏

儒童黄士宗妻郭氏
儒士曾南邦妻王氏
廪生劉　湛妻胡氏
庠生歐陽賁妻謝氏
儒童田日臣妻樊氏
廪生許應知妻楊氏
庠生謝知琫妻鄒氏
庠生鄒　官妻朱氏
儒童鄒時顯妻許氏

儒童董玖儒妻鄒氏
儒童何復春妻李氏
儒童賀中華妻莊氏

儒童李焜聘室謝姑
儒童宋明訓妻何氏
貞烈吳么姑

人類

潛邑除漢户外別無他種人惟城内與集場業工商者有江西山西江南福建及本省武昌漢陽黄州三府人其風俗禮教大概相同其户口約二三千計間有河南回户來潛販羊為生亦秋來春去不成土著

户口

潜邑户口男女约三十万有奇时际承平安居乐业鲜盛衰聚散之故间因水灾谋食出外者皆不远而復

氏族

潛邑劉氏支分數派其稱蜜湖劉者系出漢陰城侯蒼蒼裔孫偁於吳太和時自蜀為江西安福簿遂家於邑之蜜湖明初偁裔孫必達由蜜湖遷潛因以蜜湖劉稱之傳廿代户口一千有奇自必達傳四世至南陽知縣緣始列仕籍七世至道隆歷吏兵刑三科給事中通政使司通政使前後任四川遂甯知縣劉萬劉孚廣西新安知縣巖臨桂知縣信國河間縣知縣賓國廣東巡撫柱國國史院掌院學士肇國陝西關南道廣國嘉言懿行備載邑志及劉氏家乘其餘授通判廣文縣丞巡檢登賢書

貢成均拔萃科者代有其人光緒甲午克定中式鄉榜由教習挑取謄錄復由水會局保舉儘先選用知縣至於廩增附生吏綿綿不絶云

萬姓受氏自春秋畢萬始明季祖邦自江西南昌縣遷潛迄今十有三傳七世　恩賜副貢錕精敏好學為一時儒宗以故世傳儒業掇科名登仕版者不一而足先世居北城亞侯街其居北城門外者駿之孫德尊等履洋嚮學具有壯志其宦羈京邸者際軒暨其子姪輩或供職末秩或肄業學堂際輔以微員候補江西餘皆聚首舊宅以教授生徒為業

歐陽氏之先出於夏禹之苗裔自帝少康封其庶子於會稽傳至越王勾踐至王無疆為楚所滅其族子分散爭立皆受封於楚有封於歐陽亭者為歐陽亭侯子孫遂以為氏歐陽亭侯之後仕於漢為博士名和伯者以經名家所謂歐陽尚書是也仕於晉曰建遇趙王倫之亂見殺其兄子質以其族奔長沙子孫復顯於南仕於陳曰頠頠之孫曰詢詢善書詢子通仕於唐自通三世生琮至裔孫叔謙始徙潛之東鄉永興鋪嘉靖辛酉登賢書歲進士崇祀鄉賢名宦兩祠其他恩拔副歲優郡邑膠庠以及忠孝節烈之士代有其人現傳十六代户口六百有餘

潛西鄉杜氏係唐杜甫之後遷潛始祖杜興生於元末子應榮明初以人才舉歷任宣城驛丞及武羅二縣巡檢曾孫杜金歲貢授廣西思明州吏目裔孫浩雲舉人歷任蒲圻嘉魚教諭壁武昌教授紹勳同治庚午舉人授張掖知縣過班知府高椿武舉自杜興至今歷二十代散處各州縣者甚多現住潛西者約四五百户之譜

潛邑張氏户口繁多然支分派别氏族難盡稽考有張紬者自明季由江西吉安府遷城内觀街傳四世至張瓚勤儉好施積德累世監生張國翰守備張萬榮監生張萬元俱豐於財凡事

有益於地方與周人困乏者舉不惜捐貲以成其美其善舉備載邑志入祀崇義者二人至今傳十三世列膠庠者代不乏人

潛邑謝氏自君達遷潛之荷湖垸勤儉耕讀閱五世名宗者邑庠生設館授徒多所成就子瑀邑廩生閱六世長房璵　誥授奉直大夫次崐歲貢生候選訓導次琳己卯科副榜甲午科順天舉人現任蘄州學正

袁先元字天祥明洪武初先人自江西吉水縣遷荆門繁衍幾及千家萬歷初自荆遷潛至今亦千餘戶元父沒時二弟俱幼最幼者嫂乳成立輔二弟俱列膠庠子姪入泮者八人孫覲龍廩

貢生重孫家鳳家璋同時遊泮生平置田千餘畝屋四所與二弟析爨時屋得其舊者田取其薄者年九十六告終

潛邑九郡劉氏元末劉普由江南清和縣遷潛太平垸至今傳二十代户口一千有奇世以耕讀為業自普傳十二世太學生允升歲貢生伋升兄弟歲歉出囊賑飢邑侯奬以義行可風額十三世候選教諭志瑜出貲建張港武聖廟奎星閣十七世桂林癸己武舉採芹食餼者代不乏人

潛南鄉郭氏系出郭隗明初由江右徙居潛之文獻里東隅舊號東郭書云明誥贈給事中世朝推官郭岩知州郭岱給事中

郭嵩立四牌坊户口約四百之譜採芹食餼代不乏人

宗教

潛邑北鄉中嘴垸郭家新場有天主教堂一所主教係洋人涂廣仁爲安陸四屬總堂潛民入其教者男女共一千三百四十人岳口有福音教堂潛民入其教者有三百六十人至若回教喇嘛教黄教紅教殊少習者

實業

其不入他教者除書吏差役外熙來攘往者無非士農工商各執其業亦有士而兼農業者士而兼商業者有商而兼農工業者以户口三十萬有奇計之每縣府院考試童生投考者僅及

二千人是士不及十之一商居十之一工居十之一農占多數焉

地理

潛江縣治在武昌省城之西旱路三百六十里水路五百四十里在安陸府城之東南旱路二百二十里水路三百六十里旱路赴
京師二千八百七十里水路五千八百五十里

縣治廣三百二里袤四百八里東至沔陽州界之上西湖西至江陵縣界之三湖南至監利縣界之蘇湖北至京山縣界之泗汊湖東到沔陽州治一百四十里西到江陵縣治一百八十里南到監利縣治一百八十里北到京山縣治三百里東南到監

利界九十里西南到江陵界四十里東北到天門界二十里西北到荊門界一百一十里

縣治分為六鄉

西曰長樂鄉縣西六十里北曰太平鄉縣北六十里南曰通政鄉縣南五里西南曰長安鄉縣西南一百里東曰太和鄉縣東六十里王又旦易城内外坊廂為畢公鄉凡六鄉六鄉之中分為十一區區内又分為各垸

十一區名目列下

沱埠區在縣南附城分十五垸木頭區分七垸距縣南十五里洪水區分八垸縣南二十里義豐區分四垸縣北三十里河西上區分十七垸縣

西二十里　河西下庵分十四坑縣西七十里　鄉林坑庵分三坑縣南五十里　河北上庵分十六坑縣北四十里　河北下庵分十二坑縣北六十里　坑灣庵分十三坑縣南四十里　河東黃漢庵分六坑縣東五里

其不列區內者爲獨坑

河東十一坑　河南七坑　河西七坑　河北三坑

古績

畢家樓在儒學前宋狀元畢漸故里

白鶴樓元姚燧建燧許衡弟子衡從姚樞得伊洛新安真傳卒

謚文正從祀孔子廟廷燧學有淵源官至湖北提刑解官卜築於潛建藏書樓於城隍廟址外臨池水石橋間之讀書其中有白鶴來巢其上遂以名樓

劍潭城在縣西南棠林岡劍潭鋪漢關帝屯兵處

仙人隄五代高季昌築濱洛江仙妃之所常遊因名曰仙人隄

白鶴壁元伯顏侵宋郢州破沙洋壁兵白鶴寺在縣西長壋垸題壁詩有舟行漢水波濤息馬踏吳郊草木平千里陣雲時復暗高山營火夜深明之句石刻寺門

祠廟

潛江　文廟舊在城内東北隅元至元時隨縣遷建於今縣治之東前教官楊磬濱創仁宗時知縣阮伯顏重新繪　先師神像四配十哲選弟子員入學肄業增贍學田糧令師生可以繼守元校官李惟中刻石以紀内建
啟聖祠旁列
東廡
西廡
名宦祠
鄉賢祠

忠孝祠

節烈祠咸豐甲寅燬於賊平定後縣主龔煥枝諭紳首集欵

重建

文昌宫在縣治東南隅兵燹後重建餘在城外者一在西灣垸一在返灣垸一在七子垸一在荷湖垸

奎星閣在縣治文昌宫前知縣劉壽椿建邑紳楊孫鹷潘希岳萬際循張紹燕楊孫瀛何崧萬縈承修

文昌閣在縣東仁和垸

關帝廟在城内關廂門街餘在城外者一在竹根灘一在黄家場一在紅莊垸現返灣湖有東關帝廟西關帝廟

城隍廟在縣治西北隅又邑治蚌湖泗港俱有城隍廟

水府廟一在縣治北門外一在荷湖垸

火神廟在縣署後火神街

東嶽廟在縣治北郊外二里許邑返灣垸馬包家垸長亭垸俱有

龍王廟在縣治大東門外

漢馬伏波將軍祠在縣治河東黄漢垸

伏波寺古稱海嶽寺在永林垸

夏王廟在縣西四十里新豐市

新洲寺在黄潭垸

長壽菴在杜林垸

流鐘寺在邑西長三下垸

萬福寺在返灣垸

韓蘄王廟在邑西南湖垸

奉祿菴在官莊垸

雲惠菴在張家湖

青雲寺在縣河東永林垸離城十五里

興國寺在東鄉　場

九院宮在後灣垸

大士菴今改為大慈菴一在永豐垸一在河套垸

古剎祖師殿在沱一垸

白鶴寺在邑西長一垸

廣化寺在縣西南六十里

龍巢寺在縣西六十五里

三仙廟在邑西粟林垸

火府廟在花藍垸

土臺廟在邑西漳湖上外灘離城七十里

古佛寺在諸通口

祖師殿在永豐垸

常樂寺在縣西南坦豐垸

蓮華寺在縣南三十里

清和寺在縣南五十里

白湖寺在縣西二十五里

潮音閣在泰豐垸

金蓮菴在縣城南隄外

岱宗廟在縣北趙林垸

開元寺在周家磯中場

春秋閣在縣東劉場下年垸河福洲灘

財神廟一在城內大街口一在鄢家集

上觀廟在皇灘

關帝廟即山西會館在張截港

南河寺在縣西楊洑垸

大樂菴在縣北旁護城隄

忠義廟在鄉林垸阮家灣

景峯寺在縣北張截港

禪堂廟在城東二里許

財神殿在舊縣治左

天符廟在城西門外

九宮廟在張港

天后宫即福建會館在張港

萬壽宫即江西會館一在城内一在張港

坊表

題名坊 在學宮櫺星門外上題邑中鄉會中式及五貢年分

文昌坊 在儒學右 知縣朱熙洽重建改題

皇國作楨

四牌坊 在舊縣治南正街為贈給事中郭世朝推官郭崑知州

郭岱給事郭嵩立

總制三省坊 在中丞門為張師載立

監察御史坊 為劉寅立

名登天府坊 在西街為田大用立

孝義坊 在西街為旌表田助立

世承天寵坊 在西街為袁允行袁珣袁紀袁國臣立

世署清華坊在西街爲劉巨秀劉勳劉垓立

累朝錫命坊在西街爲劉勳劉延劉若金立

鑾湖劉氏題名坊在大西街劉氏宗祠前

貞節坊四一爲劉堪妻胡氏立一爲梁宣文妻蔣氏立一爲初薦妻李氏立一爲郭鏘妻張氏立均表彰之以爲地方婦女之倡率云云

志凜冰霜坊在糧倉街爲節孝婦劉管氏立

瑶池冰霜坊在大街口爲節孝婦劉張氏立

義烈昭垂坊在北隄邊爲節孝婦李章氏立

節孝坊二在淌西之張家港一爲武進士張代守妻孫氏立一爲廩生張承寗妻王氏立

節孝流光坊在滙水橋下正街爲鄭袁氏立

舊志載牌坊四十有餘今俱廢未便錄載只載其存者

橋梁

楊胥橋在縣西六十里知縣陳敏政創修

通仙橋在縣西南八十里蒿口元時建相傳呂巖曾經此因名

永興橋在縣東十五里明成化六年知縣汪志修

廣濟橋在縣西五里明成化十年知縣胡璘創建

陶村橋在縣西南傳為江陵張太師遺石所造

登雲口橋在南隄外通荊州深河潭隄潰衝流成硿熊裕茂倡義捐修

東津橋在東門外架木跨河為武漢至荊州要道咸豐五年建光緒五年熊裕茂吳永發重修

磚橋在磚橋垸同治八年邑人劉昌英鄒錫輝倡捐重修易以石

左家橋在仁和永寧院界通天門驛道

文明橋跨護城隄東南爲猲猲垸洩漬行旅入城要路

市鎮

陶朱鋪在縣西十里

王家場在縣西三十里

蚌湖市在縣西五十里

王東港在縣西六十里

深江站在縣東十五里半係潛江半係天門

拖船埠在縣東南四十五里半沔陽半潛江

左家場在縣東十五里

蒿口市在縣南七十里半在江陵半在潛江

黃家場在縣西二十里

范新場在縣西十五里

祖師殿在縣西六十里

長老鎮在縣西七十里

陳家場在縣東二十里

蓮花寺在縣南三十里

楊家場在縣南十五里

張要嘴在縣南五十里

高家場在縣南六十里

梅家嘴在縣南二十里

陽家場在縣東南十里

刁家廟在縣東南十五里

總口市在縣東南四十里

熊口市在縣南四十里

朱家場在縣北三十五里

周家磯在縣南三十里

興隆鎮口在縣北十五里即大策

鑵頭尖在縣西北三十里

郭家嘴在縣北五十里

彭家場在縣西北五十里

三合場在縣北二十五里

六合場在縣北三十里

學堂

傳經書院在城内小西街知縣王又旦建光緒三十二年中國從事教育改書院為師範學堂湖廣總督張奏請飭道府州縣廣闢學堂費用撥給賠款彩票捐項潛 畢縣主諭飭學堂紳首於東郊文昌宮旁創建高等小學堂

張巘港高等小學堂係蘆洑書院舊址 縣令畢諭紳首改造制度恢於前現已開學

竹根灘河西沙窩垸現已開高等小學堂

山

潛江境内無山舊志所載壽靈山即城西大佛寺基址實本非山因其地勢隆起强以山名之

水

襄河在縣西北即漢水抵潛之北境折而東北流弇州集十道志荆楚之地水駕山而上者皆呼為襄即書所云懷山襄陵是義也或以為自襄陽來故稱襄河者非

沱潛水在縣治北三十里爾雅水自江出為沱漢出為潛今縣東河實由漢出西河亦然城西沱埠垸為西河故道經龍淵為

馬市潭仰受江流舊與潛合流疑即邑之沱也

漢水自嶓冢達襄郡經內方（今稱馬良山）至縣北三十里播為三汊河入於江（三汊河亦名三江口）

一汊東逕自澤口十五里至張截港接車墩交天門縣境過漢川至大別山入江（此入江之正流也）

一汊西南逕夜汊河過田關直逕南流三十里至直路河三十里至新口為江陵境自田關西折一支為西荊河十五里至周家磯三十里至要口八里至三汊河分南北汊南四十里至了角廟交江陵境北交荊門境又自周家磯南流為浩口十五里

為土地口達江陵監利皆可行船

一汊自蘆洑入義河口直逕其南流十五里為排沙渡又南七里為縣治過縣南流二十五里為班家灣二十里至總口入監利境又自排沙渡復分一支經深江站入溛名洛江河舊志謂鄭交甫遇二女解佩即此二女湘洛妃也洛江之名由此今名通順河經溛陽之袁家口入江現為溛民築塞義河口河形存而水涸矣

梁灘與黃家場接壤居澤口上游寬廣約五六里襄水由澤口繞梁灘灌入旋折逆流約四五里右有梁灘左有馬湖灘又折

而西稱爲西河十二里抵深河潭隄南行八里抵田關分支爲西荆河東荆河由江監沔各屬達江出新隄出沌口深河潭隄咸豐時潰口垸内流成大磴口塞而磴在過城南登營口石橋南迤經沱埠垸十五里至刁家廟又十五里至蠼子口又十五里至拖船埠又十五里出新溝復會西荆河南至新隄入湖南東至沌口入江潛監沔三州縣得舟楫之便無風濤之險商賈甚賴之

道路

由縣治東行七里至莫老潭又八里至深江站交天門界

由縣治東北行十五里至楊林口抵天門界

由縣治西南行十五里至梅家嘴渡西荊河十里至周家磯又十五里至高家場又十五里至浩口又二十里至三汊河又十五里至丫角廟交江陵界

由縣治東南行十五里至刁家廟又二十五里至總口又十二里至橋頭又十五里至漁洋鎮交江陵界

由縣治東南行四十五里至拖船埠交沔陽界

由縣治西行渡西荆河十五里至黄家場又十五里至王家場又十五里至蚌湖又八里至鐘滚壋又十五里至陳伍場交荆門州界又蚌湖北行十五里至長塅鎮又十五里至白鶴寺交荆門州界

由縣治北行七里至排沙渡又八里至竹根灘又十五里渡襄河至張巇港北行十五里至郭家壋又十里至夏場交京山界

由縣治北行十五里至澤口過襄河西北行十五里至泗港又十五里至張家場交京山界

由縣治西北行八里至浥家場又十五里至劉家場又十五里

至王東港又十里至荆河鎮交京山界

物產

動物產

羽毛之屬　馬牛羊驢騾豕犬貓貛兔獐豺狼鼠鼬水獺蝟雞鵝雉鴉鵲烏鵓鴿鸜鳩燕鷺鷸鸛鵁鸗鶉鴒鴨

植物產

穀之屬　稻糯大麥小麥蕎麥粟黍稷芝麻豆黃紅綠三種

蔬之屬　白菜青菜萊菔芥菜莧菜甜菜苦菜油菜蕓薹茼蒿菠薺芹菜葱蒜韭薤　王瓜東瓜西瓜南瓜絲瓜茭筍茄匏瓠芋藕山藥荳豆扁豆蘿蔔有紅白之分　胡蘿蔔

果之屬　李桃杏枇杷櫻桃棗石榴葡萄香櫞菱芡蓮蕉

木之屬　柏桐杞桑柘楊柳槐楝楓槿皂莢構木梓

竹之屬　筀竹淡竹苦竹紫竹水竹

動物製造　羊皮水獺製裘牛馬皮造泥鞋泥靴鞍韉皮椅皮墊鼠狼毫造筆翠鳥羽製首飾鵝鴨雞羽被外人收買以製器物

植物製造　棹椅牀凳箱櫃車輿犂耙楊杈木滾及一切家具田器

鑛物產鑛物製造　潛地無山故均闕如

商務

潛民工織布川陝商人貿易於潛城鄉市鎮銀錢皆便生意以此爲最

七八月時遠商來潛收買黄豆運鬻於湘汴

潛湖地多稻草其性柔勁捶絨製成草鞋捆載運售襄樊河南

潛民工於製傘竹紙柿油市之川湘而製造精緻潛民擅長婦女又以五色絲絨穿成各色花樣飾以金箔五幅招牌稱爲楚潛名傘販運遠方

蠶絲蜂蜜高粱酒糯米糖潛民自相貿易

U0938118